Ulrich Elbing

**Nichts passiert aus heiterem Himmel –
es sei denn, man kennt das Wetter nicht**

Transaktionsanalyse, Geistige Behinderung und
sogenannte Verhaltensstörungen

Ulrich Elbing

Nichts passiert aus heiterem Himmel – es sei denn, man kennt das Wetter nicht

Transaktionsanalyse, Geistige Behinderung und sogenannte Verhaltensstörungen

 verlag modernes lernen - Dortmund

© 1996 verlag modernes lernen borgmann publishing GmbH & Co. KG,
D - 44139 Dortmund

3., durchges. Aufl. 2003
Gesamtherstellung: Löer Druck GmbH, Dortmund

Bestell-Nr. 1463   ISBN 3-8080-0538-6

Urheberrecht beachten!
Alle Rechte der Wiedergabe, auch auszugsweise und in jeder Form, liegen beim Verlag. Mit der Zahlung des Kaufpreises verpflichtet sich der Eigentümer des Werkes, unter Ausschluss des § 53, 1-3, UrhG., keine Vervielfältigungen, Fotokopien, Übersetzungen, Mikroverfilmungen und keine elektronische, optische Speicherung und Verarbeitung, auch für den privaten Gebrauch oder Zwecke der Unterrichtsgestaltung, ohne schriftliche Genehmigung durch den Verlag anzufertigen. Er hat auch dafür Sorge zu tragen, dass dies nicht durch Dritte geschieht.

Zuwiderhandlungen werden strafrechtlich verfolgt und berechtigen den Verlag zu Schadenersatzforderungen. (Die Kopiervorlagen auf den Seiten 27-29, 39, 49, 55, 65-66, 86, 96-97, 141, 145 stehen dem Käufer dieses Buches für den *nichtgewerblichen* Gebrauch zur Verfügung.)

Inhalt

Palmström meets Heller I   11

Danksagung   13

0.	Einleitung	15
0.1	Das Konzept des Buches	16
0.2	Aufbau und Gliederung	19
0.3	Das Lesermenü im Buch	21

Erster Teil: Struktur und Dynamik der Persönlichkeit   24

1.	Das Persönlichkeitsmodell der Transaktionsanalyse	24
1.1	Die Rollentheorie der Transaktionsanalyse	24
1.1.1	Das Modell der Ur-Rollen	24
1.1.2	Das differenzierte Rollenmodell	26
1.1.3	Die Rollendiagnose	30
1.1.3.1	Die verhaltensbezogene Diagnose	30
1.1.3.2	Die soziale Diagnose	31
1.2	Das Strukturmodell der Persönlichkeit	32
1.2.1	Die Grundlagen des Modells	32
1.2.2	Das Strukturmodell zweiter Ordnung	36
1.2.3	Die Diagnose von Ich-Zuständen	38
1.2.3.1	Die phänomenologische Diagnose	38
1.2.3.2	Die historische Diagnose	39
1.3	Die Beziehung zwischen Struktur- und Rollenmodell	40
1.4	Die Möglichkeiten und Grenzen der Diagnose von Ich-Zuständen	42
2.	Der unbewußte Lebensplan	45
2.1	Die Kennzeichen des Skripts	45
2.2	Die Grundstruktur des Skripts	47
2.2.1	Einschärfungen und Erlaubnisse	49
2.2.2	Gegeneinschärfungen	49
2.2.3	Die Skript-Entscheidung	50
2.2.4	Das Programm	51
2.2.5	Das Skript, die eigene Entscheidung und der Einfluß der Eltern	52
2.3	Skriptelemente geistig behinderter Menschen	52
2.3.1	Einschärfungen und Erlaubnisse	53
2.3.1.1	Existiere nicht!	53

2.3.1.2	Sei nicht sexy!	54
2.3.1.3	Sei normal / werde schnell groß!	55
2.3.1.4	Bleibe klein / bleibe ein Baby!	56
2.3.1.5	Sei nicht nahe!	56
2.3.1.6	Gehöre nicht dazu!	57
2.3.2	Gegeneinschärfungen	57
2.3.3	Überlebensentscheidungen	58
2.3.4	Das Programm	60
2.3.5	Geistig behindert - zu dumm für's Skript?	61
3.	Die Grundpositionen	63
3.1	Ich bin nicht OK und du bist nicht OK	65
3.2	Ich bin nicht OK und du bist OK	68
3.3	Ich bin OK und du bist nicht OK	69
3.4	Ich bin OK und du bist OK	69
3.5	Die Besetzung verschiedener Grundpositionen	70

Zweiter Teil: Das Skript in Aktion   73

4.	Zuwendung und Veränderung	73
4.1	Die Arten der Zuwendung	74
4.2	Der Zuwendungs-Cocktail	75
4.3	Die Arbeit mit dem Zuwendungsmuster	77
4.3.1	Die Gestaltung von Übergangssituationen	77
4.3.2	Der heilsame Kuhhandel mit negativer Zuwendung	78
4.3.3	Vom Cocktail zum Wunschpunsch der Zuwendung	81
4.4	Das Zuwendungsmuster und das Skript	84
5.	Ersatzgefühle, Maschen und der Teufelskreis der Skiptbestätigung	87
5.1	Ersatzgefühle	87
5.1.1	Das Grundbedürfnis nach Zuwendung und die Entstehung der Ersatzgefühle	87
5.1.2	Die Ersatzgefühle und das Skript	89
5.2	Maschen und psychologische Spiele	91
5.2.1	Maschen	92
5.2.2	Psychologische Spiele	93
5.3	Maschen, Spiele und geistige Behinderung	97
5.4	Der Umgang mit Maschen und Spielen	97
5.5	Der Teufelskreis der selbsterfüllenden Prophezeiung und das Maschensystem	100
5.5.1	Die Skriptüberzeugungen	101

5.5.2	Maschenerscheinungen	103
5.5.2.1	Beobachtbares Verhalten	103
5.5.2.2	Innere Erfahrungen	104
5.5.2.3	Phantasien	104
5.5.3	Verstärkende Erinnerungen	104
6.	Skripterfüllung in gemeinsamer Aktion	107
6.1	Die ineinander greifenden Maschensysteme	107
6.2	Die psychischen Strukturen der gemeinsamen Störung	109
6.2.1	Die Symbiose	110
6.2.2	Symbiose, geistige Behinderung und psychische Störung	114
6.2.3	Die Stabilisierung der Symbiose	115
6.2.3.1	Grandiosität und Abwertung	115
6.2.3.2	Passives Verhalten als beobachtbarer Ausdruck von Abwertung und Grandiosität	118
6.2.3.3	Passivität bei geistig behinderten Menschen	119
6.3	Die Konfrontation von Passivität und die Auflösung der Symbiose	120
6.3.1	Die Konfrontation durch die eigene Überanpassung	121
6.3.2	Von der Konfrontation zum Dialog	123
7.	Die aggressive Eskalation in den Kontrollverlust	125
7.1	Der Verlauf der aggressiven Eskalation	125
7.1.1	Die Vorläuferphase	127
7.1.2	Die Phase des Kontrollverlustes	130
7.1.3	Die Phase der wiederkehrenden Selbsteuerung	133
7.1.4	Die Phase der Trost- und Versöhnungsbedürftigkeit	134
7.2	Die Auswirkungen einer gemeinsam durchgestandenen Eskalation	135
7.3	Die Abgrenzung von der Festhalte-Therapie	136
7.4	Die Psychodynamik der aggressiven Eskalation	137
7.4.1	Der Prozeß der Eskalation und die Stabilisierung der Symbiose	137
7.4.2	Die Eskalation und die Sicherung des Zuwendungshaushalts	139
7.4.3	Zuwendung, Maschensystem und wechselseitige Skriptverstärkung	139
7.4.4	Die Eskalation als Heilungsschritt	141

Dritter Teil: Austausch und Veränderung   143

8.	Die Kommunikation und ihre Gesetzmäßigkeiten	143

8.1	Das Kommunikationsmodell der Transaktionsanalyse	143
8.1.1	Die parallele Transaktion	145
8.1.2	Die gekreuzte Transaktion	147
8.1.3	Die verdeckte Transaktion	150
8.2	Skriptverstärkende Transaktionsmuster	153
8.3	Therapeutisch wirksame Transaktionen	156
8.3.1	Interventionen aus der positiv-kritischen Elternrolle	158
8.3.2	Interventionen aus der positiv-freien Kindrolle	160
8.3.2.1	Interventionen zur positiv-freien Kindrolle	160
8.3.2.2	Interventionen zur Elternrolle des behinderten Partners	163
8.3.3	Interventionen aus der Erwachsenenrolle	165
9.	Eric Bernes transaktionsanalytischer Kindergarten	171
9.1	Die Regressionsanalyse nach Berne	172
9.2	Das therapeutische Spielen mit Alter und Rollen	174
9.2.1	Interventionen aus einem früheren Entwicklungsalter	174
9.2.2	Interventionen auf der augenblicklich aktualisierten Altersstufe	176
9.2.3	Interventionen aus einem späteren Entwicklungsalter	179
9.2.4	Die Verbindung der Interventionen im therapeutischen Vorgehen	181
9.3	Die Verwendungsmöglichkeiten der differenzierten Regressionsanalyse	182
9.4	Die Resonanzthese der Persönlichkeitsentwicklung	183

Vierter Teil: Persönlichkeit und Entwicklung 185

10.	Entwurf einer transaktionsanalytischen Theorie der Persönlichkeitsentwicklung	185
10.1	Piagets Theorie der kognitiven Entwicklung	186
10.2	Das Ich-System nach Rath als Struktur- und Organisationsmodell der Psyche	194
10.3	Die Entwicklung der psychischen Struktur	196
10.3.1	Exteropsyche und Neopsyche	196
10.3.2	Das Mißlingen der reflektierenden Abstraktion und das Entstehen des archeopsychischen Ich-Systems	198
10.3.3	Das Scheitern der Integration als Abwehrleistung des Ich-Systems	201
10.4	Regression, Integration und die Entwicklung der Persönlichkeit	206
10.5	Persönlichkeitsentwicklung und geistige Behinderung	211
10.6	Entwicklung, Behinderung und Psychotherapie	211

Fünfter Teil: Die Gestaltung von Entwicklung und Veränderung 215

11.	Die Rahmenbedingungen von Entwicklung und Veränderung und ihre Gestaltung	215
11.1	Die Grundlagen der Veränderung	215
11.2	Entwicklungsziel Autonomie	217
11.3	Änderungsverträge	221
11.3.1	Der Vertrag zwischen den Bezugspersonen und dem Therapeuten und seine Transparenz für den behinderten Menschen	223
11.3.2	Der Vertrag zwischen dem Therapeuten und dem behinderten Vertragspartner und die Information der Bezugspersonen über diesen Vertrag	226
11.3.3	Der Vertrag zwischen dem behinderten Menschen und seinen Bezugspersonen und die Information des Therapeuten über diesen Vertrag	228
12.	Strategien der Veränderungs- und Entwicklungsgestaltung	231
12.1	Die Situations- und Problemanalyse	232
12.1.1	Die Problemanalyse des Symptomverhaltens	233
12.1.2	Analyse der Persönlichkeitsentwicklung und der Interaktionsqualität	236
12.1.3	Tagesstruktur und Regeln im pädagogischen Alltag	239
12.1.4	Systemische Aspekte	241
12.1.5	Die Problemanalyse als Intervention	244
12.2	Zielsetzung	244
12.2.1	Symptomatisches Verhalten	244
12.2.2	Persönlichkeitsentwicklung und Entwicklung des Dialogs	244
12.2.3	Tagesstrukturen und pädagogische Regeln	245
12.2.4	Systemische Zusammenhänge	246
12.2.5	Die Verbindung der Zielebenen	246
12.3	Interventionsplanung	247
12.3.1	Symptomatische Behandlung	248
12.3.2	Kommunikationstherapie	251
12.3.3	Alltagsstruktur und pädagogische Regeln	253
12.3.4	Systemische Zusammenhänge	256
12.3.5	Durchführung und Auswertung der geplanten Interventionen	259
12.4	Zusammenfassung der Entscheidungsregeln zur Interventionsplanung	261

Palmström meets Heller II	264
Literatur	268
Glossar	284
Stichwortverzeichnis	290
Autorenverzeichnis	297

Verzeichnis der Abbildungen

Abbildung 1:	Das einfache Rollenmodell	26
Abbildung 2:	Die Unterscheidung der Eltern- und Kindrollen	27
Abbildung 3:	Das differenzierte Rollenmodell	29
Abbildung 4:	Das Strukturmodell der Persönlichkeit	36
Abbildung 5:	Das differenzierte Strukturmodell der Persönlichkeit	37
Abbildung 6:	Die Zuordnung von Rollen- und Strukturmodell nach Rath	41
Abbildung 7:	Die Skriptmatrix	49
Abbildung 8:	Das Drama-Dreieck	94
Abbildung 9:	Das Maschensystem	101
Abbildung 10:	Die verschränkten Maschensysteme	109
Abbildung 11:	Die Symbiose	111
Abbildung 12:	Die inverse Symbiose	114
Abbildung 13:	Die Phasen der aggressiven Eskalation	127
Abbildung 14:	Das Kommunikationsmodell	144
Abbildung 15:	Die Transaktion zwischen Kindrolle und Elternrolle	145
Abbildung 16:	Die Transaktion zwischen Elternrolle und Kindrolle	146
Abbildung 17:	Die gekreuzte Transaktion	148
Abbildung 18:	Wechsel in die Elternrolle und gekreuzte Transaktion	149
Abbildung 19:	Die gekreuzte Transaktion aus der Erwachsenenrolle	150
Abbildung 20:	Die verdeckte Transaktion zwischen Elternrolle und Kindrolle	151
Abbildung 21:	Die verdeckte Transaktion zwischen Kindrolle und Elternrolle	152
Abbildung 22:	Das differenzierte Rollenmodell	153
Abbildung 23:	Die Selbstregulation des Organismus nach Piaget	187
Abbildung 24:	Assimilation und Akkommodation	190
Abbildung 25:	Entwicklungszyklen und Entwicklungsstufen	190
Abbildung 26:	Die beiden Aspekte der reflektierenden Abstraktion	193
Abbildung 27:	Der Dreiecksvertrag	222
Abbildung 28:	Die Ebenen der Problemanalyse und Veränderungsgestaltung	262

Palmström meets Heller I

Die unmögliche Tatsache

Palmström, etwas schon an Jahren,
wird an einer Straßenbeuge
und von einem Kraftfahrzeuge
überfahren.

„Wie war' " (spricht er, sich erhebend
und entschlossen weiterlebend)
„möglich, wie dies Unglück, ja –:
daß es überhaupt geschah?

Ist die Staatskunst anzuklagen
in bezug auf Kraftfahrwagen?
Gab die Polizeivorschrift
hier dem Fahrer freie Trift?

Oder war vielleicht verboten,
hier Lebendige zu Toten
umzuwandeln, – kurz und schlicht:
D u r f t e hier der Kutscher nicht - ?"

Eingehüllt in feuchte Tücher
prüft er die Gesetzesbücher
und ist alsobald im Klaren:
Wagen durften dort nicht fahren!

Und er kommt zu dem Ergebnis:
Nur ein Traum war das Erlebnis.
Weil, so schließt er messerschaft,
nicht sein k a n n, was nicht sein d a r f.

Christian Morgenstern

Verwunschen

Verwunschen, verwunschen,
In Dornen verwunschen,
In Nägel verwunschen
Sind wir.
In Disteln, in Nadeln,
In Zangen verwunschen
Sind wir,
Du und ich,
Ich und Du.

Verwunschen, verwunschen,
In Fremdsein verwunschen,
In Kälte verwunschen
Sind wir.
In Bosheit, in Argwohn,
In Zaudern verwunschen
Sind wir,
Du und ich,
Ich und Du.

Verwunschen, verwunschen,
In Täuschung verwunschen,
In Wehleid verwunschen
Sind wir.
In Ratlosigkeit und
In Schweigen verwunschen,
Verwunschen
Sind wir,
Du und ich,
Ich und Du.

André Heller

Danksagung

Das vorliegende Buch hat eine 10 Jahre lange Geschichte, und es ist eine Geschichte, in der ich auf vielfältige Weise Unterstützung und Förderung erfahren habe. Es ist zunächst die Geschichte der intensiven Arbeit und Begegnung mit den Bewohnerinnen und Bewohnern der Stiftung Haus Lindenhof in Schwäbisch Gmünd. Ihnen verdanke ich sicher am meisten. Sie waren wirklich geduldig und nachsichtig mit mir, vor allem in meinen Anfangsjahren. Am wertvollsten ist wohl die Erfahrung, daß viele von ihnen auch nach Jahren scheinbarer innerer Leblosigkeit ihren eigenen Gestaltungswillen aufblühen ließen und ihm folgten, sobald sie eine Chance dazu hatten. Diese Chancen konnte ich nur zusammen mit ihren Bezugspersonen erarbeiten; auch ihnen danke ich für das Lernen mit- und aneinander. Meine Vorgesetzten Georg Letzgus und Birgitta Pfeil haben mir die dafür nötigen Freiräume nicht nur zugestanden. Sie haben mich auch darin unterstützt, sie auszugestalten und meine Fachlichkeit zu entwickeln. Auch meine Kolleginnen und Kollegen haben an meiner Arbeit und an diesem Buch einen wichtigen Anteil durch ihre Unterstützung, ihre Mitarbeit und ihre kritisch kommentierende Begleitung.

Untrennbar verwoben mit den Jahren der Arbeit im Lindenhof ist meine Weiterbildung zum Transaktionsanalytiker bei Anne Kohlhaas-Reith sowie meine Ausbildung bei und meine fachliche Zusammenarbeit mit Ulrich H. Rohmann. Sie waren mir sehr ungleiche und sich gerade dadurch gut ergänzende therapeutische Zieheltern, denen ich vieles verdanke. Ulrich H. Rohmann hat mich zudem in meiner wissenschaftlichen Arbeit ganz entscheidend gefördert und unterstützt. Bei und von beiden habe ich gelernt, meine Erfahrungen in der Arbeit mit behinderten Menschen auf eben die Weise zu durchdenken und kreativ zu verarbeiten, die das vorliegende Buch vorstellt.

Das Buch selbst habe ich in einer intensiven Auseinandersetzung mit den Rückmeldungen all derer fertigstellen können, die das Manuskript durchgearbeitet und kommentiert haben. Ich danke Martin Blank, Wolfgang Elbing, Anke Frenken, Jan Glasenapp, Uli Kappl, Nina Kirsten, Anne Kohlhaas-Reith, Karl Leitner, Roland Ploner, Bea Obradovic, Birgitta Pfeil, Dagmar Schier, Dorothee Schulte-Peschel, Richard R. Reith, Ralf Tödter und Monika Ulver sehr herzlich; ihre Rückmeldungen waren so verschieden wie sie selbst. Ihre Ermutigung war wie ihre Kritik nicht nur hilfreich, sondern auch eine wohltuende, besondere Form der Zuwendung. Jan Glasenapp unterstützte mich darüber hinaus bei der mühsamen Arbeit des Bibliographierens. Weiter danke ich Roswitha Buchner-Schiller und Fritz Riedel für ihre fachlichen und praktischen Hinweise sowie für den Einblick in ihre eigene Arbeit. Ravi Welch und Ingo Rath danke ich für unsere intensiven und sehr anregenden Diskussionen, in denen ich entscheidende theoretische Denkanstöße erhielt.

Dieses Buch hätte auch nicht entstehen können, wenn nicht Maria Aubele geduldig meine Bänder geschrieben hätte, und das trotz der mitgelieferten „Lärmbelästigung" fahrender Züge. Die Bänder müssen teilweise mehr ein Hörspiel als ein Diktat gewesen sein. Ihr gilt mein Dank ebenso wie Joachim Friedl, der schließlich aus meinen Handskizzen druckreife Abbildungen gemacht hat.

Angeblich steht hinter einem erfolgreichen Mann oft eine kluge Frau. Dazu liegen mir keine wissenschaftlichen Erkenntnisse vor; ich weiß aber sicher, daß zumindest dieses Buch ohne meine Frau, Claudia Bub-Elbing, in dieser Form nicht entstanden wäre. Sie ist meine wichtigste Lektorin und Kritikerin, und sie hat es mitgetragen, daß ich all die Zeit und Energie aufgewendet habe, die dieses Buch gebraucht hat. Sie hat es nicht zuletzt deshalb getan, weil auch sie die Arbeit mit behinderten Menschen kennt und auf einer sehr persönlichen Ebene erspürt hat, weshalb ich dieses Buch geschrieben habe. Dafür danke ich ihr besonders.

Schwäbisch Gmünd, im Februar 1996

Dr. Ulrich Elbing

0. Einleitung

Geistige Behinderung ist keine Krankheit; und weil sie keine Krankheit ist, setzen sich geistig behinderte Menschen so wie alle anderen mit ihrer Umgebung auseinander. Sie zeigen, was sie wollen und was ihnen nicht gefällt. Sie grenzen sich ab und wagen sich an Grenzen. Sie freuen sich, wenn sie erreichen, was sie wollen und sie werden wütend, wenn ihnen das nicht gelingt. In schwierigen Situationen versuchen sie die für sie bestmögliche Lösung herauszufinden und sie greifen zu den Strategien, die sie am schnellsten und effektivsten zu ihrem Ziel bringen – wie eben alle anderen auch. Somit dürfte eigentlich das Zusammenleben zwischen geistig behinderten und nicht behinderten Menschen kein Problem sein. Das ist es bekanntermaßen aber oft genug. Abgesehen von der gesellschaftlichen Dimension der geistigen Behinderung, die auch in der Literatur schon seit längerem und eingehend erörtert worden ist (z.B. GALLOWAY und GOODWIN 1979; MITTLER 1979; KING, RAYNES und TIZARD 1971; vgl. auch THIMM 1990), entstehen im unmittelbaren Kontakt zwischen geistig behinderten und nicht behinderten Menschen Probleme aus folgenden Quellen:

Geistig behinderte Menschen greifen wie alle Menschen in der Auseinandersetzung mit ihrer Umwelt auf die bestmögliche Strategie zurück, die ihnen zur Verfügung steht. Die Wahl der bestmöglichen Strategie kann jedoch für dasselbe Anliegen sehr verschieden sein. Nicht behinderte Menschen können z.B. auf viele Weisen zum Ausdruck bringen, daß ihnen beispielsweise ein Essen nicht schmeckt und daß sie es als Zumutung empfinden, davon einen ganzen Teller zu essen. Wie aber können dies Menschen ausdrücken, die über keine Sprache verfügen und die sich außerdem einem nicht behinderten Menschen gegenüber sehen, der den Schlüssel zur Küche und folgende Auffassung hat: „Es wird gegessen, was auf den Tisch kommt, und der Teller wird leer gegessen"? Den Teller an die Wand zu werfen oder aber ihn brav auszuessen und anschließend zu erbrechen, können unter diesen Umständen durchaus geeignete Maßnahmen sein. Allerdings um einen Preis: Nach solchen Aktionen (und vor allen Dingen, wenn sie einige Male erfolgreich waren) hängt um den Hals ein unsichtbares Schild: „Vorsicht! Verhaltensgestört!"

Es gibt eine weitere Quelle, die das Zusammenleben oft schwierig macht. Sie entspringt aus dem Umstand, daß geistig behinderte Menschen in sehr schwierigen Lebenssituationen bestimmte Bewältigungsstrategien entwickeln und diese Strategien auch später noch beibehalten, wenn sich ihre Lebensumstände längst geändert haben. Sie können beispielsweise als Kinder gelernt haben: Den spontanen Widerwillen einer anderen Person, mit einem behinderten Menschen in Kontakt zu treten, überwinden sie am besten dadurch, daß sie mit einem entwaffnenden sonnigen Lachen die betreffende Personen in den Arm nehmen. Als Jugendlicher und Erwachsener behalten sie diese einstmals erfolgreiche Strategie bei. Was früher einmal eine gute Idee war, wird nun zur Beeinträchtigung und ihre einstmals erfolgreiche Strategie beginnt, sie zusätzlich zu behindern. Sie geben sich wie zu groß geratene Kinder und werden auch von der Umgebung gerne so behandelt. Damit ist die einstmals erfolgreiche Lösung zum Bumerang für die eigene Entwicklung geworden.

Gute Lösungen zu entwickeln, die später als Bumerang zurückkommen, ist nun keineswegs geistig behinderten Menschen vorbehalten. Die Menschen, die mit ihnen leben und arbeiten, haben in ihrem eigenen Leben ebenfalls einmal Lösungen entwickelt, die jetzt (nicht nur) im Kontakt mit geistig behinderten Menschen ebenfalls zum Handicap werden. Auf diese Weise kann es geschehen, daß sich geistig behinderte wie nicht behinderte Menschen gegenseitig in ihrer Entwicklung behindern und in ihrer Persönlichkeitsentfaltung lähmen. Aktenkundig wird diese wechselseitige Lähmung in der Regel als Verhaltensauffälligkeit oder -störung, die man schließlich dem geistig behinderten Menschen attestiert – zumal dann, wenn die nicht behinderten Menschen, die mit ihnen leben und arbeiten, Profis sind, die gelernt haben, für bestimmte Erscheinungen medizinische oder psychologische Begriffe zu benutzen.

0.1 Das Konzept des Buches

Das vorliegende Buch handelt von den Störungen der Art, wie sie eben kurz beschrieben wurden. Es listet aber nicht die verschiedenen Formen auf, die solche Störungen annehmen können. Es beschreibt vielmehr die Wirkungszusammenhänge, aus denen solche Störungen entstehen, und die Abläufe und Mechanismen, die sie aufrecht erhalten und stabilisieren.

So wenig wie man die Dunkelheit beschreiben kann, ohne über das Licht zu sprechen, so kann man auch Störungen und ihre Entwicklung nicht beschreiben, ohne auch Wege aufzuzeigen, die auch wieder herausführen. Deshalb ist dieses Buch ein Werkbuch. Mit jeder Möglichkeit, eine Störung zu verstehen, beschreibt es an konkreten Beispielen die praktischen Möglichkeiten, das Problem hinter der Störung anzugehen und zu einer Lösung beizutragen. Die Vielzahl der Möglichkeiten, die auf diese Art und Weise zusammengetragen sind, werden im abschließenden Teil dieses Buches zusammengefaßt und in einem integrativen Konzept der Problemanalyse und Änderungsplanung gebündelt.

Würde sich das Buch damit begnügen, die Palette der Veränderungsmöglichkeiten zusammenzustellen, dann bliebe es nicht viel mehr als eine Art besseres Kochbuch, frei nach dem Motto: „Wir backen uns unseren Behinderten." Beabsichtigt ist jedoch mehr und etwas grundsätzlich anderes. Durch die Wahl und Zusammenstellung der im Buch verwendeten Konzepte wird nämlich Schritt für Schritt ein fachliches Verständnis von Persönlichkeitsentwicklung und ihrer Störungen entfaltet, das die geistig behinderten Menschen nicht ausgrenzt, sondern alle von einer Störung Betroffenen miteinbezieht, ohne jedoch die Unterschiede zu verwischen. Das Motto: "Wir sind ja alle behindert" kann nicht die Lösung sein. Es kann jedoch sein, daß wir uns einmütig und nach Kräften selbst und gegenseitig behindern – bei allem, was uns sonst unterscheiden mag.

Die Konzepte dieses Buches beschreiben also in ihrer Gesamtheit bestimmte Gesetzmäßigkeiten und Bedingungen der Persönlichkeitsentfaltung sowie ihrer Störungen, die auf geistig behinderte und nicht behinderte Menschen gleichermaßen zutreffen. In gleicher Weise folgt auch jeder Dialog und jede Form der Kommunikation bestimmten Regeln, die für geistig behinderte und nicht behinderte Menschen unverändert gelten. Geistig behinderte und nicht behinderte Menschen entwickeln sich nicht gleich. Es sind jedoch die gleichen Gesetzmäßigkeiten, die der Vielfalt zugrundeliegen, mit der sich geistig behinderte und andere Menschen entfalten. Die Überlegungen zu diesem Thema werden in einem eigenen Teil des Buches (vierter Teil) zu einer Entwicklungstheorie der Persönlichkeit verdichtet.

Weshalb sind solche Überlegungen in einem Buch erforderlich, das in erster Linie ein Werkbuch sein will?
Solange eine Persönlichkeits- und Entwicklungstheorie das Handeln leitet, die sich an der Norm des Nichtbehindertseins orientiert, muß man zwangsläufig die Persönlichkeit eines geistig behinderten Menschen als defekt und seine Entwicklung als abnorm oder krankhaft auffassen. Für diese Weise, geistig behinderte Menschen und ihre Entwicklung zu beschreiben, gibt es eine lange Tradition, die bis in die Gegenwart hinein reicht. Die Art und der Zuschnitt der zugrundegelegten Theorie entscheidet also darüber, ob man geistige Behinderung letztlich doch als Krankheit auffaßt und das Verhalten geistig behinderter Menschen dementsprechend auch als krankhaft beschreibt. Dieser defektorientierte Ansatz wird auch nicht besser dadurch, daß man ihn freundlich und einfühlsam vertritt. Ein solches Vorverständnis verbaut den Zugang zu erfolgreicher Arbeit mit den sogenannten Verhaltensstörungen geistig behinderter Menschen: Sie steht und fällt nämlich mit der Einsicht, daß das Verhalten eines geistig behinderten Menschen der Ausdruck seiner aktiven Auseinandersetzung mit der Umwelt ist; mehr noch: Sein Verhalten ist seine beste Möglichkeit, sich unter den gegebenen Bedingungen so erfolgreich wie möglich mit seiner Umwelt auseinanderzusetzen – was auch immer Erfolg für ihn heißen mag. Sein

Verhalten ist das letzte Glied in der langen Kette seiner bestmöglichen Lösungsversuche, mit denen er seine eigene Persönlichkeitsentfaltung mit den für ihn verfügbaren Mitteln aktiv vorangetrieben hat. Mit anderen Worten: Hinter jedem Verhalten, und sei es noch so skurril oder "gestört", steht eine persönliche Bewältigungsleistung oder zumindest ein aktiver Bewältigungsversuch.

Nicht von ungefähr wird deshalb erst im vierten Buchteil und im Anschluß an die Entwicklungstheorie der Persönlichkeit die Frage aufgeworfen, wie geistige Behinderung verstanden und begrifflich erfaßt werden kann. Es geht also nicht um ein ethisch-ideell eingefordertes, sondern um ein fachlich fundiertes Verständnis von geistiger Behinderung als aktivem und selbstgesteuertem Entfaltungsprozeß unter besonders erschwerenden Bedingungen. Dieses fachliche Grundverständnis klärt den Blick für die tatsächlich vorhandenen Störungen und Probleme, und dieser klare Blick erst führt zu wirkungsvollen Änderungsschritten. „Nichts ist praktischer als eine gute Theorie." Dieser Ausspruch wird wahlweise Levin oder Lenin zugeschrieben. Das vorliegende Buch ist nicht zuletzt aus der Einsicht in die Wahrheit dieses Ausspruchs erwachsen. Gerade weil es ein praktisch nutzbares Werkbuch sein will, braucht es die theoretische Fundierung.

Die Konzepte, auf denen dieses Buch aufbaut, beinhalten wesentliche Elemente der Transaktionsanalyse und die zentralen Annahmen von Piagets Entwicklungstheorie. Die Transaktionsanalyse nach Berne und seinen Schülern hat in ihrem Menschenbild, in ihrer Theorie und in ihrem praktischen Vorgehen die Grundannahme fest verankert, daß jeder Mensch sein Leben und seine Persönlichkeit selbst ausgestaltet und entwickelt. Deshalb ist jeder Mensch in der Lage, sich und sein Leben zu verändern – sofern man ihm dazu eine faire Chance gibt. Berne hat deshalb seine Patienten als aktiv gestaltende Hauptpersonen im (therapeutischen) Änderungsprozeß begriffen, die in der Lage sind, die Verantwortung für ihr Leben und für ihre eigene Entfaltung selbst in die Hand zu nehmen. Auf dieser Grundlage konnte BERNE (1968) z.B. bereits in den fünfziger und sechziger Jahren in der Psychiatrie die Regel aufstellen, daß Krankenschwestern und Krankenpfleger nur in der Gegenwart der Patienten über sie sprechen durften. Die „Verrückten" als Person ernst zu nehmen und im wahrsten Sinne des Wortes für zurechnungsfähig zu halten, war damals eine Revolution. Dadurch bewirkte Berne einen völlig neuen Umgang mit Verantwortung bei allen Beteiligten. Die Patienten erhielten ihre Verantwortung zurück, sich selbst aktiv mit ihrer Störung auseinanderzusetzen und das sie betreuende Personal sah sich in der Verantwortung, für das eigene Denken und Beurteilen vor den Betroffenen gerade zu stehen. Dadurch war es ihnen unmöglich geworden, den betroffenen psychisch kranken

Menschen die Gestaltungsfähigkeit und damit die Verantwortlichkeit für sich und ihr Leben abzusprechen. Berne war ein anerkanntermaßen erfolgreicher Psychiater. Er entwickelte sein Vorgehen in einer Zeit, in der es die nicht hinterfragte Grundüberzeugung seines Berufsstandes war, daß der Arzt bzw. Psychiater weiß, was für seinen Patienten gut ist – und nicht der Patient selbst. Nebenbei bemerkt feierte Bernes revolutionäre Idee etwa dreißig Jahre später unter anderen Vorzeichen bei den Systemikern fröhliche Wiederkehr, indem sie dieselbe Strategie unter dem Titel "Die reflektierte Gruppe" noch einmal neu entwickelten. Dieses kleine Beispiel zeigt sehr deutlich, wie die Transaktionsanalyse grundsätzlich auf diejenigen zugeht, die ein Stück Unterstützung für ihre Entfaltung brauchen – unabhängig davon, wie ihr „Zustand" von der Umgebung bewertet wird. Die Transaktionsanalyse eignet sich damit auch, um das oben skizzierte Verständnis von geistiger Behinderung theoretisch und praktisch konsequent zu entwickeln.

Der transaktionsanalytische Ansatz wird ergänzt durch Piagets Theorie zu den grundlegenden Entwicklungsprozessen. PIAGET (1970) hat eine Entwicklungstheorie entworfen, die die elementaren Entwicklungsprozesse in einer Sprache beschreibt, die sich nicht nur auf die menschliche Entwicklung anwenden läßt, sondern auf alle biologischen Entwicklungs- und Differenzierungsprozesse. Um menschliche Entwicklung mit Piaget theoretisch beschreiben zu können, ist es also unerheblich, ob eine geistige Behinderung vorliegt oder nicht. Aus diesem Grund bietet sich Piagets Entwicklungstheorie dazu an, um auf ihr die angesprochene Entwicklungstheorie der Persönlichkeit aufzubauen, mit der sich die Entfaltung geistig behinderter und nicht behinderter Menschen gleichermaßen beschreiben läßt.

0.2 Aufbau und Gliederung

Das Buch ist in fünf große Teile gegliedert. Der erste Teil beschreibt, welche Strukturen die Persönlichkeit nach Auffassung der Transaktionsanalyse kennzeichnen und wie die Persönlichkeit einen unbewußten Lebensplan formt. Das Persönlichkeitsmodell und die Theorie des unbewußten Lebensplanes sind die beiden tragenden Säulen aller Erklärungen in diesem Buch, weshalb sich Menschen so und nicht anders verhalten, und wichtiger noch: Weshalb sie bestimmte Dinge tun oder lassen und sich damit selbst einschränken und behindern. Die Transaktionsanalyse geht davon aus, daß wir in der Kindheit unseren unbewußten Lebensplan selbst gestalten, indem wir bestimmte Vorstellungen über uns selbst, die anderen und das Leben überhaupt entwickeln. Geschieht dies unter Druck oder unter ungünstigen Begleitumständen, so wirkt sich dies in einem entsprechend einschränkenden unbewußten Lebensplan aus, dessen Richtigkeit wir uns fortan in immer neuen Varianten bestätigen.

Im zweiten Teil des Buches wird geschildert, wie genau sich diese Bestätigung im alltäglichen Handeln, in den kleinen und auch in den größeren Störungen vollzieht. Die verwendeten Konzepte sind so angelegt, daß durch sie nicht nur deutlich wird, wie die einzelne Person ihren unbewußten Lebensplan erfüllt und bestätigt. Sie zeigen darüber hinaus, daß diese Bestätigung häufig ein Gemeinschaftswerk ist. Die Beweise für die Richtigkeit des unbewußten Lebensplanes werden nämlich aus der Art und Weise gewonnen, wie unsere Begegnung mit anderen verläuft. Es wird dabei deutlich werden, daß sich die Beteiligten nicht selten gegenseitig bei der Zementierung ihrer ungünstigen Lebenspläne vorantreiben und verstärken.

Solche Verstärkungsprozesse finden im wechselseitigen Austausch statt. Der dritte Teil des Buches ist deswegen der transaktionsanalytischen Kommunikationstheorie gewidmet. Sie greift das Rollen- und Persönlichkeitsmodell aus dem ersten Teil auf und beschreibt die Gesetzmäßigkeiten, denen die menschliche Kommunikation folgt. Darauf aufbauend wird herausgearbeitet, wie sich störungsverstärkende Austauschprozesse von solchen unterscheiden, die aus einer Einschränkung herausführen und neue Erfahrungen erschließen. Mit der Differenziellen Regressionsanalyse mündet dieser Teil in die Schilderung eines Therapieansatzes, der die entwickelten Gesetzmäßigkeiten in der Kommunikation in vielfältiger Weise positiv nutzt. Damit erfahren auch die konkreten Veränderungsmöglichkeiten, die in den vorangegangenen Kapiteln erläutert worden sind, eine erste inhaltliche und praxisorientierte Bündelung.

Wenn es heilsame Formen der Kommunikation geben soll und wenn Maßnahmen möglich sind, die den Weg aus den Einschränkungen des unbewußten Lebensplanes heraus weisen können, so stellt sich die Frage: Wie kann man sich grundsätzlich die Entfaltung der Persönlichkeit vorstellen, und wie ist es möglich, daß die Persönlichkeit in ihrer Entfaltung die alten Einschränkungen in neue Möglichkeiten umwandeln kann? Dieser Frage ist der vierte Teil des Buches gewidmet, der auf der Grundlage von Piagets Überlegungen eine Entwicklungstheorie der Persönlichkeit entwirft. In diesem Buchteil laufen, wie oben bereits angedeutet, die theoretischen Fäden des Buches zusammen. Das Verständnis von geistiger Behinderung, auf dem die Praxis dieses Buches aufbaut, entwickelt sich erst aus dieser Theorie der Persönlichkeitsentfaltung. Dabei ergibt sich eine Nähe zu JANTZEN (1981), der geistige Behinderung als Tätigkeit unter isolierenden Bedingungen beschrieben hat. In unserem Zusammenhang begreifen wir geistige Behinderung als Selbstentfaltung in aktiver Auseinandersetzung mit einschränkenden bzw. isolierenden Bedingungen. Alle Verhaltensweisen, die mit der Zuschreibung "geistig behindert" belegt werden, sind Ausdruck einer eigenständigen und unverwechselbaren Entwicklungsleistung. Mit diesem Begriff von geistiger Behinderung ist es möglich, die Lebens- und Entwicklungsleistung geistig behinderter Menschen wahrzunehmen und damit ihre Würde als Person nicht nur ethisch einzufordern, sondern tatsächlich zu schätzen, ohne damit ihre Beeinträchtigungen und Einschränkungen schön zu reden oder zu übergehen.

Nachdem im vierten Teil dieses Buches die theoretischen Überlegungen gebündelt wurden, münden im fünften Teil die praktischen Ansatzpunkte in ein systematisches Konzept der Veränderungsplanung. Während in den vorangegangenen Buchteilen die Änderungsmöglichkeiten den theoretischen Ansätzen zugeordnet waren und dort mehr beispielgebenden Charakter hatten, so werden sie jetzt in einen größeren Zusammenhang gestellt, der die einzelnen Teile verbindet und in ein Gesamtes einordnet. Ausgehend von der Vier-Strategien-Konzeption von Rohmann (ROHMANN u. ELBING 1992) wird ein Modell der systematischen Problemanalyse und Veränderungsplanung entwickelt, das die unterschiedlichen Betrachtungs- und Interventionsebenen von der symptom-orientierten Vorgehensweise über den personen- und entwicklungsbezogenen Ansatz hin bis zur systemischen Sichtweise integriert. Dabei werden Entscheidungsregeln entwickelt, die es ermöglichen, die verschiedenen Aspekte im konkreten Einzelfall zu gewichten. Dadurch können sie einander so zugeordnet werden, daß sich eine Prioritätenliste bzw. eine sinnvolle Zuordnung und Abfolge der verschiedenen Interventionen ergibt, die auf den Einzelfall und seine besonderen Erfordernisse zugeschnitten ist. Somit bietet der fünfte Teil eine handlungsleitende Orientierung, um einen komplexen Änderungsprozeß kompetent steuern und gestalten zu können.

0.3 Das Lesermenü im Buch

Das Buch ist so konzipiert, daß interessierte Laien, pädagogisch vor- und ausgebildete Fachleute sowie Therapeuten und wissenschaftlich Interessierte das Buch lesen und dabei ihr Menü zusammenstellen können. Das Buch bietet in seiner Gestaltung hierzu mehrere Möglichkeiten.

Für alle Leser gleichermaßen lesbar und interessant ist der erste, zweite, dritte und der fünfte Teil. Der vierte Teil über die Entwicklungspsychologie ist theoretisch anspruchsvoll; der fünfte Teil im Anschluß daran ist jedoch so geschrieben, daß man ihn mit Gewinn lesen kann, auch wenn man den vierten Teil davor überschlägt. Somit bietet es sich für die interessierten

Laien und die pädagogischen Fachleute an, vorrangig die Teile eins bis drei und dann wieder das Interventionskonzept im fünften Teil zu lesen. Für diejenigen, die bereits etwas von Transaktionsanalyse verstehen, können über die Anwendung von Transaktionsanalyse bei geistig behinderten Menschen hinaus die Entwicklungstheorie und das Interventionskonzept (Teile vier und fünf) sowie die Regressionsanalyse am Ende des dritten Teils von besonderem Interesse sein. Wissenschaftlich interessierte Leser erhalten mit der Entwicklungstheorie den theoretischen Bezugsrahmen für die restliche Lektüre des Buches, so daß es auch möglich ist, die Lektüre hier zu beginnen. Für die Therapeuten ist mit Sicherheit das Interventionskonzept im fünften Teil besonders interessant, das durch die Entwicklungstheorie davor seine besondere Würze in der fachlichen Auseinandersetzung erhält. Die Lektüre des fünften Teils kann pädagogischen Fachkräften und interessierten Laien andererseits spannende Einblicke in die therapeutischen Überlegungen und Gestaltungsmöglichkeiten vermitteln und sie so dabei unterstützen, kompetente und durchaus auch kritische Partner im Veränderungsprozeß zu werden.

Es gibt im Buch den Haupttext mit Beispielen, Exkursen und Anmerkungen. Der Haupttext ist in einem Guß lesbar, ohne die Exkurse und die Anmerkungen ebenfalls zu lesen. Er enthält alle Informationen, die nötig sind, um mit dem Buch in der Praxis arbeiten zu können. Exkurse, Anmerkungen und Beispiele sind drucktechnisch so hervorgehoben, daß auf einen Blick erkennbar ist, was auf einer Seite zum Haupttext gehört und was Anmerkungen bzw. Exkurse oder Beispiele sind.

Die Anmerkungen wenden sich an die Leser, die sich auch wissenschaftlich mit diesem Buch auseinandersetzen wollen oder die als kenntnisreiche Insider das Interesse haben, ihr Wissen und ihre eigenen Ansätze mit den hier vorgestellten Gedanken zu verbinden. Sie erhalten in den Anmerkungen die nötigen Diskussionspunkte und Querverweise. Die Anmerkungen bauen auf dem Haupttext auf und ergänzen ihn.

Die Exkurse sind dagegen so angelegt, daß sie auch für sich genommen lesbar sind. Sie beleuchten schlaglichtartig wichtige Aspekte, die mit dem Haupttext zusammenhängen. Der Haupttext selbst wendet sich ihnen nicht zu, weil ansonsten der rote Faden verloren ginge.

Die Beispiele dienen der Veranschaulichung des Haupttextes. Hier wird lebendig, was im Haupttext theoretisch oder methodisch beschrieben ist. Die Leser, die bereits Kenntnisse von der Transaktionsanalyse haben, erfahren im Beispiel, wie ich sie bei geistig behinderten Menschen konkret anwende. Dem wissenschaftlich interessierten Leser schließlich dienen sie dazu, die Nachvollziehbarkeit der verwendeten Konzepte zu überprüfen. Die Beispiele stammen überwiegend aus dem Alltag und der Arbeit im

Wohnheim. Die Struktur von Konflikten und Problemen bleibt sich gleich, auch wenn die Szene wechselt; deshalb lassen sich die Beispiele sicher für andere Arbeits- und Lebensfelder wie Schule, Elternhaus und Werkstatt übersetzen.

Auf diese Weise kann sich jeder Leser sein Buch zusammenstellen. Er muß nicht alle Teile lesen, und er muß auch nicht den ganzen Text lesen. Er kann je nach Interesse und Kenntnisstand seine Schwerpunkte setzen. Dabei braucht er nicht zu fürchten, dadurch das Gesamtverständnis zu verlieren, wenn er ein Stück oder einen Teil nicht lesen mag. Vielmehr kann und soll der Leser das Buch so nutzen, wie es gedacht ist: Als Werkbuch. Über dem Lesen wird sicher nicht nur deutlich werden, welche Möglichkeiten es zur Gestaltung von Veränderung gibt. Vielmehr wird auch klarer werden, welcher Teil der Arbeit bei der eigenen Person beginnen kann (oder vielleicht sogar sollte) und für welche Schritte die Zusammenarbeit mit anderen oder Unterstützung und Hilfe durch andere nötig sind. Dieses Buch ist keine Anleitung dazu, es (mal wieder) alleine zu versuchen. Kompetentes Arbeiten mit geistig behinderten Menschen bedeutet nicht zuletzt, in vorausschauender Weise für die nötige eigene Unterstützung Sorge zu tragen. Was sie leisten und wofür sie gut sein kann, will dieses Buch zeigen.

Und zum Schluß noch ein Stück Abgrenzung und Klärung. Dieses Buch ist kein Lehrbuch der Transaktionsanalyse im Anwendungsbereich geistiger Behinderung. Es stellt zentrale Konzepte der Transaktionsanalyse vor, die sich in der Arbeit mit den geistig behinderten Menschen und ihren Bezugspersonen bewährt haben. Somit wird Transaktionsanalyse nicht in ihrer Gesamtheit, sondern als spezifisches Instrument vorgestellt. Wer sich einen systematischen Überblick über die Transaktionsanalyse als Theorie und Methode verschaffen möchte, tut dies am besten, indem er das Standardwerk von STEWART und JOINES (1987; deutsch 1990) oder eine andere Einführung (z.B. HAGEHÜLSMANN 1992; SCHLEGEL 1988[3]) heranzieht.

Erster Teil:
Struktur und Dynamik der Persönlichkeit

Das Persönlichkeitsmodell und der unbewußte Lebensplan sind die Schlüsselkonzepte der Transaktionsanalyse, denn auf ihnen bauen alle ihre weiteren theoretischen und praktischen Erwägungen auf. Deshalb bilden sie auch den Anfang dieses Buches. Die Darstellung wird sich jedoch nicht auf die Theorie alleine beschränken. Vielmehr wird die Theorie dazu genutzt, um auch die psychischen Schlüsselprobleme herauszuarbeiten, mit denen geistig behinderte Menschen häufig konfrontiert sind. Damit wird in diesem ersten Buchteil die Grundlage geschaffen, auf der eine wirkungsvolle Gestaltung von Veränderungs- und Entwicklungsprozessen aufbauen kann.

1. Das Persönlichkeitsmodell der Transaktionsanalyse

Wenn wir mit anderen im Kontakt sind, so fällt uns stets eine bestimmte Rolle dabei zu – sozusagen als unser Ende der Verbindung zwischen uns und den anderen. Und in der Art, wie wir diese Rollen mit Leben füllen, kommt unsere Persönlichkeit zum Vorschein. In diesem Kapitel werden zunächst die drei grundlegenden Rollen erläutert, die wir im Kontakt mit anderen einnehmen können. Dann werden wir der Frage nachgehen: Wie können wir die Persönlichkeit beschreiben, die in den Rollen zum Ausdruck kommt? Und wie hängen die Rollen mit der Persönlichkeit zusammen? Die Persönlichkeit selbst läßt sich nämlich nicht beobachten. Wir können sie uns aber erschließen dadurch, wann eine Person welche Rollen einnimmt und wie sie die Rollen ausfüllt.

1.1 Die Rollentheorie der Transaktionsanalyse

1.1.1 Das Modell der Ur-Rollen

Das Rollenmodell der Transaktionsanalyse beschreibt, wie sich die Persönlichkeit mit der Umwelt in Beziehung setzt. Alle ungezählten Rollen, die wir im Kontakt mit anderen einnehmen können, lassen sich drei Ur-Rollen zuordnen. Es sind dies die Erwachsenenrolle, die Kindrolle und die Elternrolle. Diese Rollen entsprechen unseren ersten und prägenden Erfahrungen des sozialen Miteinanders: Wir erleben unsere Eltern als Eltern, uns selbst als Kinder und die Eltern miteinander als Erwachsene. Und nicht zu vergessen: Uns selbst mit Geschwistern und Spielkameraden als kleine Erwachsene.

Die Erwachsenenrolle ist gekennzeichnet durch das vernünftige und nüchterne Überprüfen der Realität, wie sie ist. In der Erwachsenenrolle entscheide ich bewußt und überlegt; ich wäge die Schritte meines Handelns ab. Ich nehme Information auf und lerne das, was mir wichtig und nützlich erscheint. Kurz, ich fühle mich für mich und mein Handeln zuständig und verhalte mich auch so.

Eltern- und Kindrolle korrespondieren miteinander. Nehme ich die Elternrolle wahr, so habe ich ein Kind vor mir oder aber ich tue so, als hätte ich ein Kind vor mir, an das ich mich wende. Auch wenn ich mit anderen Eltern rede – Bezugspunkt der Elternrolle ist stets ein reales oder imaginäres Kind. Das geht auch losgelöst von einem konkreten Kind, wenn wir z.B. alte und vermeintlich bessere Zeiten vergolden. Im Grunde regen wir uns dann gemeinsam über die heutige (Kinder-)Generation auf.

Umgekehrt bin ich in der Kindrolle an Mutter und Vater orientiert. Sei es, daß ich sie real vor mir habe oder aber, daß ich jemandem eine väterliche oder mütterliche Rolle für mich zuweise. Dann befinde ich mich ihm oder ihr gegenüber in der Kindrolle und verhalte mich dementsprechend. Die Kindrolle beinhaltet allerdings eine wichtige Besonderheit. In der Kindrolle kann ich nämlich spielen, und zum Spielen brauche ich keine Eltern. Spielen kann ich nämlich vor allem mit anderen Kindern. Diese Besonderheit ist für die eigene Entwicklung und später auch für eine gute Therapie bedeutungsvoll.

Während also die Elternrolle immer ein reales oder imaginäres Kind als Bezugspunkt braucht, kann ich in der Kindrolle auf jemanden, der die Elternrolle spielt, bezogen sein, muß es aber nicht. Denn ich verfüge über die Wahl, mit anderen Kindern zu spielen.

Diese drei Ur-Rollen sind nichts, worauf man abonniert ist. Niemand „hockt" auf nur einer Rolle, sondern wir können die Rollen wechseln, und wir haben die anderen Rollen ständig in Bereitschaft, wenn wir eine der drei Rollen einnehmen. Und alle drei Rollen sind Ausdruck der Persönlichkeit; es ist nicht möglich, daß sie sich in nur zwei oder einer der Rollen entfalten kann. Warum das so ist, wird im weiteren Verlauf des Kapitels deutlich werden. Um nun diese Zusammengehörigkeit zu verdeutlichen, werden die drei Rollen in der Transaktionsanalyse immer zusammen dargestellt, auch wenn nur jeweils eine Rolle besetzt ist:

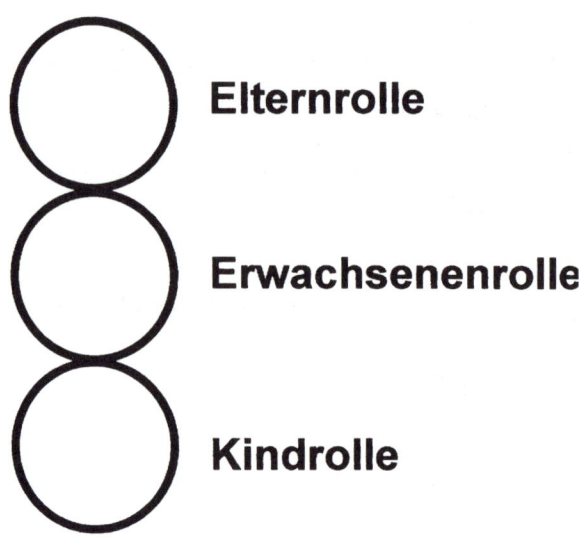

Abbildung 1: Das einfache Rollenmodell

In der Literatur zur Transaktionsanalyse wird das Rollenmodell in der Regel als Funktionsmodell bezeichnet, wie z.B. im Standardlehrbuch von STEWART und JOINES (1990). Ich folge einem Vorschlag von ERSKINE (1991) und spreche nicht von Funktions-, sondern vom Rollenmodell der Transaktionsanalyse. Meines Erachtens ist es so leichter, das Rollenmodell und das Strukturmodell, das weiter unten beschrieben wird, auseinander zu halten.

1.1.2 Das differenzierte Rollenmodell

Mit dem Wahlaspekt in der Kindrolle ist bereits eine erste Differenzierung höherer Ordnung angesprochen, die beim Rollenmodell vorgenommen wird. In der Kindrolle läßt sich nämlich ein freier und ein angepaßter Aspekt unterscheiden. Die freie Kindrolle bezeichnet den Rollenaspekt, der mit dem Spielen verbunden ist; ich verfolge eigene Impulse und Neigungen und Vorlieben, unabhängig von den Botschaften irgendwelcher Inhaber von Elternrollen. Die angepaßte Kindrolle dagegen beschreibt den oben erwähnten komplementären Aspekt der Kindrolle, der auf einen Rolleninhaber der Elternrolle bezogen ist. In der angepaßten Kindrolle orientiere ich mich an einer Eltern-Figur. Die Rebellion ist eine Spielart der angepaßten Kindrolle, denn auch in der rebellischen Kindrolle orientiere ich mich an Elternfiguren, nur daß ich mich genau entgegengesetzt zu deren Erwartungen verhalte.

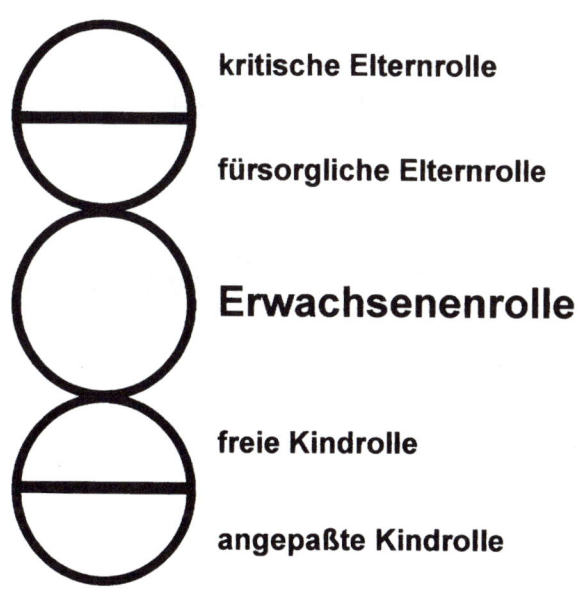

Abbildung 2: Die Unterscheidung der Eltern- und Kindrollen

Die Elternrolle beinhaltet ebenfalls zwei Rollenaspekte, nämlich den wohlwollenden oder auch fürsorglichen und den kritischen Aspekt. Der kritische Aspekt kommt beispielsweise zum Tragen, wenn Regeln aufgestellt und Wohlverhalten eingefordert wird, wogegen sich der wohlwollende Aspekt in Unterstützung und Hilfestellung entfalten kann.

Das Klischee vom netten, herzigen Kind mit Trisomie 21 ist ein gutes Beispiel für eine angepaßte Kindrolle. Natürlich darf es spontan sein, aber es sollte einen siebten Sinn dafür haben, ab welchem Punkt es die entzückten Erwachsenen nicht mehr süß finden – und es hat ihn auch. Spontan sein nach Wunsch – eine anspruchsvolle angepaßte Kindrolle.
Umgekehrt liegt in der Elternrolle, mal wohlwollend, mal kritisch, eine Verführung für die Fachleute, die mit behinderten Menschen arbeiten. Denn ihnen legt sich diese Rolle sozusagen von Berufs wegen nahe.

Diese Beispiele drängen über die erste Differenzierung des Rollenmodells hinaus auf eine zweite, wichtigere Unterscheidung. Denn wenn man bedenkt, wann und wie die Rollen ausgefüllt werden, so liegt es auf der

Hand, daß je nach Situation eine Rolle angemessener ist als eine andere. Ein Witz am offenen Grab ist genauso unpassend wie ein einjähriges Kind nach erfolgloser „Sitzung" zu tadeln. Die Rolle des „süßen Mongos" ist genauso fragwürdig wie die Rolle des professionell wohlwollenden Übervaters.

Sowohl die Elternrolle als auch die Kindrolle können in ihren beiden Aspekten positiv oder negativ sein. Unterscheidungskriterium hierbei ist die Realitätsangemessenheit der jeweils eingenommenen Rolle. Der Unterschied zwischen positiv wohlwollender und negativ wohlwollender Elternrolle liegt darin, daß ich aus der positiv wohlwollenden Elternrolle heraus die Hilfe und Unterstützung gewähre, die für den Adressaten nötig ist – und nicht mehr. Sobald er meiner Unterstützung nicht mehr bedarf, entlasse ich ihn aus meiner Fürsorglichkeit. In der negativ wohlwollenden Elternrolle dagegen bin ich überfürsorglich und mache dadurch den Adressaten hilfloser, dümmer oder ungeschickter, als er wirklich ist. In der positiv wohlwollenden Rolle löse ich sein Problem mit ihm, in der negativ wohlwollenden Rolle löse ich es für ihn.

In ähnlicher Weise gilt das Kriterium der Realitätsangemessenheit für die Unterscheidung zwischen positiv und negativ kritischer Elternrolle. Einem Kind Grenzen zu setzen, das die Gefahren des Verkehrs nicht abschätzen kann und die Regeln nicht kennt, stellt eine Realisierung der positiv-kritischen Elternrolle dar. Ich nehme es an der Hand, wenn ich mit ihm einkaufen gehe. Geistig behinderten Kindern auf der Entwicklungsstufe eines knapp Einjährigen Tischmanieren vorzuschreiben, bedeutet die Realisierung einer negativ-kritischen Elternrolle, da diese Anforderung den Möglichkeiten der Kinder in keiner Weise entspricht.

Auch für die Unterscheidung zwischen positiven und negativen Qualitäten in der Kindrolle gilt das Kriterium der Realitätsangemessenheit. Beispielsweise ist eine realitätsangemessen eingenomme angepaßte Kindrolle zum Lernen wichtig. Ich lasse mir nämlich im besten Sinne des Wortes etwas sagen. Auch das sich Unterwerfen unter Regeln wie Pünktlichkeit, Tagesordnung usw. ist dem positiven Aspekt der angepaßten Kindrolle zuzurechnen, weil dadurch die Energie freibleibt für die wichtigen Inhalte einer Sitzung, anstatt sich mit nebensächlichen Regularien zu belasten. Die negativ angepaßte Kindrolle ist dagegen am besten mit dem Stichwort Überanpassung umschrieben. Komplementär dazu, daß ich durch das Erfahren einer negativen Elternrolle kleiner, dümmer und ungeschickter gemacht werde, bin ich es in der negativ angepaßten Kindrolle nunmehr selbst, der sich kleiner, ungeschickter, verantwortungsunfähiger macht als er eigentlich ist.

Damit ist ein weiteres wichtiges Stichwort gefallen, nämlich das Stichwort der Verantwortlichkeit. Verantwortlichkeit ist mit dem Kriterium der Realitätsangemessenheit eng verbunden. Denn in der Erwachsenenrolle und in den positiven Qualitäten der Eltern- und Kindrolle fühle ich mich zuständig für das, was ich wahrnehme, fühle, will und tue. Denn ohne mich zuständig zu fühlen, habe ich auch kein Interesse an der Angemessenheit der Rolle, die ich einnehme, und an der Angemessenheit des Verhaltens, das ich in dieser Rolle zeige.

Das differenzierte Rollenmodell läßt sich graphisch folgendermaßen veranschaulichen:

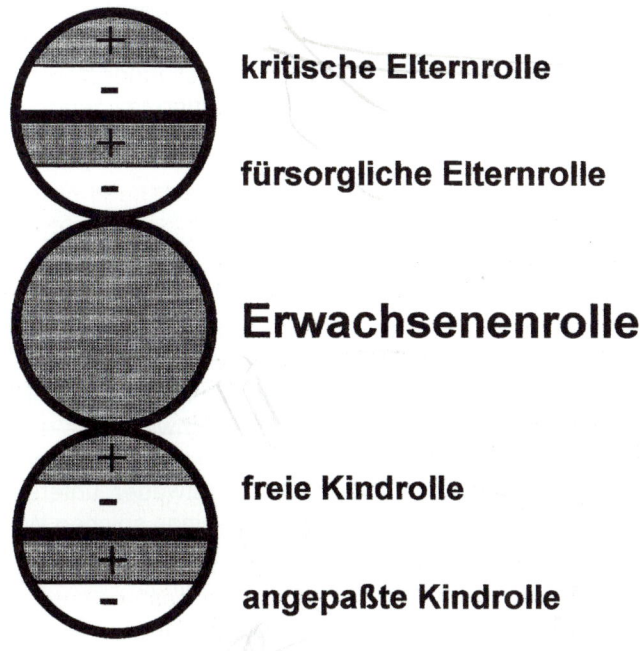

Abbildung 3: Das differenzierte Rollenmodell

...und wer bestimmt, was wirklich ist? Gibt es die (einzige) Realität? Um hier nicht in philosophische Untiefen zu geraten, verstehe ich folgendes unter realitätsangemessenem Handeln als Arbeitsdefinition: Die Person nutzt in der jeweiligen Situation für ihr Handeln alle ihr zugänglichen und bekannten einschlägigen Kenntnisse, d.h. sie richtet sich nach ihrem bestmöglichen Modell der Wirklichkeit. Und sie setzt ihre vorhandenen Fähigkeiten mit ihrem Handeln ein. Diese Aspekte werden im Kapitel 6.2 über Symbiose und Passivität nochmals aufgegriffen (vgl. vor allem 6.2.3.1 zur Abwertung). Damit ist der philosophische Teil der Frage nicht abgetan, er wird eine wichtige Rolle im Kapitel über die Entwicklung der Persönlichkeit spielen.

1.1.3 Die Rollendiagnose

BERNE (1989[11] S. 67) unterscheidet vier Arten der Diagnose. Die ersten beiden Diagnosearten, die verhaltensbezogene und die soziale Diagnose, dienen der Feststellung der Rolle, die der Gesprächspartner gerade einnimmt. Sie zielen also auf eine Diagnosestellung im Rahmen des besprochenen Rollen- bzw. Funktionsmodells. Die übrigen beiden Arten der Diagnosestellung, nämlich die historische und die phänomenologische Diagnose, lassen Rückschlüsse auf die psychischen Strukturen zu, die der eingenommenen Rolle zugrunde liegen. Diese beiden Diagnosemöglichkeiten werden im Anschluß an das Strukturmodell der Persönlichkeit erläutert. Im folgenden werden die ersten beiden Diagnoseformen so vorgestellt, daß zugleich mit der Beschreibung der Diagnoseform auch deren Eigenheiten und Besonderheiten in der Anwendung bei geistig behinderten Menschen diskutiert werden.

1.1.3.1 Die verhaltensbezogene Diagnose

In der verhaltensbezogenen Diagnose nutzt Berne alle beobachtbaren Lebensäußerungen des Gegenübers im Hier und Jetzt, um Rückschlüsse auf die Rolle zu ziehen, die er gerade einnimmt. Hierbei benutzt er die gesamte Bandbreite des verbalen wie auch des nonverbalen Verhaltens. Berne schreibt: „Die Diagnose wird zuerst üblicherweise auf der Basis klinischer Erfahrung mit Mienen, Gesten, Stimmlagen, Wortwahl und anderen Kennzeichen erstellt" (BERNE 1989[11] S. 67). Der Schwerpunkt dieser Art der Diagnose liegt klar im Bereich des nonverbalen Verhaltens, das die sprachlichen Äußerungen des Gegenübers entweder unterstützt, unterstreicht oder aber ihnen zuwiderläuft. Im Falle eines solchen Widerspruchs ist es nach Auffassung Bernes das nonverbale Verhalten, das die zutreffenden Hinweise auf die eingenommene Rolle enthält.

Sabine, eine geistig behinderte junge Frau sagt auffallend häufig zu ihren Betreuerinnen „Gell, ich mag meine Mama". Sie sagt dies mit kindlich hoher Stimme und wiederholt mehrfach bekräftigend: „Doch, ich mag meine Mama". Dabei zerfällt ihr Gesicht in zwei Hälften. Die untere Hälfte läßt einen Mund erkennen, dessen Winkel zu einem Lächeln auseinandergezogen sind. Die obere Hälfte des Gesichts zeigt das ganze Gegenteil: Die Augenbrauen sind in der Mitte leicht gehoben, die Augen blicken den Angesprochenen weit offen und von unten herauf an, und sie füllen sich langsam mit Flüssigkeit, worauf sie ihren Blick senkt und sich mit hängenden Schultern etwas abwendet. Dann wendet sie sich dem Ange-

sprochenen wieder zu, blickt ihn an und wartet offenkundig auf eine Antwort.

Ihre Wortwahl, die Stimme, der Blick von unten usw. signalisieren, daß diese junge Frau die Kindrolle einnimmt. Die merkwürdige Aufteilung des Gesichts läßt die Vermutung zu, daß die Mitteilung „Gell, ich mag meine Mama" ebenso Teil der angepaßten Kindrolle sind wie das gezwungene Lächeln, wogegen die obere Hälfte des Gesichts mit den traurig blickenden und ängstlichen Augen das verletzte und hilfsbedürftige freie Kind sehen lassen.

Die verhaltensbezogene Diagnose ist bei geistig behinderten Menschen vor allem im Bereich des nonverbalen Verhaltens anwendbar, denn geistig behinderte Menschen zeigen wie alle anderen Menschen auch ständig beobachtbares Verhalten, das Hinweise zur Rollendiagnose geben kann. Zum Teil sind allerdings spezielle Kenntnisse und Erfahrungen nötig, um z.B. organisch bedingte, physiologische Zustandsschwankungen zu erkennen. Denn sie gehören nicht zu den Verhaltensmerkmalen, die auf die wahrgenommene Rolle schließen lassen. Hierzu gehören etwa Veränderungen im Gesichtsausdruck, die auf eine spastische Lähmung zurückzuführen sind. Ein weit geöffneter Mund mit hochgezogenen Mundwinkeln bildet unter solchen Umständen nur bedingt einen Hinweis auf Heiterkeit. Sind die geistig behinderten Menschen nicht oder nur sehr eingeschränkt in der Lage, Sprache zur Kommunikation zu verwenden, so fällt damit der diagnostisch wichtige Bereich der Sprache im Sinne verwendbarer Beobachtungen aus. Wegen ihres Zeichencharakters ist der Mitteilungsinhalt von Sprache relativ eindeutig (vgl. WATZLAWICK, BEAVIN und JACKSON 1969). Nonverbales Verhalten ist dagegen immer mehrdeutig und die verhaltensbezogene Diagnose erhält ihre Sicherheit nicht zuletzt aus dem Vergleich der sprachlichen Mitteilung mit dem in sich mehrdeutigen Verhalten, das das gesprochene Wort begleitet. Bei geistig behinderten Menschen ohne aktive Sprachverwendung sind wir also damit konfrontiert, daß unsere auf Verhalten gestützten Diagnosen mit mehr Unsicherheit und Beliebigkeit verbunden sind als sonst gewöhnt.

Durch diese beiden Faktoren, nämlich durch organisch bedingte Besonderheiten im nonverbalen Ausdruck und das häufige Fehlen von Sprache als Mitteilungsmittel ist die verhaltensbezogene Diagnose noch mehr als sonst üblich auf die Ergänzung und Absicherung durch die übrigen Diagnoseformen angewiesen.

1.1.3.2 *Die soziale Diagnose*

Die soziale Diagnose beruht nach Berne darauf, daß die Rollen in einem Austausch zwischen den Beteiligten komplementär, d.h. sich ergänzend aufeinander bezogen sind. Eltern- und Kindrolle fügen sich im Austausch nach dem Schlüssel-Schloß-Prinzip ineinander, und in gleicher Weise bedingen sich die Erwachsenenrollen gegenseitig (siehe oben). Aus meiner eigenen, im Austausch spontan eingenommenen Rolle kann ich auf die Rolle meines Austauschpartners schließen. Finde ich mich z.B. selbst in der Elternrolle wieder, so kann ich schließen, daß mein Partner die Kindrolle in unserem Austausch besetzt. In der Kommunikation mit geistig behinderten Menschen stößt diese Diagnoseart auf ein Problem. Die Behinderung meines Partners bedeutet für mich zusammen mit der Ungleichheit an Verständigungsmöglichkeiten zu seinen Lasten eine starke Einladung, die Elternrolle zu besetzen. Im Gegensatz zu neurotischen Rollenangeboten ist die Versuchung, selbst die Elternrolle zu besetzen, hier strukturell vorgegeben. Die eigene Reflexion ist hier in starkem Maße gefordert, um in der Diagnose solche Überlagerungen und die daraus folgenden Trugschlüsse zu vermeiden.

Wie oben bereits angedeutet, erlauben die verhaltensbezogene und soziale Diagnose in ihrer gegenseitigen Ergänzung einen Rückschluß auf die Rolle, in der sich der Gesprächspartner befindet. Bevor jedoch Rückschlüsse auf die Struktur der Persönlichkeit möglich sind, muß zunächst die Frage nach den Eigenheiten dieser Struktur beantwortet sein. Dieser Frage ist der nächste Abschnitt gewidmet.

1.2 Das Strukturmodell der Persönlichkeit

1.2.1 Die Grundlagen des Modells

Eric Berne hat seinen Überlegungen ein Konzept zugrundegelegt, das er dann systematisch verwendet, um daraus Schritt für Schritt sein komplexes Modell der Persönlichkeitsstruktur aufzubauen. Dieses Basiskonzept ist das Konzept des Ich-Zustandes. Berne definiert den Ich-Zustand als „ein in sich schlüssiges Muster des Fühlens und Erlebens, das direkt mit einem entsprechenden, in sich schlüssigen Muster von Verhaltensweisen verbunden ist" (BERNE 1966 S. 364).

Mit dieser Definition legt Berne seiner Theorie einen ganzheitlichen Ansatz zugrunde, denn dieser Grundbaustein teilt die Persönlichkeit eben nicht auf in Erleben, Denken, Fühlen und Handeln, sondern betont die Einheit aus Erleben, Denken, Fühlen und Handeln als das Grundelement der Persönlichkeitsstruktur. Mit diesem Grundelement hat Berne nun ganz systematisch gearbeitet, um mit ihm Schritt für Schritt das komplexe Modell der Persönlichkeitsstruktur zu entwickeln. Zunächst unterschied Berne drei Arten von Ich-Zuständen, nämlich den Erwachsenen-Ich-Zustand, den Kind-Ich-Zustand und den Eltern-Ich-Zustand. Wie STEWART (1992) herausgearbeitet hat, spielt der Zeitfaktor bei Eric Berne eine entscheidende Rolle bei der Bestimmung dessen, was Erwachsenen-Ich-Zustand, Kind-Ich-Zustand und Eltern-Ich-Zustand beinhalten.

Das Erwachsenen-Ich ist mit dem Hier und Jetzt der Gegenwart verbunden. Berne definiert den Erwachsenen-Ich-Zustand als „eine selbstbestimmte zusammengehörige Gruppe von Gefühlen, Einstellungen und Verhaltensmustern, die der gegenwärtigen Realität angemessen sind" (BERNE 1989¹¹ S. 67). Neben der zeitlichen Qualität des Hier und Jetzt ist das Realitätsprinzip die zweite bestimmende Komponente für den Erwachsenen-Ich-Zustand. Befindet sich ein Mensch im Erwachsenen-Ich-Zustand, so setzt er sich mit dem Hier und Jetzt auseinander, wie es jetzt gerade ist. Er steht also mit beiden Beinen fest auf der Erde.

Im Gegensatz zum Erwachsenen-Ich-Zustand ist der Kind-Ich-Zustand mit der Vergangenheit verbunden. Berne definiert den Kind-Ich-Zustand als „eine zusammengehörige Gruppe von Gefühlen, Einstellungen und Verhaltensmustern, die Reste aus der Kindheit des betreffenden Menschen sind" (BERNE 1989¹¹ S. 69). Im Kind-Ich-Zustand denke, handle und fühle ich als das Kind, das ich einmal war. Noch genauer gesprochen, bin ich im Erleben, Denken, Fühlen und Handeln das Kind von damals. Weiterhin charakterisierte Berne den Kind-Ich-Zustand als einen „archaischen Ich-Zustand" (BERNE 1989¹¹ S. 25).

Ebenso wie der Kind-Ich-Zustand ist auch ein Eltern-Ich-Zustand mit der Vergangenheit verbunden (BERNE 1966 S. 366). Er ist definiert als „eine in sich stimmige Gruppe von Gefühlen, Haltungen und Verhaltensmustern, die diejenigen einer Elternfigur vergegenwärtigen" (BERNE 1989¹¹ S. 66). Bei den Inhalten des Eltern-Ich-Zustandes handelt es sich also um Persönlichkeiten aus der konkreten eigenen Vergangenheit und deren Ich-Zuständen, die ich mir gewissermaßen einverleibt habe. Mit anderen Worten: Sie sind Introjekte in meiner Persönlichkeit.

STEWART (1992) hat herausgearbeitet, in welcher Weise Berne mit der Konzipierung der Ich-Zustände auf den Arbeiten seines Ausbilders und Lehranalytikers Paul Federn aufgebaut und sie erweitert hat. FEDERN (1952; zitiert nach BERNE 1989¹¹) hatte bereits den Begriff des Ich-Zustandes eingeführt und zwischen gegenwärtigen und archaischen Ich-Zuständen differenziert. Sein Schüler Eduardo Weiß sprach bereits von der psychischen Präsenz eines anderen Ego, womit er den Berne'schen Begriff des Eltern-Ich-Zustandes vorzeichnete (WEISS 1950; zitiert nach BERNE 1989¹¹). Indem Berne den Ich-Zustand in der besprochenen Einheit aus Erleben, Fühlen und Handeln definierte, machte er das Konzept des Ich-Zustandes grundsätzlich auch einer Beobachtung zugänglich, wogegen die theoretischen Konzepte seiner Vorgänger ausschließlich auf das innere Erleben abzielten.

Die drei verschiedenen Ich-Zustände sind jedoch nicht nur einmal, sondern jeder vielfach in der Persönlichkeitsstruktur vorhanden. Denn allein der Erwachsenen-Ich-Zustand, der mit dem Hier und Jetzt verbunden ist, entsteht gewissermaßen in jedem Augenblick neu. So hat jeder Mensch im Laufe seines Lebens eine theoretisch fast endlose Zahl an Erwachsenen-Ich-Zuständen durchlaufen. Aus Gründen der Handhabbarkeit hat Berne deshalb (wie auch schon FEDERN 1952; zitiert nach BERNE 1989[11]) vorgeschlagen, daß die kürzeste Einheit einer Erwachsenen-Ich-Erfahrung einen Tag betragen soll. Denn im Laufe dieses einen Tages sammelt man in der Auseinandersetzung mit dem Hier und Jetzt Erfahrungen, die man im Laufe der Nacht in seinen Träumen verarbeitet, um am nächsten Morgen bereit zu sein für neue Erfahrungen. Berne verwendete für diese kleinste Einheit eines Erwachsenen-Ich-Zustandes den Begriff der Ich-Einheit (BERNE 1989[11] S. 37). Die Gruppe aller dieser Erwachsenen-Ich-Zustände nennt Berne zusammenfassend Erwachsenen-Ich.

In ähnlicher Weise existiert auch eine Gruppe von Eltern-Ich-Zuständen, denn mit jeder neuen einverleibten Autoritätsperson tritt auch ein neuer Eltern-Ich-Zustand zu der bisher vorhandenen Gruppe hinzu. Diese Gruppierung nennt Berne zusammenfassend Eltern-Ich.

Berne war es immer wichtig, „Fachchinesisch" möglichst zu vermeiden. Er wollte keine therapeutische Herrschaftssprache entwickeln, die den Klienten sich dumm fühlen läßt. Die Gefahr in diesem positiven Anliegen liegt darin, daß eine einfache Sprache ein einfaches – zu einfaches – fachliches Denken vermuten lassen kann. Das ist nicht der Fall. Berne umschrieb z.B. den Vorgang der Introjektion als ein Entleihen der Ich-Zustände von der betreffenden Person. Eine andere Umschreibung ist der hier verwendete Begriff des Einverleibens.

In gleicher Weise verhält es sich mit den archaischen Relikten der eigenen Kindheit, den Kind-Ich-Zuständen. Die griechische Wurzel des Wortes archaisch ist das Wort archä, was nicht nur alt bedeutet, sondern Herrschaft, Ordnung und Macht. Ein Relikt ist etwas Zurückgelassenes. Die archaischen Relikte sind also die Anteile der Persönlichkeit, die im Lauf der Entwicklung unvollständig bzw. unerledigt zurückbleiben. Durch die lange Zeit der Kindheit bilden auch sie eine respektable, umfangreiche und auch besonders einflußreiche Gruppe. Mit der Bezeichnung „archaische Relikte" gibt Berne einen wichtigen Hinweis nicht nur auf die Inhalte, sondern auch auf die Eigenschaften des Kind-Ichs. Das Kind-Ich beinhaltet eben nicht nur einfach die Kinder, die wir einmal waren, sondern Berne sieht in diesem Teil der Persönlichkeitsstruktur die Qualität einer alten, ordnenden Macht. Dabei ist dieser Herrschaftsaspekt beileibe nicht nur von historischem Interesse. Vielmehr entfaltet Eric Berne in seiner Theorie vom unbewußten Lebensplan die Art und Weise, wie die archaische Qualität des Kind-Ichs bis in die Gegenwart hineinreicht (vgl. Kapitel 2).

Erwachsenen-, Kind- und Eltern-Ich bestehen nicht isoliert nebeneinander her, sondern die Grenzen zwischen den Strukturen sind durchlässig. Mit anderen Worten: Normalerweise können alle drei abwechselnd oder auch gleichzeitig mit psychischer Energie besetzt werden. Dementsprechend verändert sich dann auch das eigene Erleben, Denken, Fühlen und Handeln.

Der strenge Ton eines Vorgesetzten kann eine Verlagerung psychischer Energie vom Erwachsenen-Ich ins Kind-Ich auslösen, worauf ich das in der Schule vom Lehrer gemaßregelte Kind von damals bin. Ich nehme meinen heutigen Vorgesetzten so wahr, wie ich damals Lehrer wahrgenommen habe. Ich denke und fühle so, als wäre ich jetzt auf der Schulbank und handle auch dementsprechend. Meine Fähigkeiten, Erfahrungen und mein Selbstbewußtsein als erwachsener Mensch sind mir plötzlich nicht mehr zugänglich und ich reagiere auf ihn genauso, als hätte er mich soeben beim Abschreiben ertappt.

Das Genörgele meines Kindes zerrt an meinen Nerven und katapultiert mich in mein Eltern-Ich: Auf einmal fühle, handle und rede ich so, wie meine Mutter damals unduldsam und hart auf mich reagierte. Schmerzhaft erkenne ich sie/mich wieder; ich sage mir: Nein, ich will das nicht nochmal, wende mich meinem Kind zu, wie ich heute bin – und finde mich so in meinem Erwachsenen-Ich wieder.

In solcher und ähnlicher Weise können sich Erwachsenen-, Kind- und Eltern-Ich in unterschiedlichen Konstellationen und Reihenfolgen abwechseln.

Berne entwickelte eine eigene Theorie der psychischen Energie und der psychischen Energieverschiebung, um die Gesetzmäßigkeiten herauszuarbeiten, nach denen die psychischen Strukturen der Energie besetzt werden können. Da diese theoretischen Überlegungen im Rahmen dieses Buches weiter nicht aufgegriffen und vertieft werden, erfolgen hier lediglich einige Verweise auf die Literatur. Neben den Arbeiten von Berne selbst (BERNE 1989[11]) kann die Energietheorie beispielsweise bei STEWART und JOINES (1987; deutsch 1990) sowie bei SCHLEGEL (1988[3]) und GLÖCKNER (1992) nachgelesen werden.

Psychische Gesundheit definierte Berne als die Fähigkeit, alle drei Strukturelemente der Persönlichkeit unter dem freundlichen Vorsitz des Erwachsenen-Ichs mit Energie besetzen zu können (vgl. BERNE 1989[11] S. 153; 173).

In der Transaktionsanalyse wird das Strukturmodell der Persönlichkeit in ähnlicher Art wie das Rollenmodell graphisch anschaulich gemacht.

Dieses Modell wird Strukturmodell erster Ordnung oder auch Basismodell genannt, da es nicht weiter differenziert ist. Die Abkürzung ER steht für Erwachsenen-Ich, EL steht für Eltern-Ich und K für Kind-Ich. Wir werden diese Abkürzungen in den Abbildungen immer dann verwenden, wenn vom Strukturmodell die Rede ist. Um eine Verwechslung mit dem Rollenmodell

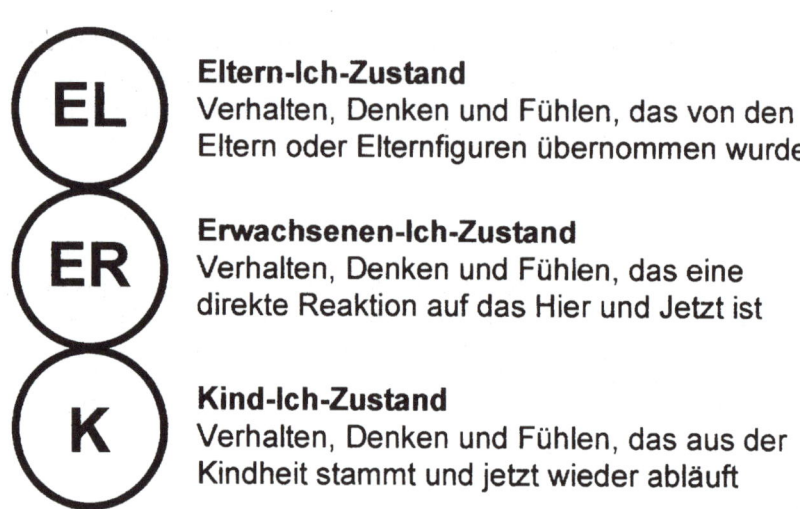

Abbildung 4: Das Strukturmodell der Persönlichkeit (STEWART U. JOINES 1990 S. 34)

zu vermeiden, wird die Rolle nicht abgekürzt, sondern immer ausgeschrieben werden. Im folgenden Strukturmodell zweiter Ordnung wird das Kind-Ich in seiner Struktur genauer beschrieben.

1.2.2 Das Strukturmodell zweiter Ordnung

Bernes Persönlichkeitsmodell sieht eine weitere Untergliederung für alle drei Strukturelemente der Persönlichkeit vor. Für den Zusammenhang dieses Buches ist es jedoch ausreichend, auf seine Differenzierung des Kind-Ichs einzugehen. Sie ist auch die meistverwendete und wichtigste. Das Kapitel zur Entwicklungstheorie wird auf die Verästelungen des Berne'schen Modells in einem größeren Zusammenhang zurückkommen. Das im folgenden beschriebene Modell reicht jedoch aus, um weite Teile der Transaktionsanalyse – und alle Teile dieses Buches bis auf das Kapitel zur Entwicklungstheorie – verstehen zu können.

Im Kind-Ich sind unsere archaischen Relikte des ersten, zweiten, dritten, vierten usw. Lebensjahres in Form von Kind-Ich-Zuständen versammelt. Das Kind-Ich ist also die Gesamtheit aller unserer Kind-Ich-Zustände, die für unser heutiges Leben von Bedeutung sind. Als Kinder haben wir jedoch auch schon über alle drei Arten von Ich-Zuständen verfügt. Da wir z.B. als Sechsjährige bereits auch schon alle drei Ich-Zustände hatten, weist dieser Ich-Zustand nun ebenfalls ein Erwachsenen-Ich, Kind-Ich und Eltern-Ich aus. Um die Ich-Zustände nicht zu verwechseln, spricht man vom *Erwachsenen-Ich-im-Kind,* vom *Eltern-Ich-im-Kind* und vom *Kind-Ich-im-Kind.* Entsprechendes gilt auch für das Eltern-Ich. Im graphischen Modell läßt sich das Kind-Ich nunmehr folgendermaßen verdeutlichen:

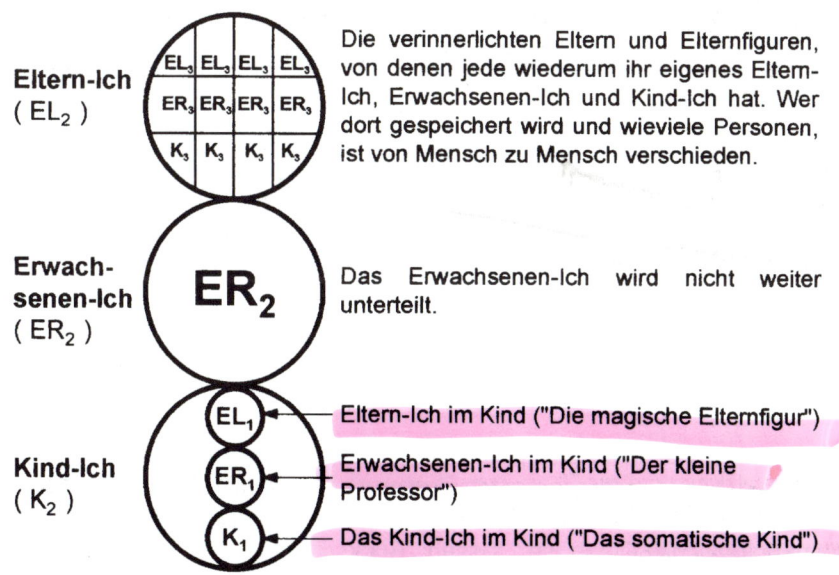

Abbildung 5: Das differenzierte Strukturmodell der Persönlichkeit (STEWART U. JOINES 1990 S. 60)

Dieses Modell wird auch Strukturmodell zweiter Ordnung genannt. Die Ziffern, die den Ich-Zuständen beigegeben sind, helfen Verwechslungen zu vermeiden. Die Ziffer 2 kennzeichnet die Ich-Zustände der erwachsenen Person, wie sie bisher besprochen wurden (vgl. Abbildung 4). Die Beiziffer 3 bezeichnet die Ich-Zustände im Eltern-Ich, und die Beiziffer 1 wird den Ich-Zuständen im Kind-Ich zugeordnet.

In der Logik des Modells liegt es, daß dieses differenzierte Strukturmodell zweiter Ordnung seinerseits noch einmal differenziert werden kann, denn das Kind-Ich-im-Kind (oder auch: K_1 in K_2) hat wiederum dieselbe Binnenstruktur aus Eltern-, Erwachsenen- und Kind-Ich-Zuständen (EL_0, ER_0 und K_0), und auch darin steckt nochmal ein jüngeres Kind...(WOOLAMS U. BROWN 1978 S. 21; SCHLEGEL 1984[2] S. 61). Die Zusammenhänge zwischen den verschiedenen Differenzierungsebenen werden im Rahmen dieses Buches im Kapitel über die Entwicklungstheorie der Persönlichkeitsstruktur dargestellt. An dieser Stelle brauchen sie jedoch nicht weiter aufgeführt zu werden.

1.2.3 Die Diagnose von Ich-Zuständen

Nachdem bereits mit der Rollendiagnose die verhaltensbezogene und die soziale Diagnose eingeführt wurden, müssen wir die phänomenologische und die historische Diagnose heranziehen, um überhaupt auf einen Ich-Zustand schließen zu können. Denn Rollen kann man beobachten, Ich-Zustände nicht.

Eine Elternrolle läßt noch lange nicht auf den Ich-Zustand schließen. Ich kann fürsorglich sein und bin dabei im Eltern-Ich-im-Kind. Ich bin also das Mädchen von damals, das mit Puppen Mutter und Kind spielt und dabei seine eigene Mutter verkörpert. Ich kann fürsorglich sein, weil es angemessen so ist – und ich besetze mein aktuelles Erwachsenen-Ich mit Energie. Ich kann fürsorglich sein, belebe so meinen Vater in mir und bin im Eltern-Ich. Von außen betrachtet fülle ich einfach „nur" eine Elternrolle aus.

In seiner Diskussion von Übertragung und Gegenübertragung im Rahmen der Transaktionsanalyse hat ERSKINE (1991) herausgearbeitet, daß der Therapeut in seinem Kind-Ich eine Eltern-Figur phantasieren kann, die ihm selbst gefehlt hat, und diese Elternphantasie wie ein Eltern-Ich-im-Kind in seinem Verhalten gegenüber dem Klienten beleben kann. Diesen Vorgang bezeichnet ERSKINE (1991 S. 73) als Gegenübertragung. Beobachtbar ist in diesem Fall ebenfalls lediglich, daß der Therapeut eine Elternrolle einnimmt.

Wir brauchen also weitere Informationen und Hinweise, um von der Rolle auf den dahinter verborgenen Ich-Zustand schließen zu können. Die beiden weiteren Arten der Diagnosestellung, nämlich die historische und die phänomenologische Diagnose, lassen Rückschlüsse auf die psychischen Strukturen zu, die der eingenommenen Rolle zugrunde liegen. Wie oben auch werden die Diagnoseformen so vorgestellt, daß zugleich mit der Beschreibung der Diagnoseform auch deren Eigenheiten und Besonderheiten in der Anwendung bei geistig behinderten Menschen diskutiert werden.

Die psychische Struktur ist sehr eng mit der Biographie verwoben, mit und in der sie sich entwickelt hat. Die folgenden beiden Diagnoseformen haben daher auf unterschiedliche Weise zum Ziel, die Entsprechungen ausfindig zu machen, die sich in der Vergangenheit zur jetzigen Situation und vor allen Dingen zur jetzt wahrgenommenen Rolle zeigen.

1.2.3.1 Die phänomenologische Diagnose

BERNE (1989[11], S. 67) beschreibt die phänomenologische Diagnose als eine Diagnose, die letztlich der Klient selbst stellt, indem er in der therapeutischen Situation das Denken, Fühlen und Handeln aus dem Kind-Ich-Zustand wie in einem Zeitsprung aktiviert und eben dieses Phänomen anschließend mit dem Therapeuten aus dem Erwachsenen-Ich-Zustand reflektiert.

Irgendwas ist heute mit meinem Therapeuten los, er wirkt so uninteressiert und abwesend. Wahrscheinlich langweilt er sich und findet mein Problem nicht gerade wichtig. Bestimmt sitzt er nur hier, weil er hier sitzen muß. Ich fühle mich irgendwie blöde, ich weiß gar nicht so recht, was ich mit ihm anfangen soll. Mir ist unbehaglich, ich habe Angst, ihn vollends zu verärgern. Ich stottere herum und bekomme keinen Satz gerade heraus – und auf einmal fällt es mir wie Schuppen von den Augen: So war es auch damals, ich bin ein Schulkind, und mein Vater interessiert sich nicht für mich – ihm ist alles mögliche wichtiger als sein Kind. Ich habe in der Therapie meine alte schmerzhafte Erfahrung neu belebt.

Befindet sich eine Person im Kind-Ich wie in unserem Beispiel, so wird sie „in voller Intensität mit wenig Verwitterung (durch ihre Lebensgeschichte seither, Erg. d. Verf.)" (BERNE 1989[11] S. 69) den vollständigen Ich-Zustand wieder erleben, den sie in der vergangenen psychologischen Epoche der Kindheit erfahren hatte. In diesem Zustand wird sie ihr Erleben auch so schildern, als sei sie eben beispielsweise fünf Jahre alt. Sie wird die Wortwahl, Tonfall und die Beschreibungsweise eines Fünfjährigen beobachten lassen. STEWART (1992 S. 29) streicht heraus, daß die phänomenologische Diagnose diejenige ist, die letztlich ausschlaggebend für die Diagnosestellung insgesamt ist.

Die Beschränkung der phänomenologischen Diagnose bei geistig behinderten Menschen liegt auf der Hand. Sie liegt ähnlich wie bei der verhaltensbezogenen Diagnose beim Problem der Sprachverwendung. Eine phänomenologische Diagnose ist nämlich nur möglich, wenn der Klient in der Lage ist, Sprache zu verwenden und sie außerdem so differenziert zu verwenden, daß er überhaupt über seine inneren Erlebnisse und Erfahrungen berichten kann und sie auch in Beziehung setzen kann zu seiner eigenen Vergangenheit. Die phänomenologische Diagnose wird also häufig nicht oder nicht befriedigend gestellt werden können.

1.2.3.2 Die historische Diagnose

Die historische Diagnose erfordert vom Therapeuten eine möglichst gute Kenntnis der Vergangenheit seines Klienten und ihrer Schlüsselsituationen. Eine historische Diagnose kann sich auch der Klient selbst stellen, „wenn der Betreffende exakt und auf den Anlaß bezogen angeben kann, welche Elternfigur ihm den Prototyp für das Verhalten angeboten hat" (BERNE 1989[11] S. 67).

In der Diagnose geistig behinderter Menschen kann man mit der historischen Diagnose vergleichsweise festen Boden betreten, denn die biographischen Belege für die Inhalte eines Ich-Zustandes und seiner Aktivierungsmuster sind grundsätzlich so zugänglich, daß ohne Willkür, wenn auch oft nur in groben Zügen auf die Ich-Zustände geschlossen werden kann. Denn auch wenn der geistig behinderte Mensch selbst nicht zur Anamnese beitragen kann, so sind doch häufig genug noch Verwandte, Angehörige oder andere mit wichtigen Teilen der Biographie vertraute Personen einer Befragung zugänglich, um die Entwicklungsgeschichte in groben Zügen nachzeichnen zu können.

Berne legt (wie auch STEINER, 1987[6], S. 42) Wert darauf, daß eine Strukturdiagnose, d.h. die Diagnose eines Ich-Zustands, erst nach Prüfung möglichst aller vier Kriterien als gesichert gelten kann. SCHLEGEL (1984[2], S. 16) ergänzt, daß man sich in der Praxis im allgemeinen mit der verhaltensbezogenen, sozialen und historischen Diagnose begnügen muß.

Um nun die oben geschilderten Besonderheiten und Einschränkungen auszugleichen, die mit der Diagnose der Ich-Zustände bei geistig behinderten Menschen verbunden sind, ist es hilfreich, nicht nur für den geistig behinderten Menschen eine Ich-Zustands-Diagnose zu stellen, sondern auch seine Bezugspersonen miteinzubeziehen. Denn die Ich-Zustands-Diagnose der Bezugspersonen unterliegt nicht den besprochenen Einschränkungen, und ihre Reaktionen auf das Verhalten des geistig behinderten Menschen lassen sich im Sinne der sozialen Diagnose nutzen, um Rückschlüsse auf die Rolle zu ziehen, die der geistig behinderte Mensch soeben einnimmt. Die Diagnose der Bezugspersonen und die dazu nötigen Beobachtungen des geistig behinderten Menschen in seinem Alltag, die Interviews der Bezugspersonen usw. haben neben dem auf der Hand liegenden Informationsgewinn für den Therapeuten weiter noch den Vorteil, daß es ihm leichter fällt, seine eigenen Reaktionen im Zusammenhang mit der sozialen Diagnose im oben besprochenen Sinne zu reflektieren. Denn die Beobachterrolle, die er hierzu einnehmen muß, fördert die Aktivierung seines eigenen Erwachsenen-Ich-Zustandes und damit auch seine Urteils- und Unterscheidungsfähigkeit.

Nachdem in zwei Schritten alle vier Berne'schen Diagnoseformen erläutert wurden, folgt jetzt noch ein weiterer Denkschritt. In diesem Denkschritt werden das Rollenmodell und das Strukturmodell einander zugeordnet. Dabei werden Querverbindungen deutlich, die eine sorgfältige Diagnose der Ich-Zustände erleichtert. Trotz der Besonderheiten und Einschränkungen bei geistig behinderten Menschen ist dann eine begründbare und nachvollziehbare Diagnose nicht nur der eingenommenen Rollen, sondern auch der damit verbundenen Ich-Zustände möglich.

1.3 Die Beziehung zwischen Struktur- und Rollenmodell

Die Kriterien der Realitätsangemessenheit und Verantwortlichkeit zur Unterscheidung positiver und negativer Qualitäten der Eltern- und Kindrolle bilden eine Brücke zwischen den Rollen im differenzierten Rollenmodell und dem Strukturmodell der Transaktionsanalyse. Das deutete sich weiter oben bereits an, als das Erwachsenen-Ich des Strukturmodells ebenfalls mit den Begriffen Angemessenheit und Zuständigkeit in Verbindung gebracht wurde. Wie nämlich RATH (1992; 1993) herausgearbeitet hat, können die Erwachsenenrolle und die positiven Qualitäten der Eltern- und Kindrolle dem Erwachsenen-Ich im Strukturmodell zugeordnet werden, wogegen die negativen Aspekte der Elternrolle und die negativen Aspekte der Kindrolle strukturell den andern beiden Ich-Zuständen zugeordnet werden können.

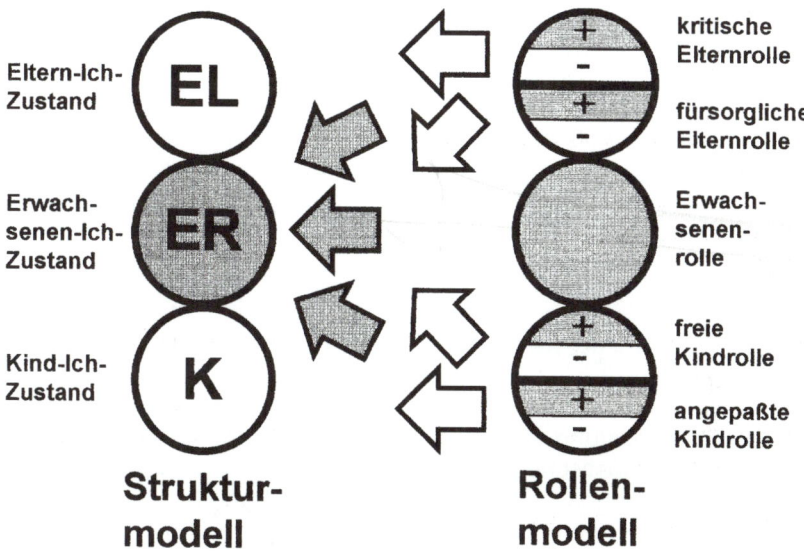

Abbildung 6: Die Zuordnung von Rollen- und Strukturmodell nach RATH (1992)

Das Eltern-Ich des Strukturmodells setzt sich aus einem negativ kritischen und negativ fürsorglichen Anteil der Elternrolle und aus einem negativ angepaßten und einem negativ freien Anteil der Kindrolle des Rollenmodells zusammen. In entsprechender Weise setzt sich das Kind-Ich des Strukturmodells aus weiteren negativen Anteilen der Eltern- und Kindrolle zusammen (vgl. RATH 1992 S. 115).

Diese Zuordnung hat bereits Eric Berne selbst vorgezeichnet, denn er unterschied in seinem Modell zwei Funktionsweisen des Eltern-Ich. Das Eltern-Ich kann zum einen als aktiver Ich-Zustand in Funktion sein, oder aber es kann als Einfluß in Funktion sein (BERNE 1989[11] S. 25). STEWART (1992) gibt folgenden Hinweis zur Unterscheidung dieser Funktionsweisen: Ein Verhalten wie eine Elternfigur ist ein Hinweis darauf, daß ein Eltern-Ich-Zustand aktiv ist, wogegen ein Verhalten, so wie es eine Elternfigur gerne gehabt hätte, auf einen Eltern-Ich-Zustand als inneren Einfluß hinweist. Ist ein Eltern-Ich-Zustand als innerer Einfluß wirksam, so spricht er gewissermaßen in einem inneren Dialog mit dem Kind-Ich und übermittelt ihm beispielsweise Verbote und Verhaltensvorschriften. Das angepaßte Kind ist somit „ein archaischer Ich-Zustand, der sich unter dem Einfluß des Eltern-Ichs befindet, während das natürliche Kind-Ich ein archaischer Kind-Ich-Zustand ist, der von einem solchen Einfluß frei ist oder versucht, sich von ihm zu befreien" (BERNE 1989[11] S. 25). Zu beachten ist hier, daß Berne die Unterscheidung in angepaßtes und natürliches Kind im Rahmen des Strukturmodells und nicht als Differenzierung des Rollenmodells denkt. Ruft man sich nun die zeitliche Dimension der Ich-Zustände ins Gedächtnis, so ist klar, daß jemand, der intern unter dem Einfluß seines Eltern-Ichs steht, sich nicht selbst verantwortlich und realitätsangemessen mit dem Hier und Jetzt auseinandersetzt, sondern mit den Botschaften von damals innerhalb seiner eigenen Persönlichkeitsstruktur. Somit ist das Kriterium der Realitätsangemessenheit im oben besprochenen Sinne bereits bei Bernes frühen Überlegungen vorgezeichnet (vgl. STEWART 1992 S. 29 – 31).

Das Rollenmodell und das Strukturmodell der Persönlichkeit stehen also nicht unabhängig nebeneinander. Beide Modelle sind vielmehr so miteinander verbunden, daß aus der jeweils wahrgenommenen Rolle Rückschlüsse darauf möglich sind, welcher Teil der Persönlichkeitsstruktur hinter der gezeigten Rolle steht.

1.4 Die Möglichkeiten und Grenzen der Diagnose von Ich-Zuständen

Wie mit der Verbindung von Rollen- und Strukturmodell klar geworden ist, werden die diagnostischen Möglichkeiten dann voll ausgeschöpft, wenn bei der Rollendiagnose das differenzierte Rollenmodell zugrunde gelegt wird. Entscheidend ist die Diagnose der positiven und negativen Aspekte der Eltern- und Kindrolle. Denn gelingt es beispielsweise, durch die diagnostischen Bemühungen sich gegenseitig ergänzende Hinweise darauf zu erhalten, daß der geistig behinderte Mensch die Kindrolle in ihrem negativen Aspekt wahrnimmt, so führt diese Rollendiagnose über die eben dargestellten Zusammenhänge zwischen Rollen- und Strukturmodell unmittelbar zu dem Schluß, daß diese wahrgenommene Rolle strukturell dem Kind-Ich oder auch dem Eltern-Ich zugeordnet werden kann. Die Diagnose einer negativen Elternrolle führt zum gleichen Schluß. In jedem Falle kann man aber ausschließen, daß das Verhalten strukturell dem Erwachsenen-Ich zuzuordnen ist. Das ist nicht wenig, denn damit ist gleichzeitig die

Schlußfolgerung verknüpft, daß der geistig behinderte Partner alte und einschränkende Strukturen mit Energie besetzt und sich eben nicht – so gut er es kann – mit seiner Umwelt im Hier und Jetzt förderlich auseinandersetzt.

Folgt man dieser Argumentationskette, so wären sogar die phänomenologische und die historische Diagnose in Teilen verzichtbar. Mit Blick auf das praktische Vorgehen sind sie es jedoch keinesfalls. Selbst wenn behinderungsbedingt keine weiteren Erschwernisse in der Diagnose hinzukommen, bieten verhaltensbezogene und soziale Diagnose allein noch sehr viel Raum für Fehldeutungen und Fehlinterpretationen. Bernes Forderung hat also weiterhin ihre unangefochtene Berechtigung, möglichst alle vier Diagnosearten zum Stellen der Diagnose zu verwenden. Besonders die historische Diagnose kann hier wichtige Korrekturen anbringen. Die grundsätzliche Belegbarkeit von biographischen Ereignissen – wie beispielsweise eines Krankenhausaufenthalts – bildet eine Absicherung für die Rollendiagnose.

Nachdem das Rollenmodell und das Strukturmodell der Persönlichkeit vorgestellt wurden, sind die Grundlagen geschaffen, um die Persönlichkeitsentwicklung geistig behinderter Menschen in ihren typischen Eigenheiten darstellen zu können. Das folgende Kapitel wird also die geschilderten Strukturen mit den Inhalten füllen, die für die Biographie und die Entwicklung eines geistig behinderten Menschen typisch sind und seinen Lebensweg maßgeblich mitbestimmen.

2. Der unbewußte Lebensplan

Der unbewußte Lebensplan ist nach dem Persönlichkeitsmodell das zweite Schüsselkonzept der Transaktionsanalyse. Es erklärt, wie die Persönlichkeit den eigenen Lebensweg nach einem inneren Plan verfolgt, den sie selbst entschieden hat und ausgestaltet. Ihn zu gestalten heißt auch, ihn ändern zu können, und darin liegt die wesentliche Bedeutung dieses Konzeptes. Der Schwerpunkt dieses Kapitels wird darin liegen, typische und häufig vorkommende Elemente aus den Lebensplänen geistig behinderter Menschen zu beschreiben und ihre Bedeutung zu erläutern. Damit das zusammenhängend und aus einem Guß geschehen kann, wird zunächst das Konzept des unbewußten Lebensplans mit seinen wichtigsten Elementen kurz erläutert.

2.1 Die Kennzeichen des Skripts

In seiner Kindheit erwirbt sich jeder Mensch einen unbewußten Lebensplan, den er in seinem weiteren Leben weiter ausgestaltet und dessen „Richtigkeit" er sich immer wieder neu bestätigt. Dieser Lebensplan ist mehr als eine Lebensauffassung oder ein bestimmtes Verständnis davon, was es mit der Welt auf sich hat. Berne bezeichnet diesen Plan als Skript, also als Drehbuch für das Drama des eigenen Lebens.

Das darin geschriebene Drama hat einen Beginn, einen Verlauf und ein bestimmtes Ende. Und auf dieses Ende läuft der Lebensplan zu; seine Handlungen und Szenen dienen dazu, uns diesem Ende näher zu bringen. Mit anderen Worten: Wir wählen aus den vielen Handlungsmöglichkeiten unseres Lebens unbewußt diejenigen aus, die uns der Schlußszene unseres Skripts näherbringen.

Unser Skript ist uns nicht bewußt. Das bedeutet aber keineswegs, daß wir keinen Einfluß auf unseren Lebensplan haben. Im Gegenteil – wir entscheiden unseren Lebensplan selbst in der Art und Weise, in der wir äußere Einflüsse verarbeiten. „Berne bezieht sich (zur Verdeutlichung) auf die Geschichte zweier Brüder, die von ihrer Mutter beigebracht bekamen: 'Du wirst in einer Anstalt enden.' Der eine Bruder wurde Dauerpatient in einem psychiatrischen Krankenhaus, der andere wurde ein Psychiater" (STEWART u. JOINES 1987 S. 100; Übers. d. Verf.). Auf den speziellen Charakter dieser Entscheidungen werden wir weiter unten eigens eingehen.

Auch wenn Eltern und wichtige Bezugspersonen nicht unser Skript für uns entscheiden, so üben sie doch einen entscheidenden Einfluß aus. Ihre Botschaften formen den Rahmen, aus dem heraus wir unsere Skriptentscheidungen treffen. Diese Mitteilungen können mit und ohne Worte erfolgen, und sie können uns gleichermaßen einschränken wie freimachen. Sie verstärken so die Entwicklung unseres Skripts. Auf diese Skript-Botschaften werden wir ebenfalls ausführlich eingehen.

Sind wir dann erwachsen, so wählen wir nicht nur unbewußt genau die Alternativen, die uns zu unserem Skriptende führen, wie oben schon erwähnt. Wir rechtfertigen unser Skript, indem wir alles für 'logisch' und notwendig halten, was wir entscheiden. Damit wir immer einen guten Grund haben, warum es für uns keine anderen Möglichkeiten gab („das Leben" ist halt so, was auch immer wir unter „dem Leben" verstehen), verzerren wir die Realität in unserer Wahrnehmung. Und wir mißachten oder blenden die Teile der Realität aus, die uns zu verstehen geben, daß wir anders können.

Die psychoanalytische Tradition spricht hier von Abwehrmechanismen wie Verdrängung, Projektion oder Verschiebung; mit ihrer Hilfe stabilisiert sich das Ich, indem es das Realitätsprinzip zu mehr oder weniger großen Teilen aufgibt. Anna Freud beispielsweise führt hierzu aus:"Das kindliche Ich hat immerhin durch mehrere Jahre die Freiheit, bei intakter Realitätsprüfung hinwegzuleugnen, was ihm an der Wirklichkeit mißfällt. Es bedient sich dieser Möglichkeit im ausgiebigsten Maße..."(FREUD 1964 S. 65).

Wir können anders, wenn wir es wollen. Denn genauso, wie wir unser Skript selbst entschieden haben, können wir unseren Lebensplan auch umschreiben und uns für ein anderes Leben entscheiden. Therapie ist eine der möglichen Erfahrungen, die wir nutzen können, um unseren Lebensplan zu verändern.

Fassen wir mit Berne zusammen: Das Skript ist „ein Lebensplan, der auf in der Kindheit getroffenen Entscheidungen beruht, in dem man von den Eltern bestärkt wird, der durch die nachfolgenden Ereignisse gerechtfertigt wird und dessen Höhe- (und Schluß-) punkt eine selbstgewählte Alternative bildet" (BERNE 1987 S. 509; Klammer Erg. d. Verf.).

Bevor wir auf die zentralen Elemente des Skripts eingehen, ist jedoch noch ein wichtiger Hinweis nötig. „Der Begriff des Skripts hat einen das Wachstum fördernden und einen die Autonomie beschränkenden (pathogenen) Aspekt" (RATH 1992 S. 114). Denn mit der Theorie, daß es einen unbewußten Lebensplan gibt, ist noch nicht gesagt, was er beinhaltet und welche Botschaften in ihn eingegangen sind. Allein die Tatsache, daß wir leben, weist uns darauf hin, daß im Skript zumindest genügend förderliche Elemente enthalten sind, um überhaupt zu leben. Wie förderliche und hemmende Elemente gemischt sind, machen die einmalige Geschichte und Persönlichkeit jedes einzelnen mit aus.

CORNELL (1988) hat eine kritische Bestandsaufnahme der Skripttheorien in der Transaktionsanalyse vorgelegt, denen er die Befunde und den Diskussionsstand der entwicklungspsychologischen Forschung gegenüberstellt. Er schlägt ein Skriptverständnis vor, das offen für positive wie negative Anteile ist, und das die beständige Veränderungs- und Entscheidungsmöglichkeit von Skriptinhalten berücksichtigt. Damit weist er den bei

Berne dominierenden frühen Einflüssen eine andere Bedeutung zu und stellt ihnen weitere Wirkungszusammenhänge zur Seite, die zu jeder Zeit die weitere Entwicklung verändern können: „Das Lebensskript ist der fortlaufende Prozeß einer sich selbst bestimmenden und manchmal selbst einschränkenden psychologischen Konstruktion der Realität. Die Skriptbildung ist der Prozeß, durch den die Person versucht, ihren familiären und sozialen Umgebungen Sinn zu verleihen, dem Leben Bedeutung zu geben sowie die Probleme des Lebens vorherzusehen und zu bewältigen in der Hoffnung, die eigenen Träume und Bedürfnisse zu verwirklichen. Größere Skript-Entscheidungen können zu jeden Zeitpunkt im Leben getroffen werden" (Cornell 1988 S. 281; Übers. d. Verf.).

Da jedoch eine Hilfestellung meist dann erforderlich ist, wenn die hemmenden Anteile unser Leben – und das geistig behinderter Menschen, was ja Thema des Buches ist – beeinträchtigen, werden wir den Schwerpunkt der Darstellung zunächst auf diese Anteile legen. Die weitere Perspektive wird dann im vierten Teil des Buches entfaltet werden.

2.2 Die Grundstruktur des Skripts

Das Skript besteht in seinem Kern aus den Skriptbotschaften, die das Kind von seinen Eltern oder anderen wichtigen Bezugspersonen aufnimmt, und aus den Skriptentscheidungen, mit denen das Kind diese Botschaften beantwortet. Diese Botschaften und Entscheidungen formen die Grundstruktur des Skripts, die sogenannte Skriptmatrix (STEINER 1987[6], BERNE 1985[21]/ deutsch 1987).
Grundsätzlich trifft das Kind seine Entscheidungen auf der Grundlage der Botschaften, wie es sie wahrnimmt. Das ist scheinbar eine banale Feststellung, denn wir alle kennen nicht irgendeine Botschaft oder die Welt „an sich", sondern nur unsere Wahrnehmung von ihr – auch wenn wir die Wahrnehmung für die Wirklichkeit halten. Kinder nehmen jedoch die Wirklichkeit im Laufe ihrer Entwicklung unterschiedlich wahr, und sie lernen erst nach und nach, Ursache und Wirkung auseinanderzuhalten und sich selbst von der Umgebung sicher zu unterscheiden. Ein halbjähriges Kind verarbeitet also dieselbe Botschaft ganz anders als ein sechsjähriges. Je nachdem, wie die Wahrnehmung geistig behinderter Kinder beeinträchtigt ist, werden sie ihre Skriptbotschaften in der Wahrnehmung anders formen als ihre nicht behinderten Altersgenossen. Darauf werden wir später zurückkommen, nachdem die Skriptbotschaften beschrieben worden sind.
Die Skriptbotschaften selbst können die Kinder über alle Mitteilungs- und Wahrnehmungskanäle erreichen. Sie können ausgesprochen sein, und sie können in der Art liegen, wie die Eltern dem Kind begegnen, es berühren, mit ihm reden, es anschauen usw..
Sie können Befehle sein, wie: „Streng dich an! Reg' mich nicht auf! Tue, was ich dir sage!". Oder aber sie sagen dem Kind, was und wie es ist: „Du

bist ein herziges Kind! Bist du blöd! Du bist wirklich pfiffig! Das schaffst du nie!" Sie sind Zuschreibungen von Eigenschaften. Zuschreibungen können auch gegenüber Dritten geäußert werden: „Ach, mein Paul ist ein Wildfang!" usw.

Und schließlich können sie dem Kind ein Modell zeigen, wie man bestimmte Dinge anfangen kann. Zum Beispiel beobachtet das Kind die Eltern dabei, wie sie ihre Meinung beim Partner durchsetzen. Das Kind schließt daraus: „Aha, so macht man das also, wenn man was erreichen will!" Weil ihm die Vergleichsmöglichkeiten fehlen, weiß es nicht um die ungezählten Möglichkeiten, auch anders etwas zu erreichen, und übernimmt das Modell der Eltern.

Kinder erhalten tausende von Befehlen, Zuschreibungen und Modellen. Sie können das Kind unterstützen und seine Entfaltung fördern, oder aber sie können das Kind einschränken, beeinträchtigen oder schlimmstenfalls sogar in seiner Existenz bedrohen.

Für die Wirkungsweise der einschränkenden Botschaften gebrauchte Berne das Bild einer Säule aus Münzen (BERNE 1989[11] S. 38-39). Eine stark verbogene Münze unten in der Säule kann die ganze Säule aus dem Gleichgewicht bringen. Oder aber es sind einige Münzen nur wenig verbogen, aber sie lassen die Säule immer weiter in dieselbe Richtung aus dem Gleichgewicht wandern, bis sie umfällt. Denkbar ist auch, daß sich die verbogenen Münzen so ergänzen, daß der Turm stehen bleibt – wenn auch nicht sehr stabil. So können auch Skriptbotschaften wirken: Während die eine Botschaft wie ein schwerer Schock das psychische Gleichgewicht zerstört, wirkt eine andere einschränkende Botschaft nicht auf einmal, sondern in der häufigen Wiederholung. Skriptbotschaften können also als einzelnes traumatisches Ereignis genauso wirksam werden wie als eine Häufung kleiner psychischer Verletzungen.

Steiner und Berne ordneten die Skriptbotschaften den Ich-Zuständen zu, aus denen heraus die Eltern dem Kind die Botschaften geben:

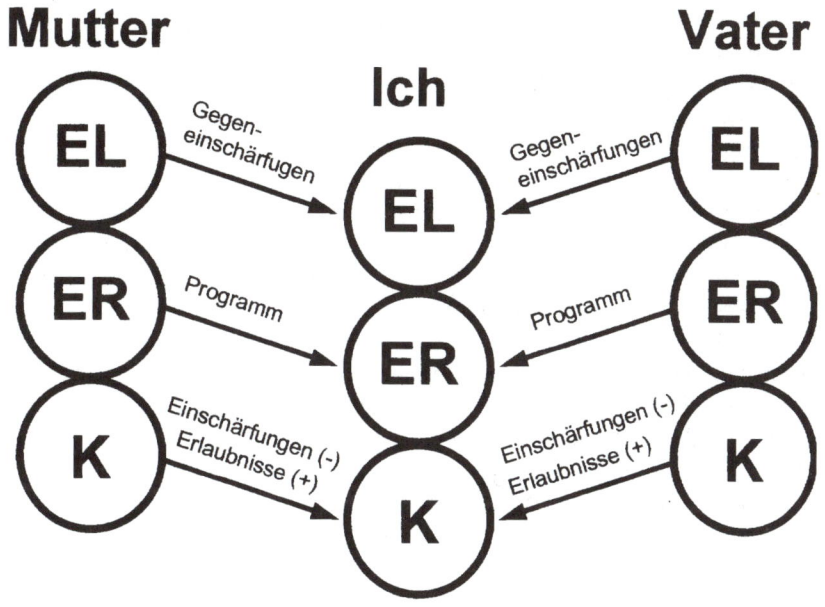

Abbildung 7: Die Skriptmatrix

2.2.1 Einschärfungen und Erlaubnisse

Einschärfungen und Erlaubnisse sind die frühesten Botschaften, die ein Kind erhält. Sie stammen aus dem Kind-Ich der Eltern und richten sich an das Kind-Ich des Kindes. Es sind Botschaften ohne Worte: Was die Eltern fühlen, wenn sie ihr neugeborenes Kind in den Armen halten, teilt sich ihm genauso mit wie ihre Reaktion auf seine ersten Bauchschmerzen usw. Das Kind spürt, ob sich seine Eltern freuen, ob sie sich eingeschränkt oder Angst haben, selbst zu kurz zu kommen, oder was auch immer die Reaktion der Eltern auf ihr Kind aus ihrem eigenen Kind-Ich heraus ist. Die positiven Botschaften, die das Kind so erhält, werden Erlaubnisse genannt. Dem gegenüber handelt es sich bei den negativen Botschaften um Einschärfungen.

2.2.2 Gegeneinschärfungen

Später versteht das Kind die Sprache der Eltern, und es hört die Befehle und Zuschreibungen. Steiner und Berne nannten diese Botschaften Gegeneinschärfungen, weil sie zunächst annahmen, daß diese Botschaften die Einschärfungen relativieren bzw. ihnen entgegenwirken. Dies ist auch möglich, weil auch Befehle und Zuschreibungen Erlaubnisse beinhalten können. Genauso aber können sie einschränkend sein und die ursprünglichen Einschärfungen verstärken oder ergänzen. Zum Beispiel kann die Einschärfung „Existiere nicht" verstärkt werden durch die Gegeneinschärfung „Du wirst noch in der Gosse enden". Sie könnte aber auch ergänzt werden durch die Gegeneinschärfung „Aus dir wird nie was, wenn du nicht hart arbeitest".

2.2.3 Die Skript-Entscheidung

Wenn ein Kind beispielsweise eine „Existiere nicht"-Einschärfung erhält, so kann es ihr folgen, indem es sich später selbst tötet oder sonstwie auf eine mehr oder weniger ehrenwerte oder unauffällige Art ums Leben bringt: Durch Rauchen, Unfall, Herzinfarkt... Damit gibt es seinem Skript ein tragisches Ende durch den vorzeitigen eigenen Tod.

Oder aber es kann eine andere Entscheidung treffen. In seinem magischen Weltbild kann es glauben: „Wenn ich verrückt werde oder mich in zwei Personen spalte, brauche ich nicht zu sterben". Die Schlußszene dieses ebenfalls tragischen Skripts findet in der Psychiatrie statt. Schließlich kann es sich auch entscheiden: „Wenn schon einer sterben muß, dann nicht ich". Der tragische Höhepunkt seines Skripts sieht einen Totschlag vor und läßt das Kind tragisch im Gefängnis enden.

Das Kind kann aber auch andere Einschärfungen oder Gegeneinschärfungen heranziehen und so seinen Hals aus der Schlinge ziehen. Es kann eine Einschärfung gegen die andere ausspielen. Hat es beispielsweise zusätzlich zur „Existiere nicht"-Einschärfung die Botschaft „Fühle nicht" erhalten, so kann es sich entscheiden: „Ich werde nichts fühlen; denn wenn ich nichts fühle, brauche ich vielleicht nicht zu sterben." Wenn die unterschiedlichen Einschärfungen von verschiedenen Elternteilen kommen, kann es so auch die Botschaften der Mutter gegen die seines Vaters ausspielen:"Solange ich Vater zuliebe nichts fühle, brauche ich nicht für Mutter zu sterben." Sein Skriptende wird es zwar alt, aber nach einem einsamen und freudlosen Leben erreichen.

Als weitere Möglichkeit kann das Kind eine destruktive Einschärfung mit einer Gegeneinschärfung überdecken:"Solange ich hart arbeite und so erfolgreich bin, brauche ich nicht zu sterben." Das Skript sieht ein hartes Arbeitsleben vor, womöglich mit einem raschen Tod bald nach dem Beginn des Ruhestandes.

Schließlich kann das Kind die Botschaften um 180 Grad herumdrehen und ihnen dann folgen, was nach STEWART und JOINES (1990 S.215) am häufigsten bei Gegeneinschärfungen der Fall ist. Statt hart zu arbeiten, kann es später ohne Ehrgeiz und arm alt werden.

Will das Kind leben und gedeihen trotz der destruktiven Einschärfungen, versucht es also, die elterlichen Botschaften so in Verbindung miteinander zu bringen, daß es ein Lebensrecht für sich daraus ableiten kann. Aus diesem Grund werden Skript-Entscheidungen auch Überlebens-Entscheidungen genannt. Konnte sich das Kind hierzu eine Einschärfung oder Gegeneinschärfung zunutze machen, wird es von nun an seine Energie daran setzen, möglichst immer dieser Botschaft zu folgen. Gelingt es ihm einmal nicht und wird es von den Eltern getadelt, so bedeutet dies für das Kind eine existentielle Bedrohung, denn dann hat es nicht einfach nur etwas falsch gemacht, sondern es erlebt sein Existenzrecht in Frage gestellt.

Zunächst sind also die Überlebens-Entscheidungen in der Lebenssituation, in der sie entstanden sind, sinnvoll und erfüllen ihren Zweck. Die Problematik beginnt im Grunde dort, wo sich die Lebenssituation im Laufe der Entwicklung verändert und für die Betroffenen auch günstiger gestaltet. Die alten Entscheidungen aber werden unverändert beibehalten und aufrecht erhalten (vgl. Grundbedürfnis nach Positionsbestätigung im folgenden Kapitel). Damit sind sie eben nicht mehr überlebenssichernd, sondern beginnen die Entwicklung zu blockieren und zu behindern.

2.2.4 Das Programm

Üblicherweise lernen kleine Mädchen, wie man eine Frau ist, indem sie ihre Mutter erleben, wie sie ihnen ihr Frausein vorlebt. Und umgekehrt lernen kleine Jungen von ihren Vätern dasselbe. Sie erhalten dadurch ein Programm von ihrem eigenen Frau- oder Mannsein, das sich unter dem Motto überschreiben ließe: „Schau her, so ist man eine Frau bzw. ein Mann".

Im Grunde leben die Eltern das Programm von Anfang an vor. Die Kinder nehmen es sicher auch schon bald und über lange Phasen der Entwicklung bis in die Pubertät hinein auf. Als Entwicklungsthema steht für die Kinder das Programm der Eltern im Vordergrund, wenn sie sich etwa ab dem dritten Lebensjahr mit ihrem Rollenvorbild identifizieren: Die Mädchen wollen so sein und werden wie die Mutter, und die Jungen so wie der Vater.

Hier bietet die Transaktionsanalyse zwei Querverbindungen zu wichtigen entwicklungspsychologischen Ansätzen. Zum einen spielt der ödipale Konflikt der Psychoanalyse eine zentrale Rolle, in dem das Kind mit dem gleichgeschlechtlichen Elternteil um die Gunst des anderen Elternteils konkurriert. Wenn der Konflikt gut bewältigt wird, identifiziert sich das Kind mit dem vormaligen Konkurrenten um die Gunst des andern Elternteils, und es ist dann bereit, das Programm aufzugreifen und zu übernehmen. Klassisches Beispiel der Literatur ist Freuds Falldarstellung „Der kleine Hans" (FREUD 1980). Zum anderen läßt sich mit Hilfe von Banduras sozialer Lerntheorie des Modell-Lernens beschreiben, nach welchen Gesetzmäßigkeiten und Bedingungen sich das Kind das Programm aneignet (BANDURA 1971; BANDURA u. JEFFERY 1973).

2.2.5 Das Skript, unsere Entscheidung und der Einfluß der Eltern

Skript-Entscheidungen treffen wir unbewußt, und zumindest die frühen Entscheidungen auch lange, bevor wir in Worten oder Begriffen denken können. Sie sind uns am ehesten als Lebensgefühl oder auch als körperliche Empfindungen zugänglich, die wie ein Echo unser Empfinden anklingen lassen, das mit unseren Entscheidungen verbunden war. Sie in Worte zu fassen dient lediglich dazu, sie in ihrer Bedeutung für das eigene Lebensdrama kurz und konzentriert zu beschreiben.

Auch wenn sie unbewußt sind, so handelt es sich doch um die ganz eigenen Lösungsversuche des Kindes. Aus diesem Grund gibt es auch keinen einfachen und direkten Zusammenhang zwischen den elterlichen Botschaften und dem Skript, das ein heranwachsendes Kind entwickelt. Es schreibt gewissermaßen aus dem Material, das ihm seine Eltern im Guten wie im Schlechten zur Verfügung stellen, sein eigenes Lebensdrehbuch. Daraus den Schluß zu ziehen, das Kind sei allein verantwortlich, wie sein Lebensskript letztendlich aussieht, würde aber das Abhängigkeitsverhältnis des Kindes von seinen Eltern und seine Bedeutung verkennen. Denn gerade weil es abhängig von seinen Eltern ist, ist das Kind gezwungen, entgegen seinen natürlichen Wachstumsimpulsen den einschränkenden Botschaften seiner Eltern eine existenzielle Bedeutung zu geben. Das Kind ist also in seinen Entscheidungen nicht unabhängig und frei. Es versucht allerdings, die bestmögliche Lösung für seine ohnmächtige Situation zu realisieren.

2.3 Skriptelemente geistig behinderter Menschen

In den Skriptbotschaften und -entscheidungen wird also der Verlauf unseres Lebens vorgebahnt, wie durch die oben angeführten, kurzen Beispiele angedeutet worden ist. Das Kind entscheidet nicht nur die Art, wie es sein Leben führen und beenden wird, sondern auch, auf welche Weise es dorthin gelangen wird. Über die verschiedenen Möglichkeiten hierbei hat Berne ebenfalls umfangreiche Überlegungen angestellt (vgl. BERNE 1987). Im folgenden werden wir uns jedoch weiter auf die Grundzüge konzentrieren und ihre Bedeutung für das Leben geistig behinderter Menschen schildern.

Jeder geistig behinderte Mensch hat, wie jeder andere auch, sein ganz eigenes Skript. Es gibt jedoch Grundzüge, die sehr häufig das Skript geistig behinderter Menschen mitbestimmen. Diese Grundzüge werden im folgenden herausgearbeitet und an Beispielen erläutert.

2.3.1 Einschärfungen und Erlaubnisse

Einschärfungen sind die frühesten Botschaften von Eltern an ihr Kind. Die erste und tiefgreifendste Einschärfung, die behinderte Kinder erhalten können, lautet:

2.3.1.1 *Existiere nicht!*

Ein behindertes Kind zu gebären ist für die betroffenen Eltern eine schreckliche Erfahrung. Nicht selten stellen sie sich auch bewußt die Frage, ob es nicht besser gewesen wäre, wenn das Kind gestorben wäre anstatt lebend geboren worden zu sein. Viele Eltern wünschen in ihrem tiefen Erschrecken dem Kind unbewußt, und auch gar nicht so selten bewußt, den Tod. Gleichzeitig hassen sie sich selbst für diesen Wunsch und hassen das behinderte Kind dafür, daß es diesen Wunsch in ihnen auslöst. Der Impuls des Todeswunsches ist eine meines Erachtens ganz normale, fast schon reflexhafte psychische Reaktion auf eine Erfahrung, die den betroffenen Menschen selbst zutiefst verunsichert und an die Wurzeln seines eigenen Lebens rührt. Zumindest erhält das Kind auf diese Art und Weise die Botschaft: „Es ist schrecklich, daß du so bist – behindert!" Durch die Bewältigung dieser schweren Krise kann der Todeswunsch Platz machen dafür, daß die Eltern ihr Kind auch als ihr eigenes annehmen können. In aller Regel können jedoch die betroffenen Eltern diese Krise nicht oder nur sehr bruchstückhaft bewältigen; sie entwickeln oft tiefe Schuldgefühle (vgl. MÜLLER-HOHAGEN 1993[2]).

In dieser schwierigen Situation werden die Eltern in der Regel von der Gesellschaft auch mehr allein gelassen als darin unterstützt, ihrem Kind positive Lebensbotschaften zu geben. Hier genügt der Hinweis auf die sehr kurz zurückliegende Vernichtung behinderten Lebens im Dritten Reich und die neu aufkommende Euthanasie-Debatte. Die Existiere-Nicht-Botschaft wird mit Hilfe der modernen Medizin häufig genug bereits durch Schwangerschaftsabbruch nach einer entsprechenden Diagnose in die Tat umgesetzt, und schon die gesellschaftlich akzeptierte Möglichkeit übt Druck aus: Die Eltern müssen sich rechtfertigen, wenn sie in einem solchen Fall keinen Abbruch vornehmen lassen.

Wichtig ist hierbei zu beachten, daß das tapfer-trotzige „Und dennoch", das im Ja vieler Eltern zu ihren behinderten Kindern liegt, die ursprünglich destruktive Botschaft des „Existiere nicht" in sich trägt. Denn eine wirkliche „Du darfst leben"-Botschaft ist getragen von einer ruhigen Gewißheit und Selbstverständlichkeit; sie ist nicht erkämpft gegen die Macht einer lebensbedrohenden Grundbotschaft.

2.3.1.2 Sei nicht sexy!

Nur auf den ersten Blick ist es verwunderlich, daß diese Einschärfung gleich nach der Einschärfung „Existiere nicht" kommt, denn eng verbunden mit dem eben geschilderten Trauma fühlen sich Eltern behinderter Kinder zutiefst in ihrer eigenen sexuellen Identität verunsichert. Für eine Frau ist es furchtbar, ein Leben mit Makel getragen und geboren zu haben. Ebenso ist es für einen Mann eine schlimme Erfahrung, ein behindertes Leben gezeugt zu haben. Ob dies den Tatsachen einer Behinderung Rechnung trägt oder nicht, ist hierbei von keiner Bedeutung – die meisten behinderten Kinder erhalten nämlich ihre Schädigung nicht während der Schwangerschaft oder durch genetische Schäden, sondern durch Fehlentscheidungen und unglückliche Umstände während der Geburt. Entscheidend ist vielmehr, daß die Eltern sich in ihrem Fühlen und Erleben als fruchtbare und fruchtbringende Wesen zutiefst verletzt und getroffen fühlen. Die Eltern fühlen sich selbst defekt angesichts ihres behinderten Kindes und dies nicht zuletzt in ihrem eigenen Frau- und Mannsein. Der Gedanke ist ihnen daher unerträglich, daß das behinderte Kind seinerseits wiederum ein beschädigtes Leben hervorbringen könnte. In dieser ihrer Angst spiegeln sie auch wiederum ein Tabuthema unserer Gesellschaft. Tatsächlich haben geistig behinderte Menschen sehr selten ihrerseits wiederum Kinder und alle, die es mitbetrifft, sind in der Regel heilfroh darüber, daß es nur diese wenigen sind. Aus dieser ganzen komplexen und sehr schmerzvollen Reaktion der Eltern auf ihr geistig behindertes Kind kristallisiert sich für das Kind selbst die Botschaft: „Sei nicht sexy!" Ist das Kind ein Mädchen, so gesellt sich häufig noch die Angst vor einer möglichen Schwangerschaft hinzu; diese Angst wird ganz aktuell und steigert sich, sobald die heranwachsende Tochter die Schwelle zur Pubertät erreicht.
Gar nicht so selten wurden die heranwachsenden geistig behinderten Mädchen in einer Nacht- und Nebelaktion sterilisiert.

Monika beispielsweise sitzt im Rollstuhl und leidet unter einer starken spastischen Verkrampfung ihrer gesamten Gesäß- und Beinmuskulatur. Auch mit viel Phantasie können sich ihre Betreuerinnen nicht vorstellen, wie ein Mann selbst dann mit ihr schlafen könnte, wenn sie es ebenfalls wollte. Außerdem zeigt Monika selbst ein eher mäßiges Interesse am anderen Geschlecht. Nachdem Monika im Alter von 14 Jahren die Sommerferien bei ihren Eltern verbracht hat, müssen die Betreuerinnen schockiert zur Kenntnis nehmen, daß Monika in dieser Zeit sterilisiert worden ist. In ihrer kopflosen Angst hatten die Eltern vermieden, überhaupt ein Gespräch zu diesem Thema zu suchen, da sie zu Recht davon ausgehen konnten, daß die Betreuerinnen den Eltern aus guten Gründen von diesem Schritt abraten würden.

Auch wenn die Irrationalität eines solchen Vorgehens in diesem Fall besonders offenkundig ist, so war eine Sterilisation aus Angst heraus keine Seltenheit. Eine sehr erhebliche Anzahl junger geistig behinderter Mädchen mußte einen solchen Eingriff über sich ergehen lassen.

Das neue Betreuungsgesetz hat zu Recht vor solchen Problemlösungsversuchen eine hohe Hürde aufgebaut. Der entsprechende Gesetzestext mit Erläuterungen kann nachgelesen werden bei JÜRGENS (1992; vgl. auch die Diskussion bei HELLMANN 1986).

2.3.1.3 Sei normal / werde schnell groß!

In der Auseinandersetzung mit ihrem geistig behinderten Kind versuchen Eltern zunächst, die geistige Behinderung so unbedeutend wie nur möglich sein zu lassen. Sie geben sich häufig genug ganz konkreten Hoffnungen hin, daß sich das Kind doch noch normal entwickelt („das wächst sich schon noch aus") oder aber, daß die geistige Behinderung nur wie ein kleiner Schönheitsfehler im Grunde Nebensache bleiben kann. In gewisser Hinsicht haben es hier Eltern von schwerstbehinderten Kindern leichter, die ganz augen- und sinnenfällig von Beginn an so behindert sind, daß sie allein durch ihren Anblick solche Hoffnungen gründlich zerstören. Denn ihre Eltern sind dadurch gezwungen, die Realität der Behinderung zwar nicht ohne Wenn und Aber, aber doch sehr viel realistischer anzuerkennen als die Eltern geistig behinderter Kinder, denen die Behinderung nicht oder kaum anzusehen ist. Hier können sich Eltern leichter in Illusionen flüchten.

Ein lernbehinderter junger Mann hat unter größten Mühen und persönlichen Qualen die Lehre zum Straßenbauer geschafft – einer der anspruchslosesten Lehrberufe. Sein sehnlichster Wunsch ist, daß seine Mutter sein Behindertsein endlich einmal anerkennt. Sie dagegen sagt im Elterngespräch: „Wenn er nicht so faul gewesen wäre, hätte er das Abitur schaffen können!"

Zunächst also richten die Eltern an ihr Kind so irgend möglich die Botschaft:"Sein normal, werde schnell groß, sei nicht geistig behindert!"

Wie Cox und LAMBRENOS (1992) in ihrem Überblicksartikel herausarbeiten, ist nach den vorliegenden Untersuchungen die Kontaktgestaltung der Eltern gegenüber ihren behinderten Kindern im ersten Lebensjahr überwiegend unauffällig; sie sind eher noch aktiver als die Eltern nicht behinderter Kinder. Erst wenn mit Beginn des zweiten Lebensjahres markante Entwicklungsleistungen wie Sitzen, Stehen, Laufen, Sauberkeit ausbleiben, ziehen sich viele Eltern aus dem vorher intensiven Kontakt zurück. Cox und LAMBRENOS (1992) interpretieren diese Befunde als Hinweis darauf, daß die Eltern zunächst die Behinderung verdrängen. Die Verdrängung ist nicht mehr möglich, wenn das Kind z.B. längst laufen sollte und nicht laufen kann. Daraufhin distanzieren sich viele Eltern von ihren behinderten Kindern. Viele Eltern wenden sich also den Kindern zunächst verstärkt zu, um ihnen „Normalität" zu entlocken: „Sei normal!" Dadurch brauchen sie der Tatsache nicht so schnell ins Auge zu blicken, daß ihr Kind behindert ist.

2.3.1.4 Bleibe klein / bleibe ein Baby!

Je nach Art und Grad der Behinderung kommen die Eltern ab einem gewissen Alter ihres Kindes nicht mehr umhin, die Tatsache der geistigen Behinderung zur Kenntnis zu nehmen. Denn je größer ihre Kinder werden, um so weiter tut sich die Schere auf zwischen einem sich normal entwickelnden Kind und ihrem immer deutlicher auch behindert aussehenden und sich behindert verhaltenden Kind. Wie war er doch als Säugling noch so niedlich, viel leichter zu pflegen und vor allen Dingen, man hat ihm fast nichts angesehen. Die Eltern beginnen nunmehr an ihr Kind die Botschaft zu richten:"Werde nicht groß, werde nicht erwachsen. Bleibe klein. Bleibe ein nettes und putziges Kind, das die Tanten und Bekannten einfach nett finden können!"

Weit verbreitet ist auch in der fachlichen Diskussion die Gewohnheit, das Verhalten geistig behinderter Menschen mit dem von Kindern zu vergleichen – auch wenn sie längst erwachsen sind (z.B. Rauh 1983). Das kann sinnvoll und gefährlich gleichermaßen sein. Sinnvoll ist es dann, wenn z.B. mit diesem Vergleich das skriptgebundene Verhalten eines geistig behinderten Menschen beschrieben wird oder wenn daraus wichtige Entwicklungsschritte vorhergesagt werden können, die er durchlaufen wird, wenn er sich von dieser Einschärfung löst. Gefährlich ist es dagegen, mit geistig behinderten Menschen einen „ewigen Kindergarten" einzurichten und Erwachsene unbedacht wie unmündige Kinder zu behandeln. Dadurch wird die Einschärfung „Bleibe ein Baby" zementiert.

Das geistig behinderte Kind erhält somit zwei völlig gegensätzliche Botschaften, nämlich zunächst die Botschaft „Sei normal, werde groß und unauffällig" und die Botschaft „Bleibe klein". Geistig behinderte Menschen müssen also eine traurige Kunstfertigkeit entwickeln, mit dieser Doppelbotschaft umzugehen, worauf wir weiter unten noch genauer eingehen werden.

2.3.1.5 Sei nicht nahe!

Wenn Eltern ihr behindertes Kind auf dem Schoß halten und einen Körperkontakt mit ihm haben, so wird für sie seine Behinderung besonders deutlich erfahrbar. Es kann beispielsweise keinen Blickkontakt erwidern, es kann im Arm der Eltern nicht entspannen und sich ankuscheln, weil seine Muskulatur sich nur wenig lockern kann, es kann sich nicht an den Eltern festhalten und so sein Gehaltenwerden dialogisch erwidern usw. Auf diese Weise wird es für Eltern oft zu einem schmerzhaften Erlebnis, ihr Kind im Arm zu halten.

Hinzu kommt außerdem, daß körperliche Nähe das Erleben tiefer Gefühle begünstigt, so daß Eltern im unmittelbaren Körperkontakt ihre Trauer, ihren Schmerz und ihre Wut über die Behinderung des Kindes viel intensiver erleben als wenn sie das Kind nicht am eigenen Körper spüren. Um mit

sich selbst zurecht zu kommen, können Eltern dann beginnen, Nähe und Körperkontakt zu vermeiden und einen inneren Schutzschild zu errichten, wenn sie dem Kind beispielsweise beim Füttern oder beim Wechseln der Windeln nahe kommen müssen. Die Botschaft, die das Kind auf diese Weise erhält, läßt sich in der Formel „Sei nicht nahe!" zusammenfassen.
Weit verbreitet und viel beklagt ist später dann die Distanzlosigkeit geistig behinderter Menschen, die scheinbar völlig unbelastet von irgendwelchen sozialen Regeln andere Personen umarmen, sie küssen, streicheln usw. Üblicherweise reagieren dann die so „beglückten" Menschen hilflos angewidert und mitleidig zugleich. Meistens lassen sie dann einen oberflächlichen Körperkontakt zu, ziehen sich jedoch innerlich zurück und verwenden ihre Körperhülle wie einen Schutzpanzer. Dies spürt der geistig behinderte Mensch ganz genau und bestätigt sich damit seine alte Erfahrung, wie seine Eltern- und Bezugspersonen von Anfang an auf körperliche Nähe reagiert haben. Auf diese Weise wiederholen geistig behinderte Menschen häufig die Erfahrung, die ihnen die Botschaft des „Sei nicht nahe" vermittelt hat.
Wie geistig behinderte Menschen sich solche Erfahrungen immer wieder neu bestätigen können, wird im Maschensystem (Kapitel 5.5) eingehend dargestellt.

2.3.1.6 Gehöre nicht dazu!

Sobald die geistige Behinderung deutlicher wird, beginnt auch der Prozeß der Ausgrenzung. Sei es, daß Eltern aus Scham über die Behinderung ihr Kind regelrecht zu Hause verbergen, sei es, daß sie sich dessen nicht schämen und ihr Kind mitnehmen, es aber irgendwann vor den Reaktionen der Umgebung schützen müssen. In beiden Fällen macht das Kind Erfahrungen, die ihm die Botschaft vermitteln: „Gehöre nicht dazu". Ähnlich wie Eltern durch ihr trotzig erkämpftes Ja zu dem behinderten Kind verdeckt die Botschaft „Existiere nicht" transportieren können, so können sie auch die Botschaft „Gehöre nicht dazu" transportieren, indem sie es wahllos und undifferenziert überallhin mitnehmen und dabei sein lassen.
Wenn beispielsweise Eltern im Grunde das dringende Bedürfnis haben, endlich einmal wieder alleine oder als Paar etwas zu unternehmen und sie meinen, ihr behindertes Kind dennoch mitnehmen zu müssen, so wird es diesen Widerspruch ganz genau fühlen und sich nicht zugehörig fühlen, auch wenn es überall dabei ist.

2.3.2 Gegeneinschärfungen

Sind die Einschärfungen unausgesprochene Botschaften, die das Kind erhält, lange bevor es Sprache versteht oder selbst Sprache verwenden kann, so gibt es eine zweite Gruppe von Botschaften, die etwa in der

Altersspanne bis zu neun Jahren gegenüber dem Kind auch ausgesprochen werden. Diese sogenannten Gegeneinschärfungen können ganz verschiedene Inhalte haben, von „Mach' mir keinen Kummer" über „Laß' das" bis zu „Du wirst es nie schaffen" usw. Sie können die Einschärfungen weiter ausgestalten oder aber sie relativieren (woher auch der Name Gegeneinschärfungen kommt; s.o.).

> **Die Unerträglichkeit eines weiteren Makels**
>
> Häufig jedoch haben die Gegeneinschärfungen geistig behinderter Menschen einen gemeinsamen Kern. Es scheint nämlich so zu sein, daß wir es nicht ertragen, wenn ein Mensch mehr als einen Makel hat. Während wir Kindern ansonsten durchaus zugestehen, daß sie auch einmal krank, übellaunig und schwierig zu nehmen sind oder mal keine Lust zum Essen haben usw., so ertragen wir es in aller Regel deutlich schlechter, wenn Menschen geistig behindert <u>und</u> krank, geistig behindert <u>und</u> übellaunig <u>und</u> schwer zu nehmen, geistig behindert <u>und</u> pingelig mit dem Essen sind usw. So lassen sich also viele Gegeneinschärfungen, die behinderte Kinder erhalten, unter dem Motto einordnen: <u>Ein</u> Makel reicht. Wenn ein Kind schon behindert aussieht, dann soll es wenigstens ordentlich essen können, daß man sich im Restaurant nicht auch noch wegen seiner schlechten Manieren schämen muß.

An dieser Stelle ließe sich eine sehr lange Liste von Beispielen beginnen. Durch die Gegeneinschärfungen werden also geistig behinderte Kinder unter einen sehr hohen Anpassungsdruck gesetzt. Denn ihre Umwelt reagiert sehr viel weniger gelassen, auch wenn sie im Grunde ganz normale, für Erwachsene eben unbequeme Verhaltensweisen zeigen. Diejenigen Kinder, denen man ihre geistige Behinderung nicht unbedingt ansieht oder die motorisch gewandt sind und auch Sprache erwerben können wie die Kinder mit Trisomie 21, stehen meist unter einem höheren Anpassungsdruck als behinderte Kinder, die schwer oder mehrfach behindert sind und deren Behinderung sehr offenkundig ist.

In diesem Fall hängen die Gegeneinschärfungen, die diese Kinder erhalten, ganz unmittelbar mit der Verdrängung der geistigen Behinderung durch ihre Eltern zusammen.

2.3.3 Überlebensentscheidungen

Behinderte Kinder befinden sich in noch größerer Abhängigkeit vom Wohlwollen Ihrer Eltern als sich normal entwickelnde Kinder. Das bedeutet, daß ihre Spielräume für ihre eigenen Entscheidungen noch eingeschränkter sind als die eines normalen Kindes. Dennoch handelt es sich – wie unfrei und eingeschränkt auch immer – um eigene Entscheidungen des Kindes.

Wenn geistig behinderte Kinder eine „Existiere nicht"-Einschärfung erhalten haben, so werden sie für sich eine Überlebens-Entscheidung treffen. Die übrigen Botschaften dienen ihnen dabei zur Rechtfertigung ihres Überlebens, wie es oben beschrieben wurde. Wenn sie eine der anderen Einschärfungen dazu heranziehen, könnte die Entscheidung lauten: „Solange ich babyhaft bleibe, darf ich leben." Oder: „Solange ich lustlos Frau/Mann bin, darf ich überleben." „Solange ich Außenseiter bleibe, darf ich leben."

Geistig behinderte Menschen, die die gegensätzlichen Einschärfungen „Werde groß" und „Bleibe ein Baby" und später die Gegeneinschärfung „Versuchs gar nicht erst" erhalten haben, können oft auf eine pfiffige und bauernschlaue Art dumm spielen, so als hätten sie entschieden: „Wenn ich auf eine clevere Art dumm bin, kann ich ja weiterleben". So oder ähnlich könnten die unbewußten Entscheidungsvorgänge ablaufen, in denen das Kind seine Überlebensstrategie entwickelt.

In der Literatur wird mitunter den geistig behinderten Menschen eine mangelnde Flexibilität und Anpassungsbereitschaft zugeschrieben (z.B. Bovet 1970; Rauh 1983), und viele haben schon über das langsame Lern- und Entwicklungstempo gestöhnt. Auf dem Hintergrund unserer Ausführungen legt sich die Vermutung nahe, daß die Überlebensentscheidung eng damit zusammenhängt: Ist das Überleben daran gekoppelt, daß ich die Einschärfung „Bleibe ein Baby" gewissenhaft und jederzeit befolge, wird jeder Lernprozeß und jede eigene Veränderung zur Bedrohung. Das Lerntempo geistig behinderter Menschen könnte so in einem neuen Licht erscheinen, statt uns zur Verzweiflung zu bringen: Mehr wollen und können sie nicht riskieren. Um zu lernen, was sie lernen können, brauchen sie eine neue Entscheidung:"Ich darf leben, und Lernen bringt mich nicht um!"
Lerntempo und Entwicklungsmöglichkeiten haben dann sicher noch ihre schädigungsbedingten Grenzen. Sie wurden jedoch vermutlich noch nicht von vielen geistig behinderten Menschen erreicht.

Da es sich jedoch um eigene Entscheidungen handelt, sind sie veränderbar und lassen sich durch neue Entscheidungen ersetzen, die der aktuellen Lebenssituation angemessen sind und die eigene Entwicklung fördern und nicht weiter blockieren.

Hier setzt Psychotherapie an mit dem Ziel, daß letztendlich diese alten Entscheidungen verabschiedet und durch neuen Entscheidungen ersetzt werden.

Beispielsweise kann der herangewachsene Junge erkennen, daß er ein natürliches Existenzrecht hat, einfach weil es ihn gibt. Es ist nicht mehr erforderlich, stets ein braver Junge zu sein, um überhaupt existieren zu dürfen. Er trifft für sich eine Neuentscheidung für sich und sein eigenes Leben. Er kann sich dann in den Situationen anpassen, in denen es sinnvoll ist. In den übrigen Situationen kann er seine eigenen Wege gehen. Oder aber er kann erkennen, daß Dummspielen früher wichtig und nützlich war, aber nunmehr einfach nicht mehr nötig ist. Dann kann er diese alte Entscheidung verabschieden und die neue Entscheidung treffen, bei aller Behinderung so klug zu sein, wie er eben ist.

Solche Neuentscheidungen stellen GOULDING und GOULDING (1976/1991; 1981) in den Mittelpunkt therapeutischer Arbeit, wobei sie stark von der Gestalttherapie von Pearls (z.B. PEARLS, HEFFERLINE u. GOODMAN 1974[2]) beeinflußt waren. In seinen späteren Schriften sah auch BERNE (1987) die Neuentscheidung als den Schritt an, der aus dem Skript herausführt. Der therapeutische Änderungsprozeß läuft somit auch in der späten Berne'schen Konzeption auf dieses Ziel zu.

2.3.4 Das Programm

Wie unter 2.2.4 beschrieben leben Eltern ihren Kinder ein Programm von ihrem eigenen Frau- oder Mannsein vor, das sich unter dem Motto überschreiben ließe: „Schau her, so ist man eine Frau bzw. ein Mann". Diese wichtigste Art des Lernens, nämlich das Lernen durch Beobachtung, ist geistig behinderten Kindern erschwert oder gar völlig verwehrt. Im Falle einer leichteren geistigen Behinderung ist das Rollenvorbild der Eltern für die behinderten Menschen eine ständige Quelle der Frustration, denn mit dem Vorbild und ihren Nachahmungsversuchen erleben sie gleichzeitig ständig, wie sie hinter ihrem Vorbild zurückbleiben müssen und es niemals erreichen können. Bei schwerer geistig behinderten Kindern stellt sich das Problem noch anders dar. Diese Kinder haben letztlich überhaupt kein Modell, weil bereits die Kommunikation, die ihnen ein Modell vermitteln kann, zusammengebrochen oder nur noch bruchstückhaft vorhanden ist (vgl. den Exkurs zum Trauma der verlorenen Intuition in Kapitel 3.1). Für ein geistig schwerer behindertes Kind ist das ganz normale Verhalten seiner Eltern derartig unerreichbar, daß es noch nicht einmal auf die Idee kommen kann, dies könne ein Modell für es sein. Denn in den Augen dieser Kinder ist das ganz normale Verhalten ihrer Eltern bizarr und unverständlich. Während z.B. eine Tochter mit Trisomie 21 noch nachvollziehen kann, daß ihr die Mutter ein Modell für Frausein ist, wenn sie sich schminkt und zu einem Theaterabend hübsch anzieht, so ist dies für ein schwer geistig behindertes Kind sicher so schon nicht mehr der Fall. Das ist für Eltern eine harte Grenze. Sie können ihre eigene Auseinandersetzung mit der geistigen Behinderung des Kindes in die eigene Verantwortung nehmen und dem Kind lebensvolle Botschaften geben. Die Tatsache jedoch, daß das eigene Kind ihr Modell nie wird erreichen oder überholen können, können sie nicht beeinflussen. Diese Erkenntnis kann dafür die

Erlaubnis für das Kind in sich bergen, es auch nicht erst verzweifelt und vergeblich versuchen zu müssen.

Bandura (BANDURA 1971; BANDURA u. WALTERS 1963) hat die Bedingungen erforscht, unter denen Kindern ein erfolgreiches Modell-Lernen möglich ist. Unsere Argumentation zielt auf eine zentrale Bedingung: Das Modellverhalten muß so beschaffen sein, daß das Kind es aufnehmen, sich merken und im eigenen Tun wiederholen kann. Geistig behinderte Menschen sind sehr wohl in der Lage, am Modell zu lernen. Sie tun dies auch begierig, wenn das Modell die genannte Bedingung erfüllt (vgl. HARTMANN 1986; ROHMANN u. ELBING 1992). Der Exkurs über die verlorene Intuition im dritten Kapitel wird die Hintergründe erläutern, warum es den Eltern oftmals nicht gelingt, ihren geistig behinderten Kindern ein passendes Modell anzubieten.

Zusammenfassend läßt sich sagen, daß für geistig behinderte Kinder die Modelle ihrer Eltern im besten Falle eine Quelle der Entmutigung darstellen und im ungünstigen Falle eine Modellfunktion gar nicht gewinnen können.

2.3.5 Geistig behindert – zu dumm fürs Skript?

Nein, sicher nicht. Die Antwort braucht aber genauso sicher eine Erläuterung. Sie beginnt nur scheinbar entlegen bei einem Tabu – dem Tabu, selbst seinem Leben ein Ende zu setzen. Wie alle Tabus weist es darauf hin, daß der Mensch genau das kann. Ob er lebt oder nicht, entscheidet jeder selbst. Verdrängt man dieses Wissen nicht, so ist es leicht, eindrucksvolle Beispiele aus dem Bekannten- und Verwandtenkreis zu sammeln: „Er wollte einfach nicht mehr" – „Sie kann (will) einfach nicht sterben" – „Er lebt mindestens schon sein viertes Leben" – „Sie wollte noch einmal ihre Kinder sehen" usw. In jeder größeren Behinderteneinrichtung gibt es die Erfahrung, daß geistig behinderte Menschen ihr Leben durch Beschluß beenden und innerhalb weniger Tage sterben können, ähnlich wie es von manchen Naturvölkern berichtet wird. Und genauso leben viele Totgesagte erstaunlich lange: Ihr Herz z.B. dürfte nach allem medizinischen Wissen bereits seit Jahren nicht mehr arbeiten. Die Wunden Autoaggressiver entzünden sich nur selten und heilen verblüffend schnell. Das Phänomen ist vielfach belegbar: Geistige Behinderung hindert nicht daran, eine sehr klare (unbewußt und klar geht durchaus zusammen) Entscheidung für oder gegen das eigene Leben zu treffen.

Diese Freiheit zum eigenen Leben und eben auch zum eigenen Tode scheint geistig behinderten Menschen manchmal näher zu sein als ihren nicht behinderten Zeitgenossen. Diese Freiheit ist ihnen auch nicht zu nehmen, und hier liegt der Kern ihrer unantastbaren Würde als menschliche Person: Sie entscheiden wie wir auch ihr Leben selbst. Somit sind sie es auch selbst, die über den Sinn und Wert ihres Lebens entscheiden – indem sie es leben oder eben sterben. Die Auseinandersetzung um das Thema „Lebensrecht behinderter Menschen – Lebenswert und Würde behinderter Menschen" hat neben einem moralisch-philosophischen Aspekt auch diesen Realitätsaspekt. Er wird allerdings häufig verdrängt.

Aus dem Kapitel über die Entwicklung der Persönlichkeit wird deutlich werden, daß auch geistig behinderte Menschen im Rahmen ihrer Möglichkeiten ihren Lebensplan verfolgen, bestätigen und ausgestalten. Die Grundlagen hierzu sind jetzt bereits deutlich: Wenn ich entscheide, daß ich lebe, entscheide ich auch, wie ich lebe. Denn die Tatsache, daß ich lebe, bedeutet, daß ich mein Leben lebenswert finde.

In der Entwicklung ihres Skripts kommen geistig behinderten Menschen zwei verwandte Fähigkeiten zugute: Ihre Intuition und ihre soziale Intelligenz. Es wird kaum nötig sein, hier Überzeugungsarbeit zu leisten, daß selbst schwerst geistig behinderte Menschen ein verblüffend feines Gespür für unsere Haltung und Einstellung zu ihnen haben. Die Erfahrung, von ihnen einen unbestechlichen Spiegel vorgehalten zu bekommen, ist Allgemeingut. Beispielsweise läßt sich das Verhalten von schwer autoaggressiven Menschen regelmäßig nutzen, um die „Hackordnung" im Betreuerteam zu analysieren: Der Außenseiter muß während seiner Dienste die häufigsten und heftigsten Autoaggressionen miterleben. Über feine Zwischenstufen hin ist die Person beim Mächtigsten im Team womöglich gar nicht autoaggressiv.

Solche Beobachtungen deuten nicht nur auf eine gute (unbewußte) Wahrnehmungs- und Differenzierungsfähigkeit hin, sondern auch auf die Fähigkeit, selbst scheinbar unkontrollierbares Verhalten genau zu dosieren. Diese Form der Intuition und Intelligenz kann also auch als Basis gelten, um Skriptentscheidungen im weiteren Sinne zu treffen und zu bestätigen.

3. Die Grundpositionen

Die Botschaften und Einschärfungen, die jeder Mensch von Anfang an erhält, verarbeitet er zu einer grundlegenden Einstellung sich selbst und den anderen gegenüber. Er kann sich selbst annehmen, so wie er ist, oder er kann sich selbst ablehnen. Ebenso verhält es sich den anderen gegenüber. Er kann die anderen annehmen, so wie sie sind, oder aber sie ablehnen. Jeder Mensch entwickelt also ein Gefühl für seinen eigenen Wert oder Unwert und für den Wert oder Unwert seiner Mitmenschen. Setzt man die beiden Aspekte dieses Wertempfindens zusammen, so ergeben sich vier Möglichkeiten der Einstellung gegenüber sich selbst und den anderen.

(1) Er kann zu sich selbst und zu den anderen Zutrauen entwickeln:"Ich bin OK und die anderen sind OK." Es ist dies die Position des Urvertrauens, wie es von Erikson beschrieben worden ist (Erikson 1966). In den ersten Lebenswochen und -monaten entwickelt ein Kind im lebendigen Austausch mit seinen Eltern ein tiefes und umfassendes Zutrauen in sich, in die anderen und in das Leben. „Du darfst leben" ist die dazu passende Erlaubnis im Skript.

(2) Weiter kann ein Mensch sich selbst und die anderen ablehnen:"Ich bin nicht OK und die anderen sind nicht OK." Erikson beschreibt diese Position als Urmißtrauen. Kann das Kind die nötige Geborgenheit und Verläßlichkeit nicht erfahren, erfährt es eine existentielle Verunsicherung, die kein Urvertrauen entstehen läßt. Die Entsprechung im Skript liegt in der Einschärfung: „Existiere nicht".

Ebenso wie das Kind die vernichtende Kraft des „Existiere nicht" durch Überlebensentscheidung abwehren kann, hat es auch die Möglichkeit, die Position des Urmißtrauens „Ich bin nicht OK und du bist nicht OK" durch Abwehrpositionen zu entkräften.

Die Abwehrpositionen entstehen später in der Entwicklung. Sie setzen nämlich voraus, daß das Kind bereits in der Lage ist, zwischen sich und anderen zu unterscheiden und sich selbst als eigenständiges Wesen zu begreifen. Dazu ist das Kind etwa um das erste Lebensjahr in der Lage, wenn es die kognitive Leistung der Objektkonstanz erworben hat (Piaget 1970 S.705), d.h. wenn es weiß, daß es z.B. den Ball noch gibt, auch wenn er weggerollt ist und das Kind ihn nicht mehr sehen kann.

(3) Aus der Perspektive des Kindes sind die Erwachsenen wie Titanen, die es umringen und gottgleich Macht über das Kind haben. Unvorstellbare Kräfte bewegen es, und selbst in der zarten Berührung ist die vielfache Kraft und Größe des Erwachsenen spürbar. Es liegt also nahe, als eine erste Abwehr die Stärke der Güte gleichzusetzen und als Position zu

entwickeln:"Ich bin nicht OK (weil schwach, klein, unterlegen), und die anderen sind OK (weil stark und überlegen)". Auch wenn ich selbst nicht in Ordnung bin, so ist es doch erträglicher, die anderen und die Welt für richtig zu halten, anstatt in nichts und niemanden Vertrauen zu setzen.

(4) Kinder denken magisch, bevor sie im vorgerückten Kindergartenalter und in der Schule lernen, die Wunder hinter sich zu lassen. Und in ihrem magischen Denken können sie sich selbst groß und gut denken und so die Unerträglichkeit ihres Urmißtrauens abwehren. Sie können damit auch ihren ersten Lösungsversuch abwehren, der sich ebenfalls nicht gut anfühlt: „Ich bin nicht OK und die anderen sind OK." Somit bleibt für den Rest der Welt das Mißtrauen; es ist die Schattenseite der Abwehr, und sie beschert dem Kind ein Stück Selbstzutrauen auf Kosten der anderen:"Ich bin OK und die anderen sind nicht OK".

Die dritte und die vierte Grundposition wehren die Position des Urmißtrauens nicht nur dann ab, wenn sie die erworbene Lebensposition ist. Sie können auch Anteile des „Ich bin nicht OK und du bist nicht OK" in den frühen Erfahrungen abwehren, auch wenn sich ganz überwiegend die Position „Ich bin OK und du bist OK" entwickeln konnte (vgl. Anmerkung unten).

OK-sein wird in unserem Zusammenhang als Kürzel oder Chiffre dafür verwendet, daß ich mich selbst oder andere wertschätze und bejahen kann – mit allen Fehlern und Schwächen. Wie im Grunde alle Schulen der humanistischen Psychologie geht die Transaktionsanalyse davon aus, daß jeder Mensch die Position „Ich bin OK und du bist OK" in sein Leben mitbringt, sich in dieser Position wohlfühlt und entfaltet und sie deshalb auch innebehält, wenn er nicht durch einschneidende Erfahrungen eines anderen, aber sicher nicht eines besseren belehrt wird. Das bedeutet, daß alle Grundpositionen, die mit einer Abwertung meiner selbst oder eines anderen verbunden sind, durch Lernerfahrung erworbene Grundpositionen sind.

In dieser Darstellung folge ich der Auffassung Steiners, der die Entwicklung der Grundpositionen in frühester Kindheit annimmt und sich dabei auf ERIKSON (1966) bezieht, wobei auch er von der elementaren Befähigung zum Urvertrauen ausging und deshalb die Position „Ich bin OK und du bist OK" als Ausgangsposition annahm (STEINER 1987[6] S. 91-93). Die Abwehrpositionen hat in der Folge vor allem ENGLISH (1975a/1991 S. 205) ausgearbeitet. Sie geht davon aus, daß neben der Erfahrung des Urvertrauens auch Erfahrungen des undifferenzierten „Ich bin nicht OK und du bist nicht OK" zur normalen Alltagserfahrung eines Säuglings gehören. Gegen die damit verbundenen Gefühle von Wut, Einsamkeit und Verzweiflung entwickelt er wie oben beschrieben die Abwehrpositionen. BERNE (1987 S. 104-106) nahm dagegen an, daß sich die Grundpositionen erst auf die Skriptbotschaften hin entwickeln, dann allerdings die Skriptentscheidungen vorzeichnen. Meines Erachtens ist es jedoch sinnvoll anzunehmen, daß sich die Grundposition des Urvertrauens oder des Urmißtrauens gemeinsam mit der ersten und grundlegenden (Über-) Lebensentscheidung herausbildet.

Kann ein Kind die positive Grundposition „Ich bin OK und du bist OK" erwerben und weiterentwickeln, so enthält sein Skript keine oder nur wenige destruktive oder einschränkende Botschaften, dafür aber genügend Erlaubnisse. Indem sich ein Kind zwangsläufig mit den Einschärfungen auseinandersetzen muß, die es erhält, kann es seine ursprüngliche positive Grundposition verlassen. Damit verbunden entwickelt es auch ein einschränkendes Skript, und es muß gegebenenfalls eine Überlebens-Entscheidung treffen. Diejenigen Grundpositionen, die geistig behinderte Menschen am häufigsten zu besetzen lernen, sind die Position „Ich bin nicht OK und du bist nicht OK" und die Position „Ich bin nicht OK und du bist OK".

3.1 Ich bin nicht OK und du bist nicht OK

Diese Grundposition erwerben sich fast mit einer gewissen Zwangsläufigkeit diejenigen geistig behinderten Menschen, die das Trauma der zusammenbrechenden Kommunikation durchleben müssen. Es handelt sich also um diejenigen, die schwerer geistig behindert, mehrfach behindert oder aber durch eine autistische Störung beeinträchtigt sind. Denn die grundlegende Erfahrung der Sicherheit und Verläßlichkeit der Welt und des eigenen Inordnungseins bleibt ihnen zu großen Teilen verwehrt, denn normalerweise erwächst diese Erfahrung aus dem aufblühenden Dialog zwischen dem Kind und seinen Eltern, der gleich nach der Geburt oder sogar früher noch einsetzt.

> Das Trauma der verlorenen Intuition
>
> Wie die neuere Forschung zur Kommunikation zwischen Eltern und Kleinkindern deutlich zeigt, entwickelt sich zwischen Säugling und seinen Eltern von Beginn an ein dichtes Geflecht von Kommunikation, indem die Eltern intuitiv auf die Lebensäußerungen des Säuglings dialogisch reagieren und sich so, lange bevor das Kind zu sprechen lernt, ein ganz intensiver Dialog aus Lauten, Mimik, Bewegungen usw. entwickelt. Hierbei scheint es so zu sein, daß gewissermaßen durch biologische Schlüsselreize wie eben das Aussehen des Kindes, seine Art sich zu bewegen und Laute von sich zu geben, bei den Eltern intuitiv die förderlichen und richtigen Reaktionsweisen hervorgerufen werden. Dies gilt auch noch für die Phase der Sprachanbahnung und für die Phase des Spracherwerbs. Bei sich normal entwickelnden Kindern passen die Schlüsselreize, die das Kind durch sein Aussehen den

Eltern in den jeweiligen Entwicklungsstufen gibt, auch zusammen mit den Bedürfnissen und den Fähigkeiten des Kindes. Anders verhält es sich zwischen geistig behinderten Kindern und ihren Eltern. In einigen Fällen, wie z.B. bei autistischen Kindern, können die wichtigen Schlüsselreize schon sehr früh unvollständig sein oder fehlen. Bei anderen geistig behinderten Kindern paßt der Schlüssel ab dem Moment nicht mehr ins Schloß, wo die Kinder etwas größer werden und von ihrem körperlichen Aussehen her den Eltern Schlüsselreize für intuitives Verhalten signalisieren, das überhaupt nicht mehr zu ihrem geistigen Entwicklungstand paßt. Beispielsweise animiert eine gewisse Größe und eine gewisse Ausreifung des Gesichtes Eltern vermehrt zur Sprachverwendung im Kontakt mit ihren kleinen Kindern. Geistig behinderte Kinder jedoch sind durch vermehrte Sprachverwendung der Eltern völlig überfordert und würden eigentlich ein Verhalten benötigen, das Eltern intuitiv in einer früheren Lebensphase einsetzen würden. Mit anderen Worten, durch ihr Heranwachsen und die beginnende Schere zwischen körperlicher Entwicklung und geistiger Entwicklung bricht die Intuition der Eltern zusammen oder vielmehr die Intuition verleitet die Eltern zu Kommunikationsformen mit ihrem Kind, die es mehr und mehr überfordern. Ich halte das Zusammenbrechen der intuitiv gesteuerten Kommunikation für das zweite schwere Trauma im Leben eines geistig behinderten Kindes neben dem Trauma, die Reaktionen der eigenen Eltern auf sich und auf sein Problem der geistigen Behinderung zu erleben.

Ganz zu Beginn dieser geschilderten dialogischen Austauschprozesse aus Mienen, Gesten und Lauten steht der Blickkontakt, wie STERN (1985) herausgearbeitet hat. Denn nicht nur die Eltern, sondern auch schon sehr kleine Kinder suchen aktiv den Blickkontakt. In den ersten Lebensmonaten können kleine Kinder über für uns Erwachsene verblüffend lange Zeiträume einen ungebrochenen Blickkontakt aufrecht erhalten. In diesem Blickkontakt beginnen dann die angesprochenen dialogischen Prozesse, wobei insbesondere das Lächeln und das Spiegeln des Lächelns eine besondere Rolle spielen (MELTZOFF 1981; MELTZOFF u. MOORE 1977; SCHÖTZAU u. PAPOUSEK 1977; vgl. auch PAPOUSEK 1977; PAPOUSEK, PAPOUSEK u. GIESE 1986). Je nach Art der Behinderung ergibt sich bereits beim Herstellen des Blickkontakts die erste Störung (BERGER 1990). Beispielsweise kann eine spastische Lähmung die Augenmuskulatur so beeinflussen, daß das Kind nicht in der Lage ist, mit beiden Augen zu fixieren oder aber die Augäpfel sind so verdreht, daß ein normaler Blickkontakt mit einander zugewandten Gesichtern gar nicht möglich ist. Erschwerend kann dann noch hinzukommen, daß behinderungsbedingt das Lächeln nicht oder nur verzögert erfolgt. Viele Eltern leiden sehr darunter, daß dieser erste wichtige Kontakt nicht oder nur unter großen Schwierigkeiten möglich ist. Eltern von Kindern mit Trisomie 21 können deren geringe Muskelanspannung und ihre schwachen Reaktionen teilweise ausgleichen, indem sie ihrem Kind mit kräftigeren Reizen begegnen und auf diese Weise seine Reaktionsbereitschaft verbessern (Cicchetti 1990). Im Falle einer autistischen Störung beispielsweise treten ebenfalls die ersten Schwierigkeiten bei dem Versuch auf, einen Blickkontakt aufzunehmen und ein erwidertes Lächeln hervorzurufen. Können Eltern von Kindern mit Trisomie 21 noch manches ausgleichen, so gelingt dies bei anderen Formen der Behinderung nicht oder sehr viel weniger.

Das Kind wird andererseits sicher mit seinen Möglichkeiten versuchen, seiner Natur zu folgen und Kontakt mit seinen Bezugspersonen herzustellen, was diese aber nicht als Beziehungssignale aufgreifen können. Es wird dann auf seine Signale kein Echo wahrnehmen können. Wie Piaget (1970; vgl. auch Kesselring 1981) zeigen konnte, erfahren und begreifen wir uns selbst durch unsere Umwelt und ihrem Echo auf unser Verhalten. Kein Echo zu erhalten kann also (nicht nur) für ein geistig behindertes Kind eine traumatische Erfahrung bedeuten, die einer „Existiere nicht"-Botschaft gleichkommt – auch wenn die Eltern diese Botschaft an ihr Kind nicht in der oben besprochenen Weise vermitteln.

Eine sehr einfühlsame und gut lesbare Einführung in die Wahrnehmungs- und Beziehungsfähigkeiten des Säuglings gibt Stern (1993[4]). Die wissenschaftlichen Hintergründe erläutert Stern in seinem Standardwerk (Stern 1985; vgl. auch Stern, Spieker u. MacKain 1982; Stern, Beebe, Jaffe u. Bennett 1977). Im deutschsprachigen Raum sind vor allem die Veröffentlichungen von Papousek und Mitarbeitern (s.o.) zu nennen. Gerade in der psychoanalytischen Diskussion wird zur Zeit eine lebhafte Auseinandersetzung darüber geführt, wie diese neuen Befunde zu bewerten sind und welche Modifikationen der bisherigen Annahmen über frühe Kindheit und Entstehung psychischer Störungen erforderlich wären (z.B. Hartkamp 1990). Einen guten Überblick bietet hier Dornes (1993), der auch die Konsequenzen für die tiefenpsychologischen Theorien diskutiert und dabei den natürlichen oder primären Autismus verabschiedet. Die alte Theorie des natürlichen Autismus, die davon ausging, daß Kinder erst nach einigen Wochen oder Monaten eine einfache Kontaktfähigkeit entwickeln, ist demnach nicht mehr aufrechtzuerhalten.

Die Wahrnehmungsprobleme autistischer Kinder schildert z.B. Rohmann (1985; vgl. dazu auch Hartmann und Rohmann 1984; 1988). Eine eindrucksvolle Selbstschilderung findet sich bei Zöller (1989[3]), der die Kontaktprobleme eines Kleinkindes mit autistischer Behinderung ahnen läßt.

Die zusammenbrechende bzw. die von Geburt an fehlschlagende Kommunikation beschreiben auch Senckel (1994) sowie Schleiffer (1994 S. 472). Schleiffer (1994) begnügt sich allerdings damit, die Frage nach Kommunikationsmöglichkeiten zu stellen und offen zu lassen. SENCKEL (1994 S. 43-44) beschreibt die wechselseitigen Schwierigkeiten in der Kommunikation deutlich, und sie kommt zu dem Schluß:"Die dargestellten Schwierigkeiten lassen deutlich werden, daß es für ein geistig behindertes Kind ungleich schwerer ist, Urvertrauen zu entwickeln" (S. 44). Die existentielle Verunsicherung, die mit dem Zusammenbruch der Intuition für alle Beteiligten verbunden ist, unterschätzt sie jedoch meines Erachtens.

Das Trauma der verlorenen Intuition ist schließlich zwar eine wichtige, aber bei weitem nicht die einzige seelische Verletzung, die behinderte Menschen und ihre Angehörigen erfahren. MÜLLER-HOHAGEN (1993[2]) beschreibt einfühlsam, wie eine Familie durch die Behinderung eines Kindes über das hier in den Mittelpunkt gestellte Problem hinaus traumatisiert sein kann.

Einen dramatischen Beweis für die Bedeutung dieses frühen Dialoges hat Friedrich der Große erbracht. Sein Säuglingsexperiment hat in der Wissenschaftsgeschichte eine traurige Berühmtheit erlangt. Er wollte die Theorie einer Ursprache beweisen, indem er eine Gruppe von Säuglingen ohne jede Ansprache aufwachsen ließ. Die Pflegerinnen durften die Kinder körperlich versorgen. Es war ihnen jedoch verboten, irgendeine Form von Kontakt mit ihnen aufzunehmen. Friedrich vermutete, daß die Kinder von alleine die Ursprache der Menschheit sprechen würden, wenn sie nicht durch ihre Bezugspersonen eine andere Sprache lernen. Friedrich mußte seine Hypothese offen lassen, denn alle Kinder starben innerhalb von kurzer Zeit trotz guter körperlicher Versorgung.

Nach allem Gesagten läßt sich erahnen, welche tiefe Verunsicherung in einem Kind entsteht, wenn sein Dialog mit seinen Bezugspersonen schwer beeinträchtigt ist. Es wird also die Grundposition „Ich bin nicht OK und du bist nicht OK" einzunehmen lernen, anstatt sein Urvertrauen zu entwickeln und zu festigen.

3.2 Ich bin nicht OK und du bist OK

Häufiger sind es geistig behinderte Menschen mit weniger gravierender Beeinträchtigungen als die eben geschilderte Gruppe, die diese Grundposition erwerben und damit die zugrundeliegende Position des Urmißtrauens abwehren können. Sie verfügen in den Grundzügen über die Fähigkeit, zwischen sich selbst und anderen Personen zu differenzieren. Dies ist eine geistige Leistung, die das sich normal entwickelnde Kind im Laufe des ersten Lebensjahres erwirbt. Gleichzeitig sind diejenigen, die die Grundposition „Ich bin nicht OK und du bist OK" erwerben können, auch die geistig behinderten Menschen, bei denen zunächst einmal die oben besprochene Kommunikation mit den Bezugspersonen von Geburt an im großen und ganzen gelingen kann. Beispielsweise unterscheidet sich ein Baby mit Trisomie 21 nicht so wesentlich von anderen Kindern, als daß deswegen die frühe Kommunikation fundamental beeinträchtigt ist oder wesentlich gestört sein müßte. Bei ihnen geht also die Schere zwischen der eigenen geistigen und der normalen Entwicklung erst später merklich auseinander, so daß sie die Chance haben, sich zunächst eine Grundlage des Vertrauens in sich und andere zu erwerben. Mit dem immer unausweichlicher werdenden Erleben des eigenen Ungenügens und vor allem mit den Einschärfungen der Eltern kann sich dann die Grundposition „Ich bin nicht OK und du bist OK" entwickeln.

3.3 Ich bin OK und du bist nicht OK

Diese Position wird vorwiegend von lern- und leicht geistig behinderten Menschen eingenommen. Gut zu beobachten ist diese Position vor allen Dingen im Kontakt zwischen den Inhabern dieser Position und anderen geistig behinderten Menschen. Das sogenannte Hilfserzieher-Syndrom ist bei geistig behinderten Menschen, die in Behinderteneinrichtungen leben, nur zu gut bekannt. Hier zeigt sich der Abwehrcharakter dieser Position sehr deutlich: Die „Hilfserzieher" stabilisieren ihr Selbstwertgefühl auf Kosten der anderen. Außerhalb des schützenden Rahmens einer Einrichtung kann diese Grundposition später zu ernsthaften Problemen in der Lebensbewältigung führen, da Menschen in dieser Position wenig einsichtsbereit und lernwillig sind. Denn sie sind ja in Ordnung, das Problem liegt bei den anderen. In dramatischen Fällen kann dies bis zu ernsthaften Konflikten mit dem Gesetz führen.

3.4 Ich bin OK und du bist OK

Diese Position ist die gesunde Position. Sie wird von Hause aus nur in sehr seltenen und glücklichen Fällen von behinderten Menschen (wie auch von nicht behinderten Menschen) eingenommen. Ein behinderter Mensch entwickelt mit ihr das Grundgefühl, daß er mit allen seinen Qualitäten und Beeinträchtigungen wertvoll, geschätzt und in Ordnung ist, und die anderen vertrauenswürdig und ebenfalls in Ordnung sind.
Diese Position einzunehmen bedeutet, daß er seine Realität nicht verzerren muß, um ein einschränkendes Skript zu stabilisieren. Er kann sich mit seinen Mitteln so mit seinem Leben auseinandersetzen, daß er seine Möglichkeiten auch lebt. Seine Energie ist nicht damit gebunden, sich altes Elend neu zu bestätigen, sondern er nutzt sie, um sich aktiv mit seiner Welt auseinanderzusetzen.

Ernst überrascht nach einiger Zeit intensiver Therapie seine Betreuer mit eigenem Geschmack, nachdem ihm jahrelang alles egal zu sein schien: Er entwickelt Vorlieben und Abneigungen beim Essen, greift selbst in den Kleiderschrank und weiß genau, welches Hemd er zu welcher Hose tragen will. Bei Gruppenunternehmungen läuft er nicht einfach hinterher, er entscheidet sich auch schon mal, daheimzubleiben usw. Er ist nicht mehr pflegeleicht und leicht zu führen, er gewinnt Profil und bietet Widerstand. Ernst ist jetzt angenehm unbequem, denn auf der anderen Seite hält er es neuerdings aus, wenn ihm die Betreuer etwas abschlagen oder wenn er warten muß – anstatt wie früher „auszuflippen". Und er kann es ertragen, wenn seine Mitbewohner Interessen nachgehen, die ihn früher gestört haben und Anlaß zu Zerstörungsaktionen waren. Mit einem Wort: Er läßt sich und andere besser gelten – er lebt ein Stück „Ich bin OK und du bist OK".

3.5 Die Besetzung verschiedener Grundpositionen

Bei der Schilderung der Grundpositionen und vor allem der Abwehrpositionen wurde deutlich, daß man unterschiedliche Positionen im Lauf des Lebens entwickeln kann. Man ist also nicht auf eine Position unveränderlich festgelegt. Mehr noch: Man kann die Positionen wechseln, und das nicht nur nacheinander im Laufe der Entwicklung, denn wir sind in der Lage, alle Positionen zu besetzen. Wir tun dies auch, wobei sich diese Wechsel auch sehr rasch vollziehen können: Stündlich oder sogar minutenschnell. Grundsätzlich jedoch suchen wir wie in einer Art psychischen Reflex zunächst unsere erlernte Grundposition auf, wenn wir uns unter Druck fühlen (vgl. STEWART und JOINES 1987). Die Grundpositionen sind dann wie Magneten, die uns anziehen, wenn wir unter Streß stehen. Es gibt nämlich ein elementares Bedürfnis im Menschen, seine einmal erlernte Grundposition immer wieder neu zu bestätigen und sich so Sicherheit im Vertrauen zu verschaffen. Im Sinne selbsterfüllender Prophezeiungen tragen wir in der Regel zwar unbewußt, aber aktiv dazu bei, daß wir uns auch immer wieder in unserer erlernten Grundposition wiederfinden und sie damit bestätigen können. STEINER (1987[6]) hat dieses Bedürfnis Positionshunger genannt und ordnet es in die Reihe der elementaren psychischen Grundbedürfnisse ein. Es ist damit „das Bedürfnis gemeint, bestimmte grundlegende, lebenslang gültige, kurz: *existentielle Positionen* oder Grundhaltungen einzunehmen und zu verteidigen"(S. 53; Hervorhebung im Original).

Somit liegt das Bedürfnis nach Positionsbestätigung im Widerstreit mit den Grundannahmen der Transaktionsanalyse über die grundlegende menschliche Fähigkeit und die treibende innere Kraft, sich gedeihlich mit anderen Menschen zusammen zu entfalten und zu entwickeln. Dieser Widerstreit ist eine Variation des Themas, das Freud bereits mit seinen Konzepten von Eros und Thanatos angeschlagen hat. Freud war der Auffassung, daß das menschliche Leben im Kräftefeld zwischen dem Lebenstrieb und dem Todestrieb in jedem Menschen steht, die er Eros und Thanatos bzw. Destruktionstrieb genannt hatte (FREUD 1967[5] S. 57; 268-276; vgl. auch seine Zusammenfassung in

„Abriß der Psychoanalyse"; FREUD 1973[23] S. 12-13). Diese Thematik wird im Kapitel über die Entwicklungstheorie der Persönlichkeit erneut aufgegriffen werden.

Fatalerweise finden wir uns also häufig dann in einer negativen Grundposition wieder, wenn die Situation uns besonders fordert und es uns gerade gut bekäme, in der positiven Grundposition „Ich bin OK und du bist OK" zu sein. Andererseits sind wir in der Lage, uns die positive Grundposition wieder zu erobern, auch wenn wir sie unter Streß verlassen haben. Wie leicht es uns gelingt, unsere Positionen zu wechseln bzw. wie stark wir unserer Streßposition verhaftet sind, ist mitentscheidend dafür, wie gut wir mit unseren Problemen und Aufgaben zurechtkommen.

Die Bedeutung dieser Fähigkeit für das erfolgreiche Lösen von Problemen hat vor allem ERNST (1971/1991) herausgearbeitet. Die positive Grundposition ist deshalb mit erfolgreicher Problemlösung verknüpft, weil alle anderen Grundpositionen in Verbindung mit einem einschränkenden Skript stehen. Und weil zur Bestätigung dieses Skripts die Realität verzerrt werden muß, läßt sich keine gute Problemlösung finden. Denn das erfordert einen ungetrübten Blick auf die Realität, so wie sie ist. UNDERHILL (mündl. Mitteilung) hat Möglichkeiten aufgezeigt, wie man durch bewußtes Entscheiden und Gestalten die positive Position besetzen lernen kann (vgl. ELBING 1991).

Auch geistig behinderte Menschen sind in der Lage, ihre Positionen zu wechseln. Und sie können ebenfalls lernen, sich aus ihrer erworbenen Position zu lösen und die positive Grundposition zu besetzen, wie das Beispiel oben zeigt. Und oftmals sind sie dazu noch eher bereit als ihre Betreuer und Bezugspersonen. Auf die Bedeutung dieser Tatsache wird später noch einzugehen sein, wenn es um die Möglichkeiten und Chancen von Therapie mit geistig behinderten Menschen geht.

Zweiter Teil:
Das Skript in Aktion

Der erste Teil des Buches hat in die Struktur der Persönlichkeit eingeführt, und mit dem Skript wurde erläutert, wie jeder Mensch diese Struktur durch seine Erfahrungen und Entscheidungen mit eigenem Leben füllt und auf diese Weise zur unverwechselbaren Persönlichkeit wird. Dabei wurde vielfach darauf hingewiesen, daß wir unserem Skript folgen und dadurch seine Richtigkeit immer wieder bestätigen. Dieser Teil des Buches wird mit ausgewählten Konzepten beschreiben, wie das genauer vor sich gehen kann. Die Konzepte verdeutlichen darüber hinaus, wie sich geistig behinderte Menschen und die Personen ihres Umfeldes gegenseitig und in schädlicher Weise bei ihrer Skripterfüllung verstärken können. Sie können einander durch geeignetes Verhalten aber auch dazu einladen, das alte Skript zu verlassen und neue Entscheidungen zu treffen. Die gewählten Konzepte zeigen deshalb gerade auch diese Möglichkeiten auf.

Um diese Zusammenhänge zu verdeutlichen, wird bei jedem Konzept ein anschauliches Beispiel angeführt. Es schildert nicht nur ein Problem, sondern gleichzeitig auch, wie man mit den Konzepten an einer Lösung arbeiten kann. Die gewählten Beispiele schildern zum Teil dramatische Verhaltensweisen und Situationen. Sie sollen zeigen, daß die vorgestellten Konzepte „krisenfest" sind und auch dann gute Ideen anregen, wenn den Betroffenen häufig nicht mehr viel einfällt. Sicher fallen der Leserin und dem Leser selbst genug eigene Beispiele aus dem Alltag ein; sie werden feststellen, daß die Konzepte nicht nur krisenfest, sondern auch alltagstauglich sind.

4. Zuwendung und Veränderung

Zuwendung ist nicht von ungefähr das erste Thema dieses Buchteils, denn Zuwendung gehört zu den Dingen, ohne die der Mensch nicht leben kann. Zuwendung im allgemeinsten Sinne bedeutet, einem anderen Aufmerksamkeit, Zeit und Energie zu geben. Zuwendung bedeutet damit, dem Gegenüber und seiner Existenz für eine bestimmte Zeit Bedeutung und Wichtigkeit zu geben: Ich wende mich ihm zu, und nicht einem oder etwas anderem. Die wichtigste und begehrteste Form der Zuwendung ist Liebe.

Der Philosoph Martin Buber hat in auch heute noch beeindruckender und geradezu poetischer Form über Zuwendung und Begegnung geschrieben. Er hat herausgearbeitet, daß sich Menschsein in Begegnung mit dem anderen, in Begegnung mit einem Du vollzieht. Begegnung faßt Buber nicht nur als Dialog auf, sondern als den eigentlichen Ort der Selbstwerdung und des Selbsterkennens. Aus Sicht des Psychotherapeuten hat

STEINER (1987[6]) mit seinen Überlegungen zum Thema „Zuwendung" einen wesentlichen Beitrag zur philosophischen Basis und zur Entwicklung der Transaktionsanalyse geleistet. Auf seine Ausführungen greift unsere Darstellung hauptsächlich zurück.

Mit dem Kapitel über Zuwendung greifen wir das Thema Kommunikation auf, in das wir in dem Kapitel über die Grundpositionen eingeführt haben. Das Trauma der verlorenen Intuition weist bereits auf die elementare Bedeutung des Dialoges schon von Geburt an hin. Wenn wir über Kommunikation reden, beschreiben wir das dialogische Geschehen mit seinen Bedingungen und Gesetzmäßigkeiten. Zuwendung dagegen ist die Basis jedes Dialogs. Sie verleiht jedem dialogischen Austausch eine spezifische Qualität in der Art, wie sich die Beteiligten einander zuwenden.

4.1 Die Arten der Zuwendung

Wie oben bereits ausgeführt, ist das Bedürfnis nach Zuwendung ein elementares Lebensbedürfnis. Die Zuwendung, die wir geben und erhalten, läßt sich nach zwei Aspekten unterscheiden. Zum einen kann Zuwendung der ganzen Person gelten oder sich auf einen Teilaspekt beziehen, wie zum Beispiel ein konkretes Verhalten oder eine Eigenschaft. Zum anderen kann diese Zuwendung positiv oder negativ sein. In der Kombination ergeben sich vier Arten der Zuwendung: Unbedingt positive, unbedingt negative, bedingt positive und bedingt negative Zuwendung.

Unbedingt positive Zuwendung ist jede Zuwendung, die den ganzen Menschen meint und ihn so nimmt, wie er ist: „Du gehörst zu uns"; „Schön, dich bei uns zu haben"; „Ich mag dich"; „Gut, daß es dich gibt" usw. Und, am wichtigsten: „Ich liebe dich."

Unbedingt negative Zuwendung meint in gleicher Weise die ganze Person: „Besser, du wärest nie geboren"; „Du bist keiner von uns"; „Für mich existierst du nicht"; „Du bist der letzte Dreck"; „Geh mir aus den Augen (d.h. stirb!)" und ähnliches. Unbedingt negative Zuwendung bedeutet eine tiefe Ablehnung des anderen, wobei die Weigerung, die Existenz des anderen überhaupt zur Kenntnis zu nehmen, eine besonders destruktive Form unbedingt negativer Zuwendung ist.

WATZLAWICK, BEAVIN und JACKSON (1969) bezeichnen diese Form destruktiver Zuwendung als Entwertung. Sie sehen in Entwertungen einen wichtigen Faktor bei der Entstehung psychotischer Störungen. Die Bedeutung, die sie ihm beimessen, wird aus einem Zitat von William James deutlich, das sie in diesem Zusammenhang anführen: „Eine unmenschlichere Strafe könnte nicht erfunden werden, als daß man – wenn dies möglich wäre – in der Gesellschaft losgelassen und von allen ihren Mitgliedern völlig unbeachtet bleiben würde" (WATZLAWICK, BEAVIN und JACKSON 1969 S. 85-86).

Unauffälliger und weniger direkt, aber doch wirksam ist unbedingt negative Zuwendung in Form von Überbehütung. Denn in dem ängstlichen Bemühen, ein Kind vor allen möglichen Gefahren zu bewahren, die es schädigen oder gar umbringen könnten, verbirgt sich die unbewußte Botschaft, daß genau dies geschehen wird. Im Skriptkapitel wurde bereits eingehend darauf hingewiesen, daß Überbehütung die Funktion hat, den unbewußt vorhandenen Todeswunsch abzuwehren.

Bedingt positive Zuwendung ist Lob für ein gezeigtes Verhalten: „Das hast Du gut gemacht"; „das kannst Du gut"; „das hast Du prima hinbekommen"; „gut siehst du aus" usw. Bedingt positive Zuwendung meint ein gezeigtes Verhalten oder bestimmte Teilaspekte der Persönlichkeit wie einzelne Fähigkeiten oder Eigenschaften.

Bedingt negative Zuwendung ist Kritik für gezeigtes Verhalten: „Das hast Du falsch gemacht"; „ich ärgere mich darüber"; „ich rege mich über Deine Trägheit auf" usw. Auch die Ablehnung von Teilaspekten der Persönlichkeit wie einzelne Eigenschaften oder Fähigkeiten ist eine Form der bedingt negativen Zuwendung.

Jeder Mensch benötigt zum gesunden Wachstum positive Zuwendung beider Arten und ein gewisses Maß an bedingt negativer Zuwendung. Dies trägt der Tatsache Rechnung, daß wir nicht perfekt sind, Fehler machen und auch aus Fehlern lernen können. Dazu brauchen wir auch die entsprechende kritische Rückmeldung in Form bedingt negativer Zuwendung.

RIEDEL (1995) stellt verschiedene Sichtweisen des Zuwendungskonzepts in der Transaktionsanalyse und seine Zusammenhänge mit der Grundposition, der Zeitgestaltung und der Erziehung vor. Bei geistig behinderten Menschen schildert er die Verknüpfung des klassischen Zuwendungskonzept mit der Ich-Zustands-Entwicklung bei geistig schwer behinderten Menschen, der spezifischen Zuwendung in bestimmten Lebensphasen und der Zuwendung als therapeutische Intervention. Nach der Beschreibung von Formen pathologischer Zuwendung im Umgang mit geistig behinderten Menschen benennt er Kriterien einer für sie förderlichen Zuwendung.

4.2 Der Zuwendungs-Cocktail

Zusammen mit dem Skript erwerben wir auch unser individuelles Zuwendungsmuster, das wie ein Cocktail ein bestimmtes Mischungsverhältnis aus allen vier verschiedenen Zuwendungsarten ist (vgl. SCHLEGEL 1988[3]; ROGOLL 1991). Die Gesamtmenge der Zuwendung kann ebenso verschieden sein von Person zu Person wie die Anteile, in denen positive und negative, bedingte und unbedingte Zuwendung im individuellen Zuwendungsmuster vertreten sind. Hat sich das individuelle Zuwendungsmuster erst einmal etabliert, neigt jeder Mensch dazu, sich dieses Muster im Verlauf seines weiteren Lebens immer wieder neu herzustellen oder zu beschaffen. Mit anderen Worten – er sucht unbewußt Personen und Situationen auf bzw. gestaltet seinen Kontakt zu anderen Menschen so, daß er im Ganzen Zuwendung in den Mengen und Anteilen erhält, wie sie seinem Zuwendungsmuster entsprechen. Wenn wir in eine Situation kommen, in der unser gewohntes Muster für uns nicht erhältlich ist, so fühlen wir uns zunehmend unwohl und geraten unter Streß. Und nach Möglichkeit werden wir Maßnahmen ergreifen, um unser Mischungsverhältnis wieder herzustellen. Mancher vom Zaun gebrochene Streit läßt sich so verstehen. Für behinderte Menschen gilt das in gleicher Weise, wie das folgende Beispiel illustriert:

In einer Behinderteneinrichtung wurde Rudi, ein junger Mann mit dem Behinderungsbild der Embryopathie, aufgenommen. Das bedeutete, daß seine Mutter in ihrer Schwangerschaft exzessiv Alkohol getrunken hatte. Beide Eltern waren auch während Kindheit und Jugend des jungen Mannes weiterhin Alkoholiker. Je nachdem, ob die Eltern betrunken oder verkatert waren, erhielt er eine für ihn unvorhersagbare, chaotische Mischung aus Mißachtung, distanzloser Verwöhnung, Schlägen und hämischer Kritik. Das Zuwendungsmuster, das Rudi unter diesen Bedingungen erwarb, beinhaltete diese chaotische und destruktive Mischung. Und wie ein Alkoholiker war er schließlich von diesem Cocktail abhängig, als er in der Behinderteneinrichtung einzog. Seine Betreuer reagierten auf ihn und seine Geschichte mit Mitleid und nahmen sich vor, wenigstens zum Teil wieder gut zu machen, was die Eltern an ihm versäumt hatten, und verhielten sich ihm gegenüber annehmend und freundlich.

Nach kurzer Zeit war das Betreuerteam in heller Aufregung. Auf eine ständige Stimmungsverschlechterung hin hatte Rudi zu einem Brotmesser gegriffen und war mit dem Messer in der Hand auf die Betreuer zugerast: „Ich murkse Dich ab, Du Sau." Er wollte sprichwörtlich mit der Waffe in der Faust seine Zuwendungsmischung wieder in Ordnung bringen. Die Reaktion der Betreuer war erwartungsentsprechend und auch naheliegend. Sie waren zutiefst schockiert, wütend und verunsichert und verabreichten ihm darauf hin gewissermaßen die gewünschte Dosis negativer Zuwendung – er hatte seinen Cocktail wieder.

Gerade bei schweren Verhaltensstörungen wie tätliche Angriffe, massive Aggressionsausbrüche mit Kontrollverlust, selbstverletzendes Verhalten usw. spielt dieser Aspekt eine wichtige Rolle. Diese Verhaltensweisen dienen unter anderem dazu, das altvertraute Zuwendungsmuster immer wieder aufs Neue und verläßlich herzustellen.

...und wie stellt man das Zuwendungsmuster beim geistig behinderten Partner fest? In Kapitel 12.1.2 werden einige Möglichkeiten dazu vorgestellt, die dort in den größeren Zusammenhang der Problemanalyse eingebettet sind.

4.3 Die Arbeit mit dem Zuwendungsmuster

4.3.1 Die Gestaltung von Übergangssituationen

In der Psychologie versteht man unter einem ökologischen Übergang den Wechsel von einer Umgebung in eine andere (BRONFENBRENNER 1981; vgl auch BRONFENBRENNER 1976), und damit auch einen Wechsel zwischen den Bedingungen und Gesetzmäßigkeiten, die mit der jeweiligen Umgebung verbunden sind. Ökologische Übergänge können so einschneidend sein, daß sie sich zu kritischen Lebensereignissen auswachsen (FILIPP 1982), wie z.B. ein Umzug in eine entfernte Stadt, der Antritt einer neuen Stelle oder der Umzug vom Elternhaus ins Heim usw. Am anderen Ende der Reihe finden wir die vielen alltäglichen Übergänge: Von der Arbeitsstelle in die Familie, von der Schulklasse in die Wohngruppe, vom Wochenende zuhause zum Werktag in der Einrichtung.

Für den messerstechenden jungen Mann war die Heimaufnahme ein schwieriger ökologischer Übergang, denn er mußte mit gänzlich anderen Zuwendungsbedingungen zurechtkommen. Je nachdem, wie unterschiedlich die Bedingungen und Regeln sind, zu denen Zuwendung in den verschiedenen Umgebungen zu erhalten ist, geraten (nicht nur) behinderte Menschen mehr oder weniger unter Druck. Sind die Umgebungen nicht allzu verschieden, können sie sich im Ganzen unauffällig anpassen. Gefährdet jedoch die neue Umgebung ihre vertraute und benötigte Zuwendungsmischung, so werden sie geeignete Maßnahmen ergreifen, um sie wieder zu erhalten. Wie das Beispiel oben zeigt, sind geeignete Maßnahmen nicht unbedingt auch sozial erwünscht.

Damit es nicht so weit zu kommen braucht, lassen sich in der neuen Umgebung Übergangszeiten bewußt gestalten. In diesen Zeiten kann man wichtige Elemente der vorhergehenden Situation integrieren, die für die Zuwendung wichtig sind: Begrüßungs- und Abschiedsrituale, Zeitrhythmus und -struktur, Forderungs- und Anspruchsniveau können hier übernommen bzw. angepaßt werden. Die Zusammenarbeit zwischen den verschiedenen Bezugspersonen könnte um einen wichtigen Aspekt bereichert werden: Eine Schilderung der Zuwendungsgewohnheiten und -regeln im Schulabschlußbericht zu Händen der Werkstatt für Behinderte, eine Mitteilung über die bisherige „Tagesbilanz" der Zuwendung bei der morgendlichen Begegnung vor dem Klassenzimmer, ein dankbares Thema für das nächste Elterngespräch.

Solche Maßnahmen zielen zunächst darauf ab, daß der behinderte Partner nicht um seinen Zuwendungscocktail kämpfen muß. Die Arbeit mit Zuwendung braucht dabei nicht stehen zu bleiben; wir können nämlich Impulse dazu geben, die Zuwendungsmischung selbst zu verändern.

4.3.2 Der heilsame Kuhhandel mit negativer Zuwendung

C.G. Jung wird der Ausspruch zugeschrieben: „Jeder Heilungsschritt der Psyche hat den Charakter eines Kuhhandels." Ein bauernschlauer Kompromiß – klingt das nicht nach Manipulation und Selbstbetrug? Wir werden sehen. C.G. Jung war ein kluger Mann.

Wenn also ein solcher Mensch wie unser Messerstecher sein Quantum negativer Zuwendung wie besprochen frei Haus geliefert bekommt, so ist es für ihn gar nicht mehr nötig, sich diese mit Verhaltensauffälligkeiten zu organisieren; er hat ja genug von dem, was er für seine vertraute Mischung braucht. Damit eine solche Maßnahme nicht einfach nur zur Verlängerung des alten üblen Zustandes führt, sondern eine förderliche Entwicklung in Gang setzen kann, muß man einen Kuhhandel nach ganz bestimmten Regeln anbieten:

Es ist nicht nur destruktiv, sondern auch gar nicht erforderlich, unbedingt negative Zuwendung zu geben. Vielmehr läßt sich unbedingt negative Zuwendung durch bedingte negative Zuwendung ersetzen. Anstatt zu einem Menschen „Ich verachte Dich" oder „Besser wärst Du nie geboren" zu sagen, kann es ausreichen, ihn für ungeputzte Zähne oder ein schmuddeliges Hemd entrüstet und energisch auszuschimpfen. Denn der Erfahrung nach sind die betroffenen Menschen bereit, bedingt negative Zuwendung sozusagen als Ersatz für die bisher erhaltene unbedingt negative Zuwendung zu akzeptieren. Denn bevor ihnen in ihrem Cocktail die unbedingt negative Zuwendung ganz fehlt, „begnügen" sie sich lieber mit Ersatz: Bitter Lemon statt Wermut – bevor der Drink womöglich noch zu süß wird.
Auf diesen Teil des Kuhhandels werden wir genauer im nächsten Kapitel zurückkommen, in dem das Kommunikationsmodell der Transaktionsanalyse erläutert wird.

Je nach Art der Verhaltensstörung werden die Bezugspersonen beispielsweise durch massive Angriffe immer wieder körperlich und auch persönlich verletzt, so dass oft genug nicht nur die behinderten Menschen, sondern auch ihre Bezugspersonen teilweise sogar schwer traumatisiert sind. In solchen Extremsituationen tun und äußern auch sonst sehr gewissenhafte Bezugspersonen gelegentlich Dinge, die einer unbedingt negativen Zuwendung gleichkommen. Der Versuch, solches zu überspielen oder zu übergehen, macht das Geschehene keineswegs besser. Denn zum Einen haben gerade geistig behinderte Menschen eine sehr hohe intuitive Sensibilität dafür, wie man zu ihnen steht – ihnen kann man zu allerletzt etwas vormachen. Zum Anderen mußten sie sich in ihrer Vergangenheit an viel höhere „Dosen" unbedingt negativer Zuwendung gewöhnen, und sie haben längst ihre Strategien entwickelt, damit umzugehen. Dies darf keinesfalls als Erlaubnis mißverstanden werden, eigene destruktive Impulse am behinderten Partner auszulassen. Es geht hier viel mehr um den bewußten Umgang auch mit den eigenen dunklen Seiten in der Beziehung zu einem behinderten Menschen. Häufig übernehmen jedoch auch die professionellen Bezugspersonen die überbehütende Einstellung der Eltern, und es gibt ein sehr wirksames Tabu in der Behindertenarbeit: Es ist nicht OK, einen behinderten Menschen nicht zu mögen oder gar wütend und zornig auf ihn zu sein.

In vielen Teamsupervisionen habe ich erfahren, welche erdrückende Last von Schuld- und Schamgefühlen die Betreuer fast wieder verstummen läßt, wenn sie es wagen, die Schattenseite in ihrer Beziehung zu den behinderten Menschen anzusprechen; diese Last äußert sich gerne in massiven Ängsten vor unnachsichtiger Verurteilung und Strafe durch Vorgesetzte und andere mächtige Personen. Schuldgefühle und Angst vor Strafe blockieren gerade einen konstruktiven und befreienden Umgang mit dem Problem des wirklichen Schuldigwerdens am behinderten Partner (oder auch am schlecht geschützten und gestützen Mitarbeiter).

Das Tabu beinhaltet eine paradoxe Aufforderung: „Du mußt den Behinderten mögen!" Zuneigung ist ein Kind der Freiheit, und deshalb ist diese Aufforderung unmöglich zu erfüllen. Die Bewältigungsversuche dieser unmöglichen Situation könnten Watzlawicks Lehrbuch entstammen (Watzlawick und Mitarbeiter 1969): Die eigenen aggressiven Impulse werden verdrängt oder weggeleugnet. An ihre Stelle tritt entweder ein überangepaßtes Bemühen oder aber trotzig-abwertendes Ausagieren der eigenen destruktiven Impulse: „Der soll sich bloß nicht so anstellen!" Beides ist auf seine Weise Sabotage am Tabu und bestätigt in der Sabotage gleichzeitig seine Wirksamkeit.

Solche Formen der negativen Zuwendung sind mit unserer Überlegung gerade nicht gemeint. Vielmehr gilt es, sich die eigenen destruktiven Impulse bewußt einzugestehen und sie nicht zu leugnen oder auszuagieren. Es darf dann wahr sein was wahr ist, und wenn ich dann in der Hitze der Auseinandersetzung doch einmal unbedingt negative Zuwendung austeile, so kann ich dafür gerade stehen: „So bin ich auch – es ist mein Teil, und ich übernehme die Verantwortung dafür." Das ist allemal besser als dem behinderten Partner (oder dem fernen Chef) aus der Opferrolle die Verantwortung dafür zuzuschieben.

Eine weitere „Handelsregel" betrifft die Anlässe, die sich für bedingt negative Zuwendung anbieten. Als Aufhänger für das gezielte Geben bedingt negativer Zuwendung sind Nebensächlichkeiten und Kleinigkeiten geeignet, die einerseits zu unbedeutend sind, um darüber in ernsthafte pädagogische Auseinandersetzungen zu geraten und auf der anderen Seite auch für den Betroffenen selbst zu äußerlich oder zu nebensächlich sind, um ihn wirklich auch tief treffen zu können: Ungeputzte Schuhe, ungekämmte Haare, ungewaschene Finger usw. Wichtig ist immer, sorgfältig vorher zu überlegen, was konkret diejenigen Punkte sein können, die weder für den behinderten Partner noch für mich selbst eine höhere Bedeutung haben. Beispielsweise kann man den einen wegen einer ungeputzten Nase entrüstet zur Rede stellen und ihn dabei nicht in seinem Inneren treffen, wogegen dasselbe für einen anderen tief kränkend und demütigend sein kann. In ähnlicher Weise sollten die Bezugspersonen sich nicht Punkte aussuchen, die ihnen selbst wichtig sind. Beispielsweise kann sich für eine Bezugsperson ein schmuddelig verlassener Eßplatz gut eignen, für die anderen ist dies zu wichtig, um souverän einen willkommenen Anlaß zu bedingt negativer Zuwendung daraus machen zu können.

Eine weitere Möglichkeit liegt darin, dem behinderten Partner die eigene schlechte Laune nicht vorzuenthalten. Verschlafen, griesgrämig und mißgelaunt zu sein kann hervorragend wirken – wenn es sich nicht gegen Anwesende richtet und kein abwertendes „Raushängen lassen" ist. Sich mit anhören zu müssen, wie die Bezugsperson über das schlechte Wetter, den letzten Knatsch mit dem Partner oder dem blöden Chef hadert, kann ärgerlich und gut für den Cocktail zugleich sein.

Diese Möglichkeiten zeigen besonders deutlich die (grundsätzliche) Notwendigkeit auf, das eigene pädagogische Handeln beständig zu reflektieren, um bewußt mit diesen Gestaltungsmitteln umzugehen. Es ist auch nicht zuletzt eine gute ethische Verankerung des eigenen Handelns nötig, denn sonst könnte die Arbeit mit dem Zuwendungsmuster auch zur Rechtfertigung eigener Retourkutschen dienen. In jedem Fall wird es zu empfehlen sein, ein solches Konzept unter Supervision oder anderer fachlicher Begleitung umzusetzen.

Die geschilderten Maßnahmen und die sich daraus entwickelnde Dynamik lassen sich gut am folgenden bildhaften Beispiel erläutern (KOHLHAAS-REITH, mündliche Mitteilung):

Ein Mensch hat sein Lebtag schimmeliges Brot und abgestandenes Wasser als Nahrung bekommen. Nach all den Jahren kennt er sich bestens aus mit verschiedenen Schimmelarten auf dem Brot, ihre jeweiligen Wirkungen auf den Geschmack usw. Es ist ihm wohlvertraut. Setzt man ihm nun eine Mahlzeit vor, die aus dem besteht, was immer man für gesund und nahrhaft hält – beispielsweise einen frischen knackigen Salat – so wird sich der Betreffende denken „Das ist ja gar kein Brot, das schimmelt. Der Geruch ist auch nicht richtig und überhaupt das Wasser, es schmeckt merkwürdig." Er wird also die angebotene Mahlzeit stehen lassen und lieber sein altbekanntes verschimmeltes Brot essen. Zunächst wird man ihm also ein vergammeltes Brot vorsetzen müssen, das vielleicht etwas weniger Schimmel hat, als er es bislang gewohnt war. Dann wird er sich denken „Der Geruch ist richtig. Das Brot sieht auch nicht schlecht aus. Es ist zwar etwas wenig Schimmel, aber wir können es ja mal probieren". Im nächsten Schritt wird man vielleicht das Wasser austauschen und so allmählich nach und nach ihm nicht nur andere Nahrung zumuten können, sondern womöglich auch seine Neugier wecken können, auch anderes auszuprobieren, sofern es nicht allzusehr verschieden von dem ist, was für ihn vertraut geworden ist. Nach einiger Zeit wird er denselben Salat mit Vergnügen essen, den er vorher strikt abgelehnt hat.

In der Tat zeigt die Erfahrung, daß auch behinderte Menschen nach und nach mehr positive Zuwendung vertragen und weniger negative Zuwendung brauchen, um sich mit der erhaltenen Mischung wohlzufühlen.

In Rudis Fall begannen die Betreuer in der besprochenen Weise, ihn für harmlose Kleinigkeiten auszuzanken und allgemein etwas strenger und energischer mit ihm umzugehen, als sie es bisher getan hatten. Da bei ihm das Verhaltensproblem im Grunde nur einmal aufgetreten war und es sich noch nicht um eine verfestigte Symptomatik handelte, verlief der weitere Prozeß rasch und leicht. Die Betreuer normalisierten im weiteren Verlauf die Art der Zuwendung, die sie ihm entgegenbrachten, indem das Problem weiter nicht auftauchte und die ehemals bedrohliche Situation nach und nach in Vergessenheit geriet. In gleichem Maße veränderte auch der junge Mann sein Zuwendungsmuster. Heute ist er ein im ganzen unauffälliger behinderter junger Mann, der gerne seiner Arbeit in der Landwirtschaft nachgeht und eben, wenn ihn etwas besonders ärgert, auch einmal recht heftig werden kann.

4.3.3 Vom Cocktail zum Wunschpunsch der Zuwendung

Michael Ende erzählt die Geschichte von einer Hexe und einem Zauberer, die den „Punsch aller Pünsche" in der Sylvesternacht brauen. Solange es noch nicht zwölf Uhr ist, gehen alle Wünsche in Erfüllung – nur umgekehrt. Sobald ein Ton von Sankt Sylvesters Neujahrskonzert ertönt, gehen die Wünsche so in Erfüllung, wie sie ausgesprochen werden – und alle vorangegangenen Wünsche auch. Und: Der Punsch muß bis zum letzten Tropfen geleert werden, sonst wirkt er nicht. Hexe und Zauberer trinken und wünschen drauf los: Lauter edle Wünsche, die sich in häßliche Wirklichkeit verwandeln sollen. Der Punsch hat es aber in sich, und volltrunken entgeht ihnen der erste Ton des Konzertes. Alles Wünschen wendet sich zum Guten. Verwirrung und Trunkenheit setzen die beiden außer Gefecht, und sie können diese „Katastrophe" durch (jetzt) richtig böse Wünsche nicht mehr verhindern (ENDE 1989).

Hätten sich nun eine gute Fee und ein weiser Merlin mit dem Punsch zugeprostet, hätten sie dieselben Regeln befolgen müssen: Vor dem Erklingen des himmlischen Neujahrskonzerts hätten sie Schlechtes wünschen müssen, um Gutes zu bewirken. Der erste Ton wäre ihnen sicher nicht entgangen – denn ein Zauberpunsch wie dieser benebelt die Bösen und macht die Guten hellsichtiger (ich glaube, Michael Ende wäre auch dieser Auffassung).

Endes Geschichte weist einige Parallelen zur Arbeit mit Menschen auf, deren gewohntes Zuwendungsmuster sich zu verändern beginnt. Denn die oben angesprochene positive Entwicklung birgt zwei Gefahrenpunkte.

Der erste Gefahrenpunkt betrifft die Begeisterung seiner Bezugspersonen darüber, daß ihr behinderter Partner vermehrt Positives annehmen kann. Es ist nämlich nur zu verständlich, daß die Bezugspersonen vor lauter Freude versäumen, ihm weiterhin genug bedingt negative Zuwendung zu geben. Er wird über kurz oder lang auf altbewährte Weise sein Zuwendungsmuster wieder in Ordnung bringen, indem er beispielsweise wieder seine schwere Verhaltensstörung zeigt.

Ähnlich wie bei Fee und Merlin vor Mitternacht verlangen es die „Spielregeln" von den Bezugspersonen, daß sie negative Zuwendung geben, um die positive Entwicklung des behinderten Partners abzusichern. Damit er die Rezeptur seines Cocktails ändern kann, müssen seine Bezugspersonen gewährleisten, daß er jeder Zeit und verläßlich seine alte Mischung bekommen kann. So kann er selbst sich beruhigt Neuem zuwenden, denn wenn die Welt zu aufregend und neu ist, stellt der Geschmack des vertrauten Cocktails die gewohnte Ordnung wieder her.

Es ist also sehr wichtig, sorgfältig auf eine förderliche Rollenverteilung zu achten. Den Bezugspersonen fällt die Rolle des Bremsers und des „Bedenkenträgers" zu. Dann muß nicht der behinderte Mensch selbst durch das Zurückgreifen auf die alten Verhaltensmuster die Rolle des Bremsers übernehmen, wenn sich das Zuwendungsmuster für ihn zu rasch ändert. Es ist mit anderen Worten günstig, eine professionelle Skepsis an den Tag zu legen, die sich in etwa in folgende Worte kleiden läßt: „Ich kann das noch nicht glauben, daß Du bereits soviel positive Zuwendung verträgst. Das mußt Du mir erst noch beweisen."

An diesem Punkt geht altgedienten Psychiatriepflegern häufig ein Licht auf. Sie finden hier den Schlüssel für Rückfälle in letzter Minute, die sich ereignen, wenn ein Patient nach positiver Entwicklung schlußendlich zur Entlassung ansteht und alle sich darüber zu sehr freuen.

Wenn der erste Ton des Neujahrskonzertes ertönt, ändern sich die „Spielregeln" des Wünschens von Grund auf. Das Gute gilt jetzt unmittelbar und braucht keine Verkleidung mehr. In der Veränderung des Zuwendungsmusters erklingt der erste Ton, wenn der behinderte Partner erstmals tatsächlich mehr positive als negative Zuwendung annehmen kann. Davor liegt jedoch ein Schwebezustand, in dem sich positive und negative Zuwendung die Waage halten. Dieses Stadium stellt nämlich eine Schwellensituation dar, in der der Betreffende sich entscheiden muß, ob er den letzten Schritt hinein in das nun wirklich Neue wagen will. Geht er diesen Schritt, betritt er eine neue Welt, so wie mit dem ersten Ton das neue Jahr beginnt: In der neuen Welt gibt es mehr positive Zuwendung als negative, und damit ist so gut wie alles anders. Oder er kann es doch vorziehen, lieber im alten Elend der überwiegend negativen Zuwendung mit ihrem Vorteil der Sicherheit und Voraussehbarkeit zu verbleiben. Cocktail oder Wunschpunsch?

In der Geschichte vom Wunschpunsch dürfen Fee und Merlin keinesfalls zu früh „richtig herum" wünschen, sie müssen wirklich auf den Beginn des neuen Jahres warten und geduldig weiter verkehrt herum wünschen. In ähnlicher Weise ist es gerade in dieser instabilen Schwellenphase besonders wichtig, zu bremsen und ausreichend bedingt negative Zuwendung zur Verfügung zu stellen. Nach Möglichkeit sollte man den behinderten Partner dazu mit heranziehen und ihm seinen Teil an der Gestaltung des Änderungsprozesses zumuten und zugestehen.

WELCH (mündl. Mitteilung) bezieht gerade in solchen Phasen psychisch kranke Menschen aktiv in die Dosierung ihrer Zuwendung mit ein. Es werden dann z.B. kleine Verträge abgeschlossen, wieviel negative Zuwendung für den heutigen Tag erforderlich ist, und der Patient verpflichtet sich, über den Tag verteilt sich dieses Maß an negativer Zuwendung aktiv einzufordern: „Ich brauche jetzt negative Zuwendung. Bitte kritisiere mich" anstatt hierfür altes Symptomverhalten zu benutzen. Indem er bewußt die Verantwortung für seine Zuwendungsmischung übernimmt, braucht er sie nicht mehr durch den unbewußten oder manipulativen Diebstahl von Zuwendung aufrecht zu erhalten, die ihm eigentlich keiner geben mag. Gleichzeitig damit hat er seine Mischung bereits verändert, denn die Tatsache des bewußten Fragens verändert bereits die Mischung.

Bei ausreichender Einsichtsfähigkeit ist dieses Vorgehen sicherlich auch mit lernbehinderten oder leicht geistig behinderten Menschen möglich und empfehlenswert.
Auf der Schwelle zum Neuen wird der behinderte Mensch möglicherweise länger verharren und sowohl das Neue als auch das Alte für sich ausprobieren. So als hätte er zwei Gläser mit Cocktail und Wunschpunsch vor sich und könnte sich noch nicht entscheiden, wird er mal von dem einen, mal von dem anderen Glas probieren. In dieser Phase können extreme

Schwankungen auftreten; Muster und Verhaltensweisen, die längst abgelegt waren, können sich mit völlig neuen Entwicklungsschritten abwechseln.

Ist der Ton zum neuen Jahr erklungen, so müssen Fee und Merlin gute Wünsche wünschen, um all die anderen vorher vollends zum Guten zu wenden. Kann die Schwelle von der überwiegend negativen zur überwiegend positiven Zuwendung überschritten werden, so ist dies gleichbedeutend mit einem elementar wichtigen Heilungsschritt. Die Arbeit ist jedoch auch hier bei weitem nicht beendet, vielmehr braucht der behinderte Partner Unterstützung und Hilfestellung, um das neue Zuwendungsmuster soweit zu festigen, daß er sich schließlich mit ähnlicher Selbstverständlichkeit gedeihliche Zuwendung holt wie vormals die destruktive. An die Stelle des Bremsens tritt das verläßliche Führen: Unser Partner braucht ganz dringend jemand, der ihm die neue Welt zeigt und erklärt, die er jetzt betreten hat, und ihm darüber positive Zuwendung wie auch die nötige Kritik gibt.

Der hier geschilderte Veränderungsprozeß über die Schwelle hinweg läßt sich bei dramatischen und tiefgreifenden Prozessen ebenso verfolgen wie bei Veränderungen, die von besseren Voraussetzungen ausgehen können und die sich deshalb leiser vollziehen können. Die Veränderungskrise jedoch, die sich an der Schwelle zu jeder neuen Entwicklung vollzieht, ist Bestandteil der Persönlichkeitsentwicklung, so unterschiedlich ihre Erscheinungsform auch sein mag (vgl. Kapitel 10).

4.4 Das Zuwendungsmuster und das Skript

Das Konzept der Zuwendung beschreibt die Grundlage jeder Kommunikation und die sehr unterschiedlichen psychischen Qualitäten, die sie haben kann. Eltern betreiben mit ihren Kindern von Beginn an Kommunikation und folgen damit Watzlawicks Grundgesetz der Kommunikation: Man kann nicht nicht kommunizieren (vgl. WATZLAWICK, BEAVIN u. JACKSON 1969; siehe Kapitel 8). Sie schaffen eine ganz bestimmte Kultur und Atmosphäre der Zuwendung, mit der sie ihr Kind umgeben. Die Grundbotschaften, die sich im Skript des Kindes wiederfinden (vgl. Kapitel 2), sind wie die Essenz oder das Konzentrat dieser Atmosphäre. Das Zuwendungsmuster, das die Bezugspersonen im Dialog mit dem Kind immer neu schaffen, transportiert also insgesamt und im Laufe der Zeit etwas, das sich letztlich in der Psyche des Kindes zu einer Einschärfung wie „existiere nicht" oder zu einer Erlaubnis wie „sei du selbst" verdichtet. Arbeitet man mit dem Zuwendungsmuster, so setzt man also dort an, wo im Kontakt die Bedingungen entstehen, die zur Bildung von Einschärfungen oder Erlaubnissen führen.

Im Sinne des Skripts ist es eine neue Lebensentscheidung, wenn eine Person ihre Zuwendungsmischung verändert. Um das Neue in ihrem Leben zu stärken, braucht sie ein neues Programm, und sie braucht ein Modell, von dem sie das Programm auch an- und aufnehmen kann. Abgesehen von einem guten Modell braucht sie jetzt auch all die Zuwendung und die Botschaften, mit deren Hilfe sie ihr verändertes Skript ebenso erfüllen und bestätigen kann wie vormals ihr destruktives altes Skript.

5. Ersatzgefühle, Maschen und der Teufelskreis der Skiptbestätigung

Im Kapitel über die Zuwendung haben wir an einem zentralen Beweggrund angesetzt, weshalb sich Menschen überhaupt miteinander zu schaffen machen. Die Zuwendung, die wir schließlich erhalten, steht dabei am Ende der Handlungskette: Wir geraten unter Streß, weil uns Zuwendung fehlt, wir unternehmen etwas mehr oder weniger Zweckdienliches, und wir erhalten daraufhin die erwartete und vertraute Zuwendung. Dieses Kapitel befaßt sich mit diesen Unternehmungen und damit, was es mit ihrer Zweckdienlichkeit genauer auf sich hat. Vom Ziel aus bewegen wir uns also jetzt gegen den Strom des Handelns und nehmen diese Handlungsweisen selbst und die damit verbundenen Gefühle in den Blick. An der Quelle sind wir dann angekommen, wenn wir die Dynamik herausarbeiten, wie das Skript sich im Handeln und Fühlen niederschlägt und sich genau dadurch selbst bestätigt.

5.1 Ersatzgefühle

5.1.1 Das Grundbedürfnis nach Zuwendung und die Entstehung der Ersatzgefühle

Als Rudi zum Messer griff, tat er das, um die gewohnte negative Zuwendung zu erhalten, die ihm abging. Wie kommt es, daß sein „Mittel der Wahl" ein Wutausbruch mit dem Messer in der Hand ist?

Aus seinem Bedürfnis nach Zuwendung heraus versucht jedes Kind zunächst, positive Zuwendung zu erhalten. Im günstigen Fall verhält sich ein Kind ganz natürlich; es kommt, wenn es Zuwendung braucht und holt sie sich. Wenn es traurig ist, braucht es Trost; wenn es verängstigt ist, verlangt es nach Ermutigung; wenn es sich freut, will es die Freude teilen usw. In der Zuwendungswelt seiner Eltern (und Geschwister) herrschen jedoch bestimmte Regeln, wann, bei welchen Gefühlslagen und zu welchen Bedingungen es Zuwendung gibt („Mit Tränen brauchst du mir gar nicht zu kommen!"). Das Kind wird also nicht immer, oder sogar nur selten, die benötigte Zuwendung bekommen. Statt dessen wird es andere (meist negative) Zuwendung erhalten oder es wird überhaupt nicht beachtet. Daraufhin beginnt das Kind, seine Eltern genau zu beobachten, und es probiert aus, welche Gefühle es zeigen muß, um Aufmerksamkeit und Zuwendung zu erhalten. Eine mögliche erste Lehre wurde im vierten Kapitel besprochen: „Besser negative Zuwendung als gar keine!" (vgl. STEINER 1987[6] S. 131). Und es lernt, daß bestimmte Gefühle geeignet sind, um Zuwendung zu bekommen und andere nicht. In seinem existentiellen Bedürfnis nach Zuwendung wird es in der Folge seine spontanen Gefühle unterdrücken und statt dessen „erfolgreiche" Gefühle in Szene setzen.

Auch wenn wir über Rudis Geschichte nicht viel wissen, so ist es jetzt nicht mehr schwer, einige Schlüsse zu ziehen. Rudi hat sicher entschieden, sich lieber negative Zuwendung zu holen als gar keine oder zuwenig zu erhalten. Und er hat gelernt, daß ein massiver Wutausbruch ein erfolgversprechendes Mittel dafür ist, wenn nicht sogar das sicherste und schnellste. Wenn er diese Erfahrung oft genug wiederholt hat, ist sein ursprüngliches, spontanes Empfinden auf der Suche nach positiver Zuwendung tief verschüttet. Vielleicht wollte er ursprünglich Zuwendung für seine Freude an einem Spiel. Oder er wollte getröstet sein, weil er traurig war. Warum auch immer: Auf dem Hintergrund seiner Erfahrungen ist Rudi wahrscheinlich zu der Überzeugung gekommen:"Besser, ich freue mich nicht mehr; besser, ich bin nicht mehr traurig. Es tut zu weh, damit allein zu sein. Am besten, ich fühle gleich gar nicht mehr, daß ich mich eigentlich freue oder traurig bin. Besser, ich fühle gleich eine Wut und tobe los – dann müssen die anderen mich wenigstens beachten."

Somit tritt um des eigenen psychischen Überlebens willen ein gelerntes Ersatzgefühl an die Stelle der ursprünglichen und spontanen Gefühlsregung. Die Hauptfunktion dieses Ersatzgefühls ist es, Zuwendung – und sei sie auch negativ – möglichst effizient sicherzustellen in einer Umgebung, in der es zumindest zuwenig positive Zuwendung gibt. Als Preis des Überlebens wird das eigentliche, spontane Verhalten unterdrückt.

Ersatzgefühle können jeden denkbaren Gefühlsausdruck beinhalten, und jedes denkbare spontane Gefühl kann durch sie überlagert und zugedeckt werden. Wut kann sich hinter Freude, Trauer hinter Wut, Freude hinter Ekel, Ekel hinter Zärtlichkeit verbergen usw. Es ist sogar möglich, daß die Ersatzgefühle den natürlichen Gefühlen ganz ähnlich sind, die sie ausblenden. Beispielsweise kann Traurigkeit eine tiefe Trauer verdecken. Ersatzgefühle können wir bei uns und anderen feststellen, weil sie nichts zur Lösung des Problems oder der Situation beitragen, sondern wie in unserem Beispiel auf eine Fehlanpassung hinweisen. Von dieser Feststellung auf das verschüttete „Originalgefühl" zu schließen ist ohne weiteres nicht möglich. An dieser Stelle ist es sinnvoll, auf die Ausführungen zur Diagnose der Ich-Zustände und auf das Skript-Kapitel (Kapitel 2) zurückzuverweisen. Ersatzgefühle sind den negativen Anteilen entweder der Kindrolle oder der Elternrolle zuzuordnen, und sie können strukturell dem Kind-Ich oder aber dem Eltern-Ich zuzuordnen sein. Denn ein Kind kann Ersatzgefühle selbst entwickeln oder sie als „heiße Kartoffel" von den Eltern übernehmen (ENGLISH 1969; vgl. BERNE 1985[21]).

Traditionellerweise geht die Transaktionsanalyse von vier ursprünglichen oder echten Gefühlen aus, nämlich Wut, Trauer, Angst und Freude. STEWART und JOINES (1990 S. 306) zählen ergänzend einige andere körperliche Empfindungen auf, die ein Kind ursprünglicherweise ebenfalls haben kann, wie z.B. Hunger, Müdigkeit, Begeisterung, Völlegefühl, Ekel, Gelöstheit, Schläfrigkeit. Alle übrigen Gefühle und körperlichen Zustände werden in der Transaktionsanalyse als Ersatzgefühle oder Maschenerscheinungen (vgl. das noch folgende Kapitel 5.5.2) betrachtet. Wie bereits aus der obigen kleinen Schilderung der Entstehungsgeschichte von Ersatzgefühlen angedeutet worden ist, dienen echte Gefühle in erster Linie zur Problemlösung im Hier und Jetzt. Darüber hinaus bringen echte Gefühle die Person mit ihren eigenen grundlegenden Werten in Kontakt. Die erlernten Ersatzgefühle schaffen zwar Ersatz, lösen aber das ursprüngliche Gefühl nicht. Im Umkehrschluß bedeutet dies, um Probleme im Hier und Jetzt wirklich lösen zu können, ist es erforderlich, wieder Zugang zu den eigenen echten Gefühlen zu bekommen (vgl. auch ENGLISH 1971 und 1972).

Die Emotionsforschung hat die These von den vier ursprünglichen Gefühlen längst überholt (vgl. EMDE, KLIGMAN, REICH u. WADE 1978; EKMAN u. OSTER 1979; IZARD, HUEBNER, RISSER, MCGINNES u. DOUGHERTY 1980; SROUFE 1982; das gilt auch für Kinder mit Trisomie 21, vgl. SORGE u. EMDE 1982), weshalb sie zur Verdeutlichung der Ersatzgefühle hier nicht herangezogen wird. Es mag auch mit bezeichnend für die Person Bernes sein, daß er gerade Liebe und Haß nicht zu den ursprünglichen Gefühlen zählte. Hierfür sprechen sowohl die Recherchen von STEWART (1992) als auch die persönlichen Eindrücke seines Schülers und Weggefährten STEINER (1974 S. 16-19; deutsche Ausgabe: STEINER 1987[6] S.28-34).

5.1.2 Die Ersatzgefühle und das Skript

Ersatzgefühle entstehen durch einen unbewußten Bewertungs- und Entscheidungsprozeß, den das Kind unter existentiellem Druck vollzieht. Ersatzgefühle sind damit Ausdruck einer Skriptentscheidung. Das Kind trifft seine Überlebensentscheidung unbewußt, indem es seine Skriptbotschaften verarbeitet. Genauso verarbeitet es die Botschaften und Signale seiner Umgebung zu Entscheidungen, wie es seine Lebendigkeit besser nicht ausdrückt und welche Gefühle es statt dessen zeigt.

Wie eine Überlebensentscheidung ist auch ein Ersatzgefühl sinnvoll und wirksam unter den Umständen, die seine Entstehung ausgelöst haben. Spätestens im Erwachsenenalter jedoch helfen Ersatzgefühle nicht mehr, ein Problem zu lösen. Im Gegenteil: Sie bringen Probleme mit sich oder stabilisieren sie.

In der neuen Umgebung ist es für Rudi nicht mehr sinnvoll, sich durch einen Wutausbruch Zuwendung gewaltsam zu holen. Tut er es dennoch, so folgt er seiner alten Skriptentscheidung und ist damit in seinem Skript. Und wenn er im Skript ist, dann arbeitet er unbewußt daran, es weiter zu bestätigen und sich seine „Richtigkeit" zu beweisen. Auf den Streß, der ihm aus dem Fehlen seiner gewohnten Zuwendungsmischung entsteht, reagiert er mit dem altvertrauten Ersatzgefühl, nämlich der Wut. Die Reaktion seiner Betreuer bestätigt ihm dann postwendend die „Richtigkeit" sei-

ner Entscheidung: *„Gut zu wissen, daß es immer noch zuverlässig negative Zuwendung gibt, wenn ich einen Wutausbruch habe. Besser den Spatz in der Hand – vor allem, wenn es sowieso keine Tauben für mich gibt." Sein Problem, sich mit einer neuen Umgebung wirklich auseinanderzusetzen, löst er damit nicht.*

Ein Ersatzgefühl zu aktivieren, löst nicht nur keine Probleme, sondern es katapultiert uns im Gegenteil in unserem Erleben in die Situation zurück, in der wir das Ersatzgefühl als bestmögliche Notlösung entwickelt haben. Das Ersatzgefühl zieht uns wie ein Gummiband von dem Streß, den wir heute in einer bestimmten Situation erleben, dorthin zurück (Kupfer u. Haimowitz 1971/1991). Und statt das aktuelle Problem zu lösen, greifen wir damit auf eine alte Strategie unserer Kindheit zurück und versuchen wie damals, durch das Inszenieren von Ersatzgefühlen unsere Umgebung so zu manipulieren, daß wir elterliche Zuwendung dafür erwarten dürfen. Damit befinden wir uns im Skript.

Im Gegensatz zu natürlichen Gefühlen können Ersatzgefühle wie auf einem Sparbuch gesammelt werden. Wir bringen sie dann nicht gleich zum Ausdruck, sondern wir können warten, bis ein mehr oder weniger großes „Guthaben" zusammengekommen ist. In den 60ger Jahren gab es in den Läden Rabattmarken. Man klebte sie in ein Heftchen, und volle Heftchen konnte man gegen Waren eintauschen. Manche lösten öfter in kleinen Mengen ein, andere horteten ganze Bündel, bevor sie sich dafür etwas eintauschten. Mit Ersatzgefühlen können wir ebenso verfahren, weshalb sie in der Literatur der Transaktionsanalyse auch „psychologische Rabattmarken" genannt werden.

Der Tropfen, der das Faß zum Überlaufen bringt: Dieses Sprichwort beschreibt zutreffend, was beim Einlösen von Rabattmarken passiert. Möglicherweise hat Rudi mit seinem Messer einen Stapel Rabattheftchen eingelöst. Für diese Vermutung spricht, daß es keinen erkennbaren Anlaß gab – zumindest keinen Anlaß, der in einem nachvollziehbaren Verhältnis zu seiner Reaktion stand. Möglich auch, daß es keinen äußeren Anlaß gab, sondern daß irgendein Empfinden oder Gefühl in ihm als „Tropfen" ausgereicht hat.

Je dicker der eingelöste Stapel, desto destruktiver die Auswirkungen. Mit hochrotem Kopf fristlos die Arbeit oder die Beziehung zu kündigen hat fatale Folgen, während das gereizte Konfliktgespräch weit weniger schädigt. Jede eingelöste Rabattmarke führt uns näher auf die Endauszahlung unseres Skripts hin. Im schlimmsten Fall können wir durch einen großen Stapel auf einmal unser Skriptende sehr schnell erreichen: Wir können uns oder andere umbringen, verrückt werden oder verwahrlosen. Wie wir mit unseren Rabattmarken umgehen, zeigt uns auch, mit wieviel Energie und wie wirkungsvoll wir unserem Skriptende und seiner Endauszahlung der Rabattmarken näher kommen.

Wutausbrüche mit körperlichen Angriffen sind in unserer Gesellschaft ein wirksames Mittel, um der Endauszahlung ein gutes Stück näher zu kommen. Mit dem Messer in der Hand hätte sich Rudi leicht eine Einweisung in die Psychiatrie einhandeln können. Und in mancher Behinderteneinrichtung hätten die Betreuer auch zu dieser Maßnahme gegriffen. Oder aber die Psychiatrie findet im eigenen Hause statt: Medikation, Isolierung und Fixierungsmaßnahmen dokumentieren die traurige Effizienz der Ersatzgefühle. Im Sinne des Skripts war der Tausch „Wutausbruch gegen Psychiatrie" ein gutes Geschäft.

Fassen wir zusammen: Ein Ersatzgefühl ist „eine vertraute Emotion, die in der Kindheit erlernt und gefördert wurde, die in vielen unterschiedlichen Streßsituationen erlebt wird, und deren Ausdruck als Mittel der Problemlösung für den Erwachsenen eine Fehlanpassung bedeutet" (STEWART U. JOINES 1990 S. 300). Und ein Ersatzgefühl dient dazu, eine alte Skriptentscheidung zu aktualisieren und sich dem Skriptende ein Stück näher zu bringen.

Auch wenn die genauen Zusammenhänge unklar bleiben, so ist es dennoch hilfreich, Ersatzgefühle bei sich und anderen zu bemerken. Das Kapitel über die Zuwendung hat bereits ein erstes Beispiel dafür gegeben, daß man nicht alle Hintergründe genau kennen muß, um Veränderungsprozesse zu gestalten. Nicht zuletzt bedeutet die Erkenntnis, im Skript zu sein – ob für sich oder verstrickt mit anderen –, den ersten Fuß bereits herauszusetzen.

5.2 Maschen und psychologische Spiele

In dem Augenblick, in dem wir ein Ersatzgefühl erleben oder beim Einlösen ausleben, dringt es auch in unser Bewußtsein. Wir spüren unsere Wut, unsere Trauer oder was auch immer unser Ersatzgefühl ist. Dabei blenden wir allerdings unseren aktiven Beitrag aus, durch den wir das Erleben des Ersatzgefühls herbeigeführt haben. Mit anderen Worten: Unsere Strategien sind uns nicht bewußt, die wir hierfür eingesetzt haben. Nach dem Motto: „Das Faß ist voll" oder „es blieb mir gar keine Wahl" lassen sich oftmals Anlässe und Schuldige benennen; die interessantere Frage jedoch, wie wir die Szene kunstvoll arrangiert haben, die unser Ersatzgefühl aufleben ließ, bleibt darüber offen.

In der Transaktionsanalyse gibt es zwei Konzepte, die diese Frage beantworten. Maschen und Spiele bezeichnen hier die Eigenschaften bestimmter unbewußter Manöver, die mit der Auszahlung einer Rabattmarke enden. Sie zielen also darauf, ein Ersatzgefühl zu erleben und so das Skript zu bestätigen. Diese unbewußten Manöver sind so angelegt, daß die Umgebung möglichst dazu genötigt ist, die passsende Art der Zuwendung zum Ersatzgefühl auch zu geben. Sie arrangieren die Situation so, daß die Menschen, die als „Zuwendungs-Spender" vorgesehen sind, sich ihr nur schwer entziehen können. Maschen und Spiele sind also manipulative Manöver, und sie entführen oder rauben den anderen ein Stück Zuwendung.

5.2.1 Maschen

Mit dem Messer in der Hand auf andere loszugehen ist eine wirklich räuberische Masche, um Zuwendung zu erhalten. Der Angegriffene muß sich wehren. Er kann sich also der Situation kaum entziehen, und in seiner angstvoll-aufgebrachten Verteidigung muß er genau die Zuwendung von sich geben, auf die die Masche abzielte.

Auch bei weniger dramatischen Maschen wird die Manipulation gut deutlich. Einnässen ist bei manchen geistig behinderten Menschen eine effektive und raffinierte Masche zugleich. Almtrud z.B. kann so einnässen, daß ihren Betreuerinnen lange nicht klar ist, ob sie ihre Blase überhaupt kontrollieren kann. Dadurch entwendet sie ihnen eine Mischung aus unterdrückter Wut und Mitleid. Der gemeinsame Veränderungsprozeß schlägt sich unter anderem darin nieder, daß Almtrud immer gezielter bei bestimmten Personen und in bestimmten Situationen einnäßt; sie handelt sich dadurch weniger Mitleid und mehr Wut ein. Höhepunkt dieser Entwicklung war eine filmreife und bewußt provozierende Aktion im Supermarkt, die den Betreuerinnen neben Wut auch eine gewisse Bewunderung abnötigte. Die Masche hat sich zur offen Auseinandersetzung gewandelt.

Maschen können sehr ausgefeilt sein und haben oft ein gutes 'timing'. Zu spät zu einem wichtigen Bewerbungsgespräch zu kommen erfordert gewissermaßen eine exakte Planung, denn es gibt zahlreiche Möglichkeiten, pünktlich zu sein – und sie müssen alle vermieden werden. Dies ändert jedoch nichts daran, daß auch die kunstvollste Masche unbewußt in Szene gesetzt wird. Stewart und Joines definieren deshalb eine Masche als „eine Gesamtheit skriptgebundener Verhaltensweisen, die, ohne bewußt zu werden, eingesetzt wird als Mittel zur Manipulation der Umgebung, und die es mit sich bringt, daß der Betreffende ein Maschengefühl erlebt" (STEWART und JOINES 1990 S. 300). Und dieses Ersatzgefühl verstärkt zusammen mit der damit verbundenen Zuwendung das Skript.

ENGLISH (1976/1991) hat zwei Arten des Maschenverhaltens herausgearbeitet, nämlich einmal ein Maschenverhalten aus der angepaßten Kindrolle, das sie mit dem Titel

'Hilflos' versehen hat und zum andern aus einer koketten aufgesetzten Elternrolle heraus, die English als Schaf im Wolfspelz charakterisiert (English 1976/1991 S. 232). Die zweite Art des Maschenverhaltens hat sie als 'Hilfreich' bezeichnet. English sieht als Ziel solchen Verhaltens, daß man auf diese manipulative Weise sich Zuwendung ergattert.

5.2.2 Psychologische Spiele

Psychologische Spiele sind mit Maschen unmittelbar verwandt insofern, als auch sie unbewußte manipulative Verhaltensmuster sind, die dazu dienen, das Skript zu erfüllen und zu bestätigen.

Sabine ist eine erwachsene junge Frau mit leichter geistiger Behinderung. Sie hat die Angewohnheit, sich mit einem zum breiten Lächeln verzogenen Mund ihren Betreuern zu nähern und sich vor allen Dingen mit dem Bekken so an sie zu schmiegen, daß es ihnen peinlich und unangenehm ist. Gleichzeitig kann sie dann fragen „Gell, du magst mich doch?" Üblicherweise reagieren ihre Bezugspersonen, indem sie sie angespannt und krampfig im Arm halten und ihr gleichzeitig mit belegter Stimme versichern: „Ja, Sabine, ich mag Dich".

Sabine zeigt eine Masche: Mit ihrem Verhalten manipuliert sie ihre Betreuer, ihr Zuwendung zu geben. Mitleid hindert sie, sich Sabines Annäherungsversuch zu entziehen; also müssen sie reagieren und geben ihr eine wenig stimmige und somit negative Zuwendung. Ihr trockenes Schlucken und ihre traurigen Augen über dem lächelnd verzogenen Mund lassen Sabines Ersatzgefühl ahnen, mit dem sie die Rabattmarke entgegen nimmt.

Sabine verläßt im geschilderten Beispiel die Situation genauso, wie sie sie begonnen hat, nämlich Mitleid erregend und in einer anrührenden Weise unbeholfen. Sie hätte aber auch nach der halbherzigen Versicherung, daß sie doch gemocht werde, einen Schritt zurücktreten und wütend sagen können: „Das meinst Du doch gar nicht so. Immer lügst Du mich an", was die Bezugsperson überrascht und verwirrt hätte. Durch diesen Zug hätte Sabine ihre Masche zum Spiel ausgebaut (STEWART 1992 S. 42).

Psychologische Spiele unterscheiden sich von Maschen dadurch, daß sie durch ganz bestimmte typische Rollenwechsel gekennzeichnet sind. Diese Rollenwechsel kommen für die Mitspieler völlig überraschend und lösen Verwirrung aus. Sabine hat einen Rollenwechsel vollzogen. Zuerst war sie die Mitleidheischende, dann ist sie plötzlich die Entrüstete. Und die Betreuer wissen nicht, wie ihnen geschieht: Vom (wenn auch etwas widerwilligen) Wohltäter zum Angeklagten in weniger als fünf Sekunden...

KARPMAN (1968) hat die typischen Rollen und Rollenwechsel psychologischer Spiele mit dem Drama-Dreieck dargestellt. Dabei greift er auf die drei Rollen zurück, die bereits ein fester Bestandteil griechischer Tragödien waren: Das Opfer, der Verfolger und der Retter.

Diese Rollen lassen sich idealisiert und damit ganz besonders leicht in jedem schlechten Filmdrama wiederfinden. Es gibt immer das Opfer, typischerweise weiblich, jung, blond, blauäugig und rührend naiv; und es gibt natürlich den Bösewicht, der dem armen Opfer Übles will. Dieser Verfolger ist am besten männlich, hat in jedem Fall dunkle Haare und häufig einen schmalen, scharfgeschnittenen Oberlippenbart. Handelt es sich um einen Western, so ist er unzweifelhaft am schwarzen Cowboyhut zu erkennen. Diesem Verfolger steht, wer hätte es gedacht, der edle Retter gegenüber, der idealerweise natürlich blond, gut aussehend, blauäugig und überhaupt der beste von allen ist. Im Film wechseln diese Rollen nicht. Denn selbst wenn der Retter den bösen Verfolger meuchelt, so tut er dies edel, mit den besten Absichten und vor allem mit Stil.

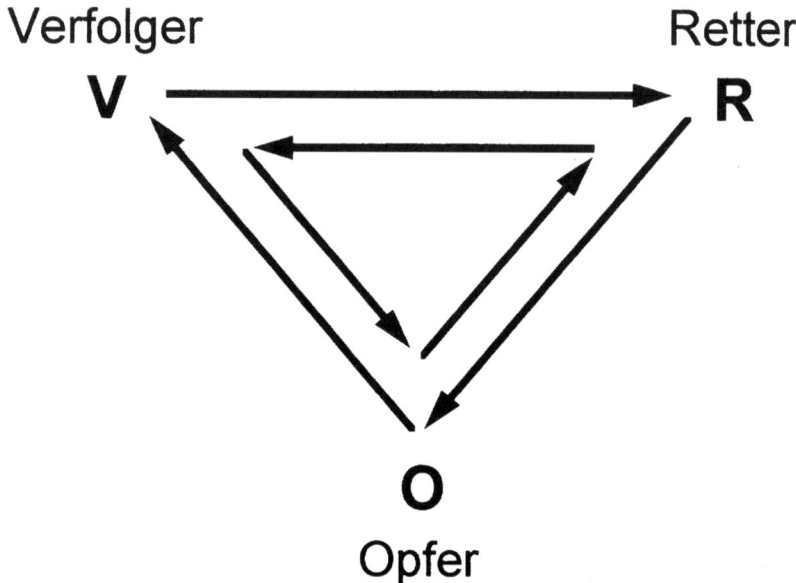

Abbildung 8: Das Drama-Dreieck

Opfer, Retter und Verfolger sind also die drei klassischen Rollen eines Dramas, und sie sind auch die drei grundlegenden Rollen psychologischer Spiele. Im Gegensatz zur Leinwand wechseln im wirklichen Leben die Rollen jedoch häufig und zum Teil auch schnell und mehrfach.

In der Fortführung unseres Beispieles wechselt Sabine von der anfänglichen Opferrolle in die Verfolgerrolle, wodurch sie ihre Bezugsperson vom Retter zum Opfer macht. Umgekehrt könnte aber auch die Bezugsperson sich aus der Umarmung lösen, einen Schritt zurücktreten und fauchen: „Jetzt stell' dich nicht so an, wie oft soll ich es Dir noch sagen, daß ich Dich gern habe." In diesem Falle ist der Retter zum Verfolger geworden und die Überraschung über den unvermuteten Wechsel liegt auf Sabines Seite.

Der Rollenwechsel ist also zusammen mit der Überraschung und Verwirrung, die er auslöst, das bestimmende Element von psychologischen Spielen. Berne definiert deshalb ein Spiel als einen Austauschprozeß mit „einem (imaginären) Schalthebel, einer Verwirrung und einem abschließenden Lohn bzw. Spielgewinn" (BERNE 1987 S. 509).

Die Gesetzmäßigkeiten, denen ein psychologisches Spiel unterliegt, hat Berne als Folge von sechs Spielzügen beschrieben (BERNE 1987).

Erster Zug: Das Spiel beginnt mit einem Eröffnungszug, der wie eine gut getarnte Falle mit einem verlockenden Köder funktioniert. Wie in einer Falle kann man sich dem Spiel kaum noch entziehen, wenn es erst einmal begonnen ist. Sabine stellt ihren Betreuern eine Falle; in der Art, wie sie auf sie zukommt, signalisiert sie: „Was du mir auch gibst, es wird nicht das richtige sein, hähä." Wenn Sabine mit diesem gewissen Lächeln und mit der bekannten Haltung der Hüfte auf die Bezugsperson zugeht, bietet sie ihnen als Köder auf der unbewußten Ebene an, gemeinsam ein weiteres Mal ihre Skripts zu bestätigen. Die Aufforderung zum Mitspielen erfolgt nonverbal durch die Art und Weise, wie ein Spieler den Kontakt herstellt.

Zweiter Zug: Nach dem Schlüssel-Schloß-Prinzip kann die Falle im Eröffnungszug für einen potentiellen Mitspieler verführerisch und attraktiv sein, denn sie kann seine skriptbedingt schwache Stelle erwischen. Der Schwachpunkt der Bezugsperson, der sie den Köder schlucken und in die Falle gehen läßt, liegt in ihren Grundüberzeugungen über sich selbst. Diese schwache Stelle wird durch den Eröffnungszug aktiviert; dadurch erwacht das eigene Spielinteresse – der zweite Spielzug.

Dritter Zug: Sabines Betreuer werden weich, wenn sie in der beschriebenen Art auf sie zukommt, anstatt sich abzugrenzen. Sie zeigen eine offene Reaktion mit ihrer verlegenen Zuwendung. Sie reagieren damit erwartungsentsprechend und sozusagen ganz harmlos. Diese offene, auch wieder von außen beobachtbare Reaktion ist der dritte Spielzug.

Vierter Zug: Daraufhin nimmt Sabine den bereits geschilderten Rollenwechsel vor.

Fünfter Zug: Bei den Betreuern entsteht Überraschung und Verwirrung – typisch die fassungslose Reaktion von zum Opfer gemachten Rettern: „Aber ich hab's doch nur gut gemeint!" Verwirrung und Überraschung sind der fünfte Spielzug.

Sechster Zug: Somit können dann alle ihre Rabattmarken kassieren, denn als Resultat stellen sich bei allen Mitspielern die Ersatzgefühle ein: Sabine regt sich über die Betreuer auf, und die Betreuer fühlen sich wieder mal beschämt und ungenügend. Mit diesem sechsten Zug ist das Ziel des Spiels erreicht: Alle haben ihr Skript aktiviert und erneut bestätigt. Damit haben sie eine neue Rabattmarke erworben, um sie später am Skriptende einzulösen.

Diese sechs Spielzüge faßt Berne in der Spielformel G zusammen, wobei G für das englische game (gleich Spiel) steht. In der deutschen Übersetzung läßt sie sich in Anlehnung an STEWART und JOINES (1990 S. 337) wie folgt darstellen:

Attraktive Falle + (Mit-)Spielinteresse = harmlose Reaktion → Rollenwechsel → Verwirrung
→ Ersatzgefühl, Auszahlung der Rabattmarken

Eric Berne selbst läßt in seinem Werk die enge Verwandschaft von Masche und psychologischem Spiel erkennen, indem er zunächst Transaktionen ohne den angesprochenen Wechsel der Rollen beschrieb und als Spiele bezeichnete. Dieses frühe Spielverständnis Eric Bernes entspricht der Definition einer Masche. Später jedoch arbeitete er den Rollenwechsel und die darauf folgende Verwirrung als das entscheidende Merkmal von Spielen heraus. Hierzu entwickelte er die genannte Formel G. (BERNE 1985[21] S.24). Zur Kritik der verschiedenen Ansätze zu Maschen und Spielen innerhalb der Transaktionsanalyse vgl. ZALCMAN (1993).

BERNE (1966) unterscheidet drei Steigerungsgrade, in denen Spiele gespielt werden können, je nachdem, wie destruktiv die Auszahlung wirkt und in welchem Ausmaß sie das Skriptende näher bringt. Spiele ersten Grades erkennt man daran, daß man noch ohne weiteres von ihnen berichten kann – der neueste Ärger mit dem Chef z.B. eignet sich gut zur Pausenunterhaltung im Kollegenkreis. Spiele zweiten Grades haben Konsequenzen, die man lieber verbirgt, weil man sich ihrer schämt. Hat der Ärger mit dem Chef zu Kündigung und Arbeitslosigkeit geführt, so eignet sich diese Auszahlung nicht mehr zur lockeren Pausenunterhaltung und angenehmer gemeinsamer Empörung. Die Auszahlungen haben nicht mehr nur ärgerliche, sondern ernsthaft einschränkende Auswirkungen. Spiele dritten Grades schließlich enden nach Berne im Krankenhaus, in der Psychiatrie, im Gefängnis oder im Grab. Mit einem drittgradigen Spiel wird die Endauszahlung der Rabattmarken und damit das Skriptende mit einem Riesenschritt erreicht.

5.3 Maschen, Spiele und geistige Behinderung

Meine Erfahrung mit geistig behinderten Menschen geht dahin, daß lernbehinderte Menschen in der Lage sind, Spiele im Bern'schen Sinne zu spielen, indem sie überraschende Rollenwechsel vollziehen. Geistig behinderte Menschen dagegen verhalten sich eher selten in einer solchen überraschenden Weise. Sie verbleiben vielmehr in ihrer angestammten Rolle, weshalb zur Beschreibung ihres Verhaltens das Konzept der Maske häufig das angemessenere Modell ist. Auch sie können Positionswechsel vollziehen. Häufig geschieht das jedoch in Reaktion auf einen äußeren Impuls und nur selten so, daß der Moment der Verwirrung, der das Spiel ja wesentlich definiert, auf Seiten der Kommunikationspartner gegeben ist. Schwer aggressive geistig behinderte Menschen können scheinbar aus heiterem Himmel zuschlagen und vom Opfer zum Verfolger werden. Nähere Analysen (vgl. Kapitel 7) zeigen jedoch in aller Regel, daß mit einem entsprechend geübten Auge deutlich zu erkennen ist, wie sich dieser Umschwung anbahnt.

Die Bezugspersonen können dagegen, wie beschrieben, einen plötzlichen Rollenwechsel vollziehen. Die Wahrscheinlichkeit, daß ein geistig behinderter Mensch mit einem Rollenwechsel konfrontiert wird und das Moment der Verwirrung erlebt, ist also erheblich größer als daß die Bezugspersonen solche Überraschungen erleben.

Die Hypothese klingt plausibel, daß die Fähigkeit zum schnellen Rollenwechsel in psychologischen Spielen von der Intelligenz und damit vom Grad der geistigen Behinderung abhängig ist. Sie ist aber nicht systematisch überprüft. Insoweit kann sie als Anregung gelten, aber nicht den Anspruch auf Gültigkeit oder Verläßlichkeit erheben.
Geistig behinderte Menschen sind dagegen sicher in der Lage, Ersatzgefühle zu entwickeln. Zumindest den Ausdruck bzw. das Auftreten eines Gefühls kann bereits die Lerntheorie hinreichend erklären (BREDENKAMP U. WIPPICH 1977 S. 111). Das Verlernen einer Gefühlsäußerung und das Erlernen einer anderen läßt sich mit den Gesetzmäßigkeiten von Verstärkung und Löschen beschreiben, ohne daß der Grad der geistigen Behinderung eine Rolle dabei spielt. Und nach allem, was über den Zusammenhang zwischen Gefühlsausdruck und Gefühlserleben bekannt ist (vgl. SCHNEIDER 1990), läßt sich das Konzept des Ersatzgefühls auch auf geistig behinderte Menschen anwenden. Auch an dieser Stelle ist der Verweis auf das Kapitel über die Theorie der Persönlichkeitsentwicklung (Kapitel 10) angebracht, denn dort werden die Grundlagen herausgearbeitet, auf denen die Anwendung der Transaktionsanalyse bei geistig behinderten Menschen beruht. Weitergehende Darstellungen zum Thema Maschen und Spiele finden sich z.B. bei SCHLEGEL (1988[3]).

5.4 Der Umgang mit Maschen und Spielen

Geistig behinderte Menschen sind aufgrund ihrer Beeinträchtigung häufig anfällig dafür, die Opferrolle einzunehmen (was nicht gleichbedeutend damit ist, tatsächlich Opfer zu sein). Und diejenigen, die mit ihnen leben und arbeiten, sind in ständiger Versuchung, die Retterrolle einzunehmen. Wie Bernes Spielformel gezeigt hat, bedingen sich die Rollen: Kein Opfer ohne Verfolger oder Retter und kein Retter ohne Opfer, das es zu retten oder beschützen gilt. Das Retten sein zu lassen bedeutet, daß ich den anderen nicht zum Opfer machen muß, indem ich ihn mit seiner Errettung „beglücke". Umgekehrt hat die Opferrolle ohne Retter (oder Verfolger) auch keinen Bestand. Wenn ich nicht gerettet werde, kann ich kein Opfer mehr sein – und wenn ich kein Opfer bin, brauche ich den Retter nicht. Es kommt also darauf an, geistig behinderte Menschen zu begleiten ohne sie zu retten. Besser gesagt: Es kommt darauf an, das Retten hinreichend oft zu unterlassen. Da Spiele alltägliche Begleiter unseres Zusammenlebens sind, ist es unrealistisch, Maschen und Spiele vollständig aufzugeben. Die Erfahrung zeigt jedoch, daß mit jeder durchschauten und unterlassenen Rettungsaktion mehr förderliche Zuwendung möglich ist, durch die das Skript aufgelockert werden kann.

Sabines Betreuer konnten sich in einem Teamgespräch eingestehen, daß sie ihr die Zuwendung eigentlich gar nicht geben wollten, die sie mit ihrer Masche entwendete. Und sie merkten, daß sie über dem Widerwillen, der sich bei ihnen darüber einstellte, ihr dann keine Zuwendung mehr geben mochten – auch wenn es stimmig wäre, sie zu geben. Weiter merkten sie, daß sie sich durch ihr Mittun ihren eigenen Skriptglauben bestätigten: „Ich darf nicht nein sagen, und deswegen kann man's mit mir machen." Sie entschieden sich daraufhin, ihr mieses Gefühl nicht mehr zu übergehen und Sabine abzuwehren, wenn sie ihre Masche einsetzte. Die Rettungsaktion „Die arme Sabine, sie muß doch einfach von mir Zuwendung bekommen!" war damit im Großen und Ganzen beendet. Die Betreuer übten sich dann einige Zeit in Abgrenzung und regten sich gleichzeitig über die vielen Male in der Vergangenheit auf, die sie in die Falle gegangen waren. Später jedoch und als sie sich sicher genug abgrenzen konnten, erwachte wieder die Lust in ihnen, einfach so mal auf Sabine zuzugehen oder ihr Zuwendung zu geben, wenn sie angemessen danach fragte. An die Stelle entwendeter Zuwendung und getauschter Rabattmarken war eine heilsamere Art getreten, sich Zuwendung zu geben; die Beteiligten erlebten, daß Abgrenzung und Nähe zusammengehören.

STEINER (1987[6]) hat aus seiner Analyse der Zuwendungsregeln heraus Leitsätze entwickelt, wie ein förderlicher Umgang mit Zuwendung sein kann, ohne sich selbst zu übergehen oder anderen etwas manipulativ vorzuenthalten oder anzubieten. Diese Regeln eignen sich gleichzeitig gut dazu, selbst weniger Maschen und Spiele zu inszenieren und weniger mitzuspielen, wenn dies andere tun. Sie lauten:

Gib keine Zuwendung, die du nicht geben willst!
Nimm keine Zuwendung an, die du nicht haben willst!
Gib dir selbst genug Zuwendung!
Wenn du Zuwendung brauchst, frage danach!
Wenn du Zuwendung gibst, mache keine Pfandleihe und keinen Tauschhandel daraus!
Wenn du Zuwendung nimmst, laß' dich nicht zum Schuldner machen!
Unternimm keine Rettungsaktionen im Sinne psychologischer Spiele!
Unterlasse Manipulation und Machtausübung mit Zuwendung!

Steiners Regeln respektieren die zentrale Eigenschaft von Zuwendung: Zuwendung ist ein Kind der Freiheit – und das gilt insbesondere für die Liebe als die Form der Zuwendung, die Menschen am meisten mögen und brauchen. Zuwendung ist in ihrem Wesen ein Geschenk, das frei gegeben und frei angenommen sein will. Liebe – wie alle positive Zuwendung im Grunde auch – kann weder erworben, verdient, erzwungen noch eingehandelt werden. Wie Steiner gezeigt hat, sind die Zuwendungsregeln unserer Kultur aber darauf angelegt, genau das zu tun, nämlich Zuwendung zur Ware und Waffe zu machen und sie damit zu pervertieren. Und pervertierte Zuwendung macht krank.

An dieser Stelle macht STEINER (1987[6]) ganz deutlich, daß psychologisches Denken und Handeln nicht losgelöst von gesellschaftlichen Bezügen sein kann, sondern Herrschaftskritik beinhalten muß. Denn wichtige Herrschaftsmechanismen der westlichen Industriegesellschaft funktionieren über die künstliche Verknappung und Manipulation von Zuwendung. Sich einem psychologischen Spiel zu verweigern und gemeinsam die Freiheit der Zuwendung wiederzuentdecken ist ein Stück gelebte Herrschaftskritik und beinhaltet den Entwurf eines anderen gesellschaftlichen Miteinanders. Steiner bezieht sich an dieser Stelle auf die gesellschaftskritische Tradition der Psychologie ausgehend von Wilhelm REICH (1966;1969), und er weist darauf hin, wie die Herrschaftskritik bei MARCUSE (1962) auch von soziologischer Seite aus die Unterwerfung von Zuwendung und Beziehung unter gesellschaftliche Machtmechanismen analysiert hat.

Die Freiheit der Zuwendung zu respektieren bedeutet, weniger an psychologischen Spielen teilzunehmen und weniger Maschen zu inszenieren. Mit ihrer Entscheidung, ihr mieses Gefühl beim „Ja sicher, ich mag dich" nicht mehr zu übergehen, haben Sabines Betreuer nicht nur ein Stück Selbstrespekt zurückgewonnen. Achtung vor sich selbst bedeutet, sich selbst Zuwendung geben; und sie geben Sabine auch keine Zuwendung gegen ihren Willen. Damit haben sie nicht nur ein beginnendes Spiel gestoppt, sondern sie setzen einen heilsamen Umgang mit Zuwendung an seine Stelle.

5.5 Der Teufelskreis der selbsterfüllenden Prophezeiung und das Maschensystem

Die Ersatzgefühle, Maschen und psychologischen Spiele beruhen auf Skriptentscheidungen, wie im Laufe dieses Kapitels bereits deutlich wurde. Umgekehrt dienen sie dazu, das Skript zu verstärken und das eigene Lebensdrama näher zu seinem skriptgebundenen Ende zu bringen. Daraus erwächst ein sich selbst verstärkender Kreislauf selbsterfüllender Prophezeiung. ERSKINE und ZALCMAN (1979/1991) haben diesen Kreislauf in einem Erklärungsmodell systematisch dargestellt. Das Maschensystem, wie es im deutschen Sprachgebrauch genannt wird, bezieht dabei das Maschenverhalten mit ein. Mit der folgenden Darstellung des Maschensystems werden also die Überlegungen dieses Kapitels zu skriptgebundenen Verhaltensmustern nochmals gebündelt und in den Rahmen des Skripts gestellt.

Erskine und Zalcman beschreiben den Teufelskreis der selbsterfüllenden Prophezeiung als ein „sich selbst verstärkendes, verzerrtes System von Gefühlen, Gedanken und Handlungen, das von skriptgebundenen Menschen aufrecht erhalten wird. Es besteht aus drei miteinander verbundenen und miteinander zusammenhängenden Komponenten: Den Skriptüberzeugungen, den Verhaltensmustern und Gefühlen der Maschenerscheinung und den skriptverstärkenden Erinnerungen". (ERSKINE und ZALCMAN 1979/1991 S. 295; Übers. d. Verf.).

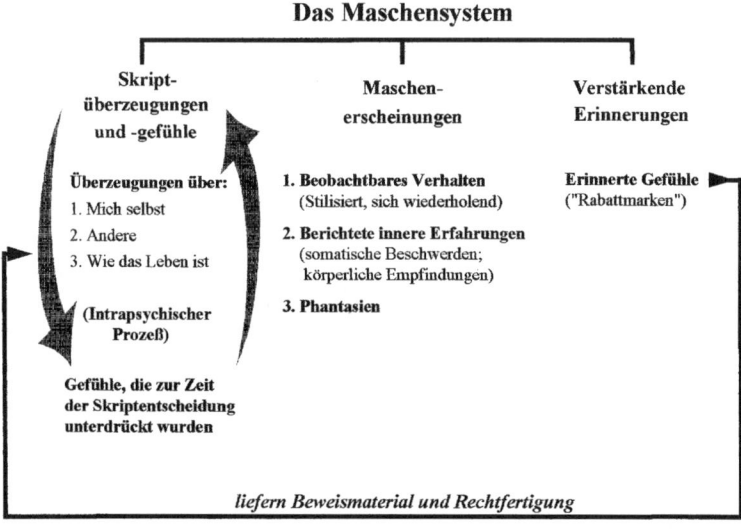

Abbildung 9: Das Maschensystem

Im Folgenden werden die Elemente des Maschensystems dargestellt und in ihrem Zusammenhang erläutert.

5.5.1 Die Skriptüberzeugungen

Die Skriptüberzeugungen sind eng verwandt mit den Skriptentscheidungen, die unter dem Abschnitt „Die Ersatzgefühle und das Skript" (Kapitel 5.1.2) geschildert wurden. Rudi hatte beispielweise entschieden: „Besser, ich fühle gleich eine Wut statt etwas anderes und tobe los – dann müssen die anderen mich wenigstens beachten." Die Skriptentscheidung richtet sich auf unser Handeln: Wir entscheiden, was wir besser tun oder nicht tun, und wozu es gut ist, so zu verfahren – beispielsweise für das eigene Überleben.

Die Skriptüberzeugungen ergänzen die Skriptentscheidungen mit einem festgefügten Weltbild: So bin ich, so sind die anderen, so sind das Leben und die Welt. Die Zuschreibungen, die in diesem Weltbild „vergeben" werden, gelten im Skript als selbstverständliche Tatsachen. Skriptentscheidungen sagen, was ich tun werde; sie zielen also auf das Handeln. Skriptüberzeugungen dagegen sagen aus, wer ich bin usw.; sie beinhalten die Eigenschaften, die ich in meinem Weltbild mir und anderen verleihe.

Je nachdem, wann die Skriptüberzeugungen entstanden und wie gewichtig sie damit auch sind, unterscheiden ERSKINE und ZALCMAN (1979/1991) zentrale Skriptüberzeugungen und unterstützende Skriptüberzeugungen.

Die zentralen Skriptüberzeugungen werden von den frühesten und damit auch grundlegenden Skriptüberzeugungen gebildet. Die Autoren gehen davon aus, daß diese Skriptüberzeugungen auf der Basis des magischen und konkreten Denken kleiner Kinder entstehen. Hier zeigt sich eine enge Verwandschaft zu den Überlebensentscheidungen (vgl. Kapitel 2.3.3), die ebenfalls auf dem konkreten und magischen Denken beruhen.

Skriptüberzeugungen brauchen nicht notwendigerweise sprachlich gebildet zu werden. Im Gegenteil: Die Grundposition (siehe Kapitel 3) entwickelt sich lange vor dem Spracherwerb und auch lange vor dem magischen Denken, und sie ist eine wirklich zentrale Skriptüberzeugung. Bevor ein Kind beginnt, andere Gefühle als seine ursprünglichen auszuprobieren und so ein Ersatzgefühl entwickelt, wird es zunächst seine ursprünglichen Gefühle wiederholt und heftiger zum Ausdruck bringen. Ebenso schreit auch ein Säugling immer lauter und heftiger, wenn er Hunger hat und seine Eltern nicht auf ihn reagieren. Reagieren die Eltern dann immer noch nicht, so gesellt sich zu den ursprünglichen Gefühlen als Reaktion eine wachsende Wut gepaart mit einer wachsenden Furcht hinzu. Je länger die Eltern nicht auf das Kind reagieren, desto mehr schwindet die Wut und desto mehr nimmt die Furcht überhand. Die Furcht, nicht mehr wahrgenommen zu werden, ist für einen Säugling gleichbedeutend mit Existenz-

und Vernichtungsängsten. Sie ist somit der Beginn des Urmißtrauens bzw. der zentralen Skriptüberzeugung: „Ich bin nicht OK und die anderen sind nicht OK."

Im Umfeld geistiger Behinderung war es ZASLOW (1981), der in seiner Theorie zur Entstehung des Autismus auf Bowlby und seine Bindungstheorie zurückgriff (vgl. BOWLBY 1965[2]; 1975; ähnlich auch SPITZ 1974[4];1982) und den elementaren Zyklus aus Mangelempfinden, Schreien und die Erfahrung der Bedürfnisbefriedigung bei gleichzeitig intensivem Kontakt mit der Bezugsperson als Motor der Bindungsentwicklung herausstellte. Mit einer guten Bindung entwickelt sich auch das Urvertrauen des Kindes (vgl. die Position „Ich bin OK und die anderen sind OK" in Kapitel 3; siehe auch Erikson 1966). Zaslow sieht die Wurzel des Autismus darin, daß sich der geschilderte Ablauf nicht oder nicht verläßlich genug entwickeln kann (vgl. auch ROHMANN und ELBING 1990).

Erst aus der Furcht heraus, nicht mehr wahrgenommen zu werden, beginnt dann das Kind, verschiedene andere Gefühle und Verhaltensweisen zu erproben. Somit liegt jeder Skriptüberzeugung eine Kombination von ursprünglichen Gefühlen zugrunde, wobei in der Kombination in jedem Fall die Gefühle Wut und Furcht enthalten sind.

Wut und Furcht sind einem Säugling als Gefühle genausowenig zugänglich wie seine eigene Entscheidung zwischen Urvertrauen und Urmißtrauen. Seine Einheit aus Wahrnehmen, Erleben und Verhalten läßt den Beobachter eine interpretierende Zuschreibung vornehmen, die er im gegebenen Fall Wut oder Furcht nennen kann. Die frühen und zentralen Skriptüberzeugungen in Worte zu fassen ist ebenso eine sprachliche Zuschreibung des Beobachters wie die Interpretation eines Gefühlsausdrucks im beobachtbaren Verhalten eines Säuglings. Beide Male dienen sie als sprachliche Markierung, um ein komplexes Geschehen zu kennzeichnen (vgl. auch die diesbezüglichen Ausführungen zu den Skriptentscheidungen; Kapitel 2).
Wenn das Kind gelernt hat, sich selbst mit Hilfe der Sprache zu organisieren, so kann es von da an Skriptüberzeugungen auch sprachlich bilden bzw. sie sprachlich ausdrücken.

Sabines Masche haben wir bereits kennengelernt; sie näherte sich ihren Betreuern in einer Weise, die in ihnen Mitleid und Abwehr gleichzeitig erweckte. Welche Skriptüberzeugungen könnten ihr zugrunde liegen? Sabine wurde gleich nach ihrer Geburt von ihrer Mutter im Säuglingsheim abgegeben, wo sie in einem Saal mit weiteren 20 Säuglingen von einer oder zwei Ordensfrauen betreut wurde. Hier und auch später mußte sie erleben, daß die Ordensfrauen nicht auf sie und ihre Bedürfnisse eingingen, wenn sie traurig oder wütend war. Vielmehr reagierten sie zunächst mit Mißachtung und später mit strenger Disziplin und Bestrafung. Dagegen begriff Sabine sehr schnell, daß ihre Betreuerinnen es mochten, wenn sie sich an sie ankuschelte und sie dabei glücklich anlächelte. Fortan entwickelte Sabine Glücklichsein als ihr Ersatzgefühl. Ihre Traurigkeit und ihre Wut blieben aber unerledigt und bildeten zusammen mit der existientiellen

Angst, mißachtet zu werden, die Basis ihrer Skriptüberzeugung, die versprachlicht lauten könnte: „Mit mir ist etwas falsch, ich bin nicht liebenswert. Andere Menschen mißachten mich oder weisen mich zurück. Die Welt ist ein gefährlicher, einsamer und unzuverlässiger Platz."
Später erlebt sie dann, daß andere Kinder eine Mutter für sich haben, wogegen sie im Heim lebt und ihre Mutter nur selten sieht. Die Schwester muß sie sich zudem mit einem Dutzend kleiner Mädchen teilen. So sagt sie zu sich „Jetzt weiß ich, was mit mir verkehrt ist. Ich bin nicht klug genug und nicht schön genug, denn alle klugen und hübschen Kinder haben eine Mama, und ich muß im Heim leben. Deshalb werde ich mißachtet und übergangen." Auf diese Weise hat Sabine eine unterstützende Skriptüberzeugung gebildet, die die Gültigkeit der zentralen Skriptüberzeugung verstärkt.
Heute ist Sabine eine junge erwachsene Frau. Wenn sie sich von ihren Betreuern aus irgendwelchen Gründen nicht genügend beachtet fühlt, so wird sie wie von einem unsichtbaren Gummiband zurückversetzt in ihre frühen Erfahrungen und erlebt unbewußt den Schmerz und die Furcht der damaligen Situation wieder. Ihre Skriptüberzeugungen werden erneut aktiviert, mit denen sie sich erklärt, warum das so sein muß, daß sie diese Gefühle empfindet.

Erskine und Zalcman betonen, daß es sich hierbei um einen intrapsychischen Prozeß handelt, der außerhalb des Bewußtseins der betroffenen Personen abläuft.

5.5.2 Maschenerscheinungen

Maschenerscheinungen bestehen aus „allen offenen und innerlich ablaufenden Verhaltensweisen, die ein Ausdruck von Skriptüberzeugungen und Skriptgefühlen sind" (ERSKINE und ZALCMAN 1979/1991 S. 296). Sie umfassen beobachtbare Verhaltensweisen, innere Empfindungen und Erfahrungen sowie Phantasien. Die Masche bzw. das Maschenverhalten, wie wir es bisher kennengelernt haben, ist bei Erskine und Zalcman also eine von mehreren möglichen Maschenerscheinungen, denn Maschenverhalten ist beobachtbar.

5.5.2.1 *Beobachtbares Verhalten*

Das beobachtbare Verhalten als Maschenerscheinung umfaßt alles, was die Person tut, sagt und an Bewegung und Gesichtsausdruck zeigt, wie dies oben dargestellt wurde (vgl. 5.2.1). Dieses Verhalten ist dadurch gekennzeichnet, daß es einen sich wiederholenden und gleichförmigen Charakter hat.

Wenn sich Sabine in der beschriebenen Weise ihren Betreuern mit ihrer Masche nähert (vgl. 5.2.2), ist sie dabei gleichzeitig in den Schultern sehr steif und ihr Gesicht zerfällt in eine obere und in eine untere Hälfte. Die untere Hälfte lächelt breit, und die obere Hälfte mit den Augen blickt traurig und verzweifelt.

Im Kapitel über die Ich-Zustände diente Sabines Beispiel als Veranschaulichung der Diagnostik von Ich-Zuständen (vgl. 1.1.3.1). In der Querverbindung wird deutlich, daß Racketerscheinungen nicht dem Erwachsenen-Ich, sondern dem Kind-Ich oder aber auch dem Eltern-Ich zuzuordnen sind.

5.5.2.2 Innere Erfahrungen

Anstelle von oder mit dem beobachtbaren Verhalten können körperliche Mißempfindungen auftreten wie Muskelverspannungen, Herzklopfen, Atembeklemmungen usw. Hier kann eine große Spannbreite verschiedener Körperempfindungen als Maschenerscheinung auftreten.

Schon im Säuglingsalter hatte sich für Sabine das aufgesetzte künstliche Lächeln schlecht angefühlt. Es kostete sie nämlich viel Energie, überhaupt dieses Lächeln aufzusetzen. Es verschlug ihr dabei den Atem, und ihre Bauchdecke krampfte sich in der Magengegend wie eine Faust zusammen. Ihr Empfinden war ein Echo all der Trauer und Wut über die Verlassenheit und Mißachtung, die sie erfahren hatte, wenn sie ihre echten Gefühle gezeigt hatte. Diese körperlichen Empfindungen und Reaktionen spürt sie heute noch genauso wie damals, wenn sie in der beschriebenen Art und Weise auf ihre Betreuer zugeht.

Indem das Maschensystem mit den inneren Erfahrungen körperliche Empfindungen und Reaktionen mit einbezieht, kann es auch auf psychosomatische Störungen angewendet werden.

5.5.2.3 Phantasien

Häufig ist es gar nicht erforderlich, daß eine Streßsituation in der Realität erlebt wird, die den intrapsychischen Prozess und somit den Einstieg ins Maschensystem auslöst. Vielmehr kommt es nicht selten vor, daß in Phantasien und Tagträumen solche Situationen immer wieder durchgespielt werden und dann genau wie real erlebte Situationen in der Lage sind, den geschilderten Prozess in Gang zu setzen.

5.5.3 Verstärkende Erinnerungen

In dem Augenblick, in dem eine Maschenerscheinung wiederbelebt wird, erwachen mit ihr auch all die Erinnerungen an die vergangenen Male, die

Reaktionen der anderen und die damit verbundenen Ersatzgefühle. Durch diese verstärkenden Erinnerungen werden die Ersatzgefühle neuerlich aktiviert und können ein weiteres Mal als Rabattmarken für die Erfüllung des Skripts verwendet werden.

In unserem Beispiel spürt Sabine natürlich ganz genau, daß die Bestätigung, daß sie gemocht wird, so nicht stimmt. Und sie erinnert sich an all die vielen ungezählten Male, als sie ähnliche unstimmige Reaktionen auf ihr Verhalten hin erfahren hat. Die neue Erfahrung verdichtet sich gemeinsam mit diesen alten zu dem skriptverstärkenden Beweis: „Mit mir ist etwas falsch. Ich bin nicht liebenswert." Hierdurch wird der intrapsychische Prozeß erneut in Gang gesetzt; Sabine hat sich ihre Skriptüberzeugung bestätigt.

Somit ist der Kreislauf des Maschensystems geschlossen, und das Skript wird in lauter ineinandergreifenden Teufelskreisen der selbsterfüllenden Prophezeiung immer aufs Neue verstärkt und stabilisiert.

Die theoretischen Konzepte des fünften Kapitels bieten eine Reihe von Ansatzpunkten, um Querverbindungen vor allem zur psychologischen Forschung und zur Verhaltenstherapie herzustellen.
Ersatzgefühle sind in der Transaktionsanalyse das Resultat eines unbewußten Bewertungs- und Entscheidungsprozesses. Damit befindet sie sich in der Nähe kognitiver Emotionstheorien wie z.B. von SCHACHTER und SINGER (1962), deren Theorie die Emotionen ebenfalls als das Ergebnis von kognitiven Wahrnehmungs- und Bewertungsprozessen beschreibt (vgl. auch LAZARUS und FOLKMAN 1984). Darüber hinaus konnte nachgewiesen werden, daß im Vergleich zu diesen Bewertungsprozessen selbst körperliche Zustände einen bemerkenswert geringen Einfluß auf das letztendlich wahrgenommene Gefühl haben (LAZARUS, SPEISMAN, MORDKOFF u. DAVISON 1962; vgl. auch SCHNEIDER 1990). Diese Befunde unterstützen die (nicht nur) transaktionsanalytische Auffassung, daß in der Tat erlernte Ersatzgefühle an die Stelle der ursprünglichen Gefühle treten können. Mit der Betonung des unbewußten Charakters der Bewertungs- und Entscheidungsprozesse schafft die Transaktionsanalyse gleichzeitig eine Brücke von der kognitiven Psychologie zu tiefenpsychologischen Ansätzen.
Das Konzept der Masche und seine Bedeutung für das Skript, wie es beispielsweise im Maschensystem zusammenfassend beschrieben ist, stellt sich zur Zeit als Wegbereiter für die sich deutlich anbahnende tiefenpsychologische Wende der Verhaltenstherapie heraus. GRAWE und DZIEWAS (1978) beschreiben in ihrem Artikel über die interaktionale Verhaltenstherapie als vertikale Verhaltensanalyse das, was dieses Kapitel im Grunde über Maschen, Ersatzgefühle und Skript darstellt. Die weitere Diskussion in der Verhaltenstherapie hat unter anderem dazu geführt, daß ein bedeutender deutscher Kongreß der Verhaltenstherapeuten im Jahr 1994 unter dem Thema „die therapeutische Beziehung" stand.

Mit dem Ende des fünften Kapitels erreichen wir das Ende eines langen Bogens, der das Skript in Aktion zeigt. Zuwendung und Ersatzgefühle sind hierbei die zentralen Begriffe. Das Konzept der Zuwendung klärt grundsätzlich, weshalb und wie Menschen in die Lage kommen können, ein nachteiliges oder destruktives Skript zu entwickeln. Denn wenn wir nicht von Zuwendung existentiell abhängig wären, bräuchten wir keine selbstschädigenden Formen der Anpassung im Skript zu entwickeln. Damit schafft das Zuwendungskonzept unerläßliche Verbindungen sowohl zur Anthropologie als auch zur Sozialpsychologie: Die Bedeutung und der Stellenwert der Skripttheorie kann ohne sie nicht richtig eingeordnet werden. Das Konzept der Ersatzgefühle steht in enger Verbindung mit dem Konzept der Zuwendung. Ersatzgefühle sind die Brücke zwischen den innerpsychischen, skriptbestimmten Prozessen und dem konkreten, beobachtbaren Verhalten im Kontakt mit anderen. Wenn wir unter Skripteinfluß sind, zielt unser soziales Verhalten unbewußt darauf ab, ein Ersatzgefühl zu aktivieren und damit das Skript zu bestätigen und sein vorgesehenes Ende zu verwirklichen. Damit verbindet das Konzept des Ersatzgefühls Psychodynamik und Sozialpsychologie.

6. Skripterfüllung in gemeinsamer Aktion

Dieser Verbindung von innerer Dynamik und gemeinsamem Handeln wird dieses Kapitel gelten. Die Überschrift faßt zunächst zusammen, was über der Schilderung von Maschen und psychologischen Spielen bereits deutlich wurde: Maschen und Spiele können im Sinne des Skripts nur erfolgreich sein, wenn sich Mitspieler einfinden, die sich im Mitmachen ebenfalls ihr Skript bestätigen – und das ist oft genug der Fall. Begreift man Maschen und Spiele als das, was sie sind, nämlich Fehlanpassungen und Störungen in verschiedenen Ausmaßen, so ist spätestens jetzt ganz deutlich: Das Aufrechterhalten einer Störung ist ein Gemeinschaftswerk.

Dieses Kapitel wird zwei Ansätze vorstellen, die dieses Gemeinschaftswerk beschreiben und erklären. Als Auftakt und Überleitung wird das bereits bekannte Maschensystem von der einzelnen Person auf die „Mitwirkenden" erweitert. Im Mittelpunkt des Kapitels steht dann die Symbiosetheorie, wie sie von der Schiff-Schule entwickelt worden ist. Den Abschluß des Kapitels bildet eine praktisch-theoretische Auseinandersetzung mit schweren aggressiven Eskalationen geistig behinderter Menschen, wie sie sonst nur noch bei psychisch kranken Menschen zu beobachten sind. Diese Auseinandersetzung steht ganz im Zeichen der gemeinsam aufrechterhaltenen Störung und der Chancen in ihrer ebenfalls gemeinsamen Verabschiedung.

6.1 Die ineinander greifenden Maschensysteme

Hält man sich nun vor Augen, daß nicht nur Sabine, sondern auch ihre Bezugspersonen ein Skript und Skriptüberzeugungen haben und ebenfalls diese Skriptüberzeugungen im Racketsystem immer neu bestätigen, so kann man veranschaulichen, wie die Skriptüberzeugungen aller beteiligten Personen und damit auch ihre Racketsysteme ineinander greifen und sich gegenseitig verstärken (ERSKINE 1980).

Sabines Maschenverhalten der Annäherung löst bei ihren Bezugspersonen Mitleid, Hilflosigkeit und Peinlichkeit aus. Dies zusammen kann dem Maschensystem der Bezugspersonen als verstärkende Erinnerung dienen, die etwa folgenden Glaubenssätze beweist: „Ich und meine Grenzen sind nicht wichtig – mit mir kann man's ja machen" – oder „Ich bin nur liebenswert, wenn ich nicht nein sage" – oder „Jemanden mögen und nein sagen ist unmöglich." Solche Glaubenssätze führen dann dazu, daß die Bezugspersonen es unterlassen, sich abzugrenzen, indem sie beispielsweise einen Schritt zurücktreten und zu Sabine sagen: „Nein, ich mag nicht so berührt werden". Da Sabine keine Überfälle startet, steht im Grunde genügend Zeit für solche Abgrenzungsschritte zur Verfügung. Stattdessen je-

doch aktivieren die Bezugspersonen ihre Maschenerscheinung. Sie beginnen, verkrampft zu lächeln. Sie spannen Zwerchfell und Bauchmuskulatur an, atmen nur noch flach und ziehen sich gewissermaßen von ihrer äußeren Hülle in sich selbst zurück. Der Beweis für die Skriptüberzeugungen folgt dann in Gestalt der verstärkenden Erinnerung, wie besprochen, auf dem Fuße.
Möglicherweise steigen die Bezugspersonen erst später oder auch gleich zum zweiten Mal in das Maschensystem ein, indem sie Sabines Frage danach, ob sie sie mögen, nicht wahrheitsgemäß und passend zu der konkreten Situation beantworten, sondern noch angespannter als eben beschrieben und mit erzwungenem Lächeln versichern, daß sie sie doch mögen. Sabines Reaktion des abgetrennten Lächelns unter den traurigen Augen und die eigenen miesen Gefühle, die sich schon einstellen, während die unaufrichtige Versicherung gegeben wird, lösen eine ganze Lawine an verstärkenden Erfahrungen und Erinnerungen aus, die zusammen den erneuten Beweis für folgende Glaubenssätze bilden: „Meine Liebe ist einfach zu schwach" – oder „Ich bin unfähig, einen Menschen wirklich zu lieben", „Wenn ich mich abgrenze oder jemanden nicht mag, dann wird es ihm ganz schlecht gehen". An diesen Sätzen wird die magische Qualität von Grundüberzeugungen besonders deutlich.
Die Abbildung (nächste Seite) veranschaulicht graphisch, wie die Maschensysteme von Sabine und ihren Bezugspersonen verzahnt sind:

Das Beispiel macht deutlich, daß in solchen alltäglichen und scheinbar unwichtigen Begebenheiten das Skript aktiviert und verstärkt wird – in unausgesprochener, aber unbewußt gut koordinierter Zusammenarbeit aller Beteiligten.

Wie in Kapaitel 7 noch ausgeführt wird, gibt das Modell der ineinander verzahnten Maschensysteme auch bei sehr schweren Verhaltensstörungen wichtige Hinweise zum Verständnis dafür, wie alle Beteiligten in solche Teufelskreise verwoben sind und sie dadurch stabilisieren. Denn wie das gegebene Beispiel erahnen läßt, sind die Bezugspersonen oftmals auch in ihrer Persönlichkeitsstruktur tief mitbetroffen und mitbeteiligt, wenn Verhaltensstörungen entstehen und sich in Teufelskreisen festfahren. Sinnvolle Ansätze, um mit den eigenen Maschen und Spielen gut umzugehen (vgl. Kapitel 5.4), ergeben sich gerade in den vielen alltäglichen Begegnungen, und das durchaus auch mit schwer verhaltensgestörten Menschen.

Zur Rolle des Helfers in der Störungsdynamik liegt eine umfangreiche Literatur vor, so daß an dieser Stelle ein Verweis auf sie genügen kann (SCHMIDBAUER 1983).

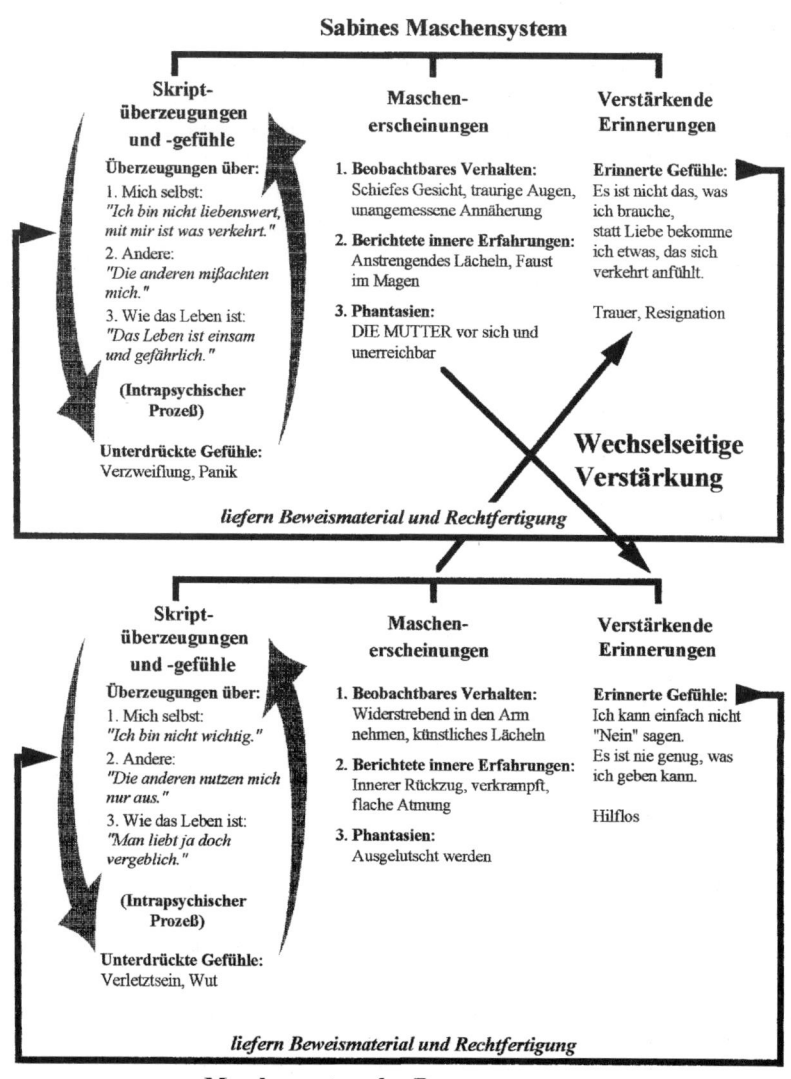

Abbildung 10: Die verschränkten Maschensysteme

6.2 Die psychischen Strukturen der gemeinsamen Störung

Ersatzgefühle, Maschen und Maschensystem beschreiben, wie die Skriptinhalte und unser Verhalten und Erleben dynamisch zur weiteren Stabilisierung des Skripts zusammenwirken. Sie beschreiben also den Prozeß der Skriptbestätigung als selbsterfüllende Prophezeiung. In welchen Rollen befinden sich die Beteiligten, wenn sie Maschen zeigen und psychologische Spiele betreiben – und welche Teile ihrer Persönlichkeitsstruktur stehen dahinter?

Im Kapitel 5.1.1 erfolgte bereits ein erster Hinweis: Ersatzgefühle sind sicher dem negativen Aspekt der Kind- oder der Elternrolle zuzuordnen. Während wir eine Masche in Szene setzen oder uns in einem Spiel engagieren, befinden wir uns genauso in der negativen Eltern- oder Kindrolle.

Sabine versucht in der negativ-angepaßten Kindrolle, ihren Betreuern Zuwendung zu entwenden, indem sie sich als unterwürfiges und unangenehm anhängliches hilfsbedürftiges Opfer verhält. Ihre Betreuer nehmen die negativ-fürsorgliche Elternrolle ein, indem sie sich über ihre miesen Gefühle hinweg zu Rettern für das arme Mädchen aufschwingen. Kommt es im Spiel zum Rollenwechsel, so verläßt in unserem Beispiel Sabine die Rolle des negativ-angepaßten Kindes und nimmt die Verfolgung in der negativ-kritischen Elternrolle auf.

An dieser Stelle können wir auf die Zuordnung von RATH (1992) zwischen Rollenmodell und Strukturmodell zurückgreifen (vgl. Kapitel 1.3) und feststellen: Welche Ich-Zustände auch immer hinter den Rollen stehen mögen, dem Erwachsenen-Ich entstammen sie sicher nicht. Mit anderen Worten – sind wir in einer Masche oder einem Spiel, so nehmen wir weder die Erwachsenenrolle ein, noch die positive Eltern- oder Kindrolle. Damit liegt die Struktur des Erwachsenen-Ichs brach. Und zwar bei allen Beteiligten.

Schiff und Mitarbeiter haben diesen Gedanken erweitert. Sie sind der Auffassung, daß bei den an einer gemeinsamen Störung Beteiligten neben dem Erwachsenen-Ich noch weitere Strukturen brachliegen. Es ist allerdings nicht beliebig, ob und bei wem das Erwachsenen-Ich, das Eltern-Ich oder das Kind-Ich beteiligt oder aber nicht mit Energie besetzbar ist. Schiff und Mitarbeiter haben das unten dargestellte Symbiose-Konzept aus ihrer Arbeit mit psychotischen Menschen heraus entwickelt.

6.2.1 Die Symbiose

Grundsätzlich verfügt jede an einer Beziehung beteiligte Person selbst über alle drei Ich-Zustände. Es kommt jedoch nicht selten vor, daß die Beteiligten so leben, als würden sie zusammen nur einmal über alle Ich-Zustände verfügen. In der Beziehung herrscht gewissermaßen eine Arbeitsteilung, indem der eine Partner nur den Kind-Ich-Zustand und der andere Partner nur den Erwachsenen- und den Eltern-Ich-Zustand lebt. Diese Form einer Beziehung nennt man Symbiose. SCHIFF und SCHIFF (1971/Nachdruck 1991 S.35) definieren die Struktur einer pathologischen

Symbiose als die „zwischen zwei Individuen typischen, kombinierten Ich-Zustände, die zusammen die Struktur einer [einzigen] vollständigen Persönlichkeit ergeben."

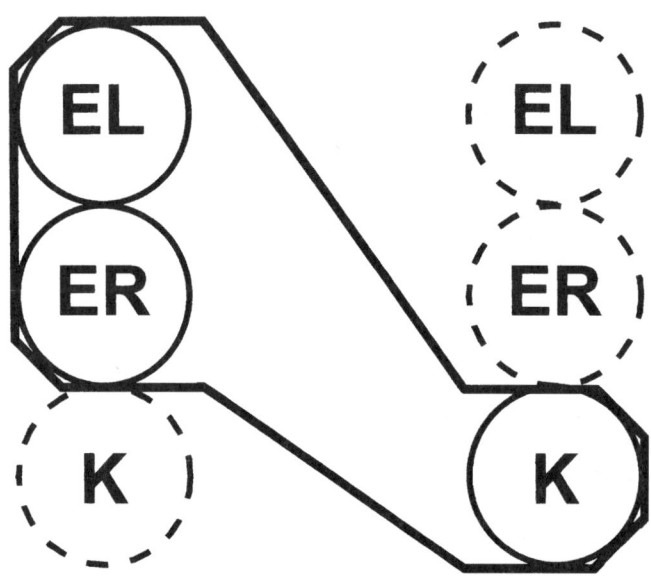

Abbildung 11: Die Symbiose

Gemeinsam an einer Masche zu stricken bedeutet also wie in unserem Beispiel, daß die Beteiligten eine Symbiose bilden. Je dichter der Maschenteppich gemeinsam gewoben wird, desto mehr charakterisiert die Symbiose auch grundsätzlich die Beziehung zwischen den Beteiligten. Symbiosen sind also nicht nur mit Maschen und Spielen verknüpft, sondern sie können auch zeitlich überdauernd eine Bindung charakterisieren. Diese überdauernde Struktur einer Beziehung ist es in erster Linie, worauf das Symbiose-Konzept zielt.
Wie Schiff und Mitarbeiter zeigen konnten, führen solche überdauernden Symbiosen in extremen Fällen dazu, daß der Partner, dem der Kind-Ich-Zustand zugedacht ist, zwar über ein Erwachsenen- und ein Eltern-Ich

verfügt, sie jedoch nicht mehr mit Energie besetzen kann und darüber psychisch krank wird. Eine Symbiose ist jedoch die Pathologie aller an der Beziehung Beteiligten. Mit anderen Worten: Auch die Bezugspersonen leiden an einer psychischen Störung, selbst wenn sie nach außen unauffällig sind und die Arbeitsteilung dem geistig behinderten Menschen den auffälligen Part zuweist.

Die pathologische Symbiose entsteht, wenn die natürliche frühkindliche Symbiose gestört wird oder ihre Lösung nicht gelingt. Maschen und psychologische Spiele entwickeln sich nach den Autoren aus solchen ungelösten symbiotischen Beziehungen.

Folgt man der bisherigen Argumentationslinie, so dürfte streng genommen keine Person in einer pathologischen Symbiose über einen Erwachsenen-Ich-Zustand verfügen. SCHIFF und SCHIFF (1971/1991) weisen jedoch einer der Personen ein funktionsfähiges Erwachsenen-Ich zu. Diese Zuweisung hat eine Diskussion ausgelöst (vgl. SCHLEGEL 1988[3]), deren Ergebnis eine korrigierte Darstellung der Symbiose ist. Beiden Personen wird ein funktionsfähiger Teilbereich des Erwachsenen-Ichs zugewiesen. Dieses modifizierte Modell findet vor allem Anwendung zur Erklärung neurotischer Störungen (vgl. die korrigierte Darstellung der Symbiose bei WOOLAMS und BROWN 1978 S. 108), wobei das oben dargestellte ursprüngliche Modell weiter zur Erklärung psychotischer Störungen verwendet wird.

Auch das modifizierte Modell hebt den angesprochenen Widerspruch nicht auf. Eine theoretische Lösung bietet sich an, wenn ein Erwachsenen-Ich-Zustand im Eltern-Ich an die Stelle des eigentlichen Erwachsenen-Ichs tritt. Die Person fühlt, erlebt und verhält sich erwachsen wie z.B. der Vater erwachsen war; sie lebt aber nicht das eigene Erwachsensein.

Ein gutes Alltagsbeispiel für eine symbiotische Beziehung ist die Rollenverteilung in einer traditionellen Ehe. Hier ist der Ehemann zuständig für die wichtigen Entscheidungen, er entscheidet seinen beruflichen Werdegang und damit verbunden Umzüge der Familie, den Bildungsweg der Kinder, er setzt die Regeln fest und weiß, was richtig und wichtig ist. Dabei hat er auch die Geschäfte der Familie in der Hand, er hat den Überblick über die Finanzen und verwaltet das Konto. Seine Frau dagegen ist unselbständig und ganz Unvernunft und Gefühl. Sie nimmt angepaßt seine Entscheidungen entgegen und ist ausgefüllt und zufrieden damit, für ihren Mann zu kochen, ihm die Hemden zu bügeln usw. Im Kontrast besonders deutlich wird diese klassische Symbiose an dem „Lustige-Witwe-Syndrom". Ist nämlich der Mann gestorben und verlangt das Skript von der Frau nicht das Versinken in Trauer und Hilflosigkeit, so kann sie dann zur Überraschung aller Freunde und Verwandten aufblühen, nimmt tatkräftig ihr Leben in die Hand und trifft ihre wichtigen Entscheidungen, hat ihre Finanzen im Griff – mit anderen Worten, verwendet lustvoll alle ihre Ich-Zustände. Zu Lebzeiten ihres Ehemannes hätte sie jedoch sicherlich mit Überzeugung von sich behauptet, daß sie wirklich nicht in der Lage sei,

mit dem ganzen Geld umzugehen, die wichtigen Entscheidungen ohne ihren Mann zu treffen usw.
Ebenso klassisch ist die umgekehrte Rollenverteilung. Sobald er das Haus betritt, wird der Mann zum Kind, findet gerade noch den Kühlschrank und läßt sich von seiner Frau bevormunden. Er liefert brav das Geld ab und läßt sich Taschengeld zumessen. Schon bei einfachen Abläufen wie dem Zubereiten einer Mahlzeit oder dem Zusammenstellen einer Einkaufsliste gerät er in Schwierigkeiten und verlangt Anleitung und Hilfestellung. Die Frau dagegen läßt ihn entnervt nur noch am Notwendigsten teilhaben, denn er bringt ihr ja doch alles durcheinander. Sie macht es lieber gleich selbst. Ist er mal für eine Weile allein im Haus, fürchtet sie für den Zustand ihres Haushalts das Schlimmste. Und es erfüllt sie mit zweifelnder Sorge, ob er wohl allein mit den Kindern zurechtkommt.
Ist sie tatsächlich aus dem Haus, so kann er sehr wohl alle Ich-Zustände aktivieren und ihr bei der Rückkehr einen recht ordentlichen Haushalt übergeben. Diese Fähigkeit kommt ihm dann schnell wieder abhanden, wenn sie wieder da ist...

Betrachtet man die Struktur der Symbiose genauer, so läßt sich in der aktuellen Symbiose eine andere, frühe Symbiose entdecken. Greifen wir zu Erläuterung auf Sabines Beispiel zurück.

Im Säuglingsheim hatte Sabine Glücklichsein als Ersatzgefühl entwickelt, weil sie so ihre lebensnotwendige Aufmerksamkeit erhielt (vgl. Kapitel 5.5.1). Mit ihrem Strahlen bewahrte Sabine umgekehrt die völlig überforderten Ordensfrauen davor, sich elend zu fühlen; auch sie erhielten kaum Zuwendung. Wenn sie außerdem all ihre Wut, ihr Mitleid und ihre eigene Verzweiflung gespürt hätten, so hätten sie ihre Arbeit nicht durchgehalten. Für Sabine waren sie die einzige Quelle von Zuwendung. Also mußte sie die Schwestern schützen. Sie ersparte ihnen ihre eigene Wut und Verzweiflung und unterließ es, sich ihr Recht energisch einzufordern. Dadurch brauchten die Schwestern weniger mit ihren eigenen Gefühlen in Kontakt kommen – sie konnten sich über das liebe und goldige Kind freuen. Verkehrte Welt: Sabine gab den Schwestern das, was sie selbst eigentlich gebraucht hätte. Sabine und die Schwestern entwickelten also eine Symbiose, in der die kleine Sabine die fürsorgliche Elternrolle wahrnahm, indem sie die Schwestern vor ihren ursprünglichen Gefühlen schützte und statt dessen ein Ersatzgefühl entwickelte.

Diese frühe Symbiose der vertauschten Rollen wird deshalb inverse (d.h. umgekehrte) Symbiose genannt (siehe Abbildung nächste Seite).

Hinter dem Symbioseangebot der erwachsenen Person verbirgt sich also eine frühe, inverse Symbiose: Gerade die negativ-angepaßte Kindrolle und

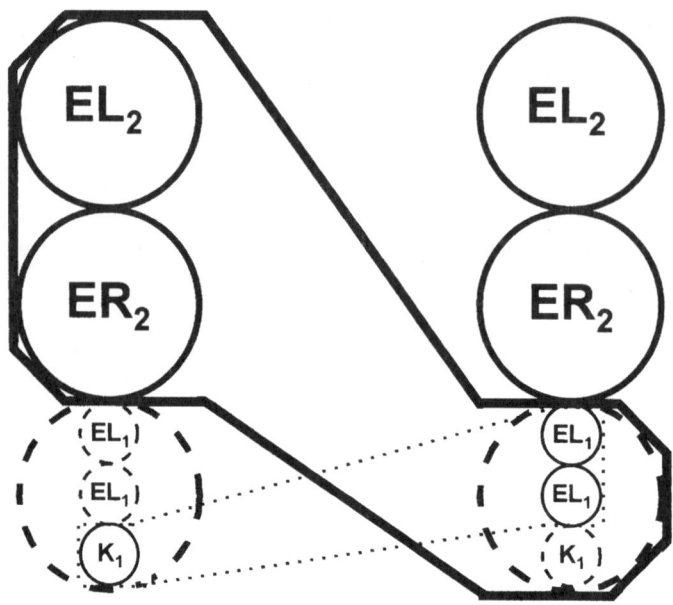

Abbildung 12: Die inverse Symbiose

das Ausblenden von Erwachsenen- und Eltern-Ich schützen den anderen auf der psychologischen Ebene davor, daß er an seine eigenen, frühen Verletzungen rühren muß. Statt dessen kann er ein Ersatzgefühl aktivieren.

Die inverse Symbiose wird auch Symbiose zweiter Ordnung genannt. Wie in der Abbildung zu sehen, wird für ihre Darstellung das Strukturmodell zweiter Ordnung benötigt (vgl. Kapitel 1). Die zuvor dargestellte Symbiose wird dagegen als einfache Symbiose oder Symbiose erster Ordnung bezeichnet; zu ihrer Darstellung ist wie oben das einfache Strukturmodell ausreichend (vgl. STEWART U. JOINES 1987 S. 202).

Charakterisiert eine Symbiose eine Beziehung in überdauernder Weise, so liegt eine gemeinsame psychische Störung vor. Sie kann mehr oder weniger schwer sein, und meist wird nur einer der Beteiligten im herkömmlichen Sinne auffällig, indem er z.B. die Diagnose „psychisch krank" erhält.

6.2.2 Symbiose, geistige Behinderung und psychische Störung

Die Frage nach der psychischen Störung läßt sich bei den geistig behinderten Menschen nicht so klar behandeln wie bei ihren nicht behinderten

Partnern. Sie befinden sich behinderungsbedingt in der unterlegenen Position, und sie können sich die Beziehungspartner selten aussuchen, mit denen sie sich auseinandersetzen müssen – im Gegensatz zu anderen Erwachsenen. Auf diesem Hintergrund kann ein auf den ersten Blick symbiotisches Verhalten auch eine gesunde Anpassungsreaktion auf das Symbiose-Angebot der Bezugspersonen sein. Oftmals läßt sich erst im Nachhinein differenzieren, ob es sich um die evtl. gesunde Anpassungsreaktion oder aber um tatsächliches symbiotisches Verhalten gehandelt hat. Im Falle einer Anpassungsreaktion sind geistig behinderte Menschen erstaunlich schnell bereit, die entsprechenden Verhaltensmuster aufzugeben, wenn sie ein Beziehungsangebot erhalten, das sie nicht abwertet und keinen Zwang zur symbiotischen Anpassung ausübt. Im umgekehrten Fall jedoch können geistig behinderte Menschen ihre passiven Verhaltensweisen in ähnlicher Zähigkeit aufrechterhalten wie andere Menschen auch.
Neben den eben diskutierten alltäglichen Störungen können geistig behinderte Menschen auch eine massive Störung entwickeln, bei der sicher weit mehr vorliegt als eine zwar auffällige, aber an sich gesunde Anpassungsreaktion. Damit wird sich das Kapitel 7 im Anschluß beschäftigen.

Das für eine inverse Symbiose typische Schützen der verletzten Eltern ist nach meiner Erfahrung eher bei lernbehinderten als bei geistig behinderten Menschen anzutreffen. Sie sind wie Sabine öfter bereit, ihre eigene Lebendigkeit einzuschränken, um das Kind-im- Kind-Ich der Bezugsperson zu schonen. Bei geistig behinderten Menschen dagegen ist eine inverse Symbiose nicht unbedingt häufig anzutreffen. Sie schützen die Ehe ihrer Eltern seltener durch Symptomverhalten, sondern booten offen und ohne Umstände im ödipalen Konflikt z.B. den Vater aus und konfrontieren die Eltern ständig mit ihren Schwachpunkten. Dennoch kann auch ihr Verhalten eine stabilisierende Funktion für die Symbiose der beiden Eltern untereinander haben.
Diese Differenzierung zwischen lern- und geistig behinderten Menschen ist ähnlich wie die Differenzierung im Hinblick auf psychologische Spiele (Kapitel 5.3) eine Vermutung, die sich aus meiner Praxis heraus ergeben hat, die aber noch nicht systematisch untersucht und bestätigt ist. Dementsprechend hat auch diese Hypothese den Charakter einer Anregung und nicht einer Tatsachenbehauptung.

6.2.3 Die Stabilisierung der Symbiose

6.2.3.1 *Grandiosität und Abwertung*

Die Symbiose wird jedoch sehr schnell gefährdet, wenn die Realität zu Kenntnis genommen wird, wie sie ist. Die „lustige Witwe" z.B. hatte natürlich auch zu Lebzeiten ihres Mannes die Fähigkeit, wichtige Entscheidungen selbst zu treffen und mit Geld umzugehen. Um die Symbiose zu erhalten, müssen sich die symbiotischen Partner gegen die gefährlichen Realitäten schützen. Sie konstruieren deshalb eine eigene Realität bzw. eine Sicht der Realität, durch die jede Bedrohung für die Symbiose unschädlich gemacht wird. Besonders wichtig ist es hierfür, immer Recht haben zu können. Am besten gelingt das, indem jede handfeste Rückmeldung über tatsächlichen Erfolg und Mißerfolg umgangen wird. Diese spezielle Art eigener Realität nennen Schiff und Schiff (1971/1991) Grandiosität. Bestimmend für sie sind Übertreibungen, mit denen die Realität verzerrt wird. Die Grandiosität bezieht sich auf die eigene Person und ihre Eigenschaften, oder sie verzerrt die Eigenschaften von anderen Personen oder Situationen. Sie „kompensiert immer Gefühle des Ungenügens und verhindert das Setzen vernünftiger Ziele, indem sie eine flexible Realität zur Verfügung stellt, in der der Patient weder effektiv erfolgreich sein noch versagen kann" (Schiff u. Schiff 1971/1991 S. 36).

Sabines Ordensschwestern hatten allen Grund, sich ungenügend zu fühlen. Vielleicht kompensierten sie ihr Ungenügen, indem sie insgeheim stolz auf ihre Selbstlosigkeit waren und ihre eigene ungestillte Bedürftigkeit zur Tugend der Anspruchslosigkeit erhoben. Sie konnten sich dann reich belohnt fühlen, wenn Sabine ihr „glückliches" Gesicht aufsetzte...

Um ein grandioses Selbst- und Weltbild aufzubauen, müssen die symbiotisch verstrickten Personen all die Aspekte der Realität außer acht lassen oder vernachlässigen, die die eingegangene Symbiose gefährden könnten. Dieser Vorgang des Ausblendens ist ein innerer, unbewußter Prozeß und wird Abwertung genannt. Abwerten heißt zu glauben, „daß [die eigenen] Gefühle darüber, was jemand anders sagte, tat oder fühlte, bedeutungsvoller sind als das, was die Person tatsächlich gesagt, getan oder gefühlt hat." Jemand, der abwertet, „benutzt nicht die Informationen, die für eine Situation maßgeblich sind" (Schiff u. Schiff 1971/1991 S. 36).

Sabines Bezugspersonen glaubten, daß ihr Mitleid über Sabines vermeintlich trostlose Liebebedürftigkeit wichtiger ist als Sabines tatsächliche Befindlichkeit und auch wichtiger als ihr eigenes inneres Widerstreben. Sie werteten sowohl die Unstimmigkeiten in Sabines Verhalten als auch ihr eigenes Widerstreben ab.

Schiff und Schiff (1971/1991) haben vier Stufen der Abwertung herausgearbeitet.
Erste Stufe: Die Abwertung des Problems selbst. Sabines Bezugspersonen nehmen weder ihr eigenes Widerstreben noch Sabines unstimmiges Verhalten wahr. Es gibt also kein Problem.
Zweite Stufe: Die Abwertung der Bedeutsamkeit des Problems. Sie neh-

men beides zwar wahr, halten es aber nicht für wichtig, um es weiter für das eigene Handeln zu berücksichtigen: „Hauptsache, das arme Mädchen bekommt seine Zuwendung."

Dritte Stufe: Die Abwertung der Lösbarkeit des Problems. Sabines Bezugspersonen sagen sich: „Irgendwas stimmt nicht in der Art, wie sie auf mich zukommt, und ich fühle mich mies. Und ich weiß ja, eigentlich wäre es wichtig, dem nachzugehen. Aber bei Sabines schwerem frühkindlichen Schaden lassen sich solche Situationen nicht vermeiden. Das gehört halt zum Zusammenleben mit ihr dazu."

Vierte Stufe: Die Abwertung der eigenen Person und ihrer Lösungsfähigkeit. „Eigentlich müßte ich mich abgrenzen. Aber ich bringe es einfach nicht übers Herz... Ich kann das nicht. Ich hab's noch nie gekonnt."

Je massiver die Abwertung ist, desto bedrohlicher ist diese Realität für die Symbiose und desto schwerer ist die gemeinsame Störung. Eine wichtige Information noch nicht einmal zur Kenntnis nehmen zu können, geschweige denn ihre Bedeutung zu erfassen, bedeutet eine massive Verzerrung der Wirklichkeit. Dagegen kann jemand, der „nur" an seinen eigenen Lösungsfähigkeiten zweifelt, einen weit größeren Anteil der Realität angemessen wahrnehmen.

Mit ihrem Konzept der Abwertung beschreiben SCHIFF und SCHIFF (1971/1991) unbewußte Prozesse, die in der psychoanalytischen Tradition seit langem diskutiert werden und die bereits Anna Freud beschrieben hat. Es handelt sich in erster Linie um die Abwehrmechanismen der Verdrängung und der Projektion (A. FREUD 1964), mit denen sich das Ich stabilisiert. Dabei wehrt es sowohl tabuisierte Triebimpulse des Unbewußten als auch bedrohliche Inhalte aus der Umwelt und dem Überich ab (siehe auch KÖNIG 1996). Bedauerlicherweise haben SCHIFF und SCHIFF (1971/1991) sich an dieser Diskussion nicht beteiligt und auch nicht auf Beiträge anderer Autoren Bezug genommen (vgl. hierzu auch SCHLEGEL 1984[2]).

Grandiosität beschreibt also die spezifische Art, in der die Wirklichkeit in den Köpfen von Menschen konstruiert ist, die in einer Symbiose leben. Und das Konzept der Abwertung beschreibt die unbewußten Strategien, um diese grandiose Wirklichkeit im Kopf herzustellen und aufrechtzuerhalten.

Geistig behinderte Menschen können abhängig vom Grad ihrer Behinderung und ihres Sprachvermögens nur sehr bedingt mithelfen, gemeinsam eine Abwertung zu entdecken. Deshalb wird es im Einzelfall sehr schwierig oder auch nicht möglich sein, die genaue Art ihrer Abwertung ausfindig zu machen, zumal hier auch die durch organische Hirnschädigung bedingten Wahrnehmungsstörungen und -verarbeitungsprobleme berücksichtigt werden müssen. Jedoch sind auch geistig behinderte Menschen ohne Zweifel in symbiotische Beziehungen verstrickt. Woran kann dann aber festgestellt werden, daß eine Abwertung vorliegt? Der nächste Abschnitt wird diese Frage beantworten, indem er das Konzept der Passivität vorstellt.

6.2.3.2 Passives Verhalten als beobachtbarer Ausdruck von Abwertung und Grandiosität

Schiff und Mitarbeiter konnten vier Gruppen von Verhaltensweisen feststellen, die alle Ausdrucksform einer zugrundeliegenden Abwertung sind.

(1) <u>Nichtstun</u> bedeutet, tatenlos eine Situation, die problemlösendes Handeln erfordert, heraufziehen zu sehen oder in ihr zu bleiben. Ernsthaft erkrankt zu sein und trotzdem weiterzuarbeiten und nicht zum Arzt zu gehen ist Nichtstun. Ebenso ist es Nichtstun, wenn Eltern alt und hinfällig werden und keine Anstalten machen, für ihr längst erwachsenes, geistig behindertes Kind eine gute Betreuungsmöglichkeit zu suchen.

(2) <u>Überanpassung</u> kann bedeuten, einem anderen den Wunsch von den Augen abzulesen. In jedem Fall bedeutet Überanpassung, die eigenen Wünsche und Bedürfnisse um der (symbiotischen) Gunst des anderen willen hintenan zu stellen. Brave Kinder sind meist überangepaßte Kinder. Somit weist der Stolz elterlicher Erziehungskünste auf eine Symbiose hin, die das Kind mit seiner Überanpassung stabilisiert. Sabines Ersatzgefühl „Glücklichsein" und ihr damit verbundenes Verhalten sind ein Beispiel für Überanpassung. Überanpassung ist es auch, in einer Besprechung mit dem Vorgesetzten relevante Bedenken nicht zu äußern, sondern kommentarlos das zu tun, was der Chef sagt.

(3) <u>Agitation</u> ist das Produzieren von irgendwelchem Verhalten anstelle einer eigentlich nötigen Problemlösung. Hierbei kann es sich um Klopfen mit dem Fuß, Wippen mit dem Bein, Nisteln mit den Fingern, Rauchen oder auch komplexere Formen planloser Aktivität handeln. Beispielsweise bestehen viele „Krisensitzungen" aus Agitation: Es muß sofort etwas passieren, es wird hektisch diskutiert und man beschließt irgendwelche Sofortmaßnahmen. Wenn sich der Staub gelegt hat, wird deutlich, daß viel Energie verpulvert worden ist ohne mit dem Problem weiterzukommen – was ja auch der tiefe Sinn der Aktivitäten war.

(4) <u>Selbst-Verunfähigung oder Gewalt</u> nennen Schiff und Schiff (1971/1991) die vierte Gruppe („incapacitation or violence"; S. 37).

Endlich wollen die Eltern mal für sich Urlaub machen. Nach langem inneren Ringen haben sie ihre erträumte Reise nach Paris gebucht. Damit ist die Symbiose mit ihrem geistig behinderten Kind akut bedroht. Sie müssen dann auch zuhause bleiben, denn unmittelbar vor der Reise erleidet ihr Kind einen besonders schweren epileptischen Anfall und muß einige Tage im Krankenhaus betreut werden – ein Beispiel für Selbst-Verunfähigung.

Ein Beispiel für Gewalt haben wir bereits mit Rudi im Kapitel 4 kennengelernt. Seinen Angriff mit dem Messer haben wir dort unter dem Gesichtspunkt der Zuwendung beleuchtet. Mit der vertrauten Zuwendung forderte er sich ein, daß seine Betreuer sein symbiotisches Beziehungsmuster teilen und stabilisieren.

SCHIFF und SCHIFF (1971/1991 S. 38) sehen in Selbst-Verunfähigung und Gewalt den „Versuch, die Symbiose im Augenblick des Zusammenbruchs zu verstärken" (Übers. d. Verf.). Mit dem aggressiven Ausbruch ist ein Wechsel der Spielposition verbunden; er entspricht einem Wechsel in die Verfolgerrolle. Und typischerweise kommt dieser Umschwung für die Mitspieler bzw. an der Symbiose Beteiligten ganz überraschend und scheinbar aus heiterem Himmel (vgl. Kapitel 5.2.2).

Im Augenblick des Wechsels sehen SCHIFF und SCHIFF (1971/1991) aber auch die Möglichkeit, den Erwachsenen-Ich-Zustand mit Energie zu besetzen, d.h. therapeutisch zu nutzen. Bei geistig behinderten Menschen ist jedoch das Erwachsenen-Ich häufig nicht in dem Maß entwickelt, das erforderlich ist, um es in diesem Augenblick erfolgreich mit Energie zu besetzen. Das nächste Kapitel wird sich intensiv mit den Alternativen hierzu befassen.

Diese vier Gruppen von Verhaltensweisen bezeichnen Schiff und Schiff (1971/1991 S. 35) zusammenfassend mit Passivität. Der Sinn und Zweck der Passivität besteht darin, die Symbiose zu schützen. Sich passiv zu verhalten bedeutet, das Nicht-Funktionieren derjenigen Ich-Zustände aufrechtzuerhalten, die die Symbiose gefährden könnten. Der innere Prozeß der Abwertung zeigt sich also in beobachtbarer Passivität. Mit der Wortwahl weisen SCHIFF und SCHIFF (1971/1991) auf die Gemeinsamkeit aller passiven Verhaltensweisen hin. Gleichgültig, welches passive Verhalten an den Tag gelegt wird – es trägt nichts zur Lösung des Problems bei, das es hervorgerufen hat.

6.2.3.3 Passivität bei geistig behinderten Menschen

Beobachtet man das Verhalten eines geistig behinderten Menschen, so ist es im Einzelfall oft kaum zu unterscheiden, ob es sich um ein passives Verhalten oder aber um die Fixierung auf einer bestimmten Entwicklungsstufe handelt. Verfügt er über problemlösende Verhaltensweisen, die er aber nicht benutzt? Oder kann er eine angemessene Problemlösung tatsächlich nicht ergreifen, weil er die dazu erforderlichen Entwicklungsschritte noch vor sich hat? Diese Schwierigkeit in der Unterscheidung betrifft in erster Linie die Passivitätsformen des Nichtstuns und der Agitation, die im Falle schwerer geistiger Behinderung als stereotypes Bewegungsmuster auftreten können. Auch ein Vergleich mit seiner Leistungsfähigkeit in anderen Funktionsbereichen hilft nicht unbedingt weiter, denn viele geistig behinderte Menschen weisen ein sehr zerklüftetes Profil der verschiedenen Leistungs- und Funktionsbereiche auf. Bekannt sind z.B. die sogenannten

Leistungsinseln bei autistischen Menschen (ROHMANN 1985; DZIKOWSKI 1993).
Nicht fehlen darf auch der Hinweis darauf, daß bei diesen Überlegungen die Nebenwirkungen der Medikamente zu berücksichtigen sind, unter deren Wirkung geistig behinderte Menschen häufig stehen. Was als Passivität erscheinen kann, ist möglicherweise auf die dämpfende Wirkung von Psychopharmaka auf das zentrale Nervensystem zurückzuführen. Bekanntlich reagieren viele geistig behinderte Menschen anders und teilweise auch paradox auf Psychopharmaka, und nicht selten erhalten sie diese Medikamente auch in ungewöhnlichen Dosierungen.
Eindeutig als passives Verhalten auch bei geistig behinderten Menschen sind dagegen Überanpassung und Selbst-Verunfähigung bzw. Gewalt zu bewerten. Überanpassung setzt ein differenziertes Verständnis der sozialen Situation voraus. Mit diesem Situationsverständnis wurden wohl auch zweckdienlichere Verhaltensalternativen erworben. Im Falle der Verunfähigung fällt die betreffende Person deutlich unter ihr bereits erreichtes Entwicklungsniveau zurück. Damit handelt es sich sicherlich nicht um eine Entwicklungsfixierung. In diesem Fall allerdings kann das Problem auftreten, daß die Verunfähigung nur schwer von vorzeitigen Alterungs- und Abbauprozessen zu unterscheiden ist, wie sie bei geistig behinderten Menschen vorkommen können.
Die Eskalation in die Gewalt hingegen stellt sicher eine Form des passiven Verhaltens auch bei geistig behinderten Menschen dar.

6.3 Die Konfrontation von Passivität und die Auflösung der Symbiose

Wie die Geschichte zahlloser geistig behinderter Menschen ebenso beweist wie die Beziehungsgeschichte ebenso zahlloser Paare, tendieren Symbiosen dazu, stabil zu sein und sich über lange Zeit zu halten. Im Gegensatz dazu gibt es die konkurrierende Symbiose. In der konkurrierenden Symbiose wollen beide an der Beziehung beteiligten Partner ebenfalls nur einen oder zwei ihrer Ich-Zustände leben – und zwar dieselben. Mit anderen Worten: Beide leben auch dieselben Ich-Zustände nicht. Konkurrierende Symbiosen sind von Natur aus instabil. Denn sie sind im eigentlichen Sinne keine Symbiosen, sondern ein stiller Kampf darum, wer das Kind-Ich bzw. das Eltern- und Erwachsenen-Ich besetzen kann oder darf. Derjenige der Beteiligten, der mehr psychische Energie in den eigenen Ich-Zustand hineinverlagert, wird sich durchsetzen. Ergänzend hierzu wird der Partner über kurz oder lang in andere Ich-Zustände wechseln. Die Konkurrenz endet also in der bekannten Symbiose.

Diese Gesetzmäßigkeit setzen Schiff und Mitarbeiter bei psychotischen Patienten ein, die nur ihren Kind-Ich-Zustand mit Energie besetzen. Besetzt nun der Therapeut seinen Kind-Ich-Zustand mit mehr psychischer Energie als der Patient seinen eigenen Kind-Ich-Zustand, so wird der Patient die konkurrierende Symbiose verlassen, indem er z.B. in den Erwachsenen-Ich-Zustand wechselt und sich damit nicht mehr psychotisch verhält. Diese Schlüsselstrategie in der Behandlung psychotischer Menschen haben Schiff und Mitarbeiter die „Konkurrenz um die Opfer-Position" genannt. „Um die Symbiose zu unterbrechen, muß das passive Individuum dazu gebracht werden, sich unbehaglicher (d.h. verantwortlich für seine eigenen Gefühle) zu fühlen, als es das bei irgend jemand anderem erreichen kann" (SCHIFF u. SCHIFF 1971/1991 S. 38).

Geistig behinderte Menschen kann man ebenfalls therapeutisch wirksam mit ihrer Passivität konfrontieren, indem man mit ihnen um die Opfer-Position konkurriert. Die dazu erforderlichen Strategien greifen die Basistechnik des Spiegelns und Nachahmens wieder auf.

Diese Basisintervention und die beiden darauf aufbauenden Strategien wurden auf dem Hintergrund einer kognitiven Theorie der Informationsverarbeitung von Hartmann und seinen Mitarbeitern entwickelt (Aufmerksamkeits-Interaktions-Therapie von HARTMANN 1986; vgl. auch HARTMANN, ROHMANN, KALDE u. JAKOBS 1988). Die Körperzentrierte Interaktion von Rohmann (ROHMANN u. HARTMANN 1988; vgl. auch ROHMANN u. ELBING 1990; 1992) folgt den gleichen Prinzipien. Kalde (1992) hat weiterführende Strategien zur Sprachanbahnung entwickelt. ROHMANN und ELBING (in Vorb.) schildern eingehend in ihrer Kommunikationstherapie den neuesten Stand der Therapieentwicklung. Die folgende Darstellung versteht sich nicht zuletzt als Schnittstelle zu diesem Ansatz und kann nur einen sehr begrenzten Eindruck vermitteln.

6.3.1 Die Konfrontation durch die eigene Überanpassung

Bei dieser Form der Passivitätskonfrontation besteht die therapeutische Basisintervention darin, sich konsequent auf die Verhaltensebene des geistig behinderten Menschen zu begeben und sich möglichst spiegelbildlich zu verhalten wie er. Dadurch entsteht eine therapeutische Überanpassung, denn der Therapeut ergreift keinerlei eigene Initiative mehr, sondern orientiert sich konsequent und ausschließlich am Partner.

Ewald ist ein geistig behinderter junger Mann mit autistischen Zügen. Er betritt den Raum, stellt sich zwei Schritt neben der Tür mit dem Rücken an die Wand und beginnt, mit dem Oberkörper gemächlich vor- und zurückzuschaukeln. Er lächelt leicht, seine Augen blicken geradeaus. Ich stelle mich ca. einen Meter neben ihn und schaukle möglichst so wie er, wobei ich ebenfalls lächle und geradeaus blicke.

Die Überanpassung ist für Ewald eine starke Konfrontation mit seiner Passivität. Denn Passivität baut darauf auf, daß im Sinne des Symbioseangebots der Partner den Teil der Verantwortung übernimmt, den der passive Mensch selbst nicht wahrnimmt. Im Nachahmen wirft der Therapeut die Passivität auf den geistig behinderten Partner zurück. Gleichzeitig definiert er das passive Verhalten des geistig behinderten Partners als Mitteilung in barer Münze im Hier und Jetzt, der er sich extrem anpaßt und dadurch bestätigt.

Die Passivität wird hierdurch konfrontiert, ohne den passiven Menschen abzuwerten. Im Gegenteil. Indem sich der nicht behinderte Partner aus freien Stücken dem geistig behinderten Menschen anpaßt, vermittelt er ihm mit der Konfrontation auch seine Wertschätzung:"Du bist in Ordnung so, wie du bist." Diese Erlaubnis zielt auf die zentralen Einschärfungen im Skript des geistig behinderten Partners (vgl. Kapitel 2).

Die Passivitätskonfrontation durch Überanpassung ist immer dann angezeigt, wenn beim geistig behinderten Partner noch keine belastungsfähige Differenzierung zwischen Kind-Ich-Zustand und Erwachsenen-Ich-Zustand stattgefunden hat.

Die Reaktion des geistig behinderten Partners besteht sehr häufig in einer Aufmerksamkeits-Reaktion oder auch darin, daß er sein Verhalten, wenn auch nur minimal, verändert. Damit hat er bereits ein Stück seiner Passivität aufgegeben. Denn für seine erwachende Neugierde oder auch für sein Sicherheitsbedürfnis muß er die Verantwortung übernehmen – sei es, daß er diese Impulse unterdrückt oder ihnen nachgibt. Einen kurzen Blick zu riskieren bedeutet, ein Stück Verantwortung gegenüber den eigenen Bedürfnissen wahrzunehmen, und das bedeutet eine erste Lösung aus der Opferrolle.

Vor allem bei skurrilen Verhaltensweisen ist die Nachahmung des Therapeuten immer ungeschickt und laienhaft im Vergleich zum „Original". Dies nimmt der geistig behinderte Partner sehr wohl wahr. Damit ist der Keim gelegt für eine dialogische Struktur, die der üblichen genau entgegengesetzt ist. Üblicherweise ist der geistig behinderte Mensch in der symbiotischen Bindung an seine Bezugspersonen der unterlegene und mangelhafte Teil. Indem nun der Therapeut etwas schlechter kann als er, vollzieht sich eine erste Umkehrung dieses Verhältnisses, was für die Dynamik des Therapieprozesses von großer Bedeutung ist. Denn hierin liegt die Erlaubnis, daß der geistig behinderte Partner auch besser sein darf als der Therapeut. Damit ist die Konkurrenz um die Opfer-Position auch entschieden – „zu Lasten" des Therapeuten nämlich, der das ungeschickte Opfer seiner eigenen Überanpassung wird. Darüber kann der geistig behinderte Partner die Opfer-Position verlassen und beginnen, sein Eltern- und Erwachsenen-Ich mit Energie zu besetzen und zu entwickeln. Damit gewinnt er seine eigenständige Persönlichkeit zurück und kann die Symbiose hinter sich lassen.

6.3.2 Von der Konfrontation zum Dialog

Ausgehend von der genauen Nachahmung bieten sich zunächst zwei Strategien an: Zum einen kann der Therapeut in seiner Überanpassung die Qualität einzelner Verhaltenskennzeichen verändern. Hierbei kann es sich um Veränderungen in Tempo, Energie, Lautstärke, Platzbedarf usw. handeln. Erwächst daraus ein Wechselspiel aus Nachahmen und Variieren, so liegt darin der Beginn des therapeutisch wirksamen Dialogs.

Nachdem Ewald einen kurzen Blick riskiert und dann unverändert weiterschaukelt, drehe ich mich im Schaukeln so auf ihn zu, daß sich unsere Köpfe immer näher kommen. Dabei schaue ich ihn nicht an, sondern blicke geradeaus ins Leere. Ewald rückt ein winziges Stück an der Wand zur Seite, schaut mich kurz an, atmet intensiver, und sein Schaukeln bekommt einen etwas eckigen Charakter. Ich rücke wieder etwas ab, und er kehrt zum früheren Rhythmus zurück. Darauf komme ich näher, rücke hinterher und steigere ebenfalls meine Energie, wobei ich ihn überbiete: Ich atme intensiver und schaukle stärker als er. Plötzlich löst sich Ewald von der Wand und wandert scheinbar ziellos im Raum umher. Ich laufe neben ihm, atme und bewege mich wieder möglichst so wie er.

Zum anderen bietet der Therapeut gezielt Aktivitäten und Verhaltensweisen an, die der geistig behinderte Partner noch nicht gezeigt hat, die aber aufgrund des von ihm gezeigten aktuellen Entwicklungsniveaus den nächsten Entwicklungsschritt vorzeichnen. In der Regel werden hier Formen des Erkundungsverhaltens angeboten, die mit einem interessanten Effekt gekoppelt sind.

Im Raum liegen vorbereitet große Blechdosen und ein paar Bälle herum. Im Umherlaufen trete ich „zufällig" eine Dose weg; sie scheppert und rollt Ewald in den Weg. Beim ersten Mal weicht er ihr aus. Ich kicke noch zwei oder drei Dosen möglichst nachlässig und uninteressiert. Ewald schiebt zunächst nur mit einer sehr kleinen Bewegung eine Dose aus seinem Weg, steigert aber bei der nächsten Dose seine Energie. Einige Zyklen später spielen wir mit den Dosen Hin- und Herschießen, und Ewald grinst, wenn sie besonders laut scheppern.

Eine weitere Erweiterung besteht darin, daß sich die Bezugspersonen überhaupt nicht um den geistig behinderten Partner kümmern, sondern für sich etwas spielen, das den geistig behinderten Partner auch interessiert. Seine aktive Einmischung in das Spiel entspricht dann dem Verlassen seiner passiven Position. Gleichzeitig weisen die Therapeuten mit ihrem eigenen Spiel die symbiotische Aufforderung des Klienten zurück, die am besten mit „Beschäftige mich" beschrieben wird.

Ewald schaukelt in der beschriebenen Weise. Nach einer Weile des Mitschaukelns verlasse ich meinen Platz an der Wand und beginne, zusammen mit einer weiteren Bezugsperson lebhaft Ball zu spielen. Wir beachten dabei Ewald überhaupt nicht. Da ein Dutzend Bälle herumliegen, wird das Spiel sehr lebhaft, und Ewald fliegen die Bälle um die Ohren. Nach ein paar Minuten kickt er einen Ball weg, der zu ihm hingerollt war, und nach einigen weiteren Minuten beteiligt er sich etwas unsicher, aber aktiv am Spiel.

An den Beispielen wird deutlich, wie der geistig behinderte Partner nicht nur seine Passivität aufgeben kann, sondern wie gleichzeitig ein dialogischer Prozeß in Gang kommt. Wie dieser Prozeß dann weiter gestaltet werden kann, wird das Kapitel über die erweiterte Regressionsanalyse zeigen.

Indem die Bezugspersonen ihrerseits mit Erfolg um die Opfer-Position konkurrieren lernen, brechen sie gleichzeitig ihre eigene symbiotische Struktur auf und gewinnen den Teil ihrer Persönlichkeit zurück, den sie in der Symbiose vernachlässigt haben – ihr Kind-Ich und den Spaß am Spielen und Ausprobieren. Neben den Regeln von STEINER (1987[6];vgl. Kapitel 5.4) wird hiermit ein zweiter, wesentlicher Aspekt deutlich, der die eigene Entwicklung fördert und gegen Spiele und Symbiosen immunisiert. Es ist dies die eigene Lebendigkeit im Spielen, die neugierig und erfinderisch macht. Sie macht auch einen Dialog erst zum Dialog, denn er lebt vom Neuen und Unerwarteten. Gelingt also ein spielerischer Dialog mit dem geistig behinderten Partner, so haben alle Beteiligten ihre Symbiose und ihre bewährten passiven Verhaltensweisen hinter sich gelassen. Anstatt sich gemeinsam ihr Skript zu bestätigen, können jetzt neue Entscheidungen zum Zuge kommen.

7. Die aggressive Eskalation in den Kontrollverlust

Die vorangegangenen Kapitel waren so aufgebaut, daß zunächst ein Konzept vorgestellt wurde. Dann wurde es mit Beispielen erläutert, um abschließend auf die praktische Anwendung einzugehen. Dieses Kapitel ist umgekehrt aufgebaut. Ausgehend von einem Beispiel wird das praktische Vorgehen erläutert, und erst im Anschluß daran werden die fachlichen Hintergründe beleuchtet.
Das hat zwei Gründe. Zum einen bildet dieses Kapitel den Abschluß des Buchteils über das Skript in Aktion, und es bietet sich an, auf diese Weise eine Zusammenfassung und Vertiefung zu gestalten. Zum anderen ist das Thema des Kapitels eine eigene Herausforderung. Aggressive Eskalationen mit Kontrollverlust sind für viele Eltern und in vielen Einrichtungen ein im wahrsten Sinne des Wortes bedrängendes Problem. Aggressive Eskalationen bieten reichlich Anlaß, sich hilflos zu fühlen, und häufig genug fehlt es an wirklich brauchbaren Hilfestellungen. Das Kapitel soll helfen, diese Lücke zu schließen.

Die Hinweise und Empfehlungen, die Sie in diesem Kapitel finden, sind das Ergebnis eigener sechzehnjähriger Arbeit mit schwer verhaltensgestörten geistig behinderten Menschen genauso wie die Frucht vieler Diskussionen bei Seminaren und Vorträgen, die ich zu diesem Themenbereich gehalten habe. Es sind also sowohl die schmerzlichen als auch die guten Erfahrungen vieler mit eingeflossen, die sich mit diesem Problem auseinandergesetzt haben. Gerade auch aufgrund dieses Erfahrungsschatzes verbinde ich mit diesem Kapitel ein Anliegen. Es soll verdeutlichen, daß auch die spektakulären Erscheinungen denselben Gesetzmäßigkeiten unterliegen wie andere, weniger auffallende Verhaltensweisen. Und das bedeutet, daß sie mit den in diesem Buch vorgestellten Konzepten nicht nur verstanden, sondern auch effektiv verändert werden können. Es wäre grandios zu sagen, daß aggressive Eskalationen ein Verhalten wie jedes andere auch sind. Ebenso grandios ist aber auch die Meinung, daß es ein nicht erlernbares „Privileg" Weniger ist, damit zurechtzukommen.

7.1 Der Verlauf der aggressiven Eskalation

Allmählich ändert sich bei Frieda das Gangbild. Sie beginnt über den rechten Fuß bei jedem Schritt umzuknicken, so daß man denken könnte, sie verstauche sich bei jedem weiteren Schritt unweigerlich den Knöchel.

Wenige Zeit später werden ihre Schaukelbewegungen mit dem Oberkörper intensiver als sonst, sie schaukelt heftiger, schneller, und ihr improvisiertes Singen zu den Schaukelbewegungen wird lauter, rauher und hektischer. Parallel hierzu verspannt sich ihr Gesicht immer mehr und ihr Blick beginnt, sich mit Energie aufzuladen. Die Äderchen in den Augen schwellen und ihre Augenlider röten sich. Sie sind verspannt, was den Eindruck erweckt, als seien sie gleichzeitig weit offen und zusammengekniffen. Ihre Augen glitzern, sie ist nicht mehr in der Lage, Blickkontakt aufzunehmen oder zu halten. Vielmehr blickt sie auf eine sehr merkwürdige Weise durch ihr Gegenüber hindurch. Ihre Betreuerinnen haben für diesen Blick den Ausdruck „überkreuzter Blick" geprägt. Nunmehr ist es nur noch eine Frage der Zeit, bis sie einen Betreuer tätlich angreift. Im Zuge ihres massiven Angriffs verliert sie nach kurzer Zeit völlig die Kontrolle über sich selbst. Sie ist nicht mehr ansprechbar und ganz offenkundig auch nicht mehr in der Lage, ihr eigenes Verhalten zu beeinflussen. Dabei entwickelt sie jedoch Bärenkräfte, und häufig sind mehrere Personen erforderlich, um sie und andere vor Verletzungen zu schützen. Nachdem die Eskalation ihren Höhepunkt erreicht hat, lassen die Kräfte allmählich nach. Sie wird langsamer in ihren Bewegungen und allmählich ist sie auch wieder ansprechbar. Sie kann wieder Blickkontakt aufnehmen und versteht wieder, was man ihr sagt. In dieser Übergangsphase sind Wut und Verwirrung gemischt, wobei mit zunehmender Selbstkontrolle die Wut vollends der Verwirrung weicht, die daher rührt, daß sie nicht weiß, was eben vorgefallen ist. Irgendwie scheint sie jedoch allmählich zu ahnen, daß etwas Schwerwiegendes vorgefallen sein muß, denn sie wird sehr anhänglich und trostbedürftig. Wieder und wieder möchte sie hören, daß man sie mag, daß alles in Ordnung ist. Sie läßt dabei auch nicht locker, und kann ihre Bezugsperson, aus welchen Gründen auch immer, diese Versicherung nicht geben, so kann sie sich darüber so erregen, daß sie nach kurzer Zeit erneut eskaliert.

Solche und ähnliche Formen aggressiver Eskalation stehen im Mittelpunkt dieses Kapitels. Zunächst werden die einzelnen Stadien des Eskalationsprozesses und die jeweiligen Interventionsmöglichkeiten dargestellt, worauf der Prozeß, die Interventionsmöglichkeiten und die mit ihnen gemachten Erfahrungen in den Bezugsrahmen der Transaktionsanalyse gestellt werden (Abbildung 13).

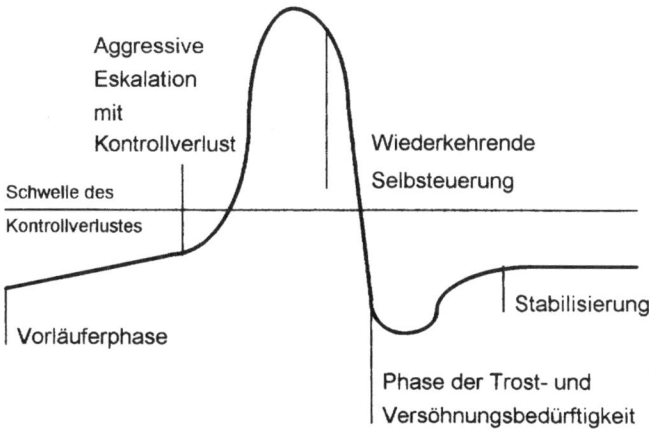

Abbildung 13: Die Phasen der aggressiven Eskalation

7.1.1 Die Vorläuferphase

Die Vorläuferphase ist in nahezu allen Fällen gekennzeichnet durch das Auftreten von ganz bestimmten Vorläufersymptomen, die die bevorstehende Eskalation ankündigen. Das Problem im Erkennen dieser Symptome besteht erfahrungsgemäß darin, daß sie individuell sehr verschieden sind und deshalb in jedem Einzelfall eine detektivische Suche nach diesen Symptomen erforderlich ist. Je besser es gelingt, Vorläufersymptome aufzufinden, die einige Zeit vor Beginn der eigentlichen Eskalation liegen, umso günstiger sind die Beeinflußungsmöglichkeiten im Vorfeld der Eskalation. Die sehr individuellen Vorläufersymptome haben eines gemeinsam: es handelt sich nämlich in aller Regel um Formen der Passivität (Schiff u. Schiff 1971/1991; vgl. Kapitel 6.2). Die Bewertung eines Verhaltens als Passivität ergibt sich aus dem Kontext, in dem es stattfindet. Frieda im erwähnten Beispiel verkraftet belebte Gruppensituationen über längere Zeit schlecht. Sie ist durchaus in der Lage und es hindert sie auch niemand daran, den Raum zu verlassen und ihr Zimmer aufzusuchen, um die für sie belastende Situation zu beenden. Sie tut es jedoch nicht und verfällt stattdessen eben in eine Form der Agitation, in der sie beispielsweise beginnt, beim Laufen über den Fuß zu knicken oder heftig zu schaukeln.

Die Bezugspersonen werten in der Regel die Existenz oder die Bedeutung der Vorläufersymptome ab; typischerweise setzt ihr spontaner Bericht über den Ablauf mit dem Beginn der Tätlichkeiten oder kurz davor ein. In der

Konsequenz besteht ihre Passivität im Nichtstun, bis die Eskalation im vollen Gange ist.

Im Stadium der Vorläufersymptome haben sich folgende Maßnahmen bewährt, um eine drohende Eskalation zu verhindern.

a) Änderung der Reizsituation: Nicht selten sind geistig behinderte Menschen in einer sie überfordernden Reizsituation wie etwa eine belebte Gruppensituation, wenn sie beginnen, ihre Vorläufersymptome zu zeigen. Hier zeigt sich eine Ähnlichkeit mit den Problemen schizophrener Menschen, die ebenfalls empfindlich gegenüber sie überfordernden, mit vielen Reizen angereicherten Situationen sind (vgl. REY U. THURM 1990). Eine effektive und sinnvolle Maßnahme kann es also sein, durch eine Veränderung der Reizsituation den geistig behinderten Partner wieder zu beruhigen. Dies kann bedeuten, in ein ruhiges Zimmer zu gehen oder aber einen Raum zu verlassen und ins Freie zu gehen. Steht ein geeigneter Raum zum Rückzug nicht zur Verfügung, so kann es hilfreich sein, den geistig behinderten Menschen in eine Zimmerecke zu bringen und ihn dort mit dem Gesicht in der Ecke zu halten. Hierdurch wird die Zufuhr weiterer optischer Reize stark eingeschränkt. Falls vorhanden, kann man ihm eine Decke über den Kopf legen, sodaß neben der Unterbindung weiterer optischer Stimulation auch die Geräusche und somit die akustische Stimulation des Ohres etwas gedämpft werden. Hat sich bereits Energie aufgestaut wie zum Beispiel bei Frieda in ihrem heftigen Wiegen, so kann man den geistig behinderten Partner in den Zehenstand bringen, indem man seine Hände mit dem Handrücken zwischen seine Schulterblätter legt und nach oben schiebt („Polizeigriff"). Über einige Zeit auf den Zehenspitzen zu stehen erfordert viel Energie. Hierdurch kann die bereits aufgestaute aggressive Energie durch Muskelarbeit wieder abgebaut werden (WELCH; mündliche Mitteilung). Auch wenn dann eine gewisse Beruhigung eingetreten ist, sollte anschließend nach Möglichkeit eine ruhigere Umgebung aufgesucht werden.

Die verhaltenstherapeutische Strategie des Time-out entzieht dem Partner möglichst alle Verstärker für sein Verhalten. Das bedeutet in der praktischen Durchführung, daß der geistig behinderte Partner in einen möglichst leeren und reizarmen Raum gebracht wird. Diese Maßnahme zielt darauf ab, dem vorangegangenen Fehlverhalten nichts folgen zu lassen, was in irgendeiner Form den Charakter einer Unterstützung oder Belohnung haben könnte. Im Rahmen der verhaltenstherapeutischen Intervention muß deshalb der geistig behinderte Partner auch kommentarlos alleingelassen werden, sobald er den Raum betreten hat (vgl. BREZOVKSY 1985; THOMPSON U. GRABOWSKY 1976). In unserem Bezugsrahmen geht es nicht um einen Verstärkerentzug, sondern vielmehr darum, die Reizüberflutung zu beenden. Dabei kann es günstig sein, den geistig behinderten Partner auch einmal alleine zu lassen. Grundsätzlich sorgt man jedoch für eine Eindämmung der Reizflut, ohne deshalb den Kontakt mit ihm zu beenden oder zu

unterbrechen. Von der Logik der Intervention her ist auch die verhaltenstherapeutische Maßnahme keine Strafaktion. Sehr häufig jedoch wird sie von den durchführenden Bezugspersonen so begriffen und dann auch entsprechend durchgeführt.
Eine Abschirmung von Reizen, ohne den Raum zu verlassen, hat in der Durchführung ebenfalls gewisse Ähnlichkeiten mit dem time-out im Rahmen der Verhaltenstherapie. Der entscheidende Unterschied besteht auch hier darin, daß die Bezugsperson weiter im Kontakt mit dem geistig behinderten Partner bleibt (vgl. hierzu etwa BELSCHNER, HOFFMANN, SCHOTT U. SCHULZE 1976[4]). Weiter wird die Änderung der Reizsituation durchgeführt, bevor eben das Symptomverhalten auftritt, wogegen Time-out stets als Konsequenz folgt, wenn das Symptomverhalten aufgetreten ist.

b) Ablenkung: Eine zweite Alternative besteht darin, den geistig behinderten Menschen in eine Aktivität einzubinden, die seine Aufmerksamkeit erfordert, ihn also abzulenken. Am besten geeignet sind hierbei die Tätigkeiten, die Spaß machen können. Am effektivsten werden sie angeboten, indem die Bezugsperson aus der freien Kindrolle heraus handelt. Durchkitzeln beispielsweise ist gut geeignet, da die reflexhafte Abwehr bereits die Aufmerksamkeit und die Energie bindet. Auch für die Ablenkung gilt, daß sie in einer ruhigeren Situation enden kann bzw. sollte.

c) Routinen: Die dritte und häufig am erfolgreichsten einsetzbare Strategie besteht darin, den geistig behinderten Menschen in seinem angepaßten Kind-Ich-Zustand anzusprechen und von ihm eine möglichst gut eingeübte und routinierte Tätigkeit einzufordern. Frieda beispielsweise hat die Aufgabe, die Essensreste zu entsorgen. Dieser Auftrag erfordert von ihr einen längeren Fußweg quer durch das Einrichtungsgelände. Über die Bewegung auf diesem Weg – er geht auch noch den Berg hinauf – kann sie ihre in der Agitation aufgeladene Energie abbauen und über dem hohen Maß an Vertrautheit kann sie sich wieder beruhigen. Wenn sie schließlich nach einer Viertelstunde wieder in der Wohngruppe ist, sind die Chancen gut, daß sie wieder ausgeglichen ist.

Die theoretischen Hintergründe dieser Strategie beziehen sich auf die Zwei-Prozeß-Theorie der Informationsverarbeitung von HARTMANN und ROHMANN (1988), die solche Eskalationsprozesse als pathologische Entgleisung der Informationsverarbeitung auffassen. Auf einem psychoanalytischen Hintergrund kommen REDL und WINEMAN (1982[3]) zu sehr ähnlichen Empfehlungen.

d) Einsetzen eigener Energie: Ein wichtiger Aspekt der Eskalation liegt darin, daß zunächst einmal psychische Energie zurückgehalten und aufgestaut bzw. aufgeladen wird, um sich dann zu entladen. In der Vorläuferphase staut sich die Energie immer mehr, und wir können mit einem eigenen Energieimpuls diesen Prozeß stoppen und die Energie des behinderten Partners kanalisieren. Dazu müssen wir mehr eigene Energie mobilisieren als er gerade gestaut hat. Deshalb ist das timing so wichtig, wann wir unsere Energie einsetzen, um die Maßnahmen a bis c wirksam an ihn heranzubringen. Unsere energische Aufforderung, z.B. einer Routine zu folgen, wird nur wirken, solange unser Partner nicht schon zuviel Energie aufgestaut hat, sodaß wir mit unserer Energie noch „drüber" kommen.

Ein sehr zuverlässiges und typisches Vorläufersymptom ist der im Beispiel geschilderte „überkreuzte Blick". Das Problem ist allerdings, daß die Eskalation in der Regel unmittelbar bevorsteht, wenn dieser überkreuzte Blick auftritt. Die oben ausgeführten Alternativen zur Beruhigung wirken dann häufig nicht mehr schnell genug, um die Eskalation zu verhindern. Es lohnt sich also für alle Beteiligten, nach Vorläufersymptomen zu suchen, die auftreten, bevor dieser Blick schon zu beobachten ist.

7.1.2 Die Phase des Kontrollverlustes

Ist der Kontrollverlust eingetreten, so sind die am häufigsten eingesetzten Strategien erfahrungsgemäß die Isolierung in einem Time-out-Raum oder in einem Zimmer und/oder das Verabreichen von Notfallmedikation. In aller Regel warten dann die Bezugspersonen draußen vor der Tür, bis der betroffene Mensch wieder ruhig ist und seine Kontrolle wieder hat, bevor sie das Zimmer betreten und wieder Kontakt mit ihm aufnehmen. Oder sie lassen ihn erzürnt erst mal „schmoren".

Notfallmedikation zu verabreichen während der Kontrollverlust bereits eingetreten ist, hat keinen Sinn, denn zum einen ist der Höhepunkt der Eskalation meist bereits überschritten, bis die Notfallmedikation zur Hand ist und verabreicht werden kann, und zum anderen ist die Eskalation sowieso im Rückbildungsstadium, bis die Medikamente zu wirken beginnen. Notfallmedikation kann eine Berechtigung haben, wenn sie rechtzeitig in der Phase der Vorläufersymptome verabreicht wird. Jedoch sollte an dieser Stelle grundsätzlich Klarheit darüber herrschen, daß die Medikation zwar die Eskalation gewissermaßen kappt, aber das Problem nicht löst, worauf unten noch näher einzugehen sein wird.

Die Isolation, häufig auch mit Time-out verwechselt, kann je nach Situation eine wichtige Maßnahme zum Schutz der Mitbewohner und der Betreuer sein. Das ist dann der Fall, wenn es die Situation nicht zuläßt, die Eskalation gemeinsam mit den betroffenen Menschen im Kontakt durchzustehen. Therapeutisch wirksam und sinnvoll ist sie jedoch nicht, da im Stadium der Eskalation die Wahrnehmungsverarbeitung des geistig behinderten Menschen so stark beeinträchtigt ist, daß er den Entzug von Verstärkung im lerntheoretischen Sinne gar nicht als solchen wahrnehmen und mithin auch nicht verarbeiten kann. Einen Menschen zu ignorieren, der nicht in der Lage ist, dieses wahrzunehmen, ist keine erfolgversprechende Maßnahme (ELBING 1992).

Nicht selten liegt ohnehin eine Wahrnehmungsstörung vor, wodurch häufig Unsicherheit darüber besteht, was und wieviel der betreffende Mensch wahrnehmen kann. Im Stadium der Eskalation jedenfalls kann er seine Wahrnehmung sicher nicht so verarbeiten, daß er willentlich ein verändertes Verhalten zeigen kann.

Aus der Sicht der Transaktionsanalyse kommt im Gegenteil durch die Isolation ein zusätzliches Problem hinzu. Der geistig behinderte Mensch verfügt zwar unmittelbar im Anschluß an die Eskalation über kein Gedächtnis über das gerade Vorgefallene (d.h. er leidet an einer sogenannten retrograden Anmesie), jedoch hat er die gesamte Eskalation und alles, was währenddessen passierte, in seinem Langzeitgedächtnis gespeichert. Es handelt sich mit dieser retrograden Amnesie also um eine nur vorübergehende Abspaltung. Dies ist belegbar dadurch, daß zum Teil Jahre nach einem solchen Vorfall geistig behinderte Menschen spontane und detailgetreue Berichte des gesamten Ablaufs geben können. Mit dem Vorfall erinnert er sich also auch daran, daß er alleingelassen war, als er eigentlich andere am nötigsten gebraucht hätte, um ihm dort zu helfen, wo er sich selbst nicht mehr helfen konnte. Somit entsteht eine verstärkende Erinnerung im Sinne des Maschensystems, die den Skriptglauben bestätigt: „Wenn ich andere am nötigsten brauche, bin ich verlassen."

Den eskalierenden Menschen nicht sich selbst zu überlassen, sondern die Eskalation mit ihm durchzustehen, birgt also die Chance in sich, ihm nicht eine weitere Bestätigung seiner zentralen Glaubenssätze, sondern vielmehr eine korrigierende Erfahrung zu vermitteln, die seine Skriptüberzeugungen auflockern kann. Die Herausforderung besteht darin, ihm in einer Weise nahe zu sein, daß er weder sich selbst noch seine Bezugspersonen ernsthaft verletzen kann.

Nahe sein bedeutet in allererster Linie, den Kontakt nicht abzubrechen, sodaß weder er noch die Bezugsperson einen Beziehungsverlust erleiden. Dazu muß sie sich spürbar machen durch die Eskalation hindurch, und kann hierfür alle Sinne nutzen. Wenn es zu gefährlich ist, während der ganzen Zeit im Körperkontakt zu sein, so kann sich die Bezugspersonen auf jeden Fall hörbar und je nach räumlicher Situation auch sichtbar machen. Dabei gilt die Devise: Die uns *mögliche* Kontaktform ist die wirkungsvolle. In der Regel müssen sich die Bezugspersonen zumindest am Anfang dem außer Kontrolle Geratenen nähern und ihn halten – und sei es, um ihn ins Zimmer zu schleifen oder ihn für eine Spritze festzuhalten. Je nachdem kann es auch nötig sein, ihn über die ganze Eskalation zu halten, um schlimmere Verletzungen für ihn, andere und die Bezugsperson selbst zu verhindern. Gleichgültig, wie die Bezugspersonen handeln, sie sind verletzungsgefährdet und werden auch oft verletzt. Eine gute Grifftechnik schützt und bietet ein deutlich vermindertes Verletzungsrisiko und zusätzlich die Chance, den Kontakt aufrecht zu erhalten. Körperkraft genügt alleine nicht, um das auch zu gewährleisten. Körperkraft ist bei gut eingesetzter Haltetechnik auch nicht über ein normales Maß hinaus nötig, um sich und den eskalierenden Partner vor Schäden zu schützen. Die Selbstverteidigungs-Sportarten Judo, Jiu-Jitsu und Aikido kennen geeignete Haltegriffe, und es ist empfehlenswert, sie sich anzueignen. Während des Kontrollverlustes setzt jedoch die Schmerzwahrnehmung aus. Das bedeutet: Die gängigen Haltegriffe wie der „Polizeigriff" wirken aufgrund von Dehnungsschmerz und wirken deshalb hier nicht. Mehr noch: Die Verletzungsgefahr ist sehr hoch, weil das regulierende Schmerzempfinden nicht funktioniert. Deshalb ist es sehr wichtig, Haltegriffe zu lernen und zu verwenden, die *nicht* durch Dehnungsschmerz wirken.

In dieser Phase des Kontrollverlustes ist es sehr wichtig, daß die Personen, die die Eskalation mit dem Betroffenen durchstehen, mit ihren eigenen Gefühlen zurechtkommen, die im Zuge dieser Auseinandersetzung zwangsläufig entstehen. Denn nicht nur die eskalierende Person mobilisiert große Mengen psychischer Energie, sondern die ihn Begleitenden aktivieren ebenfalls ein hohes Maß an psychischer Energie, das sich nicht selten in einer Transpiration äußert, die dem Grad der tatsächlichen körperlichen Anstrengung in keiner Weise entspricht. Normalerweise sind die Bezugspersonen aufgebracht, verletzt und wütend, und es ist aus mehrfachen Gründen sehr wichtig, daß sie diese Gefühle in der Haltesituation leben und auch zeigen. Zum einen geben ihnen eigene starke Gefühle auch die nötige Energie, um die Eskalation überhaupt mit durchtragen zu können und nicht schon vor der Wiederkehr der Selbstkontrolle die Begleitung zu beenden. Die eigenen Gefühle haben also die Funktion eines psychischen Kraftwerkes. Abgesehen davon wird es für die weitere Begleitung erforderlich sein, daß die Bezugspersonen nicht auch noch auf ihrer eigenen Wut „sitzengeblieben" sind, wenn der geistig behinderte Partner das Stadium der Verwirrung und Trostbedürftigkeit erreicht hat. Auch aus diesem Grund ist es wichtig, in der Eskalationsphase des Kontrollverlustes seine eigenen Gefühle zu leben und dann auch wieder offen zu sein für andere Gefühle, wenn es die veränderte Situation erfordert.

Dabei ist es allerdings nicht gleichgültig, in welcher Rolle die begleitenden Personen ihre eigenen Gefühle zum Ausdruck bringen. Förderlich für alle Beteiligten ist es, wenn es ihnen gelingt, sich aus ihrer freien Kindrolle heraus Luft zu machen, indem sie beispielsweise laut schreien und schimpfen, ohne jedoch unbedingt negative Zuwendung dabei zu geben.

Gelingt dies, so vermittelt man dem Eskalierenden in seiner Hilflosigkeit nicht nur die Botschaft:

„Wenn Du uns brauchst, sind wir auch da", sondern auch durch das eigene Verhalten die Erlaubnis, gleichzeitig nah und wütend zu sein, was die erste Botschaft ergänzt und verstärkt.

7.1.3 Die Phase der wiederkehrenden Selbsteuerung

Wie bereits oben angedeutet, kündigt sich die Phase der wiederkehrenden Selbsteuerung durch eine Verringerung der Bewegungsintensität und eine allmähliche Normalisierung des Blicks am zuverlässigsten an. Lassen sich diese Anzeichen deutlich feststellen, so ist es günstig, durch kurze klare Aufforderungen und anschließende Beobachtung des geistig behinderten Partners zu überprüfen, inwieweit sich seine Wahmehmungsverarbeitung normalisiert hat, so daß er die Aufforderung überhaupt als solche erkennen kann, und ob seine Selbsteuerung wieder hergestellt ist, um dieser Aufforderung Folge zu leisten. Die Aufforderung sollte so lange wiederholt werden, bis schließlich der Angesprochene ihr folgen kann und das auch tut. Eine erste sinnvolle Aufforderung kann sein, Blickkontakt aufzunehmen: „Schau mich an." Grundsätzlich eignen sich Reparatur- und Aufräumarbeiten aller Art für diese Phase der wiederkehrenden Selbsteuerung. Hat sich beispielsweise der geistig behinderte Partner verletzt, so kann die Wundversorgung Gegenstand der Aufforderung sein. Möglicherweise sind auch Gegenstände zu Bruch gegangen oder es ist etwas verschüttet worden. Diese Schäden zu beseitigen ist ebenfalls günstig. Ein verwandtes Vorgehen ist in der Verhaltenstherapie als Überkorrektur oder overcorrection bekannt (vgl. Brezovsky 1985).

Durch diese Aufforderung verankern die Bezugspersonen den behinderten Partner im Erwachsenen-Ich, indem sie selbst die positiv-kritische Elternrolle einnehmen, ihm die positiv-angepaßte Kindrolle zuweisen und ihm in der Anpassung Struktur und Sicherheit vermitteln (zur Verbindung von Rolle und Ich-Zuständen siehe Kapitel 1). Denn wie bereits besprochen, ist der geistig behinderte Partner zutiefst verunsichert und benötigt nunmehr diese Form des Halts, um nicht über der Verunsicherung erneut zu eskalieren. Ähnlich wie in der Vorläuferphase die herzhafte Aufforderung zu einer gut eingeübten Tätigkeit einen stabilisierenden Effekt hat, so gilt dies auch jetzt für diese Phase der wiedereinsetzenden Selbsteuerung. In diesem Punkt ergibt sich eine weitere Parallele zu den Erfahrungen mit den Eskalationen psychotischer Menschen, die in der Schiff-Schule gemacht wurden. Hier wird ebenfalls großer Wert darauf gelegt, den schizophrenen Menschen nach der Eskalation sicher in der positiven Anpassung zu verankern (SCHIFF u. DAY 1980).

Für die Bezugspersonen haben diese Phase und die mit ihr verbundenen Maßnahmen ebenfalls eine sehr wichtige Funktion. Sie können ihre eigene psychische Energie vollends abbauen, indem sie die Energie in energischen und klaren Aufforderungen kanalisieren. Gleichzeitig stellen diese klaren Aufforderungen und ihr Befolgen durch den geistig behinderten Partner die Wiederherstellung eines förderlichen Dominanzverhältnisses dar, das vorher auf dem Kopf gestanden hatte (vgl. Rohmann u. Hartmann 1988). Denn häufig haben die geistig behinderten Menschen zuvor die Regeln des Zusammenlebens bestimmt und eben nicht die Bezugspersonen. Diese Klärung macht es dann auch einfacher, die symbiotischen Strukturen zu verlassen, die sich rund um die eskalierenden aggressiven Ausbrüche gebildet haben.

7.1.4 Die Phase der Trost- und Versöhnungsbedürftigkeit

An die oben besprochene Übergangsphase schließt sich sodann eine Phase an, in der der geistig behinderte Partner sehr anhänglich ist und immer wieder die Versicherung braucht, daß es jetzt vorbei ist und daß man ihm „nicht mehr böse" ist. Sind dann die Bezugspersonen nicht bereit oder nicht in der Lage, den manchmal fast schon verzweifelt Versöhnungsbedürftigen zu trösten, so hat dies erfahrungsgemäß zur Folge, daß sich der geistig behinderte Partner aufgrund der ausbleibenden Versöhnung nicht beruhigen kann und gegebenenfalls in die nächste Eskalation geht. Diese Phase stellt für die begleitenden Betreuer die Nagelprobe dar, inwieweit es ihnen gelungen ist, mit ihren eigenen Gefühlen vorher gut umzugehen. Denn nur dann, wenn sie keine aufgestaute Wut mehr haben oder aber die Erfahrung nicht dazu nutzen, selbst eigene Skriptteile zu aktivieren und in ein Spiel einzusteigen, werden sie in der Lage sein, ihn auch so zu trösten, wie er es braucht. Wichtig ist es, so lange in Kontakt zu bleiben, bis dieses Bedürfnis wirklich gestillt ist. Es lohnt sich, hier auch einmal eine Überstunde zu investieren. Verläßt man nämlich diese Situation zu früh, so wird man in aller Regel wieder zurückkehren müssen, um eine erneute Eskalation zu vermeiden. Es genügt also nicht, den geistig behinderten Menschen in der Eskalation Paroli zu bieten und ihm anschließend zu zeigen, wer der Herr oder die Frau im Hause ist. Der Stolz darüber, eine solche Extremsituation bestanden zu haben, ist berechtigt. Allerdings muß sich dann zu ihm die Bereitschaft gesellen, den Partner der Auseinandersetzung in seiner wütenden Kraft und in seiner ganzen Jämmerlichkeit anzunehmen. Und das bedeutet auch, sich selbst in der eigenen Kraft und Jämmerlichkeit ebenso zu akzeptieren. Ansonsten besteht die Gefahr, daß die gemeinsam durchgestandene Eskalation zum Machtkampf wird, den die Bezugspersonen als die neuen Verfolger beenden.

7.2 Die Auswirkungen einer gemeinsam durchgestandenen Eskalation

Die übereinstimmenden Erfahrungen aller, die mit solchen eskalierenden Aggressionen zu tun haben, lassen sich folgendermaßen zusammenfassen:
Gelingt es, die Eskalation vollständig bis zum Ende miteinander durchzustehen, so verändert dies die Beziehung zwischen allen Beteiligten auf tiefgreifende und nachhaltige Weise, wodurch in der Zukunft Eskalationen erheblich seltener auftreten. Entzieht man sich jedoch der Auseinandersetzung oder aber sind die Bezugspersonen nicht in der Lage, sie durchzuhalten, so versucht es der geistig behinderte Partner in der Folge immer wieder aufs Neue, so lange, bis sie es entweder geschafft haben oder aber kapitulieren. Eine solche Kapitulation hat destruktive Auswirkungen auf alle am Konflikt Beteiligten, denn jeder der Beteiligten bestätigt sich in dieser Kapitulation oder aber – aus der Sicht der eskalierenden Person – in diesem traurigen Sieg alte, einschränkende Skriptüberzeugungen. In diesem Zusammenhang stellt das Vermeiden der Auseinandersetzung durch Medikation und Isolierung als grundsätzlich gewählte Maßnahme (und nicht als gesunder Selbstschutz im Einzelfall) ebenfalls eine Form der Kapitulation dar, denn es ist zur Verstärkung der Skriptüberzeugungen völlig ausreichend, daß alle Beteiligten eben genau spüren und wissen, wer schließlich im Falle einer Auseinandersetzung die Oberhand behalten würde.
Im Falle eines günstigen Verlaufes lernen die Betreuer erfahrungsgemäß immer besser die Eskalation als psychische Notbremse einzuschätzen und sind im wachsenden Maße in der Lage, abzuschätzen, wann für den betroffenen Menschen die Grenze des Erträglichen überschritten sein wird, und er aus dieser Situation in die Eskalation flüchtet. Die Erfahrungen über lange Zeiträume weisen darauf hin, daß einige geistig behinderte Menschen auch auf längere Jahre hin ohne diese Notbremse auskommen können. Andere dagegen durchleben offenkundig auch Phasen unterschiedlicher Belastbarkeit und gehen im gegebenen Fall nach wie vor in die Eskalation, wenn dies auch erheblich seltener der Fall ist als vor der Zeit der gemeinsam durchgestandenen Eskalationen.
Die Betreuer ihrerseits gewinnen in der Regel erheblich an Selbstzutrauen und Selbstsicherheit, denn die Erlaubnis, die eigene Energie im Kontakt mit einem anderen Menschen zu mobilisieren, bewirkt zusammen mit der Erfahrung, daß sich das günstig auf den Eskalationsverlauf auswirkt, auch in alltäglichen Situationen ein wirkungsvolleres und sichereres Auftreten gegenüber dem geistig behinderten Partner, was wiederum störungsvorbeugend wirksam ist. Dadurch, daß für sie die Eskalation erheblich von

ihrem Schrecken verlieren kann, werden die Betreuer auch wieder neu bereit, den geistig behinderten Partner als Mensch in seiner Vielseitigkeit in den Blick zu nehmen, da sie nicht mehr wie das Kaninchen vor der Schlange ganz im Banne der nächsten bevorstehenden Eskalation sind. Im Sinne der Transaktionsanalyse handelt es sich hierbei um eine Enttrübung im Wahrnehmen und Erleben der Bezugspersonen. Diese neue Unvoreingenommenheit, oder besser: positiv veränderte Eingenommenheit eröffnet dem geistig behinderten Partner neue Möglichkeiten zum Kontakt mit seinen Bezugspersonen. Gelingt es, diese Freiräume gemeinsam zu nutzen und neu zu gestalten, so hat dies ebenfalls eine eskalationsverhütende und vorbeugende Wirkung.

7.3 Die Abgrenzung von der Festhalte-Therapie

Der informierte Leser wird sich ohne Zweifel durch dieses Kapitel an die Festhalte-Therapie erinnert fühlen. In der Tat ist es so, daß die Dynamik der Eskalation große Ähnlichkeiten mit der Dynamik besitzt, die von den Autoren verschiedener Halteansätze geschildert wird (WELCH 1984; PREKOP 1986), wobei am ehesten der Ansatz nach ZASLOW (1981; 1982) vergleichbare Schilderungen enthält.

ROHMANN und ELBING (1990) fassen die diesbezügliche Literatur zusammen und geben einen Überblick über die einschlägigen Ansätze, die in der Arbeit mit autistischen und geistig behinderten Menschen eingesetzt werden. Zur Kritik der Festhalte-Therapie ist auch die Arbeit von BURCHARD (1992) aufschlußreich.

Der entscheidende Unterschied liegt jedoch darin, daß alle Formen der Festhalte- und Halte-Therapien den geistig behinderten Menschen quasi nach Stundenplan verordnet werden, auch wenn sie dann im akuten Eskalationsfall zusätzlich eingesetzt werden. Das hier geschilderte Vorgehen rechtfertigt sich dagegen aus der aktuellen Situation der Eskalation und der mit ihr verbundenen unabweisbaren Notwendigkeit für die Bezugspersonen, in irgendeiner Form zum Schutze des Betroffenen und zum Schutz anderer Maßnahmen zu ergreifen. Durch die geschilderten Strategien kann darüber hinaus die Dauer der Eskalation und die Verletzungsgefahr für alle Beteiligten erheblich vermindert werden.

Der Unterschied ist vergleichbar einer akuten Blinddarmoperation. Hat der Mensch eine schwere Blinddarmentzündung oder gar einen Blinddarmdurchbruch, so ist eine Operation ein lebensrettender Eingriff. Die Tatsache aber, daß die Operation heilende Wirkung hat, weil der Operierte überlebt und wieder gesund wird, rechtfertigt jedoch in keiner Weise die vorbeugende Entnahme eines Blinddarms, damit eine Blinddarmentzündung in Zukunft möglichst gar nicht erst eintritt. In vergleichbarer Weise rechtfertigt meines Erachtens die heilsame Wirkung einer im haltenden

Kontakt durchgestandenen Eskalation nicht, solche Haltetechniken prophylaktisch und gewissermaßen auf Vorrat einzusetzen oder sogar eine Eskalation in der Haltesituation zu provozieren.

7.4 Die Psychodynamik der aggressiven Eskalation

7.4.1 Der Prozeß der Eskalation und die Stabilisierung der Symbiose

Das Verhalten der eskalierenden Person läßt sich gut mit den verschiedenen Formen der Passivität beschreiben. Der Prozeß der Eskalation durchläuft dabei in der Regel eine bestimmte Reihenfolge. Am Anfang stehen Nichtstun oder Überanpassung.

Frieda tanzt gerne. Ihr Problem ist jedoch, daß diese reizintensive Situation ihr nach einer gewissen Zeit zuviel wird. Anstatt den Raum zu verlassen, einen Betreuer anzusprechen oder zurück in die ruhige Wohngruppe zu gehen, bleibt sie weiter da und tut nichts mit ihrem wachsenden Unbehagen. Andere, vergleichbar geistig behinderte Menschen sind dagegen gut in der Lage, in einer solchen Situation die Umgebung zu wechseln – und wenn es sein muß, zu diesem Zweck einen Betreuer regelrecht „abzuschleppen".
Frieda ist scharfe jugoslawische Küche gewöhnt. Sie ißt aber unverdrossen (zumindest könnte man das meinen) ein trauriges Produkt der Großküche. Die Gruppenregeln würden es aber durchaus erlauben, auch mal was stehen zu lassen, wie Frieda aus langjähriger Erfahrung weiß. Trotzdem ißt sie brav, anstatt zu reklamieren.

Weil durch Nichtstun oder Überanpassung auch nichts passiert, um das eigene Unwohlsein zu verändern, beginnt die Person, Formen der Agitation zu zeigen. Auf diesen Aspekt sind wir bereits bei der Darstellung der Vorläufersymptome gestoßen. Schiff und Schiff (1971/1991) beschreiben, daß die agitierende Person mit diesem Verhalten psychische Energie auflädt, die sich dann in der gewalttätigen Eskalation entlädt.

Wenn Frieda schaukelt und mit rauher, lauter Stimme zu ihrer Volksmusik brummt, dann lädt sie psychische Energie auf. In diesem Stadium ist es bereits nur noch mit Schwierigkeiten möglich, die bevorstehende Entladung abzuwenden. Wenn sie dagegen mit dem Fuß umknickt, beginnt sie erst, Energie aufzuladen. Die Chancen, die Eskalation zu vermeiden, sind jetzt noch recht gut.
Noch besser sind sie, wenn die Betreuer Frieda mit ihrem Nichtstun oder ihrer Überanpassung konfrontieren und sie dabei unterstützen, rechtzeitig die Disco zu verlassen oder ihr Essen stehenzulassen.

Die aggressive Eskalation ist eine explosive Entladung der angestauten Energie. In ihr kommt die Dynamik passiven Verhaltens an ihr Ziel. Die Erschöpfung danach ist gleichzeitig die Chance, daß die Bezugspersonen mit beeinflussen können, welcher Teil der Persönlichkeitsstruktur danach mit neuer Energie besetzt wird. Verfügen die Bezugspersonen dann über genügend eigene Energie, so können sie den geistig behinderten Partner in seinem Erwachsenen-Ich verankern. Wie bereits angesprochen, ist hierzu das energievolle Einfordern angemessener Anpassung die Möglichkeit der Wahl.

Die Eskalation dient dazu, eine gefährdete Symbiose mit Macht aufrechtzuerhalten. Diese Funktion wird besonders deutlich, wenn wir uns den normalen Fall vor Augen führen: Der geistig behinderte Mensch nimmt für seine Gefühle, seine Bedürfnisse und sein Verhalten keine Verantwortung wahr. Er besetzt die negativ-angepaßte oder negativ-freie Kindrolle und überläßt es seinen Bezugspersonen, ihn zu bändigen, auf ihn aufzupassen und die Konsequenzen seines Verhaltens zu tragen. Mit seiner Eskalation zwingt er sie in extremer Form, ihn zu kontrollieren und ihm Verantwortung abzunehmen. Umgekehrt versäumen es die Bezugspersonen, ihn zu konfrontieren und rechtzeitig einzugreifen. Eine Veränderung der Reizsituation z.B. ist vielen Mitarbeitern aus ihrer Ausbildung und ihrer praktischen Tätigkeit durchaus bekannt, denn es ist eine geläufige Maßnahme für wahrnehmungsgestörte, geistig behinderte Menschen. Im Grunde ist es nichts Neues für die Betreuer, Reizsituationen gezielt zu gestalten. Im „Dunstkreis" der bevorstehenden Eskalation werten sie jedoch ihre Kenntnisse und Fähigkeiten ab; sie verhalten sich passiv und halten die Eskalation für unausweichlich, sofern sie ihr Bevorstehen bemerken. Ein spezielles Problem stellt sich vielen Frauen und Männern im Kontakt mit eskalierenden Menschen gleichermaßen: Sie haben häufig einschränkende Botschaften erfahren, die darauf abzielen, daß sie ihre eigene Lebendigkeit und Vitalität nicht wirklich leben dürfen und ihre psychische Energie nicht kraftvoll einsetzen dürfen.

So kann es geschehen, daß sie die Eskalation häufig nicht oder zu spät kommen sehen. Sie selbst finden sich als Opfer wieder, die sich gezwungen sehen, schützend einzugreifen. Weil sie Opfer sind, sehen auch sie sich nicht verantwortlich für ihr Handeln (und Unterlassen). Ihre hilflosgewalttätige Art, in der sie ihn dann niederkämpfen, zementiert ihren Part der Symbiose. Diese strafend-kontrollierende Gewalt mit Einsperren, Notfallmedikation oder Fixierung üben sie zwar widerwillig und gegen ihre pädagogischen Ideale aus – aber sie üben sie aus. Sie nehmen somit die negativ-kritische Elternrolle ein und besetzen ihren Eltern-Ich-Zustand mit Energie. Dadurch stabilisieren sie die Symbiose.

7.4.2 Die Eskalation und die Sicherung des Zuwendungshaushalts

Erfahrungsgemäß spielt neben anderen Faktoren wie einer Wahrnehmungsstörung auch der Zuwendungshaushalt eine wichtige Rolle. Denn Eskalationen in der geschilderten Form treten gerne dann gehäuft auf, wenn die „Hausmarke" an Zuwendung nicht mehr stimmt, was in aller Regel ein Defizit an negativer Zuwendung bedeutet. Wenn die Zuwendung nicht mehr „stimmt", dann ist für den geistig behinderten Partner die symbiotische Beziehung bedroht, die ihm diese Zuwendung sonst sichert. Stabilisiert er durch die Eskalation die Symbiose, bedeutet das für ihn, daß er wieder seine gewohnte Zuwendung erhält: Im wütend-verletzten Rückzug der Bezugspersonen erhält er die negative Zuwendung, die er benötigt und vermißt hat.

In dieser Perspektive ist sowohl das energische Einfordern von Routinetätigkeiten in der Phase der Vorläufersymptome als auch das Einfordern von Anpassung bei Wiedereintritt der Selbststeuerung mit Aufräumarbeiten usw. zu verstehen als der dringend notwendige Ausgleich des Zuwendungshaushalts durch negative Zuwendung.

Auf diesem Hintergrund lassen sich Beobachtungen erklären, daß in Schule oder Werkstatt dieselbe Person weniger eskaliert als zuhause oder in der Wohngruppe. Durch ihre Anforderungsstruktur bieten Schule und Arbeitsplatz mehr Möglichkeiten, Fehler zu machen und mit Kritik und Korrektur negative Zuwendung zu erhalten.

So ist auch das Phänomen erklärbar, weshalb Mitarbeiter, die sehr rigide, hart und streng sind, häufig am meisten Ruhe in der Gruppe haben. Sie erzeugen dadurch allerdings ein anderes Problem: In ihrer Einseitigkeit überlassen sie ihren Kollegen in einer weiteren Symbiose die „weichen" Anteile in der Beziehung – und diese Kollegen werden dann auch dementsprechend vom geistig behinderten Partner strapaziert.

Umgekehrt erhalten auch die Bezugspersonen durch die Eskalation viel negative Zuwendung. Sie eskalieren allerdings nicht selbst, um sie zu erhalten, sondern leiten durch eigenes passives Verhalten die Eskalation mit ein. Auf diese Weise erhalten auch sie ihre gewohnte Zuwendungsmischung. Wenn sie mit Eskalationen erfolgreich umgehen wollen, so werden sie lernen müssen, mit ihrem Bedürfnis nach Zuwendung selbst neu und eigenverantwortlich umzugehen.

7.4.3 Zuwendung, Maschensystem und wechselseitige Skriptverstärkung

Der Symbiose entspricht eine Dynamik der wechselseitigen Skriptbestätigung. Sich in eine symbiotische Bindung zu begeben bedeutet, sich sein Skript zu bestätigen. Um diesen Zusammenhang zu erläutern, greifen wir auf die Konzepte der Ersatzgefühle und des Maschensystems zurück. Wie wir bereits im fünften und sechsten Kapitel gesehen haben, dienen Maschen und Ersatzgefühle dazu, Zuwendung und Skriptbestätigung zugleich zu erhalten.

Ein Mensch, der zu pathologischen Eskalationen neigt, kann beispielsweise als Skriptglauben haben: „Ich bin unausstehlich für mich und andere", „ich bin kein Mensch, ich bin ein Ungeheuer" oder „Mich kann man einfach nicht lieben". Eine unterstützende Skriptüberzeugung hierfür wäre dann: „Ich bin verlassen, gerade dann, wenn ich andere am nötigsten brauche", oder aber: „Niemand wagt sich an mich heran." Die Maschenerscheinung, die sich daraus entwickelt, ist ein sich Hineinsteigern in einen pathologischen Wutausbruch. Die Art und Weise, wie die Umgebung hierauf reagiert, gibt ihm die erwartete und benötigte negative Zuwendung. Diese Erfahrung reiht sich dann nahtlos in die Reihe der verstärkenden Erinnerungen ein, in welcher der Betroffene erlebte, daß er gefürchtet, gehaßt und isoliert wird und daß es niemand schafft, ihm beizustehen und nahe zu sein. Nach dem Motto „Hab' ich es doch gleich gewußt" beweisen diese Erinnerungen und neuerlichen Erfahrungen ein weiteres Mal die Richtigkeit und Verläßlichkeit der Skriptüberzeugungen, die am Anfang des Teufelskreises stehen.

In gleicher Weise jedoch bestätigen sich auch die Bezugspersonen des Eskalierenden ihre eigenen Skriptüberzeugungen. Ihr Maschensystem ist mit seinem so verwoben, daß die Maschenerscheinung des einen dem anderen als verstärkende Erinnerung dient. Beispielsweise kreisen die Skriptüberzeugungen der Betreuer häufig um die Themen Hilflosigkeit und eigenes Versagen. Die entsprechenden Glaubenssätze könnten beispielsweise lauten: „Wenn es darauf ankommt, halte ich nicht durch" oder „Ich kann mich einfach nicht wehren". Unterstützende Glaubenssätze könnten etwa lauten: „Man muß im Leben viel einstecken" oder „Ich verdiene nichts besseres" usw. Ein anderer Glaubenssatz könnte auch lauten: „Mich nimmt keiner ernst" oder „Mich will keiner respektieren".

Vor allen Dingen Frauen sind zusätzlich davon betroffen, daß es für sie gesellschaftlich wenig akzeptiert ist, die eigene Körperkraft zu mobilisieren und einzusetzen. Sie verlieren so einen wichtigen Teil ihrer Wirkungsmöglichkeiten und aus den Erfahrungen, die dieser Verlust nach sich zieht, können dann die genannten Glaubenssätze entstehen.

Für die Bezugspersonen bildet die wütende Eskalation des geistig behinderten Partners die verstärkende Erinnerung im Maschensystem. Sie bewerten das Geschehen als eine weitere bittere Niederlage und bestätigen sich somit ihre Grundüberzeugungen ein weiteres Mal. Die Maschenerscheinung, die den verstärkenden Erinnerungen vorausgeht, besteht häufig im Unterlassen oder auch Sabotieren effektiven eigenen Handelns, indem beispielsweise die Bezugspersonen Gefahrensignale im Vorfeld der Eskalation übergehen und die eigenen Möglichkeiten, die Situation zu beeinflussen, abwerten (s.o.). So entsteht bei ihnen die Wahrnehmung: „Ich kann unmöglich mit diesem Menschen fertig werden."

Zu den häufig mißachteten Optionen gehört auch die klare Entscheidung der Frage, ob die Bezugsperson überhaupt unter den gegebenen Bedingungen mit dem gegebenen Personenkreis arbeiten will.

Formulieren die Bezugspersonen eines geistig behinderten Menschen also seine Eskalationen als bedrängendes Problem, so sind sie in aller Regel und nach aller Erfahrung selbst ein wesentlicher Bestandteil der Dynamik, denn sie tragen genau wie der betroffene geistig behinderte Mensch auch durch eigenes Verhalten unbewußt dazu bei, daß die Teufelskreise selbsterfüllender Prophezeiung nahtlos ineinander greifen können.

7.4.4 Die Eskalation als Heilungsschritt

Im Abschnitt 7.2 wurden bereits die beobachtbaren Auswirkungen einer gelingenden Auseinandersetzung beschrieben. Wenn man sie in den vorgelegten theoretischen Bezugsrahmen einordnet, dann sind sie deutliche Hinweise darauf, daß sich die Symbiose und das Diktat des Skripts bei allen Beteiligten gleichermaßen lockern.

Auch wenn in diesem Kapitel die möglichen Alternativen im Umgang mit pathologischen Eskalationen in ihren Auswirkungen auf den geistig behinderten Partner beschrieben wurden, so sind sie doch zunächst und ganz wesentlich verbunden mit dem Aufgeben des eigenenen Maschen-Systems. Dieser Schritt aus dem Skript ist auch erforderlich, um mit den Eskalationen effektiv umgehen zu können. Denn bloß deswegen, weil es angeblich so besser sein soll, also in der negativ-anpaßten Kindrolle, läßt sich eine solche Eskalation nicht in der beschriebenen Weise durchstehen. Der Schritt aus dem Skript heraus bedeutet also die Erlaubnis und damit auch die Befähigung, überhaupt die erforderliche psychische Energie zu mobilisieren, die man dafür braucht. Die Mobilisierung der eigenen Energie allein ist jedoch noch nicht unbedingt ein Forschritt. Im gelingenden Fall ist es der Erwachsenen-Ich-Zustand, der mit Energie besetzt wird, wie die geschilderten Auswirkungen deutlich zeigen. Die Bezugspersonen werten weniger ab und zeigen weniger passives Verhalten; sie nehmen die Realität angemessener wahr und können wieder vorausschauend und effektiv handeln. Mit dieser Besetzung des Erwachsenen-Ichs verlassen sie die Symbiose mit dem geistig behinderten Partner und können somit auch die Elternrolle angemessen wahrnehmen.

Diese Veränderungen zeigen denn auch, daß die Bezugspersonen einen intensiven Reifungsprozeß vollziehen, wenn sie sich der Auseinandersetzung mit sich selbst in dieser Form stellen. Sie gewinnen hierbei nicht zuletzt ihre Lust am Ausprobieren und ihren Humor zurück, der ihnen vorher oft recht gründlich vergangen ist. Denn sie sind jetzt auch wieder in der Lage, die positiv-freie Kindrolle einzunehmen.

Spiegelbildlich hierzu kann auch der geistig behinderte Partner sich aus der Symbiose lösen. Dieser Prozeß ist uns bereits begegnet; er wurde im Kapitel 4.3 über den Umgang mit Zuwendung eingehend dargestellt.

Deutlich ist hierbei nach allem Gesagten, daß die Änderung des Zuwendungsmusters strukturell der Lösung aus der Symbiose entspricht. Damit können auch die alten Skriptbotschaften ihre Macht verlieren. Indem der geistig behinderte Partner auf diese Weise die verschütteten Teile seiner Persönlichkeit zurückgewinnt, vollzieht auch er einen intensiven persönlichen Entwicklungsprozeß.

Allerdings sind solche tiefgreifenden Veränderungen nicht das Ergebnis einer (einzigen) gut durchgestandenen Eskalation. Wie bereits aus den Ausführungen über die Arbeit mit Zuwendung deutlich wurde, sind Änderungsprozesse vielschichtig und brauchen ihre Zeit. Gut gelöste Eskalationen sind allerdings wichtige Impulse und oftmals auch Wendepunkte oder Meilensteine in diesem Prozeß. Der Schlußteil dieses Buches wird die Begleitung und Gestaltung solcher Änderungsprozesse noch ausführlich beschreiben.

Dritter Teil:
Austausch und Veränderung

Nachdem die Struktur der Persönlichkeit im ersten Buchteil beleuchtet wurde, hat der zweite Teil gezeigt, wie sich die Persönlichkeit entfaltet und dabei ihren unbewußten Lebensplan entwickelt und bestätigt. Besonders in den letzten beiden Kapiteln wurde darüber deutlich, daß wir uns gegenseitig bei der Erfüllung unserer Lebenspläne auf fein verwobene Weise unterstützen. Von der „Innenansicht" des Persönlichkeitsmodells hat sich der Blick allmählich nach außen verschoben und hat sich zunehmend darauf konzentriert, wie und weshalb wir so und nicht anders miteinander umgehen.

Dieser Buchteil gilt unserem Austausch miteinander. Er beschreibt zunächst die Gesetzmäßigkeiten, denen unsere Kommunikation folgt. Darauf folgt eine ausführliche Schilderung, wie diese Gesetzmäßigkeiten pädagogisch und therapeutisch genutzt werden können. Dieser Teil bildet in mehrfacher Hinsicht den Mittelpunkt dieses Buches. Die Gestaltungsmöglichkeiten, die er aufzeigt, sind mit entscheidend für effektives therapeutisches wie pädagogisches Handeln.

8. Die Kommunikation und ihre Gesetzmäßigkeiten

8.1 Das Kommunikationsmodell der Transaktionsanalyse

Um menschliche Kommunikation und ihre Gesetzmäßigkeiten zu beschreiben, verwendet die Transaktionsanalyse das Rollenmodell, das im ersten Kapitel den Beginn des Buches bildet. Mit Hilfe des Rollenmodells der Transaktionsanalyse kann man Kommunikation sehr differenziert beschreiben, da in die Analyse nicht nur die beteiligten Personen, sondern auch ihre Rollen miteinbezogen werden können.

Um sich die Verknüpfung von Rollen und Persönlichkeitsstruktur zu vergegenwärtigen, empfielt es sich, gegebenfalls nochmals im Kapitel 1.3 nachzuschlagen.

Stellt man die an der Kommunikation beteiligten Personen mit ihren Rollen dar, so liegt es auf der Hand, die Kommunikation zwischen beiden als eine Serie von Pfeilen zwischen den eingenommenen Rollen einzuzeichnen. Damit wird nicht nur der Inhalt der Kommunikation beschrieben, sondern gleichzeitig werden die jeweils beteiligten Rollen bezeichnet.

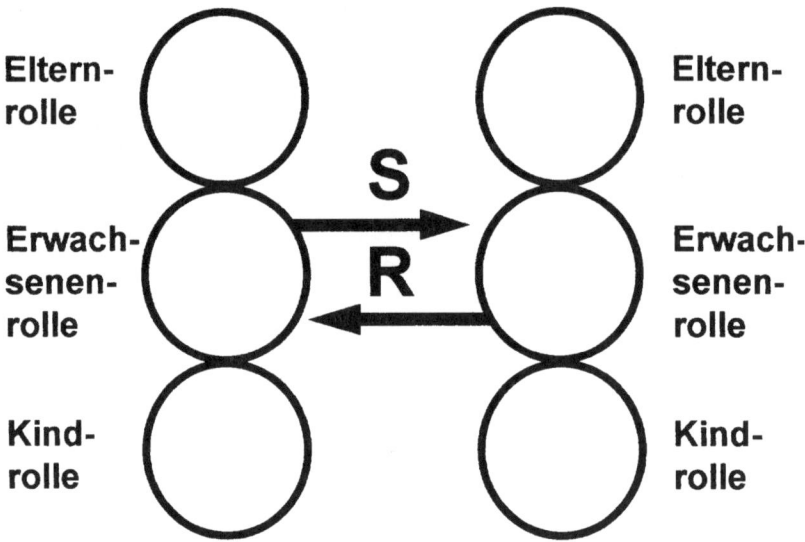

Abbildung 14: Das Kommunikationsmodell

Eric Berne nennt die Grundeinheit der Kommunikation eine Transaktion. Eine Transaktion besteht stets aus einer Botschaft und der zu ihr gehörigen Antwort. Die Anfangsbotschaft wird „Stimulus" genannt und die unmittel darauf erfolgende Antwort „Reaktion".

In ganz ähnlicher Weise definieren WATZLAWICK, BEAVIN und JACKSON (1969 S. 50-51) die Grundeinheit der Kommunikation: „Eine einzelne Kommunikation heißt Mitteilung (*message*) oder, sofern keine Verwechslung möglich ist, *eine* Kommunikation. Ein wechselseitiger Ablauf von Mitteilungen zwischen zwei oder mehreren Personen wird als *Interaktion* bezeichnet."

Grundsätzlich kann der Stimulus von jeder Rolle ausgehen und sich an jeden Rollenaspekt des Partners wenden; ebenso kann auch die Reaktion von jeder Rolle ausgehen und ihrerseits den Partner in jedem seiner Rollenaspekte ansprechen. Legt man das einfache Modell mit jeweils nur drei Rollen zugrunde, so ergeben sich so schon 81 Kombinationsmöglichkeiten. In der Realität werden jedoch nur wenige Kombinationen benutzt, die dann auch dementsprechend häufig zu beobachten sind. Entweder nehmen beide Kommunikationspartner die gleiche Rolle, z.B. die Erwachsenenrolle, ein. Oder aber der eine Partner besetzt die Elternrolle und der andere die Kindrolle.

Eine Durchsicht sowohl der Beispiele, die Eric Berne gibt, als auch der Beispiele, die sich in verschiedenen Lehrbüchern der Transaktionsanalyse finden, belegen diese pragmatische Beschränkung. (BERNE 1985[21]; 1989[11]; STEWART U. JOINES 1990; WOOLAMS U. BROWN 1978; HAGEHÜLSMANN 1992). Diese pragmatische Beschränkung läßt sich mit Hilfe der Axiome von WATZLAWICK und MIARBEITERN (1969) erklären. Sie postulieren, daß Kommunikationsstrukturen entweder eine symmetrische oder eine komplementäre Struktur haben. Einer symmetrischen Kommunikationsstruktur entsprechen im Bezugsrahmen der Transaktionsanalyse gleiche Rollen bei beiden Kommunikationspartnern, wogegen bei der komplementären Struktur der eine Austauschpartner die Elternrolle und der andere die Kindrolle einnimmt.

Diese Kombinationen unterliegen ihrerseits bestimmten Gesetzmäßigkeiten, die im folgenden erläutert werden.

8.1.1 Die parallele Transaktion

Die Reaktion bestätigt aus derjenigen Rolle, die durch den Stimulus angesprochen wurde, die Rolle beim Partner, in der er den Stimulus gegeben hat. Indem ich in dieser Weise reagiere, akzeptiere ich nicht nur die Rolle, die der Partner einnimmt, sondern auch die Rolle, die er mir mit seinem Stimulus zugedacht hat. Zeichnet man diese Transaktion in Form von Pfeilen, so liegen die Pfeile stets parallel zueinander.

Transaktion Erwachsenenrolle ↔ Erwachsenenrolle (vgl. Abbildung 14):
Stimulus: „Wieviel Uhr ist es?" – Reaktion: „Es ist 17.00 Uhr."

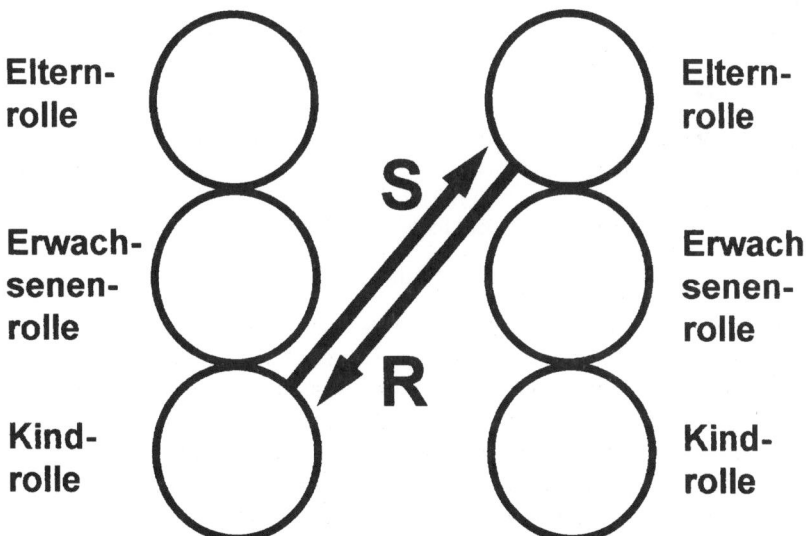

Abbildung 15: Die Transaktion zwischen Kindrolle und Elternrolle

Transaktion Kindrolle ↔ Elternrolle:
Stimulus: „O Gott, hoffentlich bin ich noch pünktlich?" – Reaktion: „Kaum zu fassen, daß Sie schon wieder zu spät sind!"

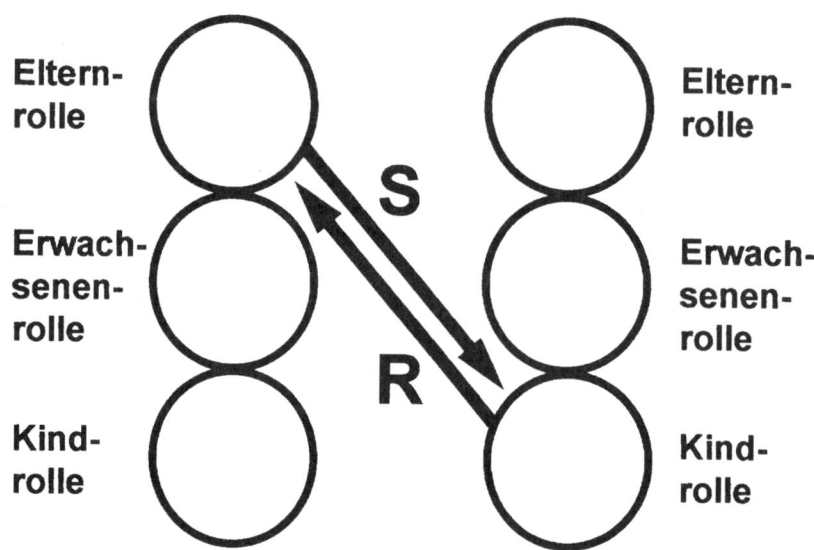

Abbildung 16: Die Transaktion zwischen Elternrolle und Kindrolle

Transaktion Elternrolle ↔ Kindrolle:
Stimulus: „Wie geht's denn heute unserem Bein?" – Reaktion: „Ich weiß nicht so recht, Herr Doktor!"

Für diese Art der Transaktion gilt folgende Regel (vgl. BERNE 1989[11] S. 90):

Mit parallelen Transaktionen verläuft die Kommunikation reibungslos.

Wenn beispielsweise zwei Kinder miteinander zu spielen begonnen haben, so ist das Spiel nicht nach der ersten Transaktion zu Ende, sondern kann eine geraume Zeit andauern (parallele Transaktion Kindrolle ↔ Kindrolle). Diese Regel schlägt sich aber auch längerfristig im Charakter der Beziehungen zwischen den Kommunikationspartnern nieder. Haben sich zwischen Chef und Untergebenem erst einmal Transaktionen zwischen Eltern- und Kindrolle etabliert, so wird mit jeder weiteren Transaktion der Chef in seiner Überzeugung bestätigt, daß der Mitarbeiter nicht gut und selbständig genug ist und seiner Aufsicht und Führung bedarf, wogegen der Mitarbeiter mit jeder weiteren Transaktion seine Überzeugung bestätigen kann, wie überlegen ihm der Chef ist und daß es besser für ihn ist, sich seinen Anforderungen anzupassen. An dieser Stelle wird bereits deutlich, daß sich parallele Transaktionen gut dazu eignen, um das eigene Skript ständig neu zu bestätigen und fortzuschreiben.

BERNE (1989[11] S. 89) selbst nennt diese Gruppe von Transaktionen „komplementäre Transaktionen". Wir verwenden hier die Bezeichnung „parallele Transaktionen", um eine Verwechslung mit den sehr ähnlichen Überlegungen und Bezeichnungen von WATZLAWICK und MITARBEITERN (1969) zu vermeiden. Sie beschreiben mit komplementären Kommunikationsstrukturen solche Muster, die durch einen überlegenen und einen unterlegenen Part gekennzeichnet sind. Solche komplementäre Kommunikationsstrukturen neigen dazu, sich zu verfestigen, wobei sich die jeweiligen Positionen polarisieren: Derjenige, der aus der Kindrolle heraus agiert, verhält sich immer kindlicher, wogegen derjenige, der aus der Elternrolle heraus handelt, immer dominanter und elternhafter wird. Für symmetrische Kommunikationsstrukturen dagegen postulieren WATZLAWICK und MITARBEITER (1969 S. 69), daß sie zur Eskalation neigen und von daher instabil werden, wenn sie sich nicht destruktiv festfahren. Sie sind durch die Konkurrenz um die überlegene Position und das Vermeiden vermeintlicher Unterlegenheit gekennzeichnet. Die Konkurrenz um die Opfer-Position, wie wir sie im Kapitel 6 kennengelernt haben, arbeitet mit dieser fehlenden Stabilität. Im Rollenmodell können solche Strukturen entstehen, wenn beide Partner den negativen Aspekt der Elternrolle besetzen oder wenn beide in der negativen Kindrolle sind. SCHMIDT (1986) hat in seiner Systemischen Transaktionsanalyse die Überlegungen von Watzlawick und Mitarbeitern ebenfalls integriert.

Ein geistig behinderter Mensch, der in seinem Skript entschieden hat, dumm und niedlich zu spielen, wird also in seinen Transaktionen bevorzugt einen Stimulus aus der Kindrolle zur Elternrolle anbieten. Umgekehrt werden seine Kommunikationspartner die eigene Skriptüberzeugung: „Ich bin nur ein guter Mensch, wenn ich anderen helfe" beim Anblick des dumm und niedlich spielenden Behinderten aktivieren und ihrerseits entweder gleich von vornherein selbst einen Stimulus aus ihrer Elternrolle an seine Kindrolle richten. Oder aber sie antworten auf den Stimulus des geistig behinderten Menschen mit der Reaktion aus der Elternrolle. Und schon können beide ein Transaktionsmuster etablieren, das ihnen erlaubt, ihr Skript ein weiteres Mal zu bestätigen.

Wenn man das differenzierte Rollenmodell heranzieht, so gelten die gleichen Regeln: Eine parallele Transaktion liegt auch hier nur dann vor, wenn beide Partner keinen Rollenaspekt verändern. Ein Wechsel von der angesprochenen angepaßten Kindrolle in die freie oder rebellische Kindrolle unterbricht die parallele Transaktion, obwohl die Reaktion weiter aus der Kindrolle erfolgt. Gleiches gilt, wenn noch die Unterscheidung von positiven und negativen Rollenaspekten hinzugezogen wird.

8.1.2 Die gekreuzte Transaktion

Die Reaktion kann jedoch auch aus einer anderen Rolle als der angesprochenen erfolgen. Ist dies der Fall, so wird sich die Reaktion meist auch an einen anderen Rollenaspekt richten als den, von dem der Stimulus ursprünglich ausging.

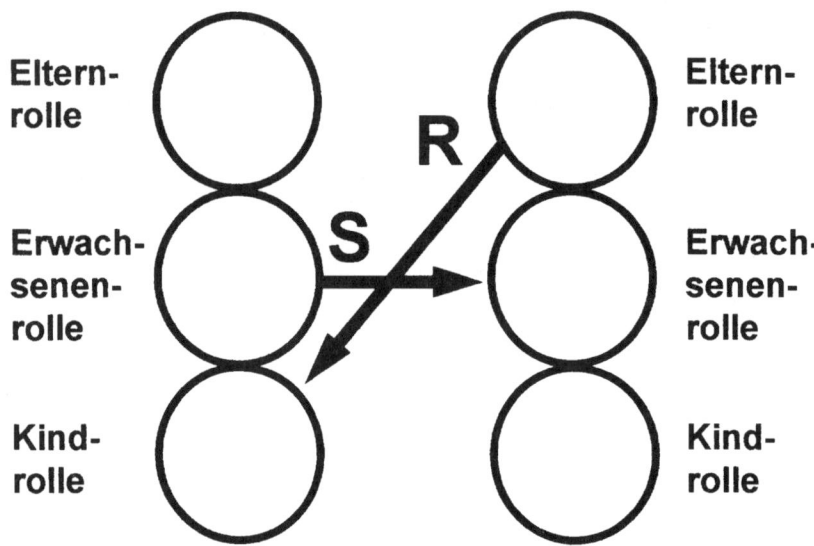

Abbildung 17: Die gekreuzte Transaktion

Stimulus Erwachsenenrolle → Erwachsenenrolle „Wieviel Uhr ist es?" – Reaktion Elternrolle → Kindrolle: „Wie können Sie einfach ohne Uhr aus dem Haus gehen?"

Erfolgt die Reaktion also aus einer Rolle, die durch den Stimulus nicht angesprochen war, so wird diese Form der Transaktion gekreuzte Transaktion genannt. Besser noch wäre es, hier von durchkreuzter Transaktion zu sprechen, denn dann ist im gewählten Wort bereits die zweite Regel der Transaktionen deutlich:

Eine gekreuzte Transaktion unterbricht den Fluß der Kommunikation.

Es entsteht ein Moment der Verwirrung; auch wenn die Kommunikation anschließend wieder aufgenommen wird, muß sie dennoch neu begonnen werden. Sie kann nicht mehr an der Stelle fortfahren, an der die gekreuzte Transaktion den Kommunikationsfluß unterbrochen hat.

Je nachdem, welche Rollen beteiligt sind, können gekreuzte Transaktionen skriptverstärkende Wirkung oder aber skriptneutralisierende Wirkung haben. Alle gekreuzten Transaktionen, die lediglich die Richtung von Stimulus und Reaktion umpolen, haben skriptverstärkende Wirkungen. Diese Wirkung wurde im Rahmen der Spieltheorie der Transaktionsanalyse mit dem Rollenwechsel im Kapitel 5.2.2 beschrieben. Wie jetzt deutlich wird, beinhaltet dieser Rollenwechsel eine gekreuzte Transaktion, deren unterbrechende Wirkung die in der Spielformel beschriebene Verwirrung nach sich zieht.

Kindrolle → Elternrolle: „Ich weiß doch überhaupt nicht mehr, was ich tun soll. Immer wenn ich in den Dienst komme, rastet der Fritz aus."
Elternrolle → Kindrolle: „Ja, das ist echt schlimm. Als ich hier angefangen habe, hat mich der Fritz auch so hergenommen, da mußt Du durch."
Kindrolle → Elternrolle: „Ja, was soll man machen, wenn man alleine im Dienst ist. Da bin ich ja so ausgeliefert."
Elternrolle → Kindrolle: „Ja, Du hast recht. Das ist alleine wirklich kaum zu schaffen. Eigentlich sollte man nur zu zweit im Dienst sein."
Bis hierher waren die parallelen Transaktionen ungestört. Jetzt aber erfolgt der innere Rollenwechsel von der Kind- zur Elternrolle.

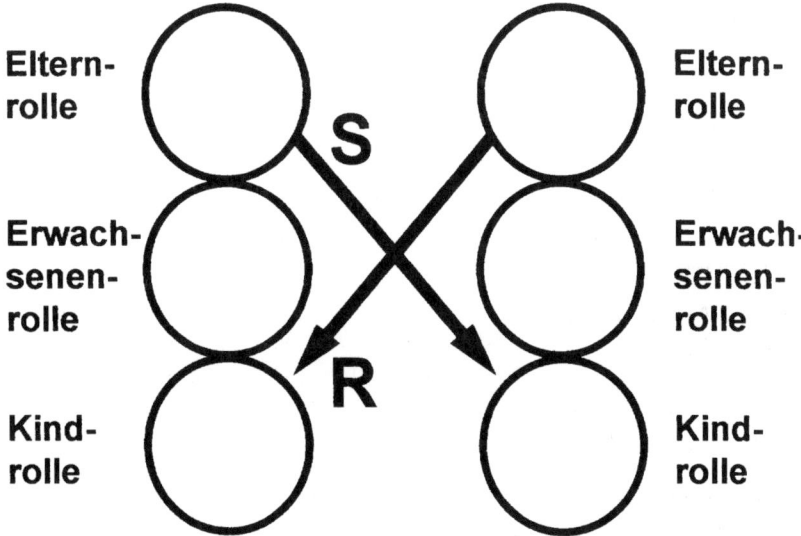

Abbildung 18: Wechsel in die Elternrolle und gekreuzte Transaktion

Elternrolle → Kindrolle: „Ja, aber Du bist doch der Gruppenleiter, Du machst doch die Dienstpläne. Das kann man doch nicht machen, jemand Neues alleine im Dienst zu lassen, und das mit neun schwierigen Leuten auf der Gruppe."

Kindrolle → Elternrolle: „Zur Zeit wird mir echt gerade alles zuviel. Manchmal denke ich, ich bin bald reif für die Klapse. Der Zivi hat abgesagt. Gerd ist krank. Frieda im Urlaub ..."

Anders verhält es sich dagegen, wenn die gekreuzte Transaktion den Wechsel in die Erwachsenenrolle beinhaltet. Wird anschließend die Transaktion zwischen den Erwachsenenrollen fortgeführt und etabliert, so ist dies gleichbedeutend mit einem Schritt heraus aus dem Skript.

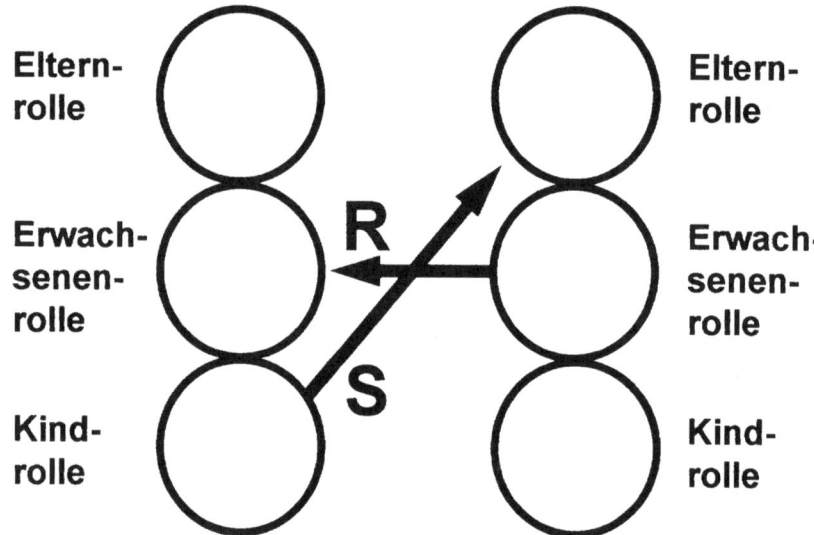

Abbildung 19: Die gekreuzte Transaktion aus der Erwachsenenrolle

Stimulus Kindrolle → Elternrolle: „Ich versteh' das einfach nicht..."
Reaktion: Erwachsenenrolle → Erwachsenenrolle (gekreuzte Transaktion): „Ich weiß, Du kannst das selbst".
Etablierung der neuen Transaktion durch
Stimulus Erwachsenenrolle → Erwachsenenrolle: „Stimmt eigentlich: Das meiste verstehe ich. Diesen Punkt hier möchte ich noch begreifen – wie hast du ihn verstanden?" usw.

8.1.3 Die verdeckte Transaktion

Jede Transaktion hat eine inhaltliche und eine psychologische Ebene. Die psychologische Ebene beinhaltet hierbei eine Definition der Beziehung. Die ihr zugehörigen Transaktionen werden verdeckte Transaktionen genannt, weil sie in der Regel nicht offen mitgeteilt werden, sondern unbewußte Botschaften „zwischen den Zeilen" beinhalten. Wenn inhaltliche und psychologische Ebene auseinanderfallen, so liegen im Grund genommen zwei unterschiedliche Stimuli vor. Deshalb spricht man in solchen Fällen von einer verdeckten Transaktion oder auch von einer Duplex-Transaktion.

WATZLAWICK und MITARBEITER (1969) bezeichnen die psychologische Ebene als Beziehungsebene. Auf dieser Ebene wird non- und paraverbal die Definition von sich selbst sowie eine Mitteilung über den anderen und die Beziehung transportiert. Die Botschaft auf der Beziehungsebene kann den Kommunikationspartner annehmen, ablehnen oder entwerten. Auf den Unterschied zwischen Ablehnung und Entwertung wurde bereits im Kapitel über Zuwendung und Zuwendungsmuster eingegangen (vgl. Kapitel 4.1).
Die Beziehungsdefinition durch Annehmen, Ablehnen und Entwerten lassen sich zurückbeziehen auf die Transaktionen und ihre Regeln. Unter einer ablehnenden Definition kann auch der besprochene therapeutisch wirksame Wechsel in die Erwachsenenrolle und eine hieraus folgende gekreuzte Transaktion sein, die den Partner nicht mehr in der Kind- oder Elternrolle, sondern ebenfalls in seiner Erwachsenenrolle anspricht. WATZLAWICK und MITARBEITER (1969 S. 85) zitieren deshalb an dieser Stelle die Arbeit von Eric Berne als ein Beispiel für eine therapeutisch wirksame Ablehnung.

Inhaltliche und psychologische Ebene können sich decken. „Weißt Du, wie spät es ist – ich benötige diese Information von Dir". Beide Ebenen sind Stimuli aus der Erwachsenenrolle an die Erwachsenenrolle. Ebenso können sich die Ebenen decken, wenn andere Rollen eingenommen werden. Häufig jedoch fallen inhaltliche und psychologische Ebene auseinander.

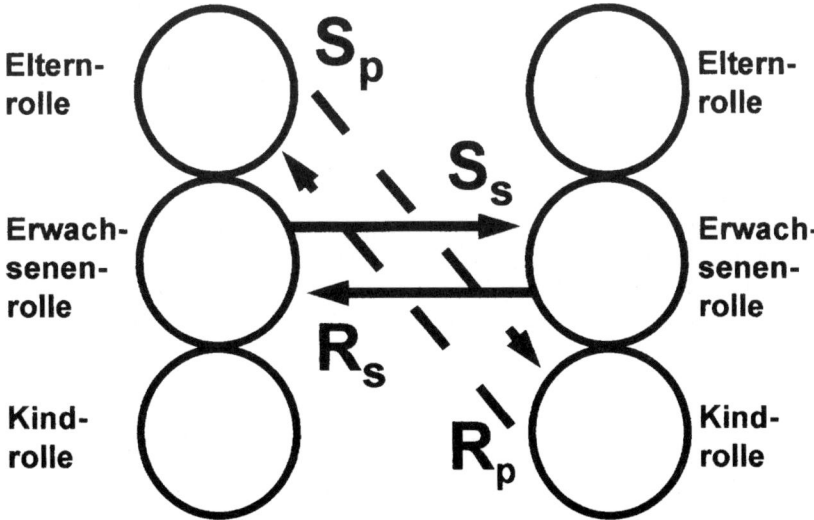

Abbildung 20: Die verdeckte Transaktion zwischen Elternrolle und Kindrolle (S_s, R_s = Stimulus und Reaktion auf der sozialen bzw. offenen Ebene; S_p, R_p = Stimulus und Reaktion auf der psychologischen bzw. verdeckten Ebene.)

Offene Ebene: Stimulus Erwachsenenrolle → Erwachsenenrolle: „Weißt Du, wie spät es ist?" – Verdeckte Ebene: Verdeckter Stimulus Elternrolle → Kindrolle: „Was fällt Dir ein, so nachlässig mit der Zeit umzugehen!"
Oder:

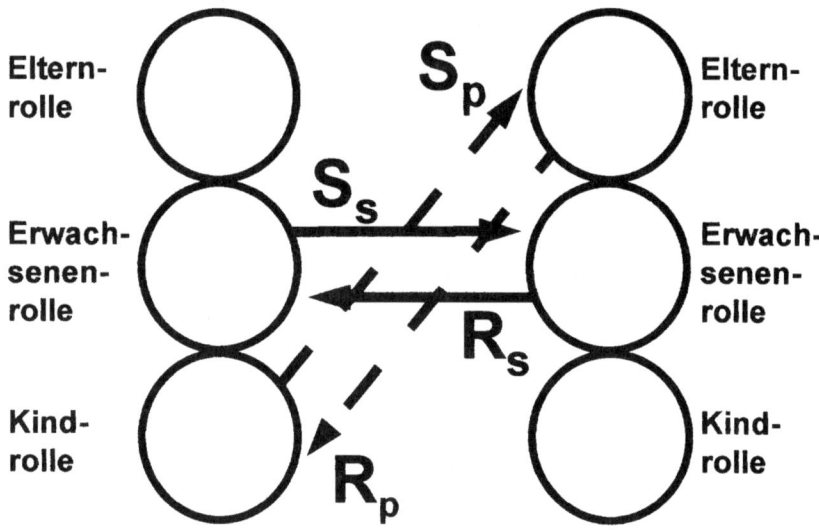

Abbildung 21: Die verdeckte Transaktion zwischen Kindrolle und Elternrolle (S_s, R_s = Stimulus und Reaktion auf der sozialen bzw. offenen Ebene; S_p, R_p = Stimulus und Reaktion auf der psychologischen bzw. verdeckten Ebene.)

Offene Ebene: Stimulus Erwachsenenrolle → Erwachsenenrolle: „Weißt Du, wie spät es ist?" – verdeckte Ebene: Verdeckter Stimulus Kindrolle → Elternrolle:"Ich habe Angst, daß du böse wirst; dabei beeile ich mich doch so!"
Im zweiten Fall wird die Reaktion wahrscheinlich anders ausfallen als im ersten.

An diesen kleinen alltäglichen Beispielen wird bereits die dritte Regel der Transaktionen deutlich.

Sind inhaltliche und psychologische Ebene nicht deckungsgleich, so bestimmt die verdeckte Transaktion den weiteren Fortgang der Kommunikation.

Es besteht nämlich die hohe Wahrscheinlichkeit, daß der Angesprochene nicht aus der Erwachsenenrolle reagiert, in der er auf der inhaltlichen Ebene angesprochen ist. Je nachdem, wie er angesprochen wird, wird er statt dessen aus der Eltern- oder Kindrolle antworten.

Offene Ebene: Stimulus Erwachsenenrolle → Erwachsenenrolle: „Weißt Du, wie spät es ist?" – verdeckte Ebene: Verdeckter Stimulus Elternrolle → Kindrolle: „Was fällt Dir ein, so nachlässig mit der Zeit umzugehen!" Reaktion Kindrolle → Elternrolle (kleinlaut): „Ja, ich weiß, der Bus ist mir gerade vor der Nase weggefahren."

RIEDEL (1994) gibt eine ausführliche Darstellung der Transaktionen und ihrer Regeln mit zahlreichen Beispielen für die Kommunikation mit geistig behinderten Menschen.

8.2 Skriptverstärkende Transaktionsmuster

In diesem Kapitel wurde bereits einige Male angedeutet, wie Transaktionen skriptverstärkend wirken können. Um diese Wirkung näher zu beleuchten, ist eine weitere Differenzierung des Kommunikatonsmodells der Transaktionsanalyse nötig.

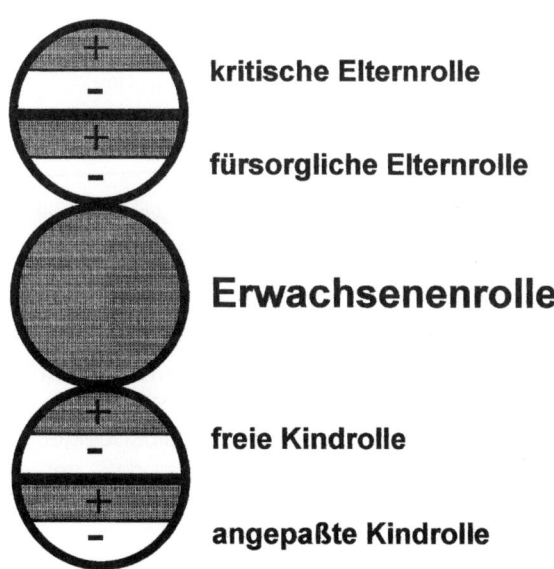

Abbildung 22: Das differenzierte Rollenmodell

Bisher wurden die Transaktionsregeln am einfachen Rollenmodell erläutert. In ersten Kapitel wurden mit dem differenzierten Rollenmodell bereits die Grundlagen geschaffen, um nunmehr die Transaktionen und ihre Auswirkungen genauer analysieren zu können. Die Elternrolle setzt sich aus einem fürsorglichen und einem kritischen Aspekt zusammen, die beide positiv und negativ sein können. In ähnlicher Weise wird die Kindrolle differenziert in einen angepaßten/rebellischen und einen freien Aspekt. Beide Aspekte können ähnlich wie bei der Elternrolle positive und negative Qualität haben (vgl. Kapitel 1).

Die besprochenen Transaktionsregeln gelten im differenzierten Rollenmodell im gleichen Sinne wie im einfachen Rollenmodell. Rollenwechsel z.B. können nicht nur zwischen der Elternrolle und der Erwachsenenrolle wie in Abbildung 19 oder zwischen anderen Rollen auftreten, sondern auch zwischen der negativ-angepaßten und der positiv-angepaßten Kindrolle usw.. Genau genommen beinhaltet das differenzierte Rollenmodell also neun verschiedene Rollen: Vier elterliche Rollen, vier kindliche Rollen und weiterhin eine Erwachsenenrolle. Mit diesen Rollen lassen sich jetzt die Auswirkungen beschreiben, die sich aus den Transaktionsregeln für die persönliche Entwicklung der beteiligten Personen ergeben; das differenzierte Rollenmodell erlaubt nämlich zusammen mit den Transaktionsregeln eine systematische Beschreibung, welche Kommunikationsstrukturen eine gute Entwicklung fördern und welche das Skript verfestigen.

Die Teufelskreise, in denen sich schwere und schwerste Verhaltensstörungen bei geistig behinderten Menschen festfahren, lassen sich sehr häufig als eine parallele Transaktion zwischen negativ-kritischer oder aber auch negativ-fürsorglicher Elternrolle und den negativen Aspekten der Kindrolle beschreiben.

Schwere Autoaggressionen z.B. sind typischerweise in einen Teufelskreis eingebunden, der folgendermaßen abläuft: Der geistig behinderte Mensch schlägt sich, die Bezugsperson fällt ihm in den Arm und versucht, das Schlagen zu unterbinden. Sobald die Bezugsperson den Arm losläßt, schlägt er sich erneut, worauf die Bezugsperson wiederum in den Arm fällt. Sobald sie jedoch losläßt, schlägt er sich wiederum, worauf sie ihm erneut den Arm hält usw. Schließlich entgleitet die Kontrolle allen Beteiligten, worauf gewissermaßen die Autoaggression selbst beider Verhalten völlig dominiert. In der Konsequenz bedeutet dies, daß der autoaggressive Mensch ständig einen Betreuer bei sich hat. Die beiden sind wie ein trauriges Paar nur untergehakt anzutreffen.

Die Dynamik solcher Teufelskreise, in denen die Verhaltensstörung selbst alle Beteiligten dominiert, beschreiben ausführlich ROHMANN und HARTMANN (1988).

Aus der Sicht der Transaktionsanalyse läßt sich der Teufelskreis beschreiben als eine sich verfestigende parallele Transaktion zwischen der negativ-angepaßten Kindrolle des autoaggressiven Menschen und der negativ-fürsorglichen Elternrolle der Bezugsperson. Die negative Anpassung auf seiten des geistig behinderten Menschen besteht darin, daß er nicht nur die Verantwortung, sondern letztendlich die Selbststeuerung seines Verhaltens aufgibt und die Kontrolle völlig dem Betreuer überläßt. Die Bezugsperson ihrerseits läßt dem geistig behinderten Partner aber auch keinerlei Chancen, selbst die Kontrolle wahrzunehmen. Vielmehr kontrolliert und unterbindet sie das Verhalten von vornherein für ihn und an seiner Stelle, ohne weiter zu prüfen, inwieweit das erforderlich oder angemessen ist. Beide haben so eine Symbiose etabliert (vgl. Kapitel 6).

Ein leicht geistig behinderter junger Mann schmiert sich mit Kot ein. Um ihn ihren elterlichen Zorn spüren zu lassen, spritzen ihn die Betreuer mit einem Gartenschlauch und kaltem Wasser ab und reinigen ihn auf diese Weise. Daraufhin greift der junge Mann die Betreuer tätlich an und verletzt einen von ihnen so, daß er ärztlich behandelt werden muß. Daraufhin fixieren ihn die Betreuer an sein Bett als Schutz und Strafmaßnahme, woraufhin er erneut einkotet und sich vollschmiert ... In diesem Falle finden sich die Betreuer überwiegend in der negativ-kritischen Elternrolle, während sich der junge Mann in der ebenfalls negativen, angepaßten bzw. rebellischen Kindrolle befindet. Eigentlich kann er gut sprechen, ist motorisch nicht behindert und kann sich also ohne weiteres auch mit anderen Mitteln angemessen verständlich machen.
Über die Jahre hin entwickelten sich eine lange Reihe von solchen Teufelskreisen, die schließlich darin gipfelten, daß der junge Mann seit fast zwei Jahren nackt und voll fixiert auf einer Turnmatte liegt, da er sich ansonsten stranguliert, soweit er Stoff erreichen kann oder aber die Betreuer gefährlich angreift oder aber eine andere angenehme Unterlage in kürzester Zeit in Schnipsel zerlegt.

An dieser Stelle ist es naheliegend, auf das Symbiosemodell von Schiff und Mitarbeitern zurückzugreifen, um diese Entwicklung zu charakterisieren. Der geschilderte junge Mann nämlich blendet aus seiner Persönlichkeitsstruktur sein eigenes Eltern- und Erwachsenen-Ich völlig aus und überläßt die ganze Verantwortung für sein Handeln seinen Betreuern. Sie dagegen nehmen diese Verantwortung für ihn wahr; gleichzeitig entziehen sie ihm damit auch seine Verantwortung, indem sie ebenfalls eskalieren und immer rigidere Kontrollmechanismen einführen. Die Tendenz zur Verfestigung erinnert an die Eskalationsregel von Watzlawick, die weiter vorne bei der Schilderung der Gesetzmäßigkeiten paralleler Transaktionen bereits angesprochen wurde. Das geschilderte Beispiel bestätigt in dramatischer Weise die Wirksamkeit der besprochenen Regeln.

Die Regel Eric Bernes, daß parallele Transaktionen die Kommunikation reibungslos weiterlaufen lassen, findet in solchen extremen Entwicklungen ihre tragische Bestätigung. Gleichzeitig wird aus solchen Entwicklungen deutlich:

Transaktionen, die negative Rollenaspekte beinhalten, sind grundsätzlich skriptverstärkend.

Die Lebensbedrohlichkeit schwerer Autoaggressionen beispielsweise realisiert ganz unmittelbar die Einschärfung „Sei nicht!" bzw. „Existiere nicht!" im Skript vieler behinderter Menschen.

Die skriptverstärkende Wirkung solcher Transaktionen findet ihre Erklärung in dem Zusammenhang zwischen dem Rollenmodell und dem Strukturmodell der Transaktionsanalyse, wie sie im ersten Kapitel dargestellt worden ist. Dort wurde mit RATH (1993) herausgearbeitet, daß die negativen Aspekte der Eltern- und Kindrolle stets strukturell mit dem Eltern-Ich-Zustand und dem Kind-Ich-Zustand zusammenhängen, wogegen die übrigen Aspekte mit dem Erwachsenen-Ich-Zustand korrespondieren. Im Skript-Kapitel wurde dann verdeutlicht, daß das Skript elementar im Kind-Ich verankert ist und hieraus seine Wirksamkeit entfaltet. Wenn nun, aus welchen Gründen auch immer, sich Transaktionsmuster etablieren, die einen Menschen ganz überwiegend negative Rollenanteile wahrnehmen lassen, so dienen sie ganz unmittelbar der Festigung und Bestärkung des Skripts. Dieser Zusammenhang wird eingehender erläutert im Kapitel über die Entwicklung der Persönlichkeit und über ihre Pathologie (Kapitel 10).

8.3 Therapeutisch wirksame Transaktionen

Umgekehrt jedoch sind es die positiven Aspekte von Eltern- und Kindrolle, die zusammen mit dem Erwachsenen-Ich in denjenigen Transaktionen wirksam sind, die aus dem Skript herausführen. Anstatt beispielsweise dem autoaggressiven Gegenüber in den Arm zu fallen, könnte eine Botschaft aus der positiv-kritischen Elternrolle lauten: „Laß das und zeige anders, was Du willst", ohne dabei dem geistig behinderten Partner in den Arm zu fallen. Dadurch wird er in seiner positiv-angepaßten Kindrolle angesprochen. In der angemessenen Anpassung kann der geistig behinderte Mensch dann lernen, Ärger und Wut anders auszudrücken als durch Schläge gegen sich selbst. Selbst wenn die Schwelle zum Kontrollverlust überschritten ist und der autoaggressive Mensch nicht mehr in der Lage ist, die Autoaggressionen selbst zu beenden, gibt es therapeutische Strategien, um in der positiv-kritischen Elternrolle und später auch in der positiv-wohlwollenden Elternrolle mit dem geistig behinderten Partner umzugehen, ihn so in die positive Anpassung seiner Kindrolle zu bringen und ihm wieder zur Selbstkontrolle zu verhelfen.

Rohmann und Hartmann (1988) haben hierzu die Körperzentrierte Interaktion entwickelt, bei der vor allem in der Anfangsphase der Therapie vom Klienten sehr energisch positive Anpassungsleistungen eingefordert werden. Von entscheidender Bedeutung ist hierbei, daß der Therapeut mit jedem kleinen Schritt der erwachenden Selbststeuerung und Selbstkontrolle beim geistig behinderten Partner das notwendige Maß seiner eigenen Kontrolle reduziert und die Verantwortung für das eigene Verhalten dem geistig behinderten Menschen zurückgibt.

Die entwicklungsförderliche Funktion der positiven Elternrolle liegt nicht nur darin, daß die angemessene Hilfestellung oder Grenze gegeben wird (vgl. auch die Erfahrungen von Gérard 1992 in der Therapie hirngeschädigter Menschen). Darüberhinaus und gerade deswegen hat jemand, der die positive Elternrolle wahrnimmt, kein Interesse daran, länger als nötig in ihr zu verbleiben. Sobald der Partner seinerseits die Verantwortung im nötigen Umfang übernimmt, geht das eigene Interesse nämlich dahin, in andere Rollen zu wechseln und beispielsweise gemeinsam zu spielen oder auf der Erwachsenenebene miteinander zu kommunizieren. Ist man jedoch in der negativen Elternrolle und gestaltet von hier aus seine Transaktionen, so gilt das im Interesse der Bestätigung alter Skriptsätze über sich und andere, was gleichbedeutend ist mit einem Interesse am Verbleib im dieser Rolle.

Haben sich also die geschilderten destruktiven Teufelskreise etabliert, so bedeutet jedes Verlassen einer negativen Rolle eine überkreuzte Transaktion. Ihre positive Wirkung heraus aus dem Skript entfaltet sie, indem sie nicht nur die vorhergehenden Transaktionen unterbricht, sondern als neuer Stimulus auch eine neue und in diesem Falle heilsame parallele Transaktion anbietet. Somit wird genau das gleiche Gesetz, das in den Teufelskreis geführt hat, nunmehr für die förderliche Entwicklung wirksam. Die Reaktion des geistig behinderten Partners wird wahrscheinlich aus der gleichen positiven Rolle heraus erfolgen, und damit kann sich der Kreis zur positiven Entwicklung schließen.

Diese Regel wird im Kapitel 10 über die Entwicklungspsychologie der Ich-Zustände noch einmal aufgegriffen und als Resonanzregel der beteiligten Ich-Zustände formuliert.

Unter all den möglichen Wechseln aus den negativen Eltern- und Kindrollen heraus sind vor allen Dingen drei Wechsel zu nennen, die therapeutisch bedeutungsvoll sind. Es handelt sich um die Wechsel in die positiv-kritische Elternrolle, die Erwachsenenrolle und in die positiv-freie Kindrolle hinein. Im Kapitel über die Eskalation in den Kontrollverlust (Kapitel 7) wurden ausführlich genau diese therapeutischen Wechsel erläutert. An den dort geschilderten Auswirkungen und Konsequenzen wird auch ihre Bedeutung für den weiteren Entwicklungsprozeß deutlich.

RIEDEL (1994) hat erstmals systematisch beschrieben, wie in der Arbeit mit geistig behinderten Menschen die Transaktionsmuster verändert werden können. Er gibt eine mit Beispielen erläuterte Übersicht über insgesamt 30 Möglichkeiten einer förderlichen Gestaltung von Transaktionsmustern, der er eine systematische Diskussion der Eignung bestimmter Transaktionen für die Arbeit mit geistig behinderten Menschen an die Seite stellt.

Im folgenden werden nun systematisch und mit wachsender Differenzierung die therapeutischen Möglichkeiten besprochen, die positiven Rollenanteile beim geistig behinderten Partner gezielt anzuregen.

8.3.1 Interventionen aus der positiv-kritischen Elternrolle

Insbesondere die Schiff-Schule hat die Bedeutung dieser Interventionen für die Therapie von schizophrenen und psychotischen Menschen herausgearbeitet. Ihrer Auffassung nach führt nämlich der Weg in psychotische oder schizophrene Zustände über die negativ-angepaßte Kindrolle. Aufgrund der Erkrankung sind ihnen weder die Erwachsenenrolle noch die Elternrolle oder die positiv-freie Kindrolle selbst zugänglich.

Wie bereits in den Kapiteln über Symbiose und Eskalation erläutert wurde (Kapitel 6 und 7), besteht die Störung eben darin, daß diese Rollenanteile ausgeschlossen sind.

Diejenige Rolle jedoch, in der ein psychisch kranker Mensch ansprechbar ist, ist die positiv-angepaßte Kindrolle. Es ist also sehr wichtig, psychisch kranke Menschen durch Setzen von klaren Regeln und Grenzen gut in einer realitätsangemessenen Anpassung zu verankern.

In einer Werkstatt für psychisch behinderte Menschen arbeitet eine junge Frau, die unter einer Hebephrenie, einer psychischen Erkrankung, leidet. Der ihr zugeordnete Betreuer kommt aus der Arbeit mit geistig behinderten Menschen und hat noch keine Erfahrung mit psychisch Kranken. Er verhält sich ihr gegenüber sehr kollegial und geht mit den Regeln recht großzügig um. So kann die junge Frau beispielsweise ohne weitere Erklärung zu spät zur Arbeit kommen, oder aber sie bleibt einfach nach dem Mittagessen der Arbeit fern und geht nach Hause. Nach kurzer Zeit fühlt sich der Betreuer durch die junge Frau permanent belästigt. Sie rückt ihm aufdringlich nahe und bringt ihn durch die plastische Schilderung ihrer sexuellen Phantasien und Wahnvorstellungen ins Schwitzen. Gegen diese Grenzüberschreitung wehrt er sich nur halbherzig und hört ihr aus Gutmütigkeit zu. Gleichzeitig wächst in ihm die Befürchtung, daß die junge Frau den Realitätsbezug bald vollends verliert.

Das auch völlig zu recht. Nach einer Veränderung der Personalsituation setzen die neuen Betreuer der jungen Frau klare Grenzen und bestehen herzhaft auf der Einhaltung dieser Grenzen. Die Belästigung von Mitarbeitern und das Leben in einer erotisierten Phantasiewelt gehen daraufhin deutlich zurück und die junge Frau lernt, sich in den festgezogenen Rahmen einzufügen. Daß sie gegen die Regeln heftig schimpft und rebelliert, gehört dabei mit dazu.

Es ist sogar möglich, mit der energischen Stopperbotschaft „Hör auf!!" aus der positiv-kritischen Elternrolle einen psychisch kranken Menschen aus der beginnenden Eskalation in eine neue psychotische Phase herauszuholen.

In sehr ähnlicher Weise sind Interventionen aus der positiv-kritischen Elternrolle für geistig behinderte Menschen wichtig, die fremdaggressiv sind und bis hin zum Kontrollverlust eskalieren. Dieser Kontrollverlust hat äußerlich viele Züge, die sehr stark an die Art erinnern, in der psychisch kranke Menschen einen neuen Krankheitsschub beginnen (psychotische Dekompensation). Ein zentraler Unterschied liegt allerdings darin, daß bei geistig behinderten Menschen die Phase des Kontrollverlustes in der Regel viel kürzer ist als bei psychisch kranken, nicht geistig behinderten Menschen (vgl. Kapitel 7).

Interventionen aus der positiv-kritischen Elternrolle sind jedoch nicht nur dafür wichtig, um die ansprechbaren Persönlichkeitsteile des Partners auch tatsächlich anzusprechen. Mindestens ebenso wichtig ist die Bedeutung solcher Interventionen für den Zuwendungshaushalt. An dieser Stelle kann nämlich der rote Faden wieder aufgegriffen werden, der im Kapitel über Zuwendung an der Stelle niedergelegt wurde, wo es um die Notwendigkeit geht, den Partner mit genügend negativer Zuwendung zu versehen (Kapitel 4.3.2). Mit Hilfe des differenzierten Rollenmodells kann nunmehr die Art, wie dies günstigerweise geschieht, klarer gefaßt werden. Bedingt negative Zuwendung in Form von Kritik, Einfordern von Anpassung und Setzen von Grenzen ist der positiv-kritischen Elternrolle zuzuordnen (trotz der verwirrenden und widersprüchlichen Bezeichnungen). Diese Form der Zuwendung ist dann gleichzeitig ein Ersatz für die altbekannte unbedingt negative Zuwendung. Darüber hinaus ist bedingt negative Zuwendung ein entwicklungsförderlicher Impuls, wenn sie angemessen gegeben wird. Wenn ich also einen geistig behinderten Menschen aus der positiv-kritischen Elternrolle Grenzen setze oder kritisiere, so erhält er gleichzeitig genügend negative Zuwendung, um nicht Angst um seine bewährte alte Mischung bekommen zu müssen, und eine Zuwendung, die den derzeit bei ihm möglichen Rollenwechsel stimuliert und somit einen ersten Schritt heraus aus dem Skript einleitet.

Interventionen aus der positiv-kritischen Elternrolle erfüllen darüber hinaus noch eine dritte Funktion. In ihrer realitätsangemessen Grenzen setzenden und Grenzen wahrenden Qualität vermitteln sie nämlich Struktur und Sicherheit. Und die Sicherheit klarer Grenzen ist eine notwendige Voraussetzung für die Entfaltung in der positiv-freien Kindrolle. Aus der positiv-kritischen Elternrolle heraus können also wichtige Bedingungen geschaffen werden, um überhaupt die positiv-freie Kindrolle und mit ihr den wichtigsten Motor der Entwicklung wieder zugänglich zu machen.

In der Anfangsphase der Therapie versucht sich ein Mitte dreißigjähriger leicht geistig behinderter Mann der Therapie dadurch zu entziehen, daß er sich mit den Händen an den Hintern faßt und mit jämmerlicher, kindlicher Stimme und gesenktem Blick sagt: „Muß auf's Klo!" Darauf setzt er sich mit schlurfenden Schritten Richtung Tür in Bewegung. Ihm sitzt jedoch der Schalk im Nacken, denn als der Therapeut mit einem herzhaften „Ich will, daß Du hier bleibst" interveniert, wendet er sich mit einem spitzbübischen Lächeln in den Raum zurück, kommt auf den Therapeuten zu und beginnt ein Kräftespiel mit dem Therapeuten, indem er versucht, ihn mit seiner Schulter von sich wegzudrücken. Dieses Spiel macht ihm zunehmend Spaß und vor allem der Umstand, daß der Therapeut mehr Kraft hat als er, freut ihn enorm, so daß er das Spiel strahlend beendet „Bist Du stark, gell, Du bist stärker als ich".

8.3.2 Interventionen aus der positiv-freien Kindrolle

Interventionen aus dieser Rolle können grundsätzlich an zwei Adressen gehen. Sie können ebenfalls die positiv-freie Kindrolle oder aber die positiven Anteile der Elternrolle im Gegenüber ansprechen.

8.3.2.1 *Interventionen zur positiv-freien Kindrolle*

Kinder spielen miteinander, sie streiten, heulen, vertragen sich wieder und spielen weiter. Grundsätzlich ist das auch der Inhalt dieser Interventionen. Sind wir jedoch mit einem geistig behinderten Menschen konfrontiert, der zusätzlich autistische Züge hat, Verhaltensstörungen entwickelt und nicht oder kaum über Sprache verfügt, so ist es nicht hilfreich, einfach wie Dreijährige drauf los zu spielen. Vielmehr werden wir in der Regel feststellen müssen, daß der geistig behinderte Partner einen sehr frühen Entwicklungsstand an den Tag legt, wenn er sich in seiner freien Kindrolle befindet. Häufig genug entspricht der Entwicklungsstand demjenigen eines halbjährigen Kleinkindes, das eben beginnt, mit einfachen, sich wiederholenden Bewegungsmustern erste Effekte zu erzeugen. Möglicherweise befindet er sich im noch früheren Entwicklungsstadium, in denen er sich wie ein Baby aus Funktionslust bewegt und dabei noch kein Ziel verfolgt.

Wenn wir wirklich gemeinsam spielen wollen, dürfen wir ihn nicht mit dem Spiel von Dreijährigen (oder welches Alter auch immer) überfordern.

Gerade bei geistig schwerer behinderten Menschen ist es hilfreich, die verschiedenen Stufen und Zwischenstufen in der Entwicklung der sensomotorischen Intelligenz nach PIAGET (1970) heranzuziehen. Beispielsweise kann man das angesprochene Stadium der Funktionslust (primäre Zirkulärreaktion) stereotypen Bewegungen zuordnen, wenn man sie wegen ihrer optischen oder vestibulären Stimulationswirkung nicht bereits zum nächsten Entwicklungsschritt der Freude am Effekt (sekundäre Zirkulärreaktion) zählen muß. Durch Piagets sehr feine Unterscheidung der ersten Entwicklungsschritte ist es nicht nur möglich, den Entwicklungsstand des geistig behinderten Partners gut zu beschreiben, sondern auch vorherzusagen, welche Schritte zu erwarten sind, wenn ein Entwicklungsprozeß in Gang kommt. Ein aktuelles Beispiel für die Anwendung von Piagets Modell in der Pädagogik mit geistig schwer behinderten Menschen geben SCHULTE-PESCHEL und TÖDTER (1996).

An dieser Stelle müssen wir dem Umstand Rechnung tragen, daß das angepaßte Rollenverhalten häufig weit entwickelt ist im Vergleich zum Entwicklungsstand, den unser Partner in der freien Kindrolle zeigt. Entwicklungsdiagnostisch zeigen autistische und geistig behinderte Menschen in ihrem Spontanverhalten häufig ein kindliches bis frühkindliches Entwicklungsniveau, wogegen sie im Bereich angepaßten und trainierten Verhaltens vergleichsweise altersangemessene Leistungen zeigen können.

Um dennoch gemeinsam zu spielen und im Spiel eine Nachentwicklung des freien Kind-Ichs zu ermöglichen, hat sich der kommunikationstherapeutische Ansatz bewährt, den wir an anderer Stelle auf dem Hintergrund der Kommunikationstheorie Watzlawicks und der Entwicklungstheorie Piagets eingehend beschreiben (ROHMANN und ELBING in Vorb.).

Ausgangspunkt der kommunikationstherapeutischen Interventionen ist das Spiegeln, wobei sich die Bezugsperson konsequent auf die Verhaltensebene des geistig behinderten Partners begibt und dessen Verhalten zunächst so gut wie möglich nachahmt. Hierauf aufbauend können eine Vielzahl von Variations- und Modellierungstechniken eingesetzt werden. In Kapitel 6.3 wurde dieser Ansatz bereits unter dem Aspekt der Passivitäts-Konfrontation mit konkreten Beispielen aus der Therapie mit Ewald vorgestellt. Dort stand der Gesichtspunkt im Mittelpunkt, wie überhaupt auch bei extrem passivem Verhalten ein Dialog in Gang kommen kann. Wir greifen hier diesen Ansatz wieder auf, um ihn in den größeren Rahmen der Kommunikationsentwicklung einzubetten.

Der Ansatz geht zurück auf die Aufmerksamkeits-Interaktions-Therapie (AIT) von HARTMANN (1986; vgl. auch HARTMANN, ROHMANN, KALDE u. JAKOBS 1988; vgl. auch ROHMANN U. ELBING 1990; 1992). Sie wurde entwickelt für die Behandlung autistischer und geistig behinderter Menschen mit autistischen Zügen, wobei ihr theoretischer Hintergrund in einer kognitiven, systemisch-kybernetisch orientierten Theorie der Informationsverarbeitung und der Pathologie der Informationsverarbeitung (ELBING 1992) besteht. Ausgangspunkt der therapeutischen Intervention ist die konsequente Nachahmung des Verhaltens, das der geistig behinderte Klient im Kontakt mit dem Therapeuten zeigt. Da in aller Regel autistischen Menschen Sprache nicht oder nur eingeschränkt zur Verfügung steht, läßt sich das Vorgehen zunächst mit der bekannten Rogers'schen Technik des Spiegelns auf Verhaltensebene vergleichen (ROGERS 1984[6]; vgl. auch MINSEL 1979[4]). Die Eingangsintervention richtet sich also elementar auf das Spontanverhalten des Partners, also ein Verhalten, das keiner vorher an ihn gestellten Anforderung oder Vorschrift folgt. Damit wird er in seiner positiv-freien Kindrolle angesprochen.

Das Verhalten des geistig behinderten Partners zu spiegeln zielt gleichzeitig auf die Konfrontation von Passivität und das Angebot einer heilsamen Auseinandersetzung: Seine Passivität stabilisiert seine Symbiose um den Preis, daß seine eigene, freie Entfaltung auf einer sehr frühen Stufe fixiert bleibt. Spiegeln konfrontiert diese Passivität und fordert dazu heraus, die Symbiose zu verlassen bzw. im Kontakt mit dem Therapeuten keine zu entwickeln. Und gleichzeitig spricht Spiegeln die positiv-freie Kindrolle im geistig behinderten Partner an und zielt damit auf die wichtigste Quelle seiner Selbstentfaltung.

Urbild dieser Strategien ist die intuitiv gesteuerte Kommunikation zwischen Eltern und ihrem Säugling, in der Eltern ebenfalls Laute und Bewegungsmuster ihres Babies aufgreifen und imitieren, neue Varianten einführen, auf die wiederum das Baby reagiert, und so in einen feingesponnenen und komplexen Dialog aus Lauten, Mienen, Gesten und Bewegungen eintreten. Wie bereits dargestellt, stellt dies eine intensive entwicklungsfördernde Maßnahme dar, ohne daß die Eltern sich dessen bewußt sind. In den Kapiteln über die Skriptbildung wurde bereits diskutiert, welche Bedeutung dieser frühkindliche Dialog und sein Scheitern für die psychische Entwicklung eines geistig behinderten Kindes haben (vgl. den Exkurs im dritten Kapitel zum Trauma der verlorenen Intuition).

Solche Interventionen aus der Kindrolle schaffen also ein Gegengewicht zum Trauma der verlorenen Intuition bzw. der kollabierenden Kommunikation. Denn die angedeuteten Techniken auf der Basis der Nachahmung verwenden dieselben Vorgehensweisen, die Eltern intuitiv gegenüber ihren Kleinkindern einsetzen und die eben verlorengehen, wenn die Intuition nicht mehr die erforderlichen Schlüsselsignale erhält. Die Interventionen sitzen somit genau an der Stelle, an der die Eltern und Bezugspersonen in ihrem Versuch scheiterten, einen intuitiven Dialog herzustellen. Alle Beteiligten mußten in der Folge den Zusammenbruch der Kommunikation hilflos miterleben, weil den Eltern keine Strategien zur Verfügung standen, die an die Stelle der intuitiv gesteuerten Kommunikation treten konnten.

Ohne weitere Interventionen zu benötigen, gibt allein diese Art des therapeutischen Beziehungsangebotes eine Reihe wichtiger Erlaubnisse für den geistig behinderten Partner: „Du gehörst dazu – Du bist gut genug so, wie Du bist – Du darfst so weit sein, wie Du bist, Du brauchst nicht größer und nicht kleiner sein." Somit bringt allein die Herstellung dieser Urform des Dialoges eine Reihe von Erlaubnissen mit sich, die den alten Einschärfungen im Skript des geistig behinderten Partners entgegenwirken. Ausgehend von der Basis des Spiegelns gibt es inzwischen eine große Vielfalt von Möglichkeiten, wie dieser Dialog weiterentwickelt werden kann. Dieser Vielfalt ist speziell das nächste Kapitel gewidmet. An dieser Stelle sollen jedoch zunächst die Möglichkeiten geschildert werden, die die anderen Rollen für die Gestaltung des therapeutischen Kontakts bieten, bevor dieser Ansatz gezielt vertieft wird.

8.3.2.2   Interventionen zur Elternrolle des geistig behinderten Partners

Die zweite Möglichkeit, Interventionen aus der Kindrolle der therapeutischen Bezugsperson zu gestalten, besteht darin, den Stimulus an seine Elternrolle zu richten. Die Elternrolle ist dem geistig behinderten Menschen sehr wohl zugänglich, auch wenn er sie jahrelang kaum oder nicht mit Leben erfüllt hat. Um die Elternrolle des geistig behinderten Partners mit Erfolg anzusprechen, ist es häufig erforderlich, nicht gleich aus dem positiven Aspekt der eigenen Kindrolle heraus zu handeln. Vielmehr sollte der Therapeut zunächst Verhaltensweisen aus der negativen Kindrolle des geistig behinderten Partners widerspiegeln oder aber negative Anteile der eigenen Kindrolle aktivieren. Dem geistig behinderten Partner ist die negativ-kritische oder negativ-fürsorgliche Elternrolle aus seinen langjährigen Transaktionen mit Bezugspersonen und Betreuern meist bestens vertraut und er kann sie somit auch leicht übernehmen. Besonders gut eignet sich hierzu die Rolle des angepaßt-passiven Herummeckerns bzw. des halbherzigen kleinen Rebellen. Beispielsweise kann dann die Bezugsperson beginnen, über irgendetwas Beliebiges ausdauernd herumzuquengeln, ohne selbst etwas zur Änderung der so beklagten Situation zu unternehmen.

SCHIFF (1979) hat hierzu das Hexagon des Redefinierens vorgestellt, das sechs typische Weisen beschreibt, Realität umzudeuten. Diese Weisen verbindet sie mit den Positionen des Dramadreiecks (vgl. Kapitel 5), um die Dynamik zu verdeutlichen, mit der die Symbiose aufrechterhalten wird (vgl. Kapitel 6). Die beiden genannten Rollen des halbherzigen Rebellen und des angepaßt-passiven Nörglers sind zwei der sechs Positionen im Hexagon des Redefinierens.

Typischerweise wird dann der geistig behinderte Partner diejenige Elternrolle reproduzieren, die er für solche Fälle von seinen Bezugspersonen gelernt hat. Er wird die Bezugsperson aufs Klo schicken, aus dem Zimmer werfen, ihr den Mund verbieten oder was auch immer er gelernt hat. Das amüsierte Staunen, das in der Regel hierdurch ausgelöst wird, ist sehr deutlich ein Hinweis darauf, daß er mit der Elternrolle auch seinen Eltern-

Ich-Zustand besetzt hat. Denn Eric Berne bezeichnet bekanntlich den Eltern-Ich-Zustand als den geborgten Ich-Zustand, in dem man Verhalten, Tonfall, Mimik, Gestik neben dem Erleben und Denken der Eltern und anderer Autoritätspersonen kopiert und gespeichert hat (vgl. Kapitel 1). Denn bei Kenntnis des sozialen Umfeldes erkennt man ohne weiteres die Person, deren Muster in das Eltern-Ich hineinkopiert wurde und jetzt vom geistig behinderten Partner aktiviert wird. Um nun einen weiteren Wechsel von den negativen Aspekten in die positiven Aspekte der Elternrolle zu stimulieren, hat es sich weiter als günstig erwiesen, im nächsten Schritt spielerisch Standardsituationen im Tagesablauf anzubieten, die Verhaltensweisen der fürsorglichen Elternrolle nahelegen. Vor allen Dingen das zu Bett gehen ist hierzu sehr geeignet. Die therapeutische Bezugsperson kann z.B. herzhaft anfangen zu gähnen, verkünden, sie sei müde, je nachdem, ob sie sich so weit vorwagen mag, nach Schnuller und Flasche verlangen und sich in eine Ecke des Raumes zurückziehen. Daraufhin wird wahrscheinlich der geistig behinderte Partner ein Einschlafritual in der wohlwollenden Elternrolle einleiten.

Nachdem der geistig behinderte Partner auf diese Weise eine gewisse Übung entwickeln konnte, seine Elternrolle wahrzunehmen, kann der Therapeut dazu übergehen, in seiner Kindrolle Situationen zu gestalten, die nicht diesen starken Aufforderungscharakter zum elterlichen Verhalten haben müssen wie die Eingangssituationen.

Von besonderer Bedeutung werden dann Situationen, in denen sich der Therapeut vom geistig behinderten Partner helfen lassen kann, so wie sich eben ein Kind von seinem Vater oder von seiner Mutter helfen läßt, wenn es selbst nicht mehr weiter weiß. Beispielsweise kann er spielerisch auf der Schwelle von der Entwicklungsstufe des vertikalen Konstruktionsspiels zum horizontalen Konstruktionsspiel „hängenbleiben", indem er zwei Türme baut und diese offenkundig verbinden möchte, aber hierzu vergebliche Versuche in der Vertikalen unternimmt. Der geistig behinderte Partner kann dann eingreifen und ihm zeigen, wie man es richtig macht.

KALDE (1992) hat diese Strategie eingehend beschrieben unter den Motto: „Den Behinderten zum Experten machen" (vgl. auch ROHMANN U. ELBING 1992). Weitere geeignete Verhaltensweisen, um das Expertentum des geistig behinderten Partners auf eine solche Weise anzuerkennen, sind gerade stereotype Bewegungsmuster, die häufig eine gute Koordination erfordern (z.B. stereotypes Hochwerfen und Fangen eines Gegenstandes im Gehen bei abgewandtem Blick).

Die Bedeutung dieser Interventionsstrategien liegt vor allem in zwei Aspekten. Zum einen verläßt der geistig behinderte Partner nicht nur seine Rolle des ständig Unterlegenen, sondern er kann auch die Rolle des überlegenen Kommunikationspartners besetzen und ausüben. In der Entwicklungspsychologie ist seit langem bekannt, daß spielerische Überlegenheits- und Machterlebnisse für heranwachsende Kinder von großer Bedeutung in der Entwicklung ihres Selbstvertrauens und ihrer psychischen Selbstheilungskräfte sind (vgl. etwa ERIKSON 1957). Diese kindliche Grandiosität wird von den Eltern intuitiv meist richtig unterstützt, indem beispielsweise der Vater einen Wettlauf mit seiner Tochter „verliert", sich von ihr fangen läßt oder sich von ihr umschubsen läßt usw. Im Sinne der Schritte heraus aus dem Skript zielen diese Interventionen auf die Einschärfungen „Schaff's nicht" und „Bleibe ein Baby", denn sie beinhalten die Erlaubnis, groß und erwachsen zu werden wie die Eltern.

Zum anderen leisten diese Interventionen einen wichtigen Beitrag zur Entwicklung des Erwachsenen-Ich-Zustands, denn wie Piaget zeigen konnte, ruht die Entwicklung der Realitätseinschätzung des Denkens neben der Säule des kindlichen Spiels auf der Säule der Nachahmung der Erwachsenen (vgl. PIAGET 1975). Sich normal entwickelnde Kinder ahmen in ihrem Spiel spontan das Verhalten ihrer Eltern nach und machen dadurch wesentliche Lernschritte, ohne erst lange alles selbst ausprobieren und sich so erarbeiten zu müssen. Im Nachahmen besetzen Kinder spielerisch nicht nur die Elternrolle, sondern sie verfolgen sehr interessiert, „wie das funktioniert". Über dem Erproben der (angemessenen) Elternrolle üben und entfalten sie ihren kindlichen Erwachsenen-Ich-Zustand. Mit anderen Worten, die Entwicklung des Erwachsenen-Ichs wird sowohl aus der Quelle des kindlichen Spiels in der Kindrolle als auch aus der Quelle der Nachahmung in der Elternrolle gespeist.

Dieser Punkt wird im Kapitel über die Entwicklungstheorie der Ich-Zustände weiter vertieft werden.

Daher ist es auch sinnvoll, in der Gestaltung der therapeutischen Interventionen zunächst die entwicklungsförderliche angemessene Kindrolle anzusprechen und anschließend die Elternrolle anzubieten. Wenn durch diese beiden Rollen das Erwachsenen-Ich mit neugelernter Information gespeist ist, können Interventionen, die eine parallele Transaktion auf der Erwachsenen-Ebene eröffnen, eine intensive Wirkung entfalten.

8.3.3 Interventionen aus der Erwachsenenrolle

Spricht man über Transaktionen auf der Erwachsenenebene mit geistig behinderten Menschen, so stößt man sofort auf das Problem, daß bei geistig behinderten Menschen das biologische Alter und das psychische Entwicklungsalter mehr oder weniger auseinanderklaffen. Im Rahmen dieses Kapitels sollen deshalb solche Kennzeichen der Erwachsenenrolle herausgearbeitet werden, die relativ unabhängig vom konkreten psychischen Entwicklungsalter ihre Gültigkeit haben. Auf dieser Basis wird es zunächst einmal auch ohne präzise Diagnose des Entwicklungsstandes möglich sein, durch Stimuli aus der eigenen Erwachsenenrolle die Erwachsenenrolle des geistig behinderten Partners anzusprechen.

Unabhängig vom konkreten Entwicklungsalter ist der Erwachsenen-Ich-Zustand (Strukturmodell der Persönlichkeit; vgl. Kapitel 1) dadurch gekennzeichnet, daß eine Person, die den Erwachsenen-Ich-Zustand mit Energie besetzt, die Verantwortung für sich selbst, ihre Gefühle, ihr Wollen und ihr Handeln im jeweils möglichen Rahmen übernimmt. Mit anderen Worten: Eigenverantwortliche Entscheidungen, auf welcher Entwicklungsstufe und in welcher Rolle auch immer, sind die Domäne des Erwachsenen-Ich-Zustandes. Die wichtigste Möglichkeit, den geistig behinderten Partner in der Entfaltung seines Erwachsenen-Ich-Zustandes zu fördern, besteht also konsequenterweise darin, ihm Entscheidungsspielräume zu eröffnen und angemessene Entscheidungssituationen gezielt herbeizuführen bzw. zu schaffen.

Im Rahmen der Heimerziehung kann dies sehr weitreichende Konsequenzen haben, denn es gilt hier, das Regelwerk des Gruppenalltags, vor allen Dingen in den täglich wiederkehrenden pädagogischen Standardsituationen wie Bad, An- und Auskleiden, Essen usw. neu zu überdenken. Speziell die Essenssituation ist ein neuralgischer Punkt im Gruppenalltag, an dem sehr viel über Gruppenregeln und dadurch verschlossene oder geöffnete Entscheidungsspielräume deutlich wird, wie beispielsweise die Tischregel, den Teller leer zu essen und keine Reste stehen zu lassen. Ein Entscheidungsspielraum, dem eigenen Sättigungsgefühl Rechnung zu tragen oder auch nicht, besteht bei dieser Regel nicht. Häufig fehlt es zudem an Alternativen bei der Auswahl dessen, was schließlich auf dem Teller liegt. Somit wird gleichzeitig mit der Entscheidung, nach eigenem Hunger und eigener Sättigung zu essen, auch die Entscheidung zwischen bevorzugten und nicht bevorzugten oder auch bekömmlichen oder weniger bekömmlichen Nahrungsmitteln verhindert. Eröffnet man angemessene Entscheidungsspielräume in der Essenssituation, so können sich selbst dramatische Eßstörungen, die sich in der (nur zu begründeten) Rebellion gegen einengende Gruppenregeln entwickelt haben, oft verblüffend rasch entschärfen und lösen. Das gilt auch für schwer- und mehrfach behinderte Menschen, wie das folgende Beispiel zeigt.

Das Mittagessen ist für die schwer mehrfachbehinderte Erika ein einein-halb Stunden langer Kampf. Ein Betreuer hält sie von hinten fest, während der zweite versucht, ihr durch die zusammengebissenen Zähne mit einem Löffel das Mittagessen zu verabreichen. Erika wehrt sich und schreit, und wenn ihr der Betreuer schließlich die Nase zuhält, damit sie den Mund öffnet, schluckt sie notgedrungen den Löffelinhalt, um sich nicht zu ver-

schlucken und um Luft zu bekommen. Auf diese Weise nimmt sie schließlich eine normale Essensportion zu sich. Kaum haben die Betreuer den Löffel zur Seite gelegt und von ihr abgelassen, erbricht sie das zuvor Gegessene und entfaltet dabei ein merkwürdiges Geschick, den Putzaufwand auf diese Weise möglichst umfangreich zu gestalten. Diese Situation ist die Endstufe einer langen Eskalation, die ihren Anfang darin genommen hat, daß gemeinsam zwischen Arzt, Mutter und Betreuern die Regel aufgestellt wurde, daß Erika auf keinen Fall abnehmen darf, um die antiepileptische Medikamenteneinstellung nicht zu gefährden. Ergänzend hierzu stellten die Betreuer die Regel auf, daß Erika wie alle anderen auch das zu essen hat, was auf den Tisch kommt (und sie ärgerten sich stets über die Mutter, die ihr zu Hause das gab, was Erika gerne aß). Die Gewichtsregel, die in dieser Form medizinisch auch nicht so unbedingt erforderlich war, machte die Betreuer erpreßbar und mit ihrer eigenen Regel, daß Erika alles essen sollte, was man ihr vorsetzte, hatten sie dann den wichtigsten Schritt zur Niederlage bereits getan. Denn in der Kombination der beiden Regeln verloren sie jeden eigenen Entscheidungspielraum und waren in der Eskalation auch nicht mehr frei dafür, die Unangemessenheit beider Regeln zu realisieren und entsprechende Konsequenzen zu ziehen.

Nachdem Erika freigestellt wurde, was, wann und wieviel sie essen wollte, entspannte sich die Essenssituation in kürzester Zeit und Erika pendelte sich auf ein auch für die Ärzte akzeptables Gewicht ein. Hierbei ergab sich eine Arbeitsteilung zwischen Wohngruppe und Elternhaus, indem Erika in der Wohngruppe gerne fastete, um dies am Wochenende zu Hause durch reichliches Genießen der von der Mutter liebevoll zubereiteten Lieblingsspeisen wieder auszugleichen.

In ähnlicher Weise gilt es, systematisch das Regelwerk des Alltags zu überprüfen, angefangen von Regelungen zum gemeinsamen Spaziergang („Wir gehen nur alle gemeinsam!") bis hin zu Arbeitsregeln in Werkstatt und Schule.

Neben dem Bereithalten von Entscheidungspielräumen und Entscheidungssituationen ist ein zweiter Punkt zur Stärkung des Erwachsenen-Ich-Zustandes und der Erwachsenenrolle wichtig. Verantwortliches Handeln bedeutet, die Konsequenzen des eigenen Verhaltens auch selbst zu tragen. Im Heimalltag ist die Ausgangslage oftmals die, daß die Betreuer aus der negativ-kritischen Elternrolle heraus aktiv regulieren und eingrenzen und kaum von der Möglichkeit Gebrauch machen, durch ein entsprechendes Regelwerk die geistig behinderten Partner mit den Konsequenzen des eigenen Verhaltens zu konfrontieren. Im Gegenteil, oftmals ist das Leben der geistig behinderten Menschen erschreckend konsequenzenlos, denn alle möglichen Konsequenzen werden entweder von ihnen ferngehalten oder aber ihr Eintreten wird bereits durch entsprechendes Handeln aus der negativ-kritischen Elternrolle vorweggenommen. Dadurch wird dem geistig behinderten Menschen eine sehr wichtige Lernmöglichkeit genommen, nämlich das Lernen am eigenen Erfolg und eben auch Mißerfolg, beziehungsweise das Lernen aus angenehmen oder eben auch unangenehmen Konsequenzen.

Frau Schulze-Fürnehm lebt mit einer leichten geistigen Behinderung im Rollstuhl. Stets legte sie Wert darauf, wie eine Dame behandelt zu werden, was natürlich auch bedeutete, daß man ihr Peinlichkeiten möglichst ersparte. Wenn sie zum Beispiel einnäßte, so waren ihr die Betreuerinnen selbstverständlich behilflich, rasch und diskret einen Kleiderwechsel vorzunehmen. Sie waren wie der Butler im Film, der unauffällig die Verantwortung für die handfesten Dinge des Lebens anstelle seiner leicht vertrotteleten Herrschaft übernimmt und ihr so ermöglicht, ungetrübt von ihrer eigenen Realität weiter Lord und Lady zu spielen. In der Folge überließ Frau Schulze-Fürnehm die Sorge um ihr leibliches Wohl immer mehr ihren Betreuerinnen hin bis zu dem Punkt, daß sie begann, nicht mehr ohne Hilfe aufzustehen, um schließlich ganz im Bett liegen zu bleiben. Fortan galt Frau Schulze-Fürnehm als Vollpflegefall.

Konfrontiert man dagegen geistig behinderte Menschen damit, daß sie ihren Teil beitragen müssen, um das, was sie wollen und brauchen, auch zu erreichen und daß ihr Verhalten vor allen Dingen verläßliche Konsequenzen nach sich zieht, dann ist es möglich, auch solche dramatischen Selbstverunfähigungen (siehe Passivität; Kapitel 6.2.3.2) wie die hier geschilderte zu revidieren.

Einige Zeit später wurde Frau Schulze-Fürnehm vom Bett in den Rollstuhl gesetzt und halbtageweise in eine Tagesgruppe für geistig behinderte Senioren gebracht. Dort war sie über die „Hartherzigkeit" ihrer neuen Betreuer sehr erbost, die sie gar nicht wie eine feine Dame behandeln wollten. Anstatt sie zu den Mahlzeiten an den Tisch zu schieben, bedeuteten sie ihr kühl, daß sie ihr durchaus zutrauten, ihren Rollstuhl selbst zum Tisch zu bewegen. Was in der Tat auch zutraf, wie sich bald herausstellte. Einige Zeit später bewegte sich Frau Schulze-Führnehm ohne Rollstuhl und sonstige Hilfsmittel in den Räumen der Tagesbetreuung. Sie näßte allerdings weiterhin ein. Anstatt diskret für einen Kleiderwechsel zu sorgen, konfrontierten sie die Betreuer: „Es ist Ihre Peinlichkeit und nicht unsere, wenn Sie nicht rechtzeitig auf die Toilette gehen. Sie wollen eine feine Dame sein. Feine Damen gehen von alleine und rechtzeitig zur Toilette." Nachdem Frau Schulze-Fürnehm begriffen hatte, daß sie auf die gewohnte diskrete Hilfe nicht mehr bauen konnte, mobilisierte sie ihre eigenen Fähigkeiten und ging wieder rechtzeitig zur Toilette.

Das Verfahren der Überkorrektur (vgl. Kapitel 7.1.3), das in der Verhaltenstherapie vor allen Dingen zur Behandlung von Autoaggressionen eingesetzt wird, hat als wesentliches Element ebenfalls die Konfrontation mit Konsequenzen, indem nämlich der geistig behinderte Mensch für die entstandenen Schäden selber geradestehen muß, sie behebt und gegebenenfalls darüberhinaus auch eine angemessene Entschädigung für den entstandenen Schaden leistet.

Zum Schluß muß noch ein wichtiger Aspekt erwähnt werden, der besonders bei der Stärkung des Erwachsenen-Ich-Zustandes eine Rolle spielt. Die Stärkung des Erwachsenen-Ich-Zustandes ist für die Betreuer mit erheblichen Unbequemlichkeiten verbunden, denn die Entwicklung und auch das Geltendmachen des eigenen Willens beim Partner erfordern eine höhere Aufmerksamkeit und Flexibilität seitens der Betreuer. Einfacher ist das Verharren in der negativ-angepaßten Kindrolle, die den Betreuern erlaubt, in der negativen Elternrolle ihren üblichen Routinen nachzukommen. Zu dieser Aufmerksamkeit gehört vor allen Dingen auch die Sensibilität zu erkennen, welches der nächste Schritt ist, den der geistig behinderte Partner mit seinen ungewohnten Willensbekundungen gehen möchte. Sich normal entwickelnde Kinder sind in diesem Punkt sehr energisch und machen ihren Eltern klar, daß sie sich zurückhalten sollen. Sie verkünden, dieses und jenes jetzt allein tun zu wollen und tun zu können. Eltern tun dann gut daran zu ertragen, daß dann Pullover seitenverkehrt angezogen werden, Fingernägel unregelmäßig geschnitten werden oder aber „Bremsspuren" in der Unterhose zu finden sind.

Geistig behinderten Menschen hat man in der Regel den Schneid hierzu sehr gründlich abgekauft, weshalb ihre Willensbekundungen in aller Regel deutlich schwächer ausfallen werden als die eines nicht so entmutigten Kindes. Die Betreuer können sich bei ihnen eben nicht darauf verlassen, daß sie den Lernbedürfnissen des sich entwickelnden Erwachsenen-Ichs energisch Geltung verschaffen. Hierzu sind die Einschärfungen zu gut verankert worden, wie bereits das Skript-Kapitel gezeigt hat. Die Erfahrung zeigt dennoch, daß geistig behinderte Menschen sich nicht davon abbringen lassen, ihren Willen deutlich zu machen, wobei sie entweder leise und vorsichtig sind und des Schutzes bedürfen oder aber sich so laut und kräftig in Form von sogenannten Verhaltensstörungen zu Wort melden, daß das eigentliche Anliegen dahinter häufig nicht mehr zum Zuge kommt. Eine der wichtigsten Aufgaben der Erwachsenen-Ich-Stärkung besteht dann darin, von der Form abzusehen und dem Inhalt des Anliegens Rechnung zu tragen, der sich bei näherer Betrachtung häufig als berechtigt herausstellt.

Die Frage danach, ob die so gewählten Formen, einen Anspruch anzumelden oder zu protestieren, einem positiven oder negativen Rollenaspekt und damit dem Erwachsenen-Ich-Zustand oder aber dem Kind-Ich-Zustand zuzurechnen sind, kann nur aus einer umfassenden Kenntnis der Person und der Fähigkeiten des geistig behinderten Partners beantwortet werden. Als Faustregel läßt sich festhalten: Immer dann, wenn folgende Bedingungen vorliegen, besetzt der geistig behinderte Partner seinen Erwachsenen-Ich-Zustand nicht mit Energie: Er beherrscht angemessene Alternativen im Sinne eigener Fähigkeiten, diese Alternativen können auch grundsätzlich erfolgreich sein und er greift dennoch zu anderen Formen wie ausfälligem oder aggressivem Verhalten. Fehlt es ihm dahingegen an verfügbaren eigenen Alternativen und/oder können seine Alternativen aufgrund der herrschenden Gruppenregeln oder üblichen Reaktionsweisen seiner Betreuer nicht erfolgreich sein, so muß in Erwägung gezogen werden, daß sein Verhalten die unter den gegebenen Bedingungen für ihn bestmögliche Form ist, Verantwortung für sich wahrzunehmen und seine Bedürfnisse und seinen Willen zum Ausdruck zu bringen. Gemessen an den Umständen nimmt er eine angemessene Rolle ein, was auf den Erwachsenen-Ich-Zustand schließen läßt.

Die bisher aufgezeigten Möglichkeiten, den geistig behinderten Partner in den angemessenen Aspekten seiner Eltern- und Kindrolle und in seiner Erwachsenenrolle anzusprechen und dadurch seine Entwicklung zu fördern, erlauben bereits jetzt eine vielschichtige Gestaltung der gemeinsamen Kommunikation. Das folgende Kapitel wird diese Vielfalt in eine weitere Dimension hineinführen. Wir können die Erwachsenen-, Eltern- und Kindrollen nicht nur als Erwachsene wahrnehmen, die wir heute sind, sondern wir können uns mit diesen Rollen auch in die Lebensabschnitte hineinversetzen, die wir bereits durchlebt haben: Wie eine Sechsjährige erwachsen sein, wie ein Fünfjähriger die kleine Schwester trösten und belehren, sich wie ein Dreijähriges als Baby füttern lassen – wir können mit dem Rollenmodell auf Zeitreise gehen. Davon handelt das nächste Kapitel und davon, wie unser geistig behinderter Partner damit umgeht.

9. Eric Bernes transaktionsanalytischer Kindergarten

Die Kleinkindforschung und die Entwicklung der Psychotherapie

Bei den Modellen von psychischer Störung und den aus ihnen abgeleiteten therapeutischen Vorgehensweisen zeigt sich über die Jahre hinweg ein enger Zusammenhang mit dem Stand der entwicklungspsychologischen Forschung, auch wenn dies nicht auf Anhieb erkennbar ist. Denn es läßt sich beobachten, daß der gesicherte entwicklungspsychologische Wissensstand um die kindliche Entwicklung mit ihren Bedingungen mit einer gewissen zeitlichen Verzögerung Eingang in die Diskussion über psychische Störungen findet. Dieser Wissenstransfer hat seinen ganz naheliegenden Grund darin, daß, wie alles Leben, auch die Entwicklung einer psychischen Störung der Zeit unterworfen und somit Teil der persönlichen Entwicklung insgesamt ist. Somit stehen therapeutische Störungsmodelle in einer engen Abhängigkeit vom jeweiligen Wissensstand der empirischen Entwicklungspsychologie. Denn dem Realitätsprinzip folgend muß jede Theorie der psychischen Störung früher oder später den gesicherten Wissensstand der entwicklungspsychologischen Forschung anerkennen.

Jüngstes und interessantes Beispiel hierzu ist die lebhafte Diskussion unter analytisch und tiefenpsychologisch orientierten Theoretikern, die die beginnende Auseinandersetzung mit dem Forschungsstand zu den sozialen Kompetenzen des Kleinkindes von Geburt an hervorgerufen hat (vgl. HARTKAMP 1990; DORNES 1993). Aus der Sicht eines Psychotherapeuten sind vor allen Dingen zwei Forschungslinien besonders interessant. Die eine Forschungsrichtung verschiebt mit immer ausgefeilteren Meß- und Beobachtungsmethoden den Nachweis von Kompetenzen des Säuglings wie Wahrnehmungs- und Gedächtnisleistungen immer weiter nach vorne (vgl. etwa den Überblick bei FURTADO 1992). Die andere Forschungslinie läßt sich kurz, aber nicht ganz unzutreffend dadurch charakterisieren, daß sie zunehmend den Nachweis dafür vorlegt, was geplagte Eltern schon von jeher wußten: Das heranwachsende Kind hat nicht nur eine Mutter (zunächst füllte die Forschung zur Mutter-Kind-Interaktion und zur Mutter-Kind-Beziehung von SPITZ 1974[4] und BOWLBY 1969 über MAHLER, PINE u. BERGMAN 1975 und viele weitere bis hin zu PAPOUSEK, PAPOUSEK u. GIESE 1986 oder STORK 1986 ganze Regalbretter). Es hat auch einen Vater (woraufhin die Forschung auch prompt feststellte, daß Väter in gleicher Weise wie die Mütter entwicklungsfördernde intuitive Verhaltensweisen einsetzen; vgl. PAPOUSEK,

Papousek u. Giese 1986 S. 60, S. 66. Die Frage wurde diskutiert und erforscht, inwieweit Väter eigene und spezifische Entwicklungsimpulse in die Interaktion einbringen; vgl. Rauh 1982). Und es hat schließlich auch noch Geschwister (wobei die eigenständige Bedeutung von Geschwistern und deren entwicklungsfördernde Interaktionskompetenz mit Säuglingen ebenfalls bereits recht differenziert erforscht ist; vgl. Rauh 1982 oder auch Weeks 1971; Webster, Steinhardt u. Senter 1972).

Trotz der bereits vorgelegten Erkenntnisse befindet sich die Forschung in diesem Bereich passend zum untersuchten Objekt noch in den Kinderschuhen. Feststellen läßt sich jedoch bereits jetzt, daß ebenso wie der Vater auch die Geschwister oder andere Spielkameraden wichtige entwicklungsfördernde Funktionen wahrnehmen (können). Weiter entwickelt der Säugling und das heranwachsende Kind mit seinen Geschwistern oder Spielkameraden jeweils ganz eigene Interaktionsmuster und akzeptiert mit Gewinn auch andere Beziehungsformen als die mit seinen Eltern. Nachdem nun beide Eltern und die erstaunlichen interaktiven Kompetenzen selbst des wenige Wochen alten Säuglings die Diskussion um psychotherapeutische Interventionen erreicht haben, kann man getrost einen Blick in die Zukunft wagen und prophezeien, daß die Rolle von Geschwistern und Spielkameraden in ihrer Bedeutung auch unter den Psychotherapeuten eingehender gewürdigt werden wird und dann alsbald die Frage auftaucht, welche Konsequenzen dies für entsprechende Interventionen haben kann.

Diese Prophezeiung ist von Ironie weit entfernt, denn dieses Kapitel ist dem Anliegen gewidmet, eine leider fragmentarisch gebliebene, faszinierende Idee Eric Bernes aufzugreifen und erste Erweiterungen und Ausdifferenzierungen aufzuzeigen. Es handelt sich um die Regressionsanalyse, die Eric Berne (1989[11]) auf wenigen Seiten in seinem Buch „Transactional Analysis in Psychotherapy" skizziert und später nie wieder aufgegriffen hat (vgl. Stewart 1992). In diesem Konzept hat Eric Berne in einem kühnen Wurf der Beelterung (stellvertretend für die umfangreiche Literatur: Schiff 1979) eine therapeutische „Beschwisterung" bzw. einen therapeutischen Kindergarten zur Seite gestellt.

9.1 Die Regressionsanalyse nach Berne

Die einleitende Intervention zur Regressionsanalyse lautet: „Ich bin fünf Jahre alt und gehe noch nicht zur Schule. Ihr seid so alt wie ihr wollt, aber nicht über acht Jahre. Beginnt jetzt"(Berne 1989[11] S. 251; Übers. d. Verf.). Mit anderen Worten: Eric Berne stellte eine Art therapeutische Geschwister- oder Spielkameraden-Situation her. Das Alter von fünf Jahren wählte Berne, um Gruppenmitglieder konfrontieren zu können, die sich der Situation entziehen, indem sie eine Sprache verwenden, die einem Kind nicht angemessen ist. Hier kann ein Fünfjähriger arglos und offen konfrontieren, indem er einfach reklamiert, daß er das andere Kind nicht versteht. Außerdem hatte Berne die Vermutung, daß ein Kind im Alter von fünf Jahren noch ungehemmt und neugierig Themen ansprechen kann, die ältere Kinder aufgrund ihrer wachsenden Anpassung eher meiden.

Eric Bernes Hintergrund bei der Erfindung der Regressionsanalyse war seine Überzeugung, daß es zur Heilung einer Bekräftigung aus dem Kind-Ich-Zustand (Beispiel: „Ich lebe und habe meine eigenen Gefühle") in Gegenwart des Erwachsenen- und des Eltern-Ich-Zustandes bedarf. Eric Bernes eigene Erfahrungen im Einsetzen der Regressionsanalyse veranlaßten ihn zur Einschätzung, daß die Regressionsanalyse ein hochwirksames und sorgsam zu handhabendes Instrument ist (BERNE 1989[11] S. 254).

Liest man die Mitschriften von Therapiesitzungen, die Eric Berne in diesem Zusammenhang mitgeteilt hat, so fällt auf, daß Eric Bernes Interventionen in der Hauptsache ein sehr beharrliches Bestehen auf der für einen Fünfjährigen angemessenen Sicht der Realität sind. Das bedeutet, daß Berne die Erwachsenenrolle eines Fünfjährigen einnahm. Dieses beharrliche Bestehen auf der ungetrübten Weltsicht eines Fünfjährigen hatte offenkundig stark konfrontierende und erlebnisauslösende Effekte bei den Klienten.

Ausgehend von Eric Bernes Option, sich als Therapeut auf ein bestimmtes Alter und eine bestimmte Rolle (5 Jahre und Erwachsenenrolle) festzulegen, bieten sich zwei eng miteinander verzahnte Erweiterungsmöglichkeiten an: Zum einen können im therapeutischem Verhalten verschiedene Altersstufen realisiert werden und zum anderen kann der Therapeut auf ein und derselben Altersstufe verschiedene Rollen einnehmen, indem er beispielsweise die Eltern- oder Kindrolle eines Fünfjährigen aktiviert. Er kann aber auch die Kindrolle einer Achtjährigen oder die Elternrolle eines Vierjährigen beleben usw. Diese Wahlmöglichkeiten und die bisher gemachten Erfahrungen damit sollen im folgenden näher dargestellt werden.

Die folgende Darstellung integriert Elemente der Kommunikationstherapie von ROHMANN und ELBING (1992; in Vorb.), die ihrerseits auf der bereits erwähnten Aufmerkamkeits-Interaktions-Therapie (AIT) von Hartmann und Mitarbeitern (HARTMANN 1986; HARTMANN U. JAKOBS 1993; KALDE 1992) aufbaut, die für die Behandlung autistischer und geistig behinderter Menschen mit autistischen Zügen entwickelt wurde. Ausgangspunkt der therapeutischen Intervention ist die konsequente Nachahmung des Verhaltens, das der geistig behinderte Klient im Kontakt mit dem Therapeuten zeigt. Da in aller Regel autistischen Menschen Sprache nicht oder nur eingeschränkt zur Verfügung steht, läßt sich das Vorgehen zunächst mit der bekannten Roger'schen Technik des Spiegelns (MINSEL 1979[4]) auf der Verhaltensebene vergleichen (siehe Kapitel 8). Damit wird auch die Parallele zu Bernes Regressionsanalyse deutlich. Wenn ein Autist beispielsweise bevorzugt und über lange Zeit mit einer Rassel Geräuschvariationen erzeugt, die aufs erste Hinhören monoton wirken können, so besetzt er in diesem Moment die Erwachsenenrolle eines etwa halbjährigen Kindes (vgl. BALA 1989). Somit befinden sich autistische und geistig behinderte Menschen in ihrem Spontanverhalten häufig in der Rolle, die Eric Berne seine nichtbehinderten Klienten durch die oben zitierte einleitende Intervention einnehmen läßt, nämlich in der wiederbelebten Erwachsenenrolle der Kinderzeit, als eine Skriptentscheidung den Grundstein zu einer späteren Fehlentwicklung legte (siehe Kapitel 2).

9.2 Das therapeutische Spielen mit Alter und Rollen

9.2.1 Interventionen aus einem früheren Entwicklungsalter

Hier ist der Therapeut das jüngere Kind; er belebt ein früheres Alter als das in der Regressionsanalyse aktualisierte Entwicklungsalter des geistig behinderten Partners.

– Interventionen aus der Erwachsenenrolle:
Diese Interventionen bestehen darin, daß sich der Therapeut an einer Entwicklungsleistung versucht, die der geistig behinderte Partner bereits bewältigt hat. Beispielsweise kann der geistig behinderte Partner bereits Bauklötze hochkant aufeinander stapeln, anstatt sie nur flach aufeinander zu legen. Der Therapeut stapelt zunächst die Steine noch flach aufeinander und versucht dann ebenfalls, sie hochkant zu stellen, „scheitert" jedoch an der Statik, indem er die Klötze nicht präzise genug aufeinander stellt. Sie fallen ihm immer wieder ein.
Diese Intervention entspricht der Berne'schen Position in der Regressionsanalyse, denn seinen Mitschriften ist zu entnehmen, daß seine Klienten überwiegend „älter" waren als er selbst in der Rolle eines Fünfjährigen.

– Auswirkungen der Intervention:
Der geistig behinderte Partner intensiviert seine eigene Bautätigkeit, indem er die bereits erreichte Leistung weiterentwickelt und z.B. beginnt, mit der Statik zu experimentieren, indem er verschiedene Baumaterialien so aufeinander zu schichten versucht, daß der so entstehende Turm stehen bleibt. Der Effekt besteht also in einer Weiterentwicklung des aktuellen Erwachsenen-Ich-Zustandes.
Eine weitere Möglichkeit kann auch darin bestehen, daß der geistig behinderte Partner dem Therapeuten behilflich wird und ihm zeigt, wie man die Klötze richtig aufeinander stellt. Diese Reaktion stellt ein Modellverhalten für den „jüngeren" Therapeuten aus der positiv-fürsorglichen Elternrolle des Klienten dar.

– Interventionen aus der angepaßten Kindrolle:
Der Therapeut kann beispielsweise fragen: „Wo soll der hin?", wobei er

einen Baustein mit der Hand hochhebt, anstatt ihn selbst zu setzen. Oder er kann fragen: „Ist das richtig so?" usw.

– *Auswirkungen der Intervention:*
Der geistig behinderte Partner verläßt seine Erwachsenenrolle und zeigt je nach eigener Erfahrung entweder Verhalten aus der fürsorglichen Elternrolle, indem er freundliche Bestätigung oder Korrektur gibt oder aber er reagiert aus der negativ-kritischen Elternrolle, indem er beispielsweise mit einem kurz angebundenen „Gib her" dem Therapeuten den Stein aus der Hand nimmt und ihn selbst an die richtige Stelle setzt. Die Erfahrung zeigt, daß in der überwiegenden Mehrzahl der Fälle die Reaktion eher dirigistisch ausfällt, wobei sie im positiven Fall in kurz angebundenen Anweisungen besteht und im negativen Fall wie beschrieben das eigene Handeln des Therapeuten gar nicht zuläßt. In solchen Reaktionen kann man meist die Handlungsweisen seiner Bezugspersonen gut wiedererkennen (und nicht nur ihr Handeln, sondern auch sie selbst; vgl. BERNE 1964 S. 216).

Je nach Situation kann diese Intervention der positiv-angepaßten oder negativ-angepaßten Kindrolle zuzurechnen sein. Ist der geistig behinderte Partner im Spiel in der Rolle des anerkannten Bauherrn, so ist die obige Frage durchaus angemessen. Im anderen Fall ist sie eine Form der negativen Anpassung, provoziert aber gerade dadurch den Rollenwechsel beim geistig behinderten Partner in die Elternrolle. In frühen Therapiestadien ist die Tatsache des Rollenwechsels wichtiger als der Umstand, daß dann ein negativer Rollenaspekt besetzt wird. Die Chance besteht darin, daß über dem gemeinsamen Spiel der negative Aspekt integriert und verarbeitet werden kann.

– *Interventionen aus der rebellischen Kindrolle:*
Insbesondere ein Verhalten, das Meckern und Herumnörgeln mit Passivität verbindet, indem der Therapeut selbst keine Anstalten macht, etwas zur Beseitigung des beanstandeten Zustandes zu tun (SCHIFF u. SCHIFF 1971/1991), hat sich gut bewährt um folgende

– *Auswirkungen zu erzielen:*
In diesen Fällen wechselt nämlich der geistig behinderte Partner eindeutig in die kritische Elternrolle. Beispielsweise kann er auf das nörgelnde Verhalten hin den Therapeuten energisch auf die Toilette schicken; eine Reaktionsweise aus der kritischen Elternrolle, die er von seinen Betreuern übernommen hat.

– *Interventionen aus der positiv-fürsorglichen Elternrolle:*
Diese Interventionen können beispielsweise darin bestehen, daß der Therapeut den geistig behinderten Partner tröstet und ihm gute Ratschläge gibt, wenn er sich beispielsweise weh getan hat oder aber traurig oder wütend ist. Der Therapeut kann ihm beispielsweise anbieten zu blasen,

damit es nicht mehr weh tut und ähnliches (Achtung, hierbei ist das aktualisierte Entwicklungsalter sorgfältig zu beachten!).

– *Auswirkungen der Intervention:*
Der geistig behinderte Partner wird die Intervention teilweise komplementär annehmen, häufiger jedoch freundlich, aber bestimmt im Sinne der Aktivierung seiner eigenen Erwachsenenrolle zweckdienlich andere Lösungen anstreben als die für ihn untauglichen, weil nicht altersgemäßen Ideen des therapeutischen „kleinen Bruders". Die positiv-fürsorgliche Elternrolle einer jüngeren Altersposition bewirkt also eine Stärkung der Erwachsenenrolle des geistig behinderten Partners.

– *Interventionen aus der negativ-fürsorglichen Elternrolle oder aber der positiv- oder negativ-kritischen Elternrolle:*
Tadelt beispielsweise der Therapeut den geistig behinderten Partner oder zeigt überbehütendes elterliches Verhalten, indem er beispielsweise mit gehobenem Zeigefinger schimpft oder die Gefühle des therapeutischen Spielgefährten abwertet („Ist doch nicht so schlimm!" u.ä.), so ergibt sich folgende neue

– *Auswirkung:*
Der geistig behinderte Partner nimmt mit klarer Abgrenzung die Rolle des großen Bruders ein und macht dem Kleinen unmißverständlich klar, daß er ihm nichts zu sagen hat. Er wertet gewissermaßen das Verhalten des therapeutischen kleinen Bruders als Anmaßung oder Versuch, eine ihm nicht zustehende Rolle einzunehmen und macht energisch die Unterschiede zwischen großem und kleinem Bruder klar, indem er beispielsweise sich aufrichtet und laut „Sei ruhig" oder „Geh weg" oder ähnliches sagt. In der Mehrzahl der Fälle wird diese Abgrenzung aus der Erwachsenenrolle geschehen. Es kommt jedoch auch vor, daß der geistig behinderte Partner ein herablassend und leicht verächtliches Verhalten an den Tag legt, was je nachdem der negativ-wohlwollenden oder negativ-kritischen Elternrolle zuzuordnen ist.

9.2.2 Interventionen auf der augenblicklich aktualisierten Altersstufe

Bei diesen Interventionen besetzt der Therapeut seine Rollen in dem gleichen Alter, das auch der geistig behinderte Partner an den Tag legt.

– *Interventionen aus der Erwachsenenrolle:*
Hier handelt es sich um das oben bereits geschilderte Spiegeln und sich daraus entwickelnde gemeinsame Spielen mit folgenden

– *Auswirkungen*
beim Klienten: Zunächst reagiert der geistig behinderte Partner mit Aufmerksamkeit (was z.B. bei autistischen Menschen durchaus nicht selbst-

verständlich ist; vgl. HARTMANN 1986). Aus der Aufmerksamkeit ergibt sich ein wenn auch nur leicht verändertes Verhalten, das wiederum vom Therapeuten variierend nachgeahmt wird. Auf diese Weise entstehen dialogische Handlungssequenzen, in denen beide Beteiligten eine wechselseitige Einflußnahme zulassen.

Spiegeln könnte auch eine Intervention sein, durch die der Therapeut in die Überanpassung geht und damit die negativ-angepaßte Kindrolle besetzt. Diese Intervention ist als „Konkurrenz und die Opferrolle" bekannt (SCHIFF 1975). Sie läßt einen deutlichen Rollenwechsel des Klienten in die Erwachsenenrolle erwarten. In unserem Fall erfolgt kein wahrnehmbarer Rollenwechsel beim Klienten; vielmehr entspinnt sich ein Dialog auf der angebotenen Ebene. Dieser Dialog wäre sicher nicht richtig bewertet, wollte man ihn als gemeinsame Passivität bezeichnen. Sein Kennzeichen ist, wie berichtet, ein positiver Entwicklungsprozeß. Passivität dagegen verhindert Entwicklung. Deshalb ist es im gegebenen Fall angemessen, diese Intervention der Erwachsenenrolle zuzuordnen und sie mehr als besondere Form der therapeutischen Aufmerksamkeit zu begreifen. Daß diese Aufmerksamkeit wie eine Passivitätskonfrontation wirken kann, braucht in diesem Zusammenhang kein Widerspruch zu sein.

– Interventionen aus der Kindrolle:
Bedeutungsvoll ist hier eine Konfrontationstechnik: Dem geistig behinderten Partner wird dann, wenn er selbst sich auf einer neuen Entwicklungsstufe seines Erwachsenen-Ichs gut stabilisiert hat, eine möglichst genaue Kopie von abwertendem oder destruktivem Verhalten vorgehalten, das er auf der bereits verlassenen Entwicklungsstufe typischerweise gezeigt hat.

Heiner pflegte zu bellen wie ein Hund, bevor er auf die Spielsachen anderer Kinder losstürzte und das, was sie gerade spielten, durcheinanderbrachte oder zerstörte und dazu hämisch lachte. Nachdem er sich selbst in der Therapiestunde über eine Viertelstunde lang intensiv mit Bauen beschäftigt hat und gerade eine besonders anspruchsvolle Turmkonstruktion realisiert, bellt der Therapeut ganz unvermutet und wirft den Turm unter hämischem Gelächter zusammen.

– Auswirkungen der Intervention:
Typischerweise besteht die Reaktion des geistig behinderten Partners in Fassungslosigkeit und Entsetzen. Das Entsetzen verarbeitet er dann in der Regel so, daß er mit vermehrtem Eifer weitere Schritte in seiner positiven Entwicklung geht. Im Anschluß einer solchen Intervention ist er zusätzlich sehr aufnahmebereit für positives Modellverhalten. Beispielsweise kann dann eine Bezugsperson in einer solchen Situation ihm ein Modell für den nächsten Entwicklungsschritt geben. Um das begonnene Beispiel fortzusetzen, kann im Anschluß an diese Konfrontation eine Bezugsperson eine konstruktiv neue Variante beim Bauen einführen. Sehr wahrscheinlich wird der geistig behinderte Partner diese Variante aufgreifen und in sein eigenes Spiel integrieren.

Diesen Kontrasteffekt hervorzurufen ist eine der machtvollsten Interventionen in ihrer Wirkung auf den geistig behinderten Partner. Sie muß daher mit Bedacht und so eingesetzt werden, daß die Reaktion aufgefangen und der positive Entwicklungsimpuls unterstützt werden kann. Wichtig ist dabei, daß eine solche Intervention erst plaziert wird, wenn sich der geistig behinderte Partner mit genügend psychischer Energie und lange genug in einem neuen Entwicklungsstadium des Erwachsenen-Ichs aufhält, damit sein aktueller Entwicklungsstand durch diese Intervention belastbar ist. Wird eine solche Intervention hingegen zu früh eingesetzt, so besteht die erhöhte Wahrscheinlichkeit, daß der geistig behinderte Partner ebenfalls auf diese Verhaltensebene zurückgeht und somit ein Verhalten aktualisiert, das er im Grunde hinter sich lassen sollte.

– *Interventionen aus der Elternrolle:*
Für die im folgenden besprochenen Interventionen gilt ähnlich wie für die oben besprochene Konfrontation zum Hervorrufen von Kontrasteffekten, daß sie dann gut platziert und wirkungsvoll eingesetzt sind, wenn der geistig behinderte Partner mit genügend Energie und gut stabilisiert im Erwachsenen-Ich-Zustand seine eigene Entwicklung vorantreibt. Insbesondere herzhafte Provokationen wie „Das schaffst Du eh' nicht!" können eingesetzt werden, wenn der Partner auf der Schwelle zu einer neuen Problemlösung steht.

Heiner hat einen Turm so hoch gebaut, daß er selbst auf Zehenspitzen stehend oben keine weiteren Bauelemente mehr anfügen kann. In unmittelbarer Nähe jedoch steht eine Kiste, die sich als Schemel eignet, um dann höher hinauflangen zu können. Heiner blickt sich suchend um, nachdem er vergeblich versucht hatte, auf Zehenspitzen stehend einen Stein noch auf den Turm aufzusetzen.

Das ist der geeignete Moment, um die oben genannte Provokation einzuführen: „Das schaffst Du eh nicht!". Die

– *Auswirkungen*
dieser Provokation bestehen darin, daß der Partner in einer trotzigen „Na warte, ich zeig's Dir"-Reaktion energisch mit der Problemlösung voranschreitet, indem er die Kiste heranzieht, hinaufsteigt und den Turm weiterbaut. Diese Reaktion ist der positiv-rebellischen Kindrolle zuzurechnen, die dem Erwachsenen-Ich-Zustand verbunden ist. Der geistig behinderte Partner nutzt die Energie der Rebellion zur Problemlösung und nicht dazu, um beispielsweise aus der negativ-rebellischen Kindrolle in ein Wortgefecht einzutreten.

– *Interventionen aus der kritischen Elternrolle*
werden in aller Regel als Herausforderung und als Versuch, Dominanz zu

erlangen, bewertet, was sich daran zeigt, daß der geistig behinderte Partner in der

– *Auswirkung*
seinerseits in die kritische Elternrolle wechselt und den Therapeuten energisch zurechtweist. Hier kann es sich gut anbieten, in eine kleine symmetrische Eskalation einzusteigen, indem beide gegenseitig versuchen, den anderen in die Positionen des angepaßten Kindes zu bringen, um dann als Therapeut schließlich nachzugeben und dem geistig behinderten Partner die dominante Position der kritischen Elternrolle zu überlassen. Selbst zieht man sich maulend zurück und beendet damit die Eskalation. In ähnlicher Weise verhält es sich mit der

– *negativ-fürsorglichen Elternrolle.*

– *Interventionen aus der positiv-fürsorglichen Elternrolle:*
Diese werden, da angemessen, in aller Regel auch entsprechend angenommen. Die Erfahrung zeigt allerdings, daß es günstiger ist, in den Fällen, wo ein positiv fürsorgliches Elternverhalten angemessen ist, wie oben beschrieben ein jüngeres Alter als Ausgangsbasis zu wählen, da dieses den Klienten in problemlösendem Verhalten besser unterstützt und weniger Gefahr in sich birgt, daß er über den Wechsel in die angepaßte Kindrolle in die alte wohlvertraute Position der Passivität überwechselt.

9.2.3 Interventionen aus einem späteren Entwicklungsalter

Diese Interventionen realisieren den nächsten, noch vor dem Klienten liegenden Entwicklungsschritt.

Die eben angesprochene Problematik der Passivität gilt insbesondere für Interventionen aus diesem Altersbereich. Sie alle bergen die Gefahr in sich, daß der Klient die in den langen Jahren seines Daseins als geistig behinderter Mensch erworbene Rolle des kindlich-passiven Partners annimmt, da die Realisierung einer höheren Altersstufe immer ein Entwicklungsgefälle zu ungunsten des geistig behinderten Partners beinhaltet. Aus diesen Gründen ist es nicht angezeigt, Verhalten aus der Elternrolle dieser Altersstufe zu realisieren. Falls es erforderlich ist, Elternverhalten zu zeigen, so hat es sich als günstig herausgestellt, dann gleich ein angemessenes Elternverhalten aus dem aktuellen Lebensalter der Bezugsperson zu wählen.
Weiter ist es aus anderen Gründen ebenfalls nicht zweckmäßig, Verhalten aus der Kindrolle des etwas Älteren zu realisieren, denn das Verhalten aus der Kindrolle des etwas Älteren entspricht der aktuellen Verhaltensebene in der Erwachsenenrolle des geistig behinderten Partners. Um der eigenen Klarheit, aber auch um der Eindeutigkeit im Verhalten gegenüber dem

Partner willen sollte in diesem Fall gleich das gleichaltrige Verhalten in der Erwachsenenrolle so, wie im vorigen Absatz besprochen, realisiert werden. Somit verbleiben also

– Interventionen aus der Erwachsenenrolle.
Hierbei handelt es sich ausschließlich um Modellverhalten nach dem Motto: „Schau her, so mache ich's und so kannst Du's auch machen." Hierbei lassen sich zwei Strategien unterscheiden.
Die Strategie des direkten Angebots bzw. des direkten Modells besteht darin, daß der Therapeut ausgehend vom gemeinsamen Spiel im eigenen Spielverhalten einen nächsten Entwicklungsschritt realisiert, vor dem der Klient noch steht und den er noch nicht bewältigt hat. Das Angebot der Bezugsperson zur Unterstützung des Kontrasteffektes im oben gegebenen Beispiel (vgl. Kapitel 9.2.2) ist ein solches direktes Angebot.
Die Technik des indirekten Angebots besteht darin, daß der Therapeut in einer anderen Ecke für sich spielt und dem geistig behinderten Partner demonstrativ den Rücken zuwendet, während sich dieser ebenfalls für sich alleine mit dem Spielmaterial auseinandersetzt. In diesem abgewandten Spiel realisiert der Therapeut in gleicher Weise den nächsten Entwicklungsschritt. Hat beispielsweise der Partner die Phase des konstruktiven Spiels bewältigt und steht als nächster Entwicklungsschritt der Beginn von Rollenspielen an, so kann der Therapeut von ihm abgewandt mit einer Handpuppe spielen, indem er nicht mehr selbst die Klötze zu einem Turm aufbaut, sondern dies die Handpuppe tun läßt. Oder aber er kann ein Haus bauen und anschließend beginnen, in dem fertigen Haus ein Tagesablaufsspiel zu beginnen. Zum Beispiel: „Klingelingeling", „Oh, jetzt muß ich schon wieder aufstehen", „Wo sind denn meine Hausschuhe" usw.

– Auswirkungen der Interventionen:
In aller Regel ist es erforderlich, diese Interventionen nicht zu lange andauern zu lassen, um nicht die eben besprochene Gefahr, die in dem für den geistig behinderten Partner ungünstigen Entwicklungsgefälle liegen, wirksam werden zu lassen. Es hat sich vielmehr als günstig erwiesen, nach kurzer Zeit abzubrechen und auf eine Entwicklungsstufe im Spielen zurückzufallen, die er seinerseits bereits verlassen hat. Hierdurch wird der geistig behinderte Partner wiederum in ein für ihn günstiges Entwicklungsgefälle gebracht, das es ihm erleichtert, die jetzt wieder freie Position der Weiterentwicklung selbst zu besetzen und das Modellverhalten aufzugreifen und zu integrieren.

Diese Interventionen lassen sich auch unter die positiv-fürsorgliche Elternrolle einordnen, wobei in beiden Fällen das Erwachsenen-Ich der aktive Teil der Persönlichkeitsstruktur ist. Fürsorglich im herkömmlichen Sinne ist das Modellverhalten jedoch nicht, wenn auch das Gefälle zwischen Modell und Lernendem die Zuordnung zur Elternrolle nahelegt. Eine Lösung bietet hier das Rollenmodell, das UNDERHILL (mündl. Mitteilung) entwickelt hat. Er ergänzt die Kindrollen um die Rolle des „Kleinen Professors" und die Elternrollen um die Rolle des „Leading Parent", was sich mit „führender Elternrolle" übersetzen läßt. Diese Elternrolle beschreibt genau die Qualitäten eines guten, unterstützenden Modells.

9.2.4 Die Verbindung der Interventionen im therapeutischen Vorgehen

Die oben geschilderten Interventionen werden im konkreten therapeutischen Vorgehen so miteinander verbunden, daß der Therapeut wie in einer behutsamen Pendelbewegung dem geistig behinderten Partner im aktualisierten Entwicklungsalter vorauseilt oder aber hinter ihm zurückbleibt. Diese Pendelbewegungen sind eingebettet in Transaktionen auf der altersmäßig gleichen Entwicklungsstufe: Man spielt, streitet sich, verträgt sich, spielt usw. Von dieser Basis her erfolgen die Impulse in der geschilderten Form der Pendelbewegung. Durch diese Pendelbewegungen erzeugt der Therapeut eine dosierte Herausforderung zur Weiterentwicklung. Nimmt der geistig behinderte Partner die Impulse an, so verschiebt sich die Basis des aktuellen Entwicklungsstandes durch den qualitativ neuen Entwicklungsschritt, den der Klient dann geht. Auf diese neue Basis kehrt dann der Therapeut mit seiner Pendelbewegung zurück und festigt sie gemeinsam mit dem Klienten, indem er an den Entwicklungsimpuls eine Konsolidierungsphase anschließt und sich auf derselben, jetzt neuen Entwicklungsstufe bewegt wie sein geistig behinderter Partner. Die Erfahrungen mit diesem therapeutischen Konzept zeigen eindrucksvoll, daß die Grundannahme der humanistischen Psychologien vom Grundbedürfnis nach Selbstentfaltung und gedeihlicher Entwicklung gerade auch bei geistig behinderten Menschen ihre Bestätigung findet. Denn geistig behinderte Menschen verhalten sich wie Wüstenblumen, die Jahre der Trockenheit überstehen und bei Regen in kurzer Zeit blühen und ein erstaunliches Wachstum entfalten: Wenn sie auf diese Art Therapie erfahren, können sie in erstaunlich kurzer Zeit Entwicklungsschritte neu- oder nachvollziehen, für die ein sich normal entwickeltes Kind Jahre benötigt (vgl. ELBING U. ROHMANN 1993; 1994a).

Insgesamt regen die Interventionen den geistig behinderten Partner dazu an, diejenigen Ich-Zustände mit Energie zu besetzen, die er in der Symbiose mit Eltern oder anderen Bezugspersonen nicht mit Energie besetzt, nämlich den Erwachsenen-Ich-Zustand und den Eltern-Ich-Zustand. Da pathologische symbiotische Strukturen bei geistig behinderten Menschen bereits sehr früh wirksam werden (vgl. Entwicklung des Skripts, Kapitel 2), treten hierdurch Entwicklungsfixierungen oder Entwicklungsblockaden auf. Die geschilderten Interventionen fördern den Heilungsprozeß, indem sie das anbahnen, was die Transaktionsanalyse unter psychischer Gesundheit versteht, nämlich die Verwendung aller drei Ich-Zustände unter freundlicher Federführung des Erwachsenen-Ich-Zustandes. Gleichzeitig und verwoben mit diesem Heilungsprozeß vollzieht sich eine Nachentwicklung des Erwachsenen-Ich-Zustandes hin zu dem Stand, der aufgrund der geistigen Behinderung und der ihr zugrunde liegenden Hirnschädigung erreichbar ist. Neben der ganz offenkundigen Entwicklung des Erwachsenen-Ichs im Spiel ist jedoch auch der spielerische Gebrauch des Eltern-Ich-Zustandes von wichtiger entwicklungsfördernder Bedeutung. Bezeichnenderweise nämlich nehmen Kinder zuallererst und mit Vorliebe im spontanen kindlichen Rollenspiel die Elternrolle wahr. Die entwicklungsfördernde Funktion liegt darin, daß sich das Kind über der Nachahmung der Eltern im Rollenspiel im günstigen Falle auch ihre problemlösenden Verhaltensstrategien spielerisch aneignet und in sein eigenes Erwachsenen-Ich integriert.

Die bisher vorliegenden Erfahrungen aus Rollenspielen und kleinen Übungen legen nahe, daß die oben geschilderten Wirkungsweisen der Interventionen auch in der Arbeit mit nichtbehinderten Menschen zu beobachten sind. Hierbei bestätigte sich bereits eine Erfahrung, die Eric Berne ebenfalls schilderte, nämlich daß eine gewisse Hartnäckigkeit im Einnehmen der jeweiligen Rollen nötig ist, damit sich die Klienten mit der Intervention wirklich auseinandersetzen und die erwarteten Änderungsschritte einleiten.

9.3 Die Verwendungsmöglichkeiten der differenzierten Regressionsanalyse

Eric Berne hat seine Methode der Regressionsanalyse bei nichtbehinderten Klienten in der Einzel- und Gruppentherapie eingesetzt, wobei seine Mitschriften die Vermutung zulassen, daß er keine Klienten mit Frühstörungen oder Störungen an der Grenze zur Psychose (Borderline-Störungen) mit diesem Konzept behandelte. Er setzte sie allerdings auch bei Klienten ein, die gerne intellektualisierten oder moralisierten und sich schwer taten, die Kindrollen einzunehmen. Deshalb hat er wohl seinen Klienten die Regressionsanalyse und ihre Rolle darin richtiggehend beigebracht (BERNE 1989[11] S. 247).

Die geistig behinderten Menschen, mit denen ich die Regressionsanalyse weiterentwickelt habe, haben in der Regel auch die Diagnosen, für die die Kommunikations-Therapie entwickelt wurde, nämlich Autismus, autistische Züge sowie Verhaltensstörungen in Verbindung mit psychotischen Symptomen. Zudem wird sie als weiterführende Therapie bei Autoaggressionen eingesetzt (ROHMANN U. ELBING 1992).

Neben Abwertung und passivem Verhalten ist es weiter überlegenswert, die Regressionsanalyse auch zur Bearbeitung von traumatischen Erlebnissen mit einzusetzen, in denen sich die Klienten von ihren Eltern verlassen sahen. Hier könnte die Regressionsanalyse eine ergänzende Intervention beispielsweise zu einer punktuellen Neubeelterung (Osnes 1974/1991) darstellen, indem sie den Klienten mit der Verlassenheitssituation klar konfrontiert und ihn gleichzeitig aus der Position eines mitfühlenden Geschwisters heraus beisteht.

Erhält der Klient Beistand aus der fürsorglichen Elternrolle heraus, so besteht die Gefahr, daß er vor dem Schmerz des Verlustes in die elterlichen Arme des Therapeuten flieht und sich damit tröstet, daß er jetzt neue Eltern gefunden hat. Damit wertet er sein Verletztsein ab und gibt ihm nicht sein Recht, genauso wie er die Realität abwertet, daß der Therapeut kein Adoptivelternteil ist. Erhält er jedoch geschwisterlichen Beistand, so bleibt der schmerzhafte Verlust ungeschmälert bestehen und der Klient kann ohne Vermischungsgefahr Nähe und Trost erfahren.

Wer Kinder beobachtet hat, die sich trösten, der weiß auch, daß Schmerz, Trauer und Trost eine ganz andere Qualität gewinnen im Vergleich zum Trost durch die Eltern.

9.4 Die Resonanzthese der Persönlichkeitsentwicklung

Die Interventionen, die in diesem Kapitel dargestellt wurden, lassen sich in zwei Gruppen teilen: Zum einen zielen sie darauf, den geistig behinderten Partner in seiner aktuellen Erwachsenenrolle oder in den positiven Aspekten der anderen Rollen anzusprechen. Zum anderen regen sie ihn dazu an, negative Rollenanteile in die positive Entwicklung zu überführen und so aufzuheben. Bedenkt man die von RATH (1993) herausgearbeitete Verbindung zwischen Strukturmodell und Rollenmodell, so zielen alle Interventionen auf die Stärkung und Entwicklung des Erwachsenen-Ichs. Wie im ersten Kapitel dargestellt hat Rath gezeigt, daß die Erwachsenenrolle sowie die positiven Eltern- und Kindrollen strukturell dem Erwachsenen-Ich-Zustand entsprechen, der im Hier und Jetzt wahrnimmt, fühlt und handelt. In Erweiterung dieser Verbindung zwischen Struktur und Rollenmodell der Persönlichkeit läßt sich eine *Resonanzthese gesunder psychischer Entwicklung* aufstellen:

Jede Intervention aus der Erwachsenenrolle oder einer positiven Eltern- oder Kindrolle hat ihren strukturellen Ursprung im Erwachsenen-Ich des Therapeuten. Und wie der Resonanzkörper einer Gitarre mit der Saite schwingt und so erst ihren Ton zum Klingen bringt, so besetzt der geistig behinderte Partner in Resonanz auf die Intervention sein eigenes Erwachsenen-Ich mit Energie und treibt seine eigene Entwicklung voran – unabhängig von seinem aktuellen oder aktualisierten Alter oder dem des Therapeuten.

Die Auswirkungen bestehen in Schritten der Selbstentfaltung in der angemessenen Auseinandersetzung im Hier und Jetzt. Ein interessanter Hinweis auf den Resonanzeffekt liegt in der Wirkungsweise von Interventionen aus der positiv-fürsorglichen Elternrolle aus einem jüngeren als dem vom geistig behinderten Partner aktualisierten Alter. Denn ohne die Alterskomponente zu beachten, zieht ein Stimulus aus der positiv-fürsorglichen Elternrolle üblicherweise eine Reaktion aus der Kindrolle des Gegenübers nach sich. Im vorliegenden Fall jedoch bewirkt diese Intervention eine Stärkung der Erwachsenenrolle und damit des akutellen Erwachsenen-Ich-Zustandes des Klienten, in Übereinstimmung mit der Resonanzhypothese.

Vierter Teil:
Persönlichkeit und Entwicklung

10. Entwurf einer transaktionsanalytischen Theorie der Persönlichkeitsentwicklung

Der dritte Buchteil beschrieb die Gesetzmäßigkeiten der menschlichen Kommunikation, und was diese Regeln sowohl für die Verstärkung von Störungen als auch für die Unterstützung gelingender Entwicklung bedeuten. Die Vielfalt der positiven Gestaltungsmöglichkeiten wurde schließlich in der Differentiellen Regressionsanalyse (Kapitel 9) zusammengeführt, und alle diese Möglichkeiten bündelten sich zu einem gemeinsamen Wirkungskern, der Resonanzthese der Entwicklung: Heilsame Kommunikation zu gestalten und Entwicklungsförderung zu betreiben bedeutet, auf vielfältige Art das Erwachsenen-Ich als Motor der Entwicklung anzusprechen.

Die Resonanzthese erklärt zwar, wo was in der Psyche des anderen „ankommt", aber sie kann nicht erklären, wie sich der Prozeß der Selbstentfaltung vollzieht, der darauf folgen soll. Dieser Frage gilt der vierte Teil dieses Buches. Ziel ist eine allgemeine Theorie der Persönlichkeitsentwicklung, die erklären kann, wie und weshalb heilsame Interventionen entwicklungsfördernd wirken – und zwar unabhängig davon, ob die Person geistig behindert ist oder nicht. Dazu greife ich auf Piagets Theorie der kognitiven Entwicklung zurück und verbinde ihre zentralen Elemente mit Bernes Überlegungen zur Persönlichkeitsstruktur, wie sie von RATH (1992; 1993) neu gefaßt worden sind.

Piagets Theorie auf geistig behinderte Menschen anzuwenden ist nicht neu. Die bisher vorgelegten Ansätze nutzen Piagets Konzepte, um die kognitive Entwicklung geistig behinderter Menschen zu beschreiben und zu erforschen (RAUH 1983; 1983a). In unserem Zusammenhang geht es jedoch um die Entwicklung der gesamten Persönlichkeit. Auch wenn sich die bisherige, an Piaget orientierte Forschung auf den Bereich der kognitiven Entwicklung beschränkte, so legte sie doch eine einheitliche Theorie zugrunde, mit der die kognitive Entwicklung geistig behinderter wie nicht behinderter Menschen gleichermaßen beschrieben wurde. In dieser Hinsicht steht diese Forschungstradition dem hier verfolgten Ansatz sehr nahe.

Dieses Kapitel beleuchtet die Hintergründe einer ganzen Reihe von Konzepten und Überlegungen, die früher in diesem Buch vorgestellt worden sind. Die Exkurse im folgenden Text dienen dazu, diese Anknüpfungspunkte aufzugreifen und in den großen Zusammenhang der Persönlichkeitsentwicklung einzuordnen.

10.1 Piagets Theorie der kognitiven Entwicklung

Jean Piaget ist in erster Linie bekanntgeworden mit seinem Stufenmodell der kognitiven Entwicklung.
Piaget hat seine Theorie der kognitiven Entwicklung, aus dem heraus er die Stufen ableitete, ständig weiterentwickelt und ausdifferenziert. In unserem Zusammenhang ist es nicht erforderlich, seine Theorie in allen Differenzierungen zu erläutern, wie dies z.B. Kesselring (1981) darlegt. Wir beziehen uns auf Piagets Begrifflichkeit, die er 1970 in seinem berühmten Aufsatz im Carmichael's Manual of Child Psychology entwickelt hat (Piaget 1970; deutsch: Piaget 1981; 1983). Zu diesem Zeitpunkt hat er den dialektischen Kern seiner Theorie deutlich herausgearbeitet, auf den wir zurückgreifen wollen. Um diesen Kern erläutern zu können, werden zunächst die elementaren Prozesse der kognitiven Entwicklung kurz dargestellt. Piaget hat nämlich im Grunde genommen ein allgemeines Modell qualitativer Entwicklungsprozesse entworfen, das auch auf die Entwicklung der Persönlichkeit angewendet werden kann.

Piagets Theorie darf in keinem Überblicks- und Lehrwerk der Entwicklungspsychologie fehlen (wie z.B. in Trautner 1978 oder in Oerter u. Montada 1982). Die damit verbundenen Begriffe der Assimilation und der Akkommodation sind zusammen mit der Äquilibration bereits ein Alptraum vieler Studierender, und das eigentliche Herzstück der Piaget'schen Entwicklungs- und Erkenntnistheorie taucht denn in den Lehrbüchern schon gar nicht mehr auf. Es ist dies der Begriff der reflektierenden Abstraktion, und ihm wird der erste Teil dieses Kapitels gewidmet sein. Kesselring (1981) kommt in der deutschsprachigen Piaget-Rezeption das Verdienst zu, die wachsende Bedeutung dieses Begriffs in Piagets Lebenswerk herausgearbeitet zu haben. Darüber hinaus konnte er zeigen, wie sich Piagets Denken zu einer Dialektik entwickelte, die ihn an die Seite Hegels stellt – und das, obwohl Piaget erst kurz vor seinem Tode erstmals Hegels Schriften studierte. Es hat denn auch in der Vergangenheit nicht an verkürzten Darstellungen gefehlt, die Piagets Werk ideologisch vereinnahmt und den eigentlichen Kern seines Denkens verfehlt haben (z.B. Goldmann 1972). Daß dagegen der zentrale Teil des Piaget'schen Denkens in der Psychologie in seiner Bedeutung bisher zuwenig erkannt wurde, hat zum einen seinen Grund sicher darin, daß Piagets Erkenntnisinteresse ein erkenntnistheoretisches und somit philosophisches Interesse war und er selbst das Stufenmodell im Grunde dazu benötigte, um seine erkenntnistheoretischen Annahmen zu belegen (Piaget 1970). Zum anderen liegt ein weiterer Grund darin, daß Piagets grundlegende Annahmen über die Gesetzmäßigkeiten (nicht nur) der geistigen Entwicklung einen hohen Abstraktions- und Komplexitätsheitsgrad haben. Allerdings liegt gerade in diesen Grundannahmen der Wert der Piaget'schen Theorie für die Entwicklungs- und Persönlichkeitspsychologie weit über die Entwicklung des Denkens hinaus.
Kegan (1979) hat diesen Wert klar erkannt und Piagets grundlegende Annahmen in seiner Theorie der Entwicklungsstadien des Selbst konsequent aufgegriffen, wobei er das Verständnis von Piagets Entwicklungsstadien entscheidend vertieft und die Stadien selbst noch weiter fortführt (Souvaine, Lahey u. Kegan 1990; vgl. auch Rosen 1991). Der hier vorgestellte Theorieentwurf ist dieser neo-Piaget'schen Richtung in der Persönlichkeitspsychologie eng verbunden und ergänzt die Überlegungen der genannten Autoren.

Piaget geht grundsätzlich davon aus, daß ein Organismus nicht nur sein Verhältnis zur Umgebung, sondern auch sich selbst steuert und reguliert. Diese Autoregulation zielt darauf, sowohl ein inneres als auch ein äußeres Gleichgewicht herzustellen und zu erhalten. Piaget bezeichnet den Aspekt der Autoregulation, der auf das innere Gleichgewicht gerichtet ist, als Organisation. Umgekehrt bezeichnet er diejenigen Steuerungsprozesse als Adaptation, die auf das äußere Gleichgewicht zielen. Die Organisation ist der Adaptation übergeordnet; sie steuert und regelt die Austauschprozesse, die das äußere Gleichgewicht herstellen (vgl. Abb. 23).

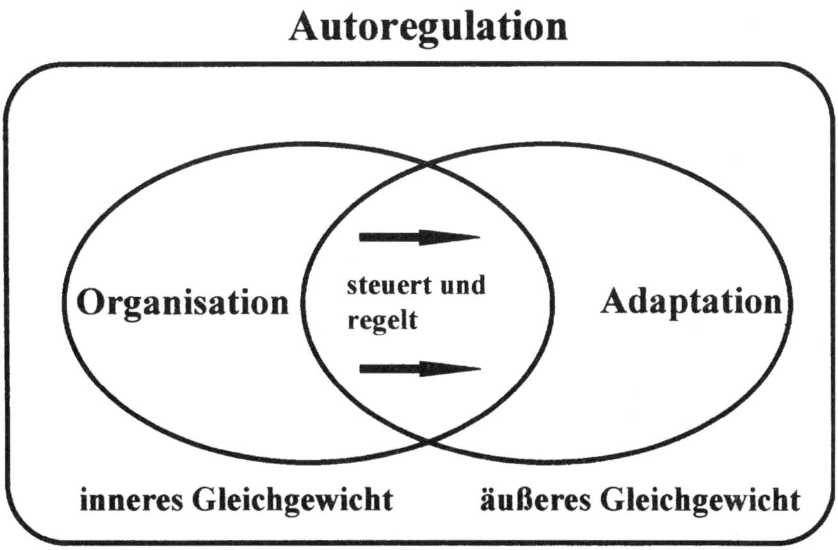

Autoregulation

Organisation — steuert und regelt → **Adaptation**

inneres Gleichgewicht   äußeres Gleichgewicht

Abbildung 23: Die Selbstregulation des Organismus nach Piaget

Bevor der Begriff der Organisation differenzierter dargestellt wird, soll zunächst Piagets Verständnis von Adaptation näher erläutert werden.

Mit dem Begriff der Adaptation greift Piaget den biologischen Grundbegriff der Anpassung eines Organismus an seine Umwelt auf und wendet ihn auf kognitive Prozesse an. Betrachtet man solche Anpassungsprozesse genauer, so zeigen sich gegenläufige und sich ergänzende Prozesse der Assimilation und der Akkommodation, in deren Wechselspiel sich die Adaptation vollzieht.

Die Nahrungsaufnahme beispielsweise ist ein Assimilationsprozeß, in dem der Körper die aufgenommene Nahrung solange umbaut und aufschlüsselt, bis sie seiner Struktur so angeglichen ist, daß er sie verwerten kann. Die Assimilation ist also ein Angleichungsprozeß an eine bereits gegebene Struktur. In gleicher Weise wird nach Piaget jede Information im Zuge der kognitiven Verarbeitung an die bereits vorhandene Struktur angeglichen. Wir assimilieren also alle Informationen, die uns erreichen, da wir sie ansonsten nicht weiter verarbeiten und nutzen können.

Umgekehrt stellt sich der Verdauungsapparat z.B. in der Zusammensetzung der Magensäure auf die zu verdauende Nahrung ein. Diese Angleichung des Verdauungsprozeßes an die aufgenommene Nahrung nennt man Akkommodation. Ein anderes bekanntes Beispiel der Akkommodation ist die Veränderung der Pupillenweite je nach Stärke des Lichts, das auf das Auge trifft. Ebenso verändert sich auch ständig die Art und Weise, in der wir die Informationen assimilieren, die uns erreichen. Eine Akkommodation in der Informationsverarbeitung liegt also vor, wenn die Art der Assimilation verändert wird.

Assimilation und Akkommodation sind nie voneinander isoliert. Vielmehr sind beide untrennbare Teilaspekte der Adaptation, der Anpassung eines jeden Organismus an seine Umwelt. Assimilation und Akkommodation ergänzen und bedingen sich dabei gegenseitig. Es ergibt sich also ein *Prozeß der Selbstregulation*, in dem die assimilierten Elemente die Art der Assimilierung modifizieren (gleich Akkommodation), wodurch wiederum die weitere Assimilierung neuer Elemente gesteuert wird usw. Beispielsweise wird sich die Verdauung auf vegetarische Kost einstellen und diese dann auch immer besser verwerten können. Ein Eisbein, das vor wenigen Jahren noch gut verdaut wurde, bringt dagegen den Magen jetzt völlig aus dem Gleichgewicht.

Die kognitive Entsprechung zur (biologischen) Adaptation nennt Piaget *Äquilibration*. Sie beschreibt für den Bereich der kognitiven Informationsverarbeitung einen Prozeß der Selbstregulierung, in dem in wechselseitiger Beschränkung die Information assimiliert wird und die assimilierte Information ihrerseits die Art und Weise verändert, in der neue Information aufgenommen wird (Akkommodation). Somit ist die kognitive Informationsverarbeitung ein beständiger selbstregulativer Prozeß, in dem wir uns aktiv mit der Umwelt auseinandersetzen. Nach Piaget ist jede beobachtbare Reaktion auf einen Umgebungsreiz der Beleg dafür, daß dieser Prozeß aus Assimilation und Akkommodation stattgefunden haben muß (vgl. PIAGETS Argumentation gegenüber lerntheoretischen Grundannahmen: PIAGET 1970 S. 713-714).

Kann beispielsweise ein schwerstbehinderter Mensch auf die Nennung seines Namens mit einem Laut oder einer Bewegung reagieren, so ist dies weit mehr als nur eine angelernte Reaktion; vielmehr ist sein Verhalten der Ausdruck seines Selbstregulationsprozesses und dessen Leistungsfähig-

keit. Um nämlich überhaupt reagieren zu können, muß der geistig behinderte Mensch in der Lage sein, den Stimulus „Rufen seines Namens" erfolgreich zu assimilieren. Ist nun im Gegenzug die Bezugsperson in der Lage, den Laut oder die Bewegung des geistig behinderten Menschen als relevantes Zeichen zu bewerten, daß der Stimulus erfolgreich verarbeitet wurde, so ist dies wiederum ein Zeichen dafür, daß der Äquilibrationsprozeß aus Assimilation und Akkommodation, diesmal bei der Bezugsperson, leistungsfähig genug war. Das daraus resultierende Verhalten der Bezugsperson ist also Ausdruck ihres eigenen Prozesses. Beispielsweise könnte die Bezugsperson dann reagieren: „Das ist aber schön, daß Du mich hörst", was wiederum als Stimulus für den geistig behinderten Menschen dient, der von ihm neu assimiliert sein will.

Piaget unterscheidet zwei Arten der Akkommodation. Zum einen sieht die eigene Organisation bestimmte Anpassungsmöglichkeiten vor; sie stehen sozusagen abrufbereit zur Verfügung. Beispielsweise ist die Akkommodation der Verdauungsenzyme an die Art der aufgenommenen Nahrung (s.o.) eine solche abrufbare Variante der Akkommodationen, die in der Organisation selbst bereits angelegt ist. Andererseits wären auf dieser Basis Fische nie zu Amphibien und Amphibien nie zu Landbewohnern geworden, wenn es nicht auch eine wesentlich tiefgreifendere Art der Akkommodation gäbe. Diese zweite Art der Akkommodation bedeutet eine Veränderung der gesamten Organisation, die die Austauschprozesse steuert. Mit anderen Worten: Eine vorgesehene Variante abzurufen bedeutet nicht, die Organisation der eigenen Struktur und ihre Gesetzmäßigkeiten selbst zu verändern. Genau dies aber geschieht in der zweiten Form der Akkommodation (vgl. Abb. 24). Sie verändert die Organisation selbst und damit auch grundlegend die Art und Weise, in der sich die Assimilation in Zukunft vollzieht.

Die kognitiven Strukturen passen sich also zunächst im Rahmen der vorgesehenen Spannbreite an die Informationen an, die sie verarbeiten (Akkommodation erster Art). Sie wandeln sich also beständig durch die Hinzunahme bzw. Assimilierung neuer Elemente. Die Grenzen der vorgegebenen Möglichkeiten sind erreicht, wenn die Assimilationsprozesse die Abstimmung nicht mehr leisten können. Einstmals gut akkommodierte Assimilationsprozesse sind so zu schlecht akkommodierten geworden. Darauf hin verändert sich die gesamte Organisation der kognitiven Strukturen (Akkommodation zweiter Art), die dann eine neue, angemessenere Spannbreite an Anpassungsmöglichkeiten (Akkommodationen erster Art) vorsieht. Durch diese Veränderung können nun Informationen in einer neuen Qualität assimiliert werden – vergleichbar dem Fisch, der nunmehr als Amphibie den Sauerstoff nicht nur aus dem Wasser, sondern auch aus der Luft assimilieren kann. Ist die Grenze dieser neuen

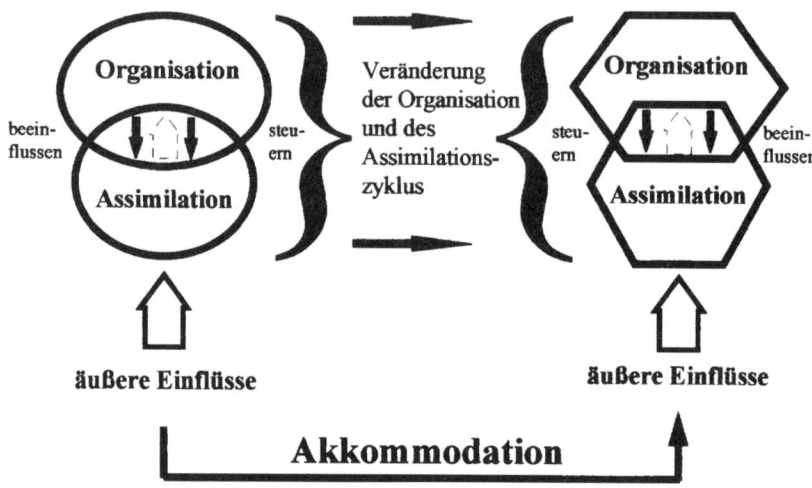

Abbildung 24: Assimilation und Akkommodation

Möglichkeiten erreicht, vollzieht sich erneut eine Akkommodation der zweiten Art.

Damit sind die Grundzüge von Piagets Entwicklungskonzept beschrieben: Entwicklung findet in Zyklen statt, in denen das Ausgestalten der Anpassungspotentiale einer Stufe schließlich zur Neuorganisation der gesamten Struktur auf einer neuen Entwicklungsstufe führt, worauf deren Anpassungspotentiale ausgestaltet werden usw. (vgl. Abb. 25).

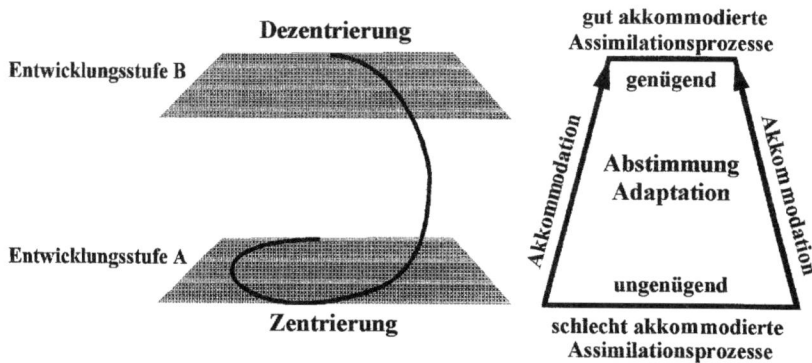

Abbildung 25: Entwicklungszyklen und Entwicklungsstufen

Durch die Unterscheidung der Akkommodation erster und zweiter Art hat sich der Blickwinkel bereits von der Adaptation auf die Organisation verschoben. Mit der Schilderung dieser Anpassungsprozesse und ihrer Entwicklungsdynamik ist zwischen den Zeilen bereits das Wesen der kognitiven Organisation beschrieben worden: Sie regelt und steuert nicht nur die Adaptationsprozesse, sondern auch ihre eigene Veränderung bzw. Entwicklung, um eine Adaptation in neuer Qualität zu ermöglichen. Mit anderen Worten: Die kognitiven Strukturen organisieren sich selbst neu auf einer höheren Entwicklungsstufe. Piaget konzipiert die kognitive Entwicklung also als autopoietischen, d.h. sich selbst schaffenden Prozeß.

Dabei werden die alten Strukturen in den neuen Strukturen in einem doppelten Sinne aufgehoben. Ist die neue Struktur des Denkens erreicht, so läßt sie gleichzeitig die alte Struktur, aus der sie gewachsen ist, hinter sich; sie ist aufgehoben wie ein altes Gesetz durch ein neues. Gleichzeitig ist die alte Struktur in der neuen auch aufgehoben im dem Sinn, daß in der neuen Struktur die alte nicht aufgelöst, sondern gut aufgehoben ist. Diesen Prozeß des doppelten Aufhebens nennt Piaget „reflektierende Abstraktion" (PIAGET 1970a S. 17-19). „Reflektierend" versteht Piaget zunächst im Sinne eines Übergangs von einer Hierarchiestufe des Denkens zur nächsten; für die kognitive Entwicklung meint Reflektion aber auch denjenigen produktiven Prozeß der Reflektion, wodurch „auf der Ebene des Denkens eine Reorganisation stattfindet" (PIAGET 1970a S. 18). Das gilt für Piaget auch für das Denken in seinen einfachsten und frühesten Formen. In der Art also, in der ein Mensch denkt bzw. nachdenkt, wenn er die neue Struktur erreicht hat, spiegelt sich wie ein Widerschein die alte Struktur, die er hinter sich gelassen hat.

Beispielsweise erkundet ein Säugling seine Umgebung, indem er lange Zeit eher zufällig mit seiner Hand die Gegenstände in seiner Reichweite berührt. Mit der Zeit bemerkt er, daß seine Armbewegung an einen Rasselring immer mit einem Klang verknüpft ist. Er beginnt dann, diesen Ring absichtsvoll zu berühren, und das zufällige Anstoßen an irgendwelche Gegenstände nimmt ab. In der Folge beginnt er, auch andere Gegenstände gezielt zu berühren: Er hat ein neues Schema der Erkundung und Auseinandersetzung mit seiner Umgebung entwickelt.

Zwischen der zufälligen und der absichtsvollen Berührung liegen die ersten Anfänge eines Denkprozesses, der mit Herstellen von ganz einfachen Zusammenhängen zu tun hat. Und die absichtsvolle Berührung ist wie ein Widerschein der zufälligen; die zufällige Berührung ist in ihr aufgehoben im doppelten Sinne. Sie ist überwunden, und sie ist in der absichtsvollen Berührung noch deutlich mitenthalten: Der Säugling hat seine zufälligen Bewegungen absichtsvoll koordiniert. Aus dem Schema der ungezielten Bewegung ist durch Koordination das Schema der zielgerichteten Bewegung geworden. Mit dem Begriff „Schema" bezeichnet PIAGET ein kognitives Assimilationsmuster (vgl. KESSELRING 1981 S. 86). Ein Schema ist also eine bestimmte Art und Weise der aktiven Auseinandersetzung mit der Umwelt, auf die sich das Individuum die damit verbundenen Informationen zu eigen macht.

Der zweite Begriff, den PIAGET verwendet, nämlich den der Abstraktion, weist in diesem Zusammenhang auf einen anderen Sachverhalt hin. Die absichtsvolle Berührung ist nämlich wie eine Quintessenz aus all den vorangegangenen zufälligen Berührungen. „Abstract" bedeutet auf englisch eine knappe Zusammenfassung, die alles Wesentliche enthält. Mit diesem kleinen Beispiel wird auch deutlich, daß der Prozeß des Aufhebens und Aufgehobenseins, den PIAGET mit reflektierender Abstraktion bezeichnet, nicht einfach nur andere Strukturen schafft als die vorhergehenden, sondern daß die neuen Strukturen komplexer, differenzierter und strukturierter sind als die vorhergegangenen. Mit anderen Worten: sie befinden sich auf einem höheren Entwicklungsniveau.

Die reflektierende Abstraktion hat also einen nach vorne gerichteten Aspekt, indem sie ein neues Schema aufbaut, und einen rückwärts gewandten Aspekt, indem sie das alte Schema im neuen rekonstruiert und differenziert. Den ersten Aspekt der Konstruktion bezeichnet Piaget mit „reflechissement" und den zweiten Aspekt der Rekonstruktion mit „reflexion" (KESSELRING 1981 S. 146; vgl. Abb. 26).

Eine Veranschaulichung dieser beiden Aspekte ist die Erweiterung des Raumes von zwei auf drei Dimensionen. Mit den beiden Dimensionen 'Länge' und 'Breite' kann man eine Fläche beschreiben, z.B. ein Quadrat. Mit der dritten Dimension der Höhe wird das Quadrat zum Würfel. Damit ist aber nicht einfach nur eine weitere Dimension hinzugekommen. Denn mit der dritten Dimension läßt sich nicht nur der Würfel beschreiben, was in zwei Dimensionen unmöglich war. Vielmehr erlaubt die Konstruktion der dritten Dimension, die beiden ersten ganz neu zu rekonstruieren. Den Würfel kann man mit einer gedachten Säge in alle möglichen Ebenen und Winkel aufschneiden und erhält so eine unendliche Vielzahl neuer (Schnitt-) Flächen. Mit zwei Dimensionen läßt sich dagegen nur eine einzige Fläche beschreiben – sie ist also in der dritten Dimension in mehrfacher Hinsicht aufgehoben.

PIAGET (1970a S. 18-19) faßt zusammen: „Das ist in der Tat unsere Hypothese: Die Wurzeln des logischen Denkens (...) sind ... in der *Koordination* von Handlungen zu finden, die die Basis der reflektierenden Abstraktion sind" (Übersetzung und Hervorhebung durch den Verfasser). Und fast im

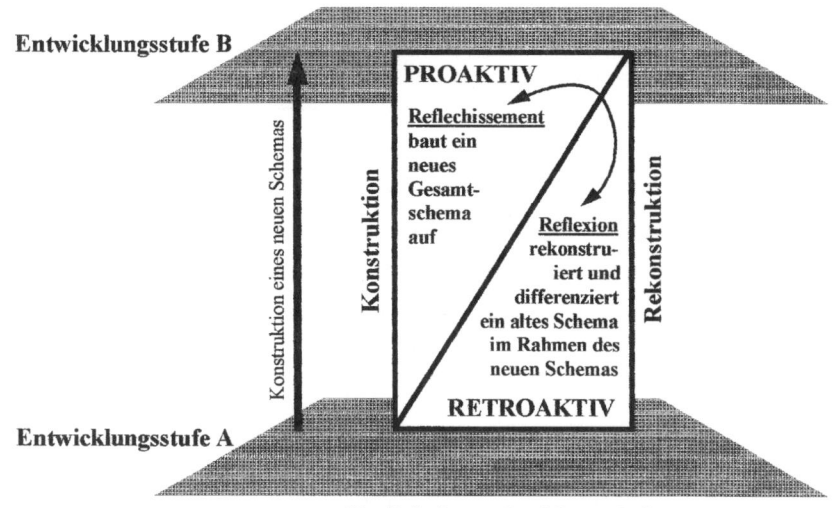

Abbildung 26: Die beiden Aspekte der reflektierenden Abstraktion

gleichen Atemzug verweist er darauf, daß man in einer regressiven Analyse diese Koordination zurückverfolgen könne bis in die vergleichende Biologie organischer Strukturen hinein.

Piaget hat also im Grunde ein dialektisches Modell von allgemeinen Entwicklungs- und Selbstorganisationsprozessen entworfen. Und wenn er schon selbst die Rückführung seiner Hypothese bis in die Biologie hinein thematisiert und damit die Einengung auf das Thema 'logisches Denken' sprengt, so ist es sicher legitim, sein Modell auf die Entwicklung der Persönlichkeit auszuweiten.

Bevor dieser Schritt erfolgt, ist es jedoch erforderlich, auf die Bedeutung von Geschichtlichkeit und Zeit für Piagets Modell hinzuweisen. Die Dimension der Zeit spielt nämlich insofern eine entscheidende Rolle, als durch die reflektierende Abstraktion die aktuelle Erfahrung im Hier und Jetzt und die zeitlich gewordene Struktur des Individuums zu einer neuen Struktur synthetisiert werden. Mit der Entstehung der neuen Struktur ist die nunmehr vergangene, alte Struktur dialektisch aufgehoben. Diese neue Struktur aber erhält mit der Tatsache ihres Entstandenseins bereits selbst wieder die zeitliche Qualität des Gewordenen und Alten und will ihrerseits in einer je neuen Struktur aufgehoben sein. Und diesen Prozeß der qualitativen Weiterentwicklung und des Aufhebens der gewordenen Struktur in eine je qualitativ neue Struktur nennt Piaget eben reflektierende Abstraktion.

10.2 Das Ich-System nach Rath als Struktur- und Organisationsmodell der Psyche

Um nun den Schritt von Piagets Denken zu einer Entwicklungstheorie der Persönlichkeit zu vollziehen, stellt sich die Frage, wie Piagets formal-abstrakte Begriffe der Struktur und Organisation in einer Begrifflichkeit eine Entsprechung finden können, die die Struktur und Organisation der Psyche beschreibt. Zur Beantwortung dieser Frage greifen wir auf Bernes Theorie der psychischen Organe (BERNE 1989[11]) und auf ihre Reformulierung von RATH (1992; 1993) zurück.

Berne „verstand die Psyche als ein Organ, ein komplexes System, das Informationen empfängt und abruft und die Informationen verfügbar macht, während ein Individuum zur Umwelt in Beziehung steht"(HOLLOWAY 1980 S. 31). Genauer noch unterschied Berne drei psychische Organe: „Exteropsyche, Neopsyche und Archaeopsyche werden als psychische Organe betrachtet, die sich phänomenologisch als exteropsychische (z.B. identifizierende), neopsychische (z.B. datenverarbeitende) und archaeopsychische (z.B. regressive) Ich-Zustände manifestieren"(BERNE 1989[11] S. 3). Ein Ich-Zustand seinerseits ist definiert als „ein konsistentes Muster des Fühlens und Erlebens, das direkt mit einem entsprechenden konsistenten Muster von Verhaltensweisen verbunden ist" (BERNE 1966 S. 364).

> Wie bereits im ersten Kapitel ausgeführt, definiert Berne den neopsychischen oder Erwachsenen-Ich-Zustand als „eine selbstbestimmte zusammengehörige Gruppe von Gefühlen, Einstellungen und Verhaltensmustern, die der gegenwärtigen Realität angepaßt sind" (BERNE 1989[11] S. 67). Neben der zeitlichen Qualität der Gegenwart ist das Realitätsprinzip die zweite definierende Komponente für den Erwachsenen-Ich-Zustand.

Im Gegensatz zum Erwachsenen-Ich-Zustand ist der archaeopsychische oder Kind-Ich-Zustand mit der zeitlichen Dimension der Vergangenheit verbunden. Berne definiert den Kind-Ich-Zustand als „eine zusammengehörige Gruppe von Gefühlen, Einstellungen und Verhaltensmustern, die Relikte aus der Kindheit des betreffenden Menschen sind" (BERNE 1989[11] S. 69).

Ebenso wie der Kind-Ich-Zustand ist auch ein exteropsychischer oder Eltern-Ich-Zustand mit der Dimension der Vergangenheit verbunden, denn

Berne bezeichnete diesen Ich-Zustand als einen geborgten Ich-Zustand (BERNE 1966 S. 366); er ist definiert als „eine geschlossene Gruppe von Gefühlen, Haltungen und Verhaltensmustern, die diejenigen einer Elternfigur vergegenwärtigen" (BERNE 1989[11] S. 66). Bei den Eltern-Ich-Zuständen handelt es sich also um die Introjekte von Persönlichkeiten aus der konkreten eigenen Vergangenheit und deren Ich-Zustände.

RATH(1992) weist nun darauf hin, daß Berne die psychischen Organe über ihre Funktionsentfaltung definiert, wie sie mit den Ich-Zuständen beschrieben ist. Die wissenschaftstheoretische Legitimität dieses Definitionsansatzes illustriert Rath mit dem Beispiel der Schwerkraft, deren Funktionsentfaltung mit den Gravitationsgesetzen beschrieben wird, ohne zu wissen, „was die Schwerkraft 'wirklich' ist" (RATH 1992 S. 95). Wissenschaftstheoretisch kritikwürdig ist dagegen Bernes Aufteilung der Psyche in drei Organe. An dieser Stelle setzt Raths Neuformulierung ein, die an Bernes synonyme Bezeichnung der Psyche als Organ und als komplexes System anknüpft.

RATH (1992 S. 98) beschreibt auf diesem Hintergrund die menschliche Psyche wie folgt: „Die Psyche des Menschen ist ein sich selbst-organisierendes System, das sich entfaltet, wenn eine Person durch eine mehr oder weniger intensive energetische oder materielle Transaktion mit der Umwelt in Beziehung steht, und ist selbst wiederum Teil eines Systems komplexerer Ordnung." Neopsyche, Archaeopsyche und Exteropsyche faßt er hierbei als Subsysteme des selbst-organisierenden Systems der Psyche auf. Er fährt fort: „Als Ich-System bezeichnen wir das durch die Subsysteme Neopsyche, Archeopsyche und Exteropsyche strukturierte, sich selbst-organisierende System, das die Psyche des Menschen abbildet. Dieses Ich-System repräsentiert die Persönlichkeit des Menschen (...). Es korrespondiert mit dem Begriff des 'Gesamt-Ichs' bei Freud und dem Begriff des Ichs der Ich-Psychologie. Das Ich-System wird durch seine Funktionen (...) bestimmt und definiert. Als eine zentrale Funktion des Ich-Systems ist die Selbstorganisation anzusehen"(RATH 1992 S. 100).

Rath sieht die Neopsyche als Organisator des Ich-Systems per se (1992 S. 106), indem sie die implizite Ordnung der Psyche im Hier und Jetzt entfaltet. In der Beschreibung dieser Funktion nimmt er Bezug auf die Piaget'schen Konzepte der Assimilation, der Akkommodation und der Äquilibration (RATH 1992 S. 107).

Damit ist die Verbindung zwischen Piagets Konzepten und der Selbstorganisation der Psyche hergestellt, und somit kann der Entwurf einer Entwicklungstheorie der Persönlichkeit in Angriff genommen werden.

10.3 Die Entwicklung der psychischen Struktur

Es ist nach dem bisher Gesagten mehr als naheliegend, in der reflektierenden Abstraktion PIAGETs das definierende Funktionsmerkmal der psychischen Selbstorganisation zu sehen. Mit anderen Worten: Die Selbstorganisation der Psyche generiert in einem kontinuierlichen Auseinandersetzungsprozeß im Hier und Jetzt eine neue Qualität des Ich-Systems bzw. der Persönlichkeit, in der die alte dialektisch aufgehoben ist. Es ist eben nicht nur das (logische) Denken, das sich in der Auseinandersetzung mit der Umwelt in der von Piaget beschriebenen Weise entfaltet, sondern die gesamte Persönlichkeit in allen Aspekten und Funktionsbereichen. Das Ich-System verfügt also insgesamt über im wahrsten Sinne des Wortes autopoietische, d.h. selbstschaffende und selbsterhaltende Eigenschaften. Diese Organisationseigenschaften des Ich-Systems sind das Kennzeichen der Neopsyche und ihrer Verarbeitungsprozesse (s.o.).

Am deutlichsten zeigen sich diese Eigenschaften in der Intuition. Sie ist ein Phänomen neopsychischer Verarbeitungsprozesse, denn intuitive Erkenntnis kann im Sinne PIAGETs verstanden werden als der Moment, in dem durch den Quantensprung der reflektierenden Abstraktion ein neues Schema entsteht.

Das neopsychische System ist somit Ausgangspunkt und Resultat dieses autopoietischen Prozesses.

10.3.1 Exteropsyche und Neopsyche

Das exteropsychische Subsystem nimmt im Reigen der Subsysteme insofern eine Sonderstellung ein, als Berne selbst in seinen Manifestationen psychische Introjekte sieht (s.o.). Dieses Subsystem kann das Wahrnehmen, Denken, Fühlen und Handeln eines anderen Menschen gewissermaßen wie eine Computerdiskette kopieren und auf der eigenen mentalen Festplatte speichern. Hierin liegt noch nicht die eigentliche entwicklungspsychologische Bedeutung dieses Systems der Wahrnehmungsverarbeitung. Die zentrale Bedeutung liegt vielmehr darin, daß die in der Exteropsyche aufbewahrten, enorm komplexen Informationen im neopsychischen Verarbeitungsprozeß abgerufen, aktualisiert und integriert werden können, so daß sie dann nicht mehr nur 'kopiert', sondern einverleibt und der Persönlichkeit zu eigen sind.

Beispielsweise können Kinder im dritten Lebensjahr in der Phase des Spracherwerbs ihre Eltern mit bestimmten Aussprüchen exakt kopieren und mit dieser Kopie zu experimentieren beginnen, indem sie ihre Eltern damit in verschiedenen Situationen konfrontieren und sehr genau die Auswirkungen ihrer Aktion beobachten. Mit jedem Versuchsdurchgang modifizieren sie die ursprüngliche Kopie und eignen sie sich schrittweise an, bis es schließlich ihre eigene effektive Mitteilungsform geworden ist, deren Ursprünge man zwar noch erkennt, die aber ganz deutlich in die eigene Art des Kindes integriert worden ist. Beispielsweise kann ein entschiedenes und kritisch-eingrenzendes „Oh nein" der Eltern auf diese Weise zu einem „Ach nein" voller Inbrunst und Leidenschaft werden, wenn das Kind deutlich macht, daß es etwas ganz bestimmt nicht will.

Das Verhältnis zwischen dem exteropsychischen und dem neopsychischen System ist damit noch nicht hinlänglich beschrieben. Vielmehr ist dem Umstand Rechnung zu tragen, daß die Inhalte des exteropsychischen Systems nicht unabhängig vom Entwicklungsstand des neopsychischen Systems wirksam werden. An dieser Stelle wird der Unterschied zwischen den elterlichen Introjekten im exteropsychischen System und den Erlebten Eltern bedeutsam, wie sie in der kindlichen Persönlichkeit durch den neopsychischen Verarbeitungsprozeß entstehen. Über dieselben Eltern stehen der Persönlichkeit also zwei grundverschiedene Qualitäten von Information zur Verfügung.

Zum einen handelt es sich um die hochkomplexen elterlichen Ich-Zustände, die als Introjekte im exteropsychischen System beheimatet sind. Diese Information ist so komplex, daß sie meines Erachtens mit den bisher entwickelten Modellen der kognitiven Informationsverarbeitung und Gedächtnisbildung nicht zu erklären ist. Von entscheidender Bedeutung ist der Punkt, daß ganz offensichtlich die „Einlagerung" dieser Information relativ unabhängig vom kognitiven Entwicklungsstand bzw. dem Entwicklungsstand des neopsychischen Systems erfolgt. In Trance- oder Regressionsarbeit beispielsweise können Informationen aus dem exteropsychischen System abgerufen werden, die der Klient zu einer Zeit gespeichert haben muß, als er – beispielsweise als Zweijähriger – nach herkömmlichen Vorstellungen der Intelligenz- und Gedächtnisentwicklung sicher nicht in der Lage war, eine derart wirklichkeitsgetreue Verarbeitung und Speicherung dieser Komplexinformation zu leisten.

Dem steht eine Gruppe von Informationen in der Struktur des neopsychischen Systems gegenüber, die die Erlebten Eltern repräsentiert, wie sie der Klient in dem entsprechendem Lebensalter erlebt und im neopsychischen Prozeß auf seinem damaligen Entwicklungsniveau verarbeitet hat. Beispielsweise wird der Klient als Zweijähriger seine Eltern, so wie er sie damals mit allen Zügen des magisch konkreten Denkens erlebt hat und erleben konnte in seine neopsychische Struktur integriert haben.

In seiner Persönlichkeit sind seine Eltern also doppelt repräsentiert, jedoch in sehr unterschiedlichen Qualitäten: Einmal als Introjekte, unabhängig vom eigenen Entwicklungsstand, und zum anderen in Form der Erlebten

Eltern als Teil seiner neopsychischen Struktur, die in immer neue Entwicklungsstufen aufgehoben wurde und wird. Und in jeden neopsychischen Verarbeitungsprozeß, der zu einer neuen Stufe der Entwicklung führt, fließt die komplexe Information der Introjekte aus dem exteropsychischen System wieder mit ein, zusammen mit den Teilen seiner neopsychischen Persönlichkeitsstruktur, für die die Chiffre der Erlebten Eltern steht. KESSELRING (1981) hat ausgehend von PIAGETS Theorie herausgearbeitet, daß logische Widersprüche die Entwicklung des Denkens entscheidend stimulieren, denn die neue Entwicklungsstufe dient dazu, die aufgetretenen Widersprüche aufzuheben. Es bietet sich an dieser Stelle an, dem logischen Widerspruch den Widerspruch psychisch repräsentierter Wirklichkeiten zur Seite zu stellen, wie er soeben in der doppelten psychischen Realität der Eltern-Introjekte und der Erlebten Eltern beschrieben wurde. Geht man diesem Gedanken nach, so erweist sich die Fähigkeit der Introjektbildung in einem weiteren Sinn als grundlegend für die psychische Entwicklung: Ohne sie gäbe es keinen Widerspruch psychisch repräsentierter Wirklichkeiten, der auf Auflösung und Integration drängt und so zum Motor der psychischen Entwicklung wird.

Das Ich-System wird also in seiner neopsychischen Verarbeitung der Realität aus zwei persönlichkeits-internen Quellen gespeist: zum einen aus den gewachsenen neopsychischen Strukturen der eigenen bisherigen Entwicklung, und zum anderen aus den Inhalten des exteropsychischen Systems. Beide Quellen erzeugen in ihrer Widersprüchlichkeit zusammen mit den Einflüssen der äußeren Realität und dem daraus entstehenden weiteren Widerspruchspotential den Impuls, in reflektierender Abstraktion eine neue Synthese zu schaffen, in der die Widersprüche aufgehoben sind.

> Dieser autopoietische Prozess manifestiert sich phänomenologisch im Erwachsenen-Ich-Zustand, wie er in Kapitel 1.2.1 beschrieben wurde.

10.3.2 Das Mißlingen der reflektierenden Abstraktion und das Entstehen des archeopsychischen Ich-Systems

Da die vergangene Struktur stets in der gegenwärtigen aufgehoben ist, so stellt sich die Frage, ob die Unterscheidung in Neopsyche und Archeopsyche im Sinne von RATH (1992) nicht nur von rein akademischem Interesse und damit im Modell verzichtbar ist. Denn konsequent mit Piaget weitergedacht ist eine solche Unterscheidung im Grunde nur der Hinweis auf die Tatsache, daß die Entwicklung der psychischen Struktur der Zeit unterworfen ist und zu verschiedenen Zeitpunkten unterschiedliche Entwicklungsstadien der Struktur in Erscheinung treten. Im Falle idealtypisch gelingender Entwicklung gäbe es dann, wie bereits erwähnt, lediglich zwei Subsysteme: das neopsychische Subsystem, das sich autopoietisch in immer neuen Qualitäten aufhebt, und das exteropsychische Subsystem, das durch Introjektbildung ein nahezu unerschöpfliches Reservoir an komplexen Mustern aus dem Denken, Fühlen, Erleben und Handeln anderer Personen zur Verarbeitung bereithält und zur Bildung immer neuer Widersprüche beiträgt, die die Entwicklung vorantreiben.

Dieser Gedankengang setzt voraus, daß die reflektierende Abstraktion stets und vollständig gelingt, denn in diesem Fall wäre in der Tat die gesamte psychische Struktur in ihrer jeweiligen neuentstandenen Qualität aufgehoben.

An dieser Stelle wird deutlich, daß Piaget ein normatives Modell kognitiver Entwicklung erstellt hat, das in idealtypischer Weise die Gesetzmäßigkeiten einer ungestörten und gelingenden geistigen Entfaltung beschreibt. In der empirisch belegten Realität ist dies jedoch in der kognitiven Entwicklung nicht in jedem Fall gegeben, wie verschiedene empirische Untersuchungen zu Piagets Stufenmodell ergeben. Sie zeigen zwar ganz überwiegend, daß sich die Stufenfolge der Entwicklung kulturübergreifend und unabhängig von der Intelligenz nachweisen läßt, auch wenn das Entwicklungstempo unterschiedlich ist und verschiedene Entwicklungsaufgaben unterschiedlich „anfällig" für Milieu- und Kultureffekte sind (GOODNOW 1969). Nachweisbar ist aber auch, daß bereits errungene Entwicklungsstufen auch wieder aufgegeben werden können (BOVET 1970), was nach der theoretischen Logik Piagets nicht der Fall sein dürfte.

Dem Realitätsprinzip folgend müssen auch das Ich-System und seine Entwicklung so beschrieben werden, daß gelungene und gescheiterte Selbstorganisationsprozesse gleichermaßen abgebildet werden können. Mit der Unterscheidung von Neo- und Archeopsyche können diese Möglichkeiten modellhaft abgebildet werden. Das neopsychische Ich-System entsteht und erneuert sich aus gelingenden Prozessen der reflektierenden Abstraktion, wogegen das archeopsychische Ich-System scheiternde Verarbeitungsprozesse und die hieraus erwachsenden Strukturen abbildet.

BERNE (1989[11]) versteht unter der Archeopsyche die archaischen Relikte aus der Kindheit. Die Bedeutung dieser eindrucksvollen Umschreibung gewinnt in unserem Zusammenhang neuen Sinn; als archaische Überbleibsel der Psyche lassen sich jetzt diejenigen Teilstrukturen begreifen, die nicht in reflektierender Abstraktion aufgehoben und weiterentwickelt wurden. Mit anderen Worten: Es sind die Hinterlassenschaften gescheiterter neopsychischer Verarbeitungsprozesse. Gesunde und pathologische Entwicklung lassen sich also danach unterscheiden, ob eine reflektierende Abstraktion der psychischen Struktur vollständig erfolgen konnte, was die Entwicklungsgeschichte der Neopsyche charakterisiert, oder ob durch eine unvollständige oder gescheiterte Reorganisation von Teilen der psychischen Struktur archaische Relikte zurückbleiben, die in ihrer Gesamtheit die Archeopsyche bilden. Die archeopsychischen Verarbeitungsprozesse sind dementsprechend dadurch gekennzeichnet, daß sie die generative Qualität neopsychischer Verarbeitungssprozesse vermissen lassen, was in der Zeitdimension ausgedrückt einer Verlängerung der Vergangenheit und ihrer Strukturen in die Gegenwart hinein entspricht.

> Phänomenologisch treten diese Strukturen als Kind-Ich-Zustände in Erscheinung (vgl. Kapitel 1.2.1).

Der Umstand, daß es solches Scheitern gibt, ist jedoch noch keine hinreichende Erklärung für das Entstehen des archeopsychischen Systems. Zu klären ist vielmehr, unter welchen Bedingungen der neopsychische Verarbeitungsprozeß scheitern kann. Hierzu greifen wir Bernes Definition der deskriptiven Aspekte eines Kind-Ich-Zustands auf, in dem sich bekanntlich das archeopsychische Subsystem phänomenologisch manifestiert (s.o.). Berne definiert den angepaßten Aspekt des Kind-Ich-Zustands folgendermaßen: „Das *Angepaßte Kind* ist ein archaischer Ich-Zustand, der sich unter dem Einfluß des Eltern-Ich-Zustands befindet, wogegen das *Natürliche Kind* ein archaischer Ich-Zustand ist, der frei ist von solch einem Einfluß oder sich selbst zu befreien versucht" (BERNE 1989[11] S. 25). Aus dem Kontext geht eindeutig hervor, daß Berne diesen Einfluß als einschränkenden oder traumatisierenden Einfluß verstanden wissen wollte. Da Berne die Eltern-Ich-Zustände als Manifestationen des exteropsychischen Systems beschieben hat, so liegt nunmehr der Schluß nahe, daß dieser einschränkende Einfluß dazu geführt hat und immer noch führt, daß der neopsychische Verarbeitungsprozeß sich die damit zusammenhängenden Informationen eben nicht aneignen konnte, wie es weiter oben beschrieben worden ist. Mit anderen Worten: Der neopsychische Verarbeitungsprozeß konnte zu dem Zeitpunkt, als diese problematische Komplexinformation zur Verarbeitung anstand, keine reflexive Abstraktion vollziehen. Das neopsychische System bleibt in diesem betroffenen Teil als 'Bauruine der Psyche' zurück – ein archaisches Relikt.

Das führt in der Folge dazu, daß immer dann, wenn eine vergleichbare Information später verarbeitet sein will, der neopsychische Prozeß für seine aktuelle Integrationsarbeit an diesen Teil seiner Struktur anknüpfen muß, und zwar parallel an den traumatisierenden Inhalten des exteropsychischen Systems und an der dadurch entstandenen 'Bauruine' im archeopsychischen System. Im günstigen Fall kann die Integration bei diesem oder einem weiteren erneuten Anlauf gelingen; damit gelingt auch die reflektierende Abstraktion, und dieser Teil des archeopsychischen Systems ist nunmehr im neopsychischen System aufgehoben.

Die reflektierende Abstraktion kann aber auch erneut scheitern. Dies wird dann der Fall sein, wenn der einschränkende Einfluß aus dem exteropsychischen System weiterhin in gleicher und unverminderter Weise wirksam wird wie beim ersten Mal. In dieser Sicht sind also archeopsychische Verarbeitungsprozesse nichts anderes als diejenigen neopsychischen Verarbeitungsprozesse, die nach wie vor an diesem einschränkenden Einfluß scheitern. Sie manifestieren sich phänomenologisch im Kind-Ich-Zustand, denn im Versuch der Verarbeitung aktivieren sie die dazu gehörige Struktur des archeopsychischen Systems und damit auch das Lebensalter, in dem die reflektierende Abstraktion dieser Struktur gescheitert ist.

10.3.3 Das Scheitern der Integration als Abwehrleistung des Ich-Systems

Die beiden Subsysteme der Extero- und Archeopsyche stehen mit Blick auf die reflektierende Abstraktion in einem unterschiedlichen Bedingungszusammenhang mit dem neopsychischen Subsystem. Reflektierende Abstraktion bedeutet, daß die bereits entstandene Struktur sich selbst in eine neue Struktur hinein aufhebt. Mit anderen Worten: ohne vorhandene Struktur keine reflektierende Abstraktion. Somit sind die jeweils durch die äußeren Impulse angesprochenen Teile des neopsychischen wie des archeopsychischen Systems der unverzichtbare und notwendige Ausgangspunkt eines neuen Integrationsschritts.

Lernt ein Kind neue Spielkameraden kennen, so muß es in seiner Auseinandersetzung mit ihnen auf seine vorhandenen, mit der erlebten Situation korrespondierenden innerpsychischen Strukturen zurückgreifen, gleichgültig, ob es sich um archaische Relikte oder um integrierte Teile des neopsychischen Systems handelt.

Anders dagegen stellt sich das exteropsychische System in seiner Rolle für den neopsychischen Verarbeitungsprozeß dar. Die im exteropsychischen System gesammelten Introjekte können, aber sie müssen nicht mit derselben Notwendigkeit Eingang finden in den Prozeß der reflektierenden Abstraktion. Die Notwendigkeit des exteropsychischen Systems und der darin enthaltenen Introjekte liegt vielmehr in ihrer Überlebensfunktion: Im Moment der physischen Trennung muß der Säugling mit der Mutter psychisch verbunden sein, um die Trennung nicht nur biologisch, sondern psychisch zu überleben. Diese psychische Verbindung entsteht, indem der Säugling die Mutter im Moment der Trennung als Introjekt in sich aufnimmt. Somit ist er in der Lage, die für ihn völlig unabsehbaren Zeiten des Getrenntseins zu überbrücken, denn die Mutter ist als Introjekt weiter bei ihm. WELCH (mündliche Mitteilung) nimmt an, daß die Fähigkeit der reflexhaften Introjektbildung in traumatischen Situationen der fundamentale Überlebensmechanismus der menschlichen Psyche ist. Somit ist die Introjektbildung die erste und grundlegende Abwehrleistung der Psyche, nämlich die Abwehr des eigenen psychischen Todes durch die Trennung von der Mutter.

Übt nun das Introjekt einen einschränkenden Einfluß im Sinne Bernes auf das Ich-System aus, so kann das Ich-System diesen Einfluß abwehren, indem die reflektierende Abstraktion unterbleibt und die Integration aufgeschoben wird. Damit bleibt allerdings auch der anstehende, nächste Entwicklungsschritt in diesem Teilbereich des Ich-Systems aus. Die archaischen Relikte, die hierdurch entstehen, sind der Preis für diesen Aufschub. Knüpft der neopsychische Verarbeitungsprozeß später an diesen Relikten wieder an, so bedeutet das gleichzeitig, daß damit auch der einschränkende Einfluß des exteropsychischen Systems ebenfalls integriert werden muß, der mit dem archaischen Relikt untrennbar verknüpft ist.

Das Ich-System kann jedoch diesen inneren Einfluß erneut abwehren und den Aufschub verlängern. Dies geschieht, indem die Person z.B. in projektiver Identifikation den gescheiterten eigenen Integrationsversuch im Verhalten einer anderen wiederentdeckt und den einschränkenden Einfluß von innen nach außen bringt bzw. externalisiert.

Beispielsweise wird sie dann wie ihre Eltern das Verhalten der anderen Person maßregeln oder bewerten, ohne die Angemessenheit einer solchen Reaktion abzuwägen und ohne die Auswirkungen wach zu beobachten und neopsychisch zu integrieren – im Gegensatz zum oben geschilderten kleinen Mädchen und seinem „Ach nein!". Durch diese Verlagerung des einschränkenden Einflusses nach außen verschafft sich das Ich-System Entlastung.

> Phänomenologisch tritt diese Verlagerung als Eltern-Ich-Zustand in Erscheinung (vgl. Kapitel 1.2.1).

Gelingt dagegen die neopsychische Integration des einschränkenden Einflusses, so werden auch die Abwehrstrategien hinfällig, die mit ihm verknüpft waren.

Damit ist der Begriff des Wiederholungszwanges angesprochen, den bereits Freud (z.B. FREUD 1967[5]) eingeführt hatte. Er schilderte die Notwendigkeit, an den alten, einschränkenden Einflüssen anzuknüpfen. CARUSO (1986) hat eine Interpretation des Wiederholungszwanges vorgelegt, die unseren Überlegungen nahe verwandt ist; indem er an die Dialektik Teilhard de Jardins anknüpfte, konnte er zeigen, daß der Wiederholungszwang von der unbewußten, aber existentiellen Hoffnung gespeist wird, die schlimme alte Geschichte könne *dieses* Mal doch noch ein gutes Ende nehmen. Und dadurch trägt das Urbedürfnis nach Wiederholung einen Heilungs- und Entwicklungsimpuls in sich. Dieser Entwicklungsimpuls entspricht in unserem theoretischen Bezugsrahmen der geschilderten Integration archeopsychischer Anteile.

In der theoretischen Weiterführung greift Caruso (1986) auf den Lebens- und Todestrieb Freuds (1973[23]) zurück, in deren Spannungsfeld er den Heilungs- und Entwicklungsimpuls der Wiederholungsdynamik einbettet. Das Spannungsfeld selbst sieht er jedoch nicht als Gegenstand dialektischer Aufhebung. Piagets Kritik an den Stufen der psychosexuellen Entwicklung trifft somit auch auf Carusos Ansatz zu, denn Piaget weist darauf hin, daß der zugrundeliegende Trieb nach psychoanalytischer Auffassung sich nicht entwickelt oder verändert, sondern sich lediglich auf verschiedene Körperzonen verlagert (Piaget 1970 S. 710).

Die bis jetzt geschilderten Prozesse der Abwehr entsprechen einer neurotischen Entwicklung und ihrer Aufhebung in einem gelingenden, die betroffenen Teile des Ich-Systems integrierenden Entwicklungsschritt.

Die Trübung des Erwachsenen-Ichs als Ausdruck einer neurotischen Entwicklung

In Bernes Lehre der psychischen Störungen werden solche neurotischen Entwicklungen als Trübung beschrieben (BERNE 1989[11] S. 31-34). Eine Trübung liegt dann vor, wenn Teile des Erwachsenen-Ich-Zustands von Inhalten des Eltern- oder des Kind-Ichs überlagert sind. Dadurch hält die Person Behauptungen aus dem Eltern-Ich fälschlicherweise für die Realität in ihrem Erwachsenen-Ich, oder aber sie hält das magisch-phantastische Denken aus ihrem Kind-Ich für erwachsenengerecht und vernünftig (STEWART u. JOINES 1990; zur Klärung des strukturanalytischen Trübungsbegriffs vgl. auch SCHMID 1994).

Eine Trübung durch das Eltern-Ich äußert sich z.B. in Vorurteilen oder moralisch eingefärbten Bewertungen, die sich nicht aus der angemessenen Auseinandersetzung mit der aktuellen Situation ergeben, sondern vorgefaßte und ungeprüfte Haltungen der Autoritäten im Eltern-Ich wiedergeben.

Eine Trübung durch das Kind-Ich äußert sich z.B. in unangemessenen Ängsten oder Elementen magischen Denkens wie Aberglauben und kleinen Wahnideen. Dazu gehört es z.B. beim Segeln, Neptun einen Schluck Schnaps zu opfern oder nicht in der Wagennummer 13 zu reisen (weshalb der ICE nur die Nummern 12 und 14 führt).

Unterliegt man einer Trübung, so ist dieser Umstand nicht bewußt; die Person wird ihre vorgefaßten Haltungen oder ihre unangemessen kindlichen Denkformen vielmehr als angemessene Reaktion erleben. Die Welt ist für sie tatsächlich so: „Irgendwie haben die Eltern von Behinderten doch schuld an der Behinderung" – oder was immer der konkrete Inhalt der Trübung ist.

Wie aus den vorangegangenen Überlegungen zu den Abwehrprozessen deutlich wird, gibt es letztendlich nur eine doppelte Trübung des

Erwachsenen-Ich-Zustands durch das Eltern-Ich und das Kind-Ich, da im Falle einer Störung die Integration von korrespondierenden Inhalten des exteropsychischen und des archeopsychischen Systems gleichermaßen mißlingt bzw. aufgeschoben wird. Die These von der doppelten Trübung als der grundlegenden Trübungsform vertreten auch andere Autoren wie KAHLER (1978) oder ERSKINE und ZALCMAN (1979/1991).

Der Integrationsprozeß der reflektierenden Abstraktion kann jedoch auf eine zweite, tiefgreifendere Weise verhindert werden: Das Ich-System spaltet das exteropsychische System mit seinem Introjekt ab, indem es das Introjekt zwar aus Überlebensgründen aufnimmt, aber nicht annimmt im Sinne einer substantiellen Integration in das Ich-System. Der neopsychische Verarbeitungsprozeß nutzt also die komplexen Informationen, die ihm das exteropsychische Teilsystem zur Verfügung stellt, nicht oder nur bruchstückhaft. Die reflektierende Abstraktion bleibt aus, weil sie keine Ausgangsbasis hat; die Strukturen, die es zu integrieren gilt, sind zwar vorhanden, aber abgeschottet. Auch auf diese Weise entstehen archaische Relikte. Im oben geschilderten Fall der neurotischen Entwicklung ist es der einschränkende Einfluß von Inhalten des exteropsychischen Systems auf den Prozeß, der zur Entstehung archaischer Relikte führt; hier ist es das Fehlen von Einflüssen aus dem abgeschotteten exteropsychischen System, das die Bildung solcher Relikte zur Folge hat. Je nachdem, wie weitgehend das Ich-System die Introjekte des exteropsychischen Subsystems isoliert, kann ein großer und auch überwiegender Teil des sich entwickelnden Ich-Systems archeopsychische Eigenschaften annehmen.

Das ausschließende Kind-Ich als Manifestation einer psychotischen Entwicklung

BERNE (1989[11] S. 27-31) spricht in diesem Zusammenhang von ausschließenden Ich-Zuständen. Im oben geschilderten Fall wird das Eltern-Ich (zusammen mit dem sich erst gar nicht richtig entwickelnden Erwachsenen-Ich) durch das Kind-Ich ausgeschlossen: Das Kind-Ich ist der ausschließende Teil der Persönlichkeit. Im Falle einer psychotischen Störung zeigt sich dieser Ausschluß darin, daß die Person nicht über sich, den Ort und die Zeit orientiert ist (Ausschluß des Erwachsenen-Ichs) und nur über primitive Wertorientierungen aus dem Kind-Ich verfügt (Ausschluß des Eltern-Ichs).

RIEDEL (1993a) wendet Bernes Lehre der strukturellen Pathologien auf die Psychodiagnostik geistig behinderter Menschen an und diskutiert

> ihre Möglichkeiten und Grenzen. Er beschreibt hierbei eine Reihe von weiteren Formen der Pathologie, die im Rahmen des vorliegenden Buches weiter nicht behandelt werden.

Werden die so entstandenen archeopsychischen Strukturen in reflektierender Abstraktion aufgehoben, so erfordert ihre Integration in die neopsychische Struktur im Gegensatz zur neurotischen Entwicklung (s.o.) nicht, daß der einschränkende Einfluß des exteropsychischen Systems mit aufgehoben wird. Weil dieser Einfluß durch Abspaltung verhindert wurde, ist das Ich-System in der Lage, die alten, einschränkenden Introjekte durch neue zu ersetzen und ihren günstigen Einfluß zur Integration zu nutzen. Dieser Prozeß der Abwehr und Neuintegration entspricht der psychotischen Entwicklung und ihrer Aufhebung in einem gelingenden Entwicklungsprozeß, der die archaischen Relikte mit Hilfe neu auf- und angenommener Introjekte integriert. Die Neubeelterungstherapie (SPRINGER 1994) setzt genau an diesem Punkt an. Sie ermöglicht den psychotischen Klienten eine Wiederholung ihrer psychischen Entwicklung in tiefer Regression und damit die Bildung neuer, günstig wirkender Introjekte.

> **Die Bildung neuer Introjekte in der aggressiven Eskalation als Chance der Persönlichkeitsentfaltung**
>
> Damit ist auch der Hintergrund klar geworden, auf dem diejenigen Interventionen ihre Wirksamkeit entfalten können, die im Kapitel 7 für den Umgang mit aggressiven Eskalationen geschildert wurden. Mit dem geistig behinderten Menschen eine solche Eskalation im Kontakt durchzustehen bedeutet, daß er gerade in der Eskalation seine Bezugspersonen als neue Introjekte in sich aufnehmen kann. Dadurch kommt er in die Lage, seine Integrationsprozesse wiederzubeleben. Auch wenn geistig behinderte Menschen, die bis in den Kontrollverlust aggressiv werden können, nicht mit psychisch kranken Menschen gleichsetzbar sind, so ergibt sich doch hier eine wichtige Gemeinsamkeit: In der Eskalation beleben sie in tiefer Regression die Fähigkeit und die Erfahrung der elementaren, alles mitreißenden Wut des Säuglings und wollen wie er mit und über der Wut Kontakt und Zuwendung erfahren. Und über dieser Urwut eröffnet sich den psychisch kranken wie geistig behinderten Menschen gleichermaßen die Möglichkeit, neue Introjekte dort zu bilden, wo die alten zur Bedrohung wurden. Die durch vielfache Erfahrung immer neu bestätigten positiven Auswirkungen gemeinsam durchgestandener Eskalationen sind Hinweise auf den neu beginnenden Integrationsprozeß, der dadurch ermöglicht wird.

10.4 Regression, Integration und die Entwicklung der Persönlichkeit

Die reflektierende Abstraktion beschreibt, wie sich das Ich-System transformiert und sich selbst auf neuen Entwicklungsstufen rekonstruiert. Dabei integriert es die Informationen aus der Umwelt, die eigene, gewachsene Struktur mit ihren Informationen und die Inhalte, die mit den Introjekten im exteropsychischen Teilsystem eingebettet sind. Neurotische und psychotische Verarbeitungsweisen erweisen sich hierbei nicht als Fehlfunktion oder Defekt, sondern als Phänomene, die aus den intakten Abwehrstrategien des Ich-Systems resultieren. Die Abwehr richtet sich dabei sowohl gegen unmittelbar einwirkende, traumatisierende Einflüsse aus der Umwelt, als auch gegen die innerpsychischen Einflüsse, die mit den Introjekten und dem Versuch ihrer Integration wirksam werden. Das Phänomen der Regression erklärt sich in diesem Zusammenhang daraus, daß der neopsychische Prozeß der reflektierenden Abstraktion an den bereits entwickelten Strukturen und Inhalten des Ich-Systems anknüpfen muß. Dieses Zurückgehen auf die vorhandenen Entsprechungen in der eigenen Struktur (oder auf lateinisch: diese Regression) findet also immer statt. Die Frage ist lediglich, wie weit dieser Rückgriff reicht bzw. reichen muß. Die Abwehrstrategien bewirken einen auch mehrfach wiederholbaren Aufschub der integrierenden Verarbeitung einschränkender Einflüsse. Sie zielen damit auf eine spätere Integration unter günstigeren Bedingungen und damit letztlich auf die Aufhebung der betroffenen Teile des Ich-Systems im neopsychischen System. Der Rückgriff auf die strukturellen Entsprechungen des Ich-Systems, der dann erfolgen muß, reicht dann soweit in die eigene Vergangenheit, daß der angesprochene Zeitraum des Aufschubs überbrückt wird. Je früher die Abwehr einsetzt und je länger der Aufschub aufrechterhalten wird, desto tiefgreifender wird die Regression sein, wenn die problematischen Inhalte endlich integriert werden können.

Die Regressionsanalyse, die Bildung „geschwisterlicher" Introjekte und ihre Funktion für die Persönlichkeitsentwicklung

In dieser Perspektive läßt sich der Ansatzpunkt der Regressionsanalyse (vgl. Kapitel 9) genauer beschreiben. Indem der Therapeut in der Kindrolle selbst ein frühes Entwicklungsalter realisiert, umgeht er die neuerliche Abwehr, die daraus entstehen kann, wenn er in der Elternrolle agiert und der Klient in der Übertragung zu viele unliebsame Anklänge an seine problematische, verinnerlichte Elternfigur erlebt. In der Regressionsanalyse wird dagegen ein direkter Anknüpfungspunkt für die Integration der archeopsychischen Anteile geschaffen. Ergänzend hierzu bietet die Regressionsanalyse dem Klienten die Möglichkeit, ein ausgleichendes und ergänzendes Introjekt zu schaffen. Und dieses Introjekt beinhaltet diesmal nicht eine weitere Elternfigur, sondern es bildet sich ein geschwisterliches Introjekt. Dieses beinhaltet völlig andere Qualitäten und bietet andere Ausgleichs- und Kompensationsmöglichkeiten als eine verinnerlichte Elternfigur. Beispielsweise ist einem Fünfjährigen die blitzschnelle und sichere Orientierung in neuen Situationen noch genauso leicht zugänglich wie intuitive, zielsichere und richtige Entscheidungen in unübersichtlichen Situationen – Fähigkeiten, die den Elternfiguren selbst im günstigen Fall längst nicht mehr so unmittelbar zur Verfügung stehen. Dadurch stellt das geschwisterliche Introjekt diejenigen Bewältigungsmöglichkeiten unmittelbar zur Verfügung, die der Klient zum Zeitpunkt seiner seelischen Verletzung gebraucht hätte und die er jetzt in der therapeutischen Regression neu entfalten muß, um sein Problem zu lösen.

Die Resonanzthese der psychischen Entwicklung beschrieb in Kapitel 9.4, daß jede Intervention aus der Erwachsenenrolle oder einer positiven Eltern- oder Kindrolle ihren strukturellen Ursprung im Erwachsenen-Ich des Therapeuten hat. Und wie der Resonanzkörper einer Gitarre mit der Saite schwingt und so erst ihren Ton zum Klingen bringt, so besetzt der geistig behinderte Partner in Resonanz auf die Intervention sein eigenes Erwachsenen-Ich mit Energie und treibt seine eigene Entwicklung voran – unabhängig von seinem aktuellen oder aktualisierten Alter oder dem des Therapeuten. Und im Erwachsenen-Ich manifestiert sich das neopsychische System, wie in diesem Kapitel deutlich geworden ist. Indem also der geistig behinderte Partner den Therapeuten als geschwisterliches Introjekt verinnerlicht, kann sein neopsychisches Ich-System darauf zurückgreifen und mit seiner Hilfe die archeopsychischen Relikte integrieren, die seine Entwicklung bisher blockiert haben.

Die drei Teilsysteme des Ich-Systems bilden also miteinander eine funktionsteilige Einheit, die sich im neopsychischen Verarbeitungsprozeß der reflektierenden Abstraktion selbst organisiert und entfaltet. Die Art und Weise dieser Selbstentfaltung beinhaltet dabei verschiedene Möglichkeiten des Störungsausgleichs und der „Fehlerkorrektur". Die Entwicklung der Persönlichkeit läßt sich nunmehr als ein neopsychisch koordiniertes Ineinandergreifen von Prozessen gelingender Integration und von Prozessen abwehrendem Aufschubs beschreiben. Die Logik der Entwicklung zielt hierbei stets auf die Integration aller Anteile zur nächsten Stufe der Persönlichkeitsentwicklung im neopsychischen System. Auf dieses System sind die anderen beiden Subsysteme hingeordnet; sie dienen in unterschiedlicher Weise seiner Entfaltung und Stabilisierung gleichermaßen.

Die besprochenen Verarbeitungsprozesse können jedoch in ihrem Funktionsablauf auch selbst gestört sein. HARTMANN und ROHMANN (1984) haben eine Zwei-Prozeß-Theorie der Informationsverarbeitung entwickelt, mit der sie die daraus resultierenden Desintegrationsprozesse beschreiben, was ELBING (1992) zu einer Prozeßtheorie der Desintegration und Integration der Informationsverarbeitung erweitert hat. Dieser Ansatz ist vor allem von Bedeutung zur Erklärung autistischer Phänomene (vgl. ROHMANN 1985) und bestimmter Formen des Kontrollverlusts bei schweren Autoaggressionen (vgl. ROHMANN U. HARTMANN 1988).

> Heilsame Kommunikation und die Integration der Persönlichkeit
>
> Diese Ausrichtung auf die Integration im neopsychischen System wird nachdrücklich unterstützt durch solche Formen der Kommunikation, die den Partner in seinem Erwachsenen-Ich ansprechen (vgl. Kapitel 8.3). Im Kapitel 1 wurde bereits die Entsprechung zwischen der Erwachsenenrolle, den positiven Eltern- und Kindrollen und dem Erwachsenen-Ich herausgearbeitet (Kapitel 1.3). An dieser Stelle klärt sich nun, in welcher Weise solche Transaktionen die persönliche Integration und damit die Persönlichkeitsentwicklung des Gegenübers unterstützen. Den Partner aus verschiedenen Rollen heraus in seinem Erwachsenen-Ich zu stimulieren bedeutet, die neopsychischen Integrationsprozesse mit „Nahrung" zu versorgen, die sich eben im Erwachsenen-Ich-Zustand manifestieren.

Die Ich-Zustände entwickeln sich als phänomenologische Manifestationen dieses Ich-Systems nicht nacheinander, sondern sie spiegeln den beständigen Differenzierungs- und Wandlungsprozeß des Ich-Systems in seinen Subsystemen von Anfang an. Und sie spiegeln seine Auseinandersetzung mit der vorgefundenen Umwelt, die untrennbar mit diesem Wandlungsprozeß verbunden ist.

Auch Berne ging ganz offenkundig davon aus, daß sich die Ich-Zustände nicht nacheinander, sondern miteinander entwickeln, indem er in seiner Strukturanalyse dritter Ordnung ein EL_0, ER_0 und K_0 im K_1 annahm (SCHLEGEL 1984[2]). Berücksichtigt man hierbei auch Bernes Annahme der psychischen Organe, wie sie von RATH (1993) aufgegriffen und systemisch reformuliert worden ist, so erscheint es logisch zwingend, daß ebenso wie die psychischen Organe bzw. Systeme auch die Ich-Zustände in ihren Ansätzen von Anfang an angelegt sind und sich entwickeln – im Gegensatz zu den verbreiteten Entwicklungsansätzen von LEVIN-LANDHEER (1982) sowie WOOLAMS und BROWN (1978), die in zeitlicher Folge aufeinander aufbauend und nacheinander die Ich-Zustände entstehen lassen.

Der Entwicklungsprozeß, der sich aus den geschilderten Integrationsleistungen der Persönlichkeit ergibt, läßt sich in Entwicklungsstufen oder -stadien beschreiben. PIAGET (1970) konnte bereits im Rahmen seiner Theorie den Nachweis führen, daß die geschilderten Gesetzmäßigkeiten der Entwicklung eine Entwicklung in aufeinander aufbauenden Stufenfolgen zur Konsequenz haben. In diesem Bezugsrahmen lassen sich die klassischen psychosexuellen Entwicklungsstufen nach Freud genauso einordnen wie etwa das Stufenmodell von ERIKSON (1966). ERIKSON (1963²) selbst hat in seiner Entwicklungstheorie den Prozeß des dialektischen Aufhebens angedacht, ohne ihn ausdrücklich zum Gegenstand seiner theoretischen Überlegungen zu machen. Er wies z.B. darauf hin, daß das Thema des Urvertrauens im Laufe der Entwicklung mehrfach wiederkehrt, indem es auf einer höheren Entwicklungsstufe in abgewandelter Form wieder zutage tritt bzw. in unserem Sinne in ihr aufgehoben ist (vgl. auch SROUFE 1979).

Skript, Skriptentwicklung und die Entwicklung der Persönlichkeit

Die Theorie der Persönlichkeitsentwicklung beschränkt sich darauf, Strukturen und Prozesse einander zuzuordnen und ihr Zusammenwirken zu beschreiben. Was das für einen bestimmen Menschen konkret bedeutet, ist im Grunde völlig offen, denn dieses Modell ist bisher noch nicht mit den Inhalten einer persönlichen und unverwechselbaren Geschichte gefüllt. Genau das leistet die Skript-Theorie, wie sie in den Kapiteln 2 und 3 vorgestellt wurde. Die Einschärfungen im Skript lassen sich unschwer mit den einschränkenden Einflüssen des exteropsychischen Systems in Verbindung bringen; sie wurden oben beschrieben, um das Scheitern der reflektierenden Abstraktion zu erklären. Das archaische Relikt, das durch einschränkende Einflüsse entsteht, hat seine Entsprechung in den konkreten Skriptentscheidungen der jeweiligen Persönlichkeit. Im Kapitel 2.3.3 wurde herausgearbeitet, welche positive und überlebenssichernde Funktion Skript- bzw. Überlebensentscheidungen haben: Sie bewahren dem Kind eine Entwicklungschance trotz und angesichts der destruktiven Grundbotschaften. In diesem Kapitel wird jetzt die Abwehrleistung der Psyche hinter diesen Entscheidungen deutlich: Überlebensentscheidungen sind Ausdruck des Aufschubs, den sich die Neopsyche verschafft, um später eine Integration unter günstigeren Bedingungen zu ermöglichen.

Das Programm in der Skript-Theorie (Kapitel 2.3.4) schließlich ist die konkrete Gestalt eines Introjekts, das in das exteropsychische System eingebettet ist. Die Beschreibung, wie das neopsychische System diejenigen Informationen integriert, die ihm mit dem Introjekt zur Verfügung stehen, macht jetzt auch die Prozesse klar, wie sich die Person das Programm von Frausein und Mannsein, von Mutter- oder Vatersein aneignet. Dadurch wird das Programm eigentlich erst wirksam.

Die Skriptstabilisierung zwischen Abwehrleistung und Integrationsversuch

Maschen, Spiele und Maschensystem – das sind die Konzepte, mit deren Hilfe im fünften und sechsten Kapitel der Teufelskreis der selbsterfüllenden Prophezeiung beschrieben wurde. Das Bedürfnis, sich hierdurch sein Skript und seine Lebensposition zu bestätigen (vgl. Kapitel 3.5), läßt sich auf den nunmehr geschaffenen theoretischen Grundlagen anders und differenzierter beschreiben. Hinter diesem „Bedürfnis" (wie auch hinter dem Wiederholungszwang; vgl. Anmerkung oben) steht die Notwendigkeit, zur Integration gerade auch an denjenigen Strukturen der Psyche anzuknüpfen, die durch Einschränkung oder Verletzung entstanden sind, und sie in einer neuen Qualität aufzuheben und dadurch zu überwinden. Das, was wie ein Bedürfnis nach Skriptbestätigung erscheinen kann, ist also eine Manifestation der zugrundeliegenden Arbeitsweise des Ich-Systems. Es handelt sich also nicht um ein Bedürfnis oder einen Zwang, sondern um schlichte Notwendigkeit, wenn wir unbewußt ähnliche Abläufe einfädeln wie die, an deren Ende eine Verletzung für uns stand. Wir müssen dort anknüpfen, um darüber hinaus zu wachsen.

Die Art und Weise jedoch, in der wir diese Anknüpfung gestalten, entscheidet darüber, ob eine Integration gelingen kann oder nicht. Wie oben dargestellt, kann das Ich-System die anstehende Integration ein weiteres Mal aufschieben, was sich im Eltern-Ich-Zustand manifestiert. Oder das Ich-System wagt einen Integrationsversuch – was sich im Falle des Scheiterns im Kind-Ich-Zustand manifestiert (s.o.). Beginnen wir also ein Spiel oder lassen wir uns zu einem Spiel verlocken, so ist dies gleichbedeutend mit einer Integrations-Chance. Aus dem Spiel „auszusteigen" und die Auszahlung nicht abzukassieren bedeutet, daß unser Integrationsversuch diesmal gelungen ist. Beenden wir das Spiel in der Opfer-Position bzw. im Kind-Ich-Zustand, so war das Ich-System zur Integration bereit, auch wenn sie noch nicht gelungen ist. Beenden wir das Spiel dagegen in der Verfolger-Position bzw. im Eltern-Ich-Zustand, so korrespondiert damit ein weiterer Aufschub der Integration – das Ich-System hat die Integration sozusagen aus Sicherheitsgründen abgesagt.

Somit stellt sich die Verstärkung des Skripts als eine wachsende Serie gescheiterter und/oder aufgeschobener Integrationsversuche dar, die selbst auch mit integriert sein will: Nicht nur die ursprüngliche Verletzung, sondern auch die schmerzhafte Geschichte der gescheiterten Selbstheilungsversuche will mit aufgehoben sein. Es leuchtet ein, daß die Integration mit wachsender Länge der unglücklichen Lösungsgeschichte nicht einfacher wird. Das Bedürfnis nach Skripterfüllung wird in dieser Sicht mehr zu einem wachsenden Hemmnis, dem eigentlichen Bedürfnis nach Integration und Lösung zum Durchbruch zu verhelfen (vgl. hierzu auch KEGAN 1979; ROSEN 1991; siehe auch KÖNIG 1995; 1996 aus analytischer Sicht).

10.5 Persönlichkeitsentwicklung und geistige Behinderung

In diesem Kapitel war viel Denkarbeit und Energie nötig, um eine allgemeine Theorie der Persönlichkeitsentwicklung herzuleiten, die geistig behinderte Menschen theoretisch nicht aus-, sondern einschließt. Darüber drängt sich allmählich die Frage auf: Worin unterscheidet sich ein geistig behinderter von einem nicht behinderten Menschen in seiner Persönlichkeitsentwicklung? Denn es kann schließlich nicht der Sinn der Überlegungen sein, Beeinträchtigung und Behinderung auf hohem theoretischen Niveau zu leugnen. Folgt man den vorangegangenen Gedanken, so liegt der Unterschied sicher nicht in der grundsätzlichen Art und Weise, in der sich die Persönlichkeit entfaltet. Wie alle physikalischen Körper den Gesetzen der Massenanziehung unterliegen – gleichgültig, wie sie ansonsten beschaffen sind –, so unterliegen auch verschiedene Menschen denselben Gesetzen der Persönlichkeitsentwicklung. Geistig behinderte und nicht behinderte Menschen durchlaufen in der Folge auch die gleichen Entwicklungsstufen, wenn auch mit unterschiedlichem Entwicklungstempo.

Und das ist nicht nur graue Theorie. Cicchetti und seine Mitarbeiter (CICCHETTI U. SROUFE 1976; 1978; vgl. auch CICCHETTI, GANIBAN U. BARNETT 1991) haben mehrfach nachgewiesen, daß Kinder mit Trisomie 21 trotz ihrer deutlich anderen neurophysiologischen Funktionsweise die gleichen Entwicklungsstufen durchlaufen wie nicht behinderte Kinder – was im übrigen für mißhandelte Kinder auch gilt. Unterschiede ergeben sich im Entwicklungstempo, jedoch nicht in den grundsätzlichen Eigenschaften der herausgebildeten Entwicklungsstufen.

Es gilt also, ein Verständnis von geistiger Behinderung zu entwickeln, das an einem anderen Punkt ansetzt. Hierzu greifen wir auf die Tätigkeitspsychologie zurück, wie sie etwa von JANTZEN (1981) und FEUSER (1986) in der Behindertenpsychologie und -pädagogik vertreten wird. Die Unterschiede in der Entwicklung liegen auch nach ihrer Auffassung nicht darin, daß die Entwicklung geistig behinderter Menschen eigenen Gesetzen folgt. Vielmehr liegen sie in den inneren und äußeren Bedingungen, mit denen verschiedene Menschen im Verlauf ihrer Entwicklung zurechtkommen müssen. Geistig behinderte Menschen müssen sich in ihrer Selbstentfaltung mit Bedingungen auseinandersetzen, die in besonderer Weise einschränkend und isolierend wirken. Isolierende Bedingungen treten dann ein, wenn „eine Störung im ‚Stoffwechselprozeß' des Menschen mit der (gesellschaftlichen und realen) Natur" vorliegt (EGGERT 1990 S. 50). Die konkrete Entwicklung eines behinderten Menschen kann durch sehr unterschiedliche Schädigungen eingeleitet sein (z.B. genetischer Schaden bei Trisomie 21, Hirnschädigung duch Sauerstoffmangel bei Geburt, Hirnhautentzündung usw.). Diese Menschen müssen sich dann mit einer Umwelt auseinandersetzen, die ihnen nur eine mühsame Adaptation erlaubt. Beispielsweise erleben sie und ihre Bezugspersonen das Trauma der verlorenen Intuition, wie es im Exkurs in Kapitel 3.1 beschrieben ist. Es fehlen ihnen also von Beginn an solche Anforderungen aus der Umwelt, die auf sie und ihre spezielle Weise der Auseinandersetzung abgestimmt sind. Dadurch können geistig behinderte Menschen nur mühsam die Impulse aus der Umwelt in den neopsychischen Prozeß der Selbstentfaltung integrieren. In der Folge „kommt es zu Entwicklungsrückständen, ... die dann aufgrund der zu erwartenden reduzierten Arbeitsfähigkeit, eingeschränkten Geschäftsfähigkeit, ästhetischen Abweichung und historisch übernommenen Gewohnheiten im Umgang mit Minderheiten als geistig behindert klassifiziert werden. ... Aus Gesichtspunkten der Analyse menschlicher Tätigkeit und menschlicher Entwicklung ist eine solche Einschätzung völlig falsch. ... *Geistige Behinderung bedeutet Aufbau der Individualität, Aufbau der Persönlichkeit und Aufbau der Identität unter extrem isolierenden Bedingungen*" (JANTZEN 1981; vgl auch JANTZEN 1993a). Geistige Behinderung ist also eine Entwicklungs*leistung*; sie ist das Ergebnis der eigenen aktiven Entwicklungsgestaltung unter extrem isolierenden Bedingungen. Nicht der Mensch ist als solcher behindert, sondern seine Selbstentfaltung in der aktiven Auseinandersetzung mit seiner Umwelt.

Mit seiner Auffassung von geistiger Behinderung greift JANTZEN (1980; 1981) auf die materialistische Psychologie und Behindertenpädagogik von WYGOTSKI zurück, der bereits 1924 einer biologistischen Auffassung von geistiger Behinderung entgegengetreten ist. Er stellte das Postulat auf, daß „alle eindeutig psychologischen Besonderheiten behinderter Kinder ihrer Grundlage nach nicht biologischer, sondern sozialer Natur" sind (WYGOTSKI 1975). Er folgert daraus, daß es auch keine besonderen Erziehungsmethoden oder einen besonderen Erziehungsprozeß für geistig behinderte Kinder gibt. In der Konsequenz führte Feuser langjährige integrative Schulversuche mit geistig oder körperlich behinderten und anderen Kindern durch (FEUSER 1986; zit. nach EGGERT 1990).

Um nicht in einen naiven pädagogischen Optimismus zu verfallen ist es wichtig, nochmals auf den Begriff der isolierenden Bedingungen zurückzukommen. Liest man diesen Begriff einseitig als „soziale bzw. gesellschaftliche Bedingungen", so beinhaltet er eine stark vereinfachende Gesellschaftskritik und eine Vision, die dem Motto folgen: Bei günstigen sozioökonomischen Bedingungen gibt es keine Behinderung. Diese Lesart wird dem Begriff und auch dem komplexen Denken Wygotskis und seiner Schüler nicht gerecht. Wie EGGERT (1990) verdeutlichte (s.o.), ist der Begriff der „isolierenden Bedingungen" ein interaktionales Konzept, das dem Adaptationsbegriff Piagets zuzuordnen ist. Beide Begriffe beschreiben aktive Austausch- und Anpassungsprozesse zwischen dem Individuum und seiner Umwelt. Nicht die Umwelt an und für sich ist also schlecht, sondern der Austausch steht unter verbindenden oder isolierenden Bedingungen, die eine körperliche Schädigung genauso umfassen können wie eine wenig entgegenkommende Umwelt. Erst das ungünstige Zusammenwirken solcher Elemente führt zu isolierenden Bedingungen.

10.6 Entwicklung, geistige Behinderung und Psychotherapie

Was ist mit der vorgelegten Theorie der Persönlichkeitsentwicklung und diesem Verständnis von geistiger Behinderung für unseren Zusammenhang gewonnen?
An erster Stelle ist es jetzt möglich, die Persönlichkeitsentwicklung geistig behinderter Menschen als eigenständige Entwicklungsleistung zu begreifen (HENNICKE U. ROTTHAUS 1993, S. 11), und zwar unabhängig davon, wieviele der möglichen Entwicklungsstufen sie erklimmen werden. Man braucht also geistig behinderte Menschen nicht mehr durch Entwicklungsvergleiche abzuwerten, die auf ein „Schlechter" oder „Weniger" hinauslaufen und die Entwicklungsleistung hinter dem Erreichten ignorieren; auf der anderen Seite kann die Entwicklungsleistung geistig behinderter Menschen als eigenständige Leistung gewürdigt werden, ohne die Tatsache leugnen zu müssen, daß sie hierbei über bestimmte Entwicklungsstufen noch nicht hinausgekommen sind. Über dem Erreichten muß also nicht die Leistung geleugnet werden, und über der Leistung nicht das Erreichte.
Auf diesem Hintergrund ist es nicht mehr möglich, geistige Behinderung als Eigenschaft zu denken, die wie in Granit gemeißelt zum Charakter der Person gehört. Darin liegt ein weiterer Vorzug des hier entwickelten Verständnisses, daß statt dessen der Begriff der Behinderung mit dem Austauschverhältnis zwischen Person und Umwelt verbunden ist. Behinderung ist nunmehr eine Chiffre für bestimmte Bedingungskonstellationen, die diesen Austauschprozeß beeinträchtigen – bis hin zur Isolation als dem Gegenpol lebendigen, gemeinsamen Wachsens.
Diese Sicht von Entwicklung und geistiger Behinderung macht den Weg frei, um die Person des geistig behinderten Menschen selbst in den Blick zu nehmen und zu begreifen, wie er sich in unverwechselbarer Weise zu dem entwickelt hat, was er heute ist. Auf diese Weise den anderen als Person wirklich wahrzunehmen, ist nicht nur der Beginn des Dialogs im eigentlichen Sinne, wie bereits Martin BUBER (1983[11]) gezeigt hat. Es ist auch das Fundament wirksamer Psychotherapie (vgl. TYRANGIEL 1981).

Hierauf hat vor kurzem JANTZEN (1993) nochmals hingewiesen, der sich hierbei auch auf Martin Buber bezieht (vgl. JANTZEN 1993a) und einen Brückenschlag zur ethischen und gesellschaftlichen Dimension einer solchen Auffassuung von Persönlichkeit, Behinderung und menschlicher Gesellschaft herstellt. Auch an dieser Stelle – und zum wiederholten Male in diesem Buch – wird deutlich, daß Pädagogik und Therapie stets auf die ethische und politische Dimension stoßen, sobald man etwas grundsätzlicher über das nachdenkt, was den Menschen und seine Entwicklung ausmacht. Buber z.B. folgerte aus seinen Gedanken zum Dialog als bestimmenden Moment des Menschseins, daß sich menschliche Gemeinschaft im Grunde nur als herrschaftsfreier Prozeß entfalten kann (BUBER 1983[11]; vgl. JANTZEN 1993a S. 191).

Es ist das Ziel aller Überlegungen in diesem Buch, dieses Fundament wirksamer Psychotherapie grundzulegen und darauf aufbauend die Kommunikation mit geistig behinderten Menschen zu gestalten. Auf diese Weise ist es möglich, den geistig behinderten Menschen mit seinen Entwicklungspotentialen und -leistungen wahrzunehmen und auf dieser Basis in den Dialog mit ihm einzutreten. Auch das ist keine Besonderheit speziell für geistig behinderte Menschen; es ist vielmehr Basis jeder Psychotherapie, deren Urbild die frühe Kommunikation zwischen dem Säugling und seinen Eltern ist (ELBING U. ROHMANN in Vorb.).

Somit gilt das, was WYGOTSKI (1975) für die Pädagogik mit geistig behinderten Menschen formulierte, auch für die Psychotherapie: Es gibt keine besondere Therapie für geistig behinderte Menschen (LEMPP 1992[2]). Es kommt darauf an, sie auf bestimmte Bedingungen zuzuschneiden, die für den konkreten geistig behinderten Menschen und seine Lebenswelt bezeichnend sind (MÜLLER-HOHAGEN 1992[2]; DOSEN 1993; HARTMANN U. JAKOBS 1993) – was im übrigen für jeden Klienten und alle Zielgruppen gilt.

Der fünfte Buchteil wird eine Möglichkeit vorstellen, wie dieser therapeutische Maßanzug angemessen und geschneidert werden kann.

Fünfter Teil:
Die Gestaltung von Entwicklung und Veränderung

11. Die Rahmenbedingungen von Entwicklung und Veränderung und ihre Gestaltung

11.1 Die Grundlagen der Veränderung

In den vorangegangenen Kapiteln finden sich zahlreiche Hinweise für Interventions- und Veränderungsmöglichkeiten, die sich in erster Linie daran orientierten, das vorgestellte Konzept und seine Möglichkeiten zu verdeutlichen. Ziel des folgenden Kapitels ist es nunmehr, die in diesem Buch vorgestellten Analyse- und Interventionsansätze zu bündeln und in ein zusammenhängendes Interventionskonzept zu integrieren. Es baut auf den grundsätzlichen Überlegungen auf, die zuvor in Kapitel 10.6 zum Thema Entwicklung, geistige Behinderung und Psychotherapie angestellt wurden. Das Ziel des Konzeptes ist es, einen Maßanzug zu fertigen, der nicht nur der Persönlichkeit des geistig behinderten Menschen, sondern auch den Menschen und Strukturen seines Umfeldes angemessen ist. Es geht also nicht um ein therapeutisches Schnittmuster, das für alle Problem- und Lebenslagen paßt, sondern eher um eine Anleitung zum Schneidern und um eine Idee davon, wie man gute Schnitte macht und zusammennäht. Zuvor sollen jedoch einige Grundannahmen erläutert werden, die diesem Konzept zugrunde liegen.

Veränderung ist ein ganzheitlicher, d.h. holistischer psychischer *und* sozialer Prozeß.

Verändert sich ein Mensch wirklich, so wird er durch seine Veränderung das gesamte soziale Gefüge mit in Bewegung bringen, in dem er lebt. Dies ist sogar mit einer gewissen Zwangsläufigkeit der Fall, denn Veränderung bedeutet, sich anders zu verhalten, anders in Beziehung zu treten und anders zu gestalten als bisher. Und da keiner der sozialen Partner des sich verändernden Menschen die Zeit zurückdrehen kann, wie einen Videofilm und das Veränderte durch das alte Muster ersetzen kann, kann er gar nicht anders, als sich damit auseinanderzusetzen. Er kann die Veränderung ablehnen, sie gutheißen, für sich als unbedeutend oder bedeutungsvoll erklären – indem er auf etwas reagieren muß, das vorher so nicht war, ist auch er ein Teil des Änderungsprozesses und hat darin eine spezifische Funktion und Rolle.

Die Unausweichlichkeit menschlicher Kommunikation und ihre Bedeutung für die Dynamik von Veränderungsprozessen wurde ausführlich erläutert in ELBING und ROHMANN (in Vorb.).

Der Umstand, daß Änderungsprozesse stets einen ganzheitlichen Charakter haben, gewährleistet jedoch noch nicht, daß ein Änderungsprozeß wirklich gelingt und auch zu effektiven und überdauernden Veränderungen führt. Hierzu ist für die beteiligten Personen mehr erforderlich als nur notgedrungenerweise Teil des Veränderungsprozesses zu sein.

Je mehr die an einem Änderungsprozeß Beteiligten die Verantwortung für ihren angemessenen Anteil daran übernehmen, desto effektiver und erfolgreicher verläuft der Veränderungsprozeß.

Dies bedeutet nichts anderes, als im eigenen Verantwortungsbereich den eigenen Änderungs- und Entwicklungsprozeß voranzutreiben, auch wenn die betreffende Person nur mittelbar am ursprünglich benannten Problem teilhat.

Folgende Konsequenzen können hieraus für die Rolle des Therapeuten und sein Therapieverständnis gezogen werden:
Zunächst einmal liegt ein wichtiger Anteil der Verantwortung eines Therapeuten darin, sich selbst als Teil des sozialen Gefüges zu begreifen, das mit dem Problem befaßt ist. Dazu gehört es, für seinen eigenen Lern- und Veränderungsprozeß Sorge zu tragen und ein Therapieprojekt immer auch als eigenes berufliches und persönliches Lernfeld zu begreifen. Vor diesem Hintergrund ist der Therapeut als Veränderungsagent zuständig dafür, den Änderungsprozeß in diesem ganzheitlichen Sinne anzuregen und zu steuern. Er wird also das soziale System, in dem der geistig behinderte Mensch mit dem deklarierten Problem lebt, in seine Überlegungen und Interventionen einbeziehen, soweit es ihm zugänglich ist. Seine Zuständigkeit umfaßt also weit mehr als die verantwortliche Gestaltung einer Einzeltherapie. Je nachdem, welche Ergebnisse eine Problemanalyse erbracht hat, kann es beispielsweise erforderlich werden, in einer sozialen Einrichtung die Veränderung von Leitungsstrukturen und Gepflogenheiten mit zu bedenken und voranzutreiben.

Gelingt es, einen Änderungsprozeß in Gang zu setzen, so unterstützen sich die beiden Grundsätze wechselseitig. Denn je mehr ein Änderungsprozeß Platz greift, umso weniger können sich alle Beteiligten seinem Wirken entziehen. Sie können in wachsendem Maße wahrnehmen, was ihr eigener Anteil und damit ihre eigenen Lernchancen in diesem Prozeß sind.

Und umgekehrt gewinnt der Änderungsprozeß an Wirksamkeit mit jeder weiteren Person, die beginnt, ihre eigene Verantwortung am Veränderungsprozeß aktiv wahrzunehmen. Auf diese Weise kann der Änderungsprozeß eine Eigendynamik entfalten, die nicht zuletzt auch den Therapeuten trägt. Es gibt also keinen Grund, angesichts der Komplexität des Änderungsprozesses zu verzagen oder aber angetrieben von der eigenen Grandiosität auch noch der letzten Verästelung zu folgen und dadurch zu scheitern. Solides Handwerk ist aber allemal erforderlich, und wie es auf einer solchen Grundlage gelingen kann, ohne Selbstüberforderung erfolgreich Änderungsprozesse zu gestalten, wird der wichtigste Schwerpunkt dieses Buchteiles sein.

11.2 Entwicklungsziel Autonomie

Eric Berne hatte sich leidenschaftlich dem Ziel verschrieben, Menschen zu heilen, die an einer psychischen Krankheit oder Störung litten. Engagiert wandte er sich dagegen, als Therapieziel eine Besserung oder das Erzielen von Fortschritten gelten zu lassen. Vielmehr sollte nach seinem Dafürhalten das Therapieziel wirklich Heilung sein, wodurch der Klient nicht einfach nur besser, sondern wirklich anders lebt. In der Sprache der Transaktionsanalyse bedeutet dies zunächst, daß der geheilte Klient frei ist von den einschränkenden Botschaften und Entscheidungen seines Skripts. An die Stelle der Skriptgebundenheit tritt für Berne die Autonomie.
Autonomie bedeutet die „Freisetzung oder Wiedergewinnung von drei Fähigkeiten: Bewußtheit, Spontaneität und Intimität. (...) Die Bewußtheit zwingt uns, im Hier und Heute zu leben und nicht irgendwo in der Vergangenheit oder in der Zukunft. (...) Der bewußte Mensch ist lebendig, denn er weiß, was er empfindet, wo er ist und in welcher Zeit er lebt" (BERNE 1983 S. 244-247). Unter Spontaneität versteht Berne die Freiheit, die eigenen Empfindungen aus all den Möglichkeiten, die der Person zu Verfügung stehen, auszuwählen und auszudrücken. Darin liegt die Befreiung von dem Zwang, psychologische Spiele zu spielen. Bernes Begriff der Intimität führt die beiden ersten Begriffe der Bewußtheit und der Spontaneität zusammen, denn Berne versteht Intimität als die „spontane, nicht spielanfällige Offenheit eines bewußten Menschen", die er mit der direkten und unverdorbenen Bereitschaft von Kindern in Verbindung bringt, zu lieben und Liebe anzunehmen (BERNE 1983 S. 248).

Bernes Heilungsbegriff sowie sein Konzept von Skriptfreiheit und Autonomie sind bis auf den heutigen Tag in der transaktionsanalytischen Literatur intensiv und auch kontrovers diskutiert worden. Diese Diskussion kann im Rahmen der vorliegenden Arbeit jedoch nicht nachgezeichnet werden. An dieser Stelle mögen einige neuere Literaturhinweise für den interessierten Leser genügen (LEINHOS 1990; 1990a; BÜRKI 1993).

Unabhängig davon, in welchen Verstehenshorizont man Begriffe wie Heil und Heilung stellen will und ob man nun Heilung in Bernes Sinn für möglich hält oder nicht, lassen sich für die Veränderung von Entwicklungsprozessen mit geistig behinderten Menschen die folgenden Perspektiven ableiten:

Zunächst und ganz grundsätzlich setzt Autonomie voraus, daß der Mensch entscheidungs- und handlungsfähig ist. Wenn ein Mensch nicht in der Lage ist, autonom zu handeln, so ist ihm seine Fähigkeit nicht oder nur in eingeschränkter Weise zugänglich, selbst zu entscheiden oder aktiv zu handeln. Das Potential hierzu trägt er aber in sich. Die Störungskonzepte der Transaktionsanalyse gehen deshalb davon aus, daß die Entscheidungs- und Handlungsfähigkeit an sich zwar vorhanden, jedoch durch traumatische Lebenserfahrungen und ungünstige Skriptentscheidungen beeinträchtigt oder wieder verloren wurden. Im Falle geistiger Behinderung ist stets jedoch mit zu bedenken, daß fehlende Entscheidungs- und Handlungsfähigkeit auch die Konsequenz einer hirnorganischen Schädigung sein kann oder aber daß sich die Entscheidungs- und Handlungsfähigkeit noch gar nicht entwickeln konnte, was die günstigere Annahme ist. Je nachdem, auf was für einem Entwicklungsniveau sich der geistig behinderte Klient befindet und welche Form der Störung sich entwickelt hat, kann das Therapieziel Autonomie auch sehr elementar das Entwickeln erster und einfacher Formen von Entscheidungs- und Handlungsfähigkeit bedeuten. Im Falle schwerer, mit Kontrollverlust verbundener Autoaggressionen beispielsweise ist das Wiederherstellen der Fähigkeit, sich zwischen Selbstverletzung und einer anderen Form der Selbstberührung entscheiden zu können, häufig genug bereits ein recht ehrgeiziges Therapieziel (vgl. ROHMANN u. HARTMANN 1988).

Was Handlungsfähigkeit konkret für schwer geistig behinderte Menschen bedeuten kann, haben SCHULTE-PESCHEL und TÖDTER (im Druck) eingehend verdeutlicht. Je nach dem Stand der kognitiven Entwicklung muß angemessen konkret gemacht werden, was Entscheidungs- und Handlungsfähigkeit für einen bestimmten geistig behinderten Menschen bedeuten. Die Spanne kann dann von der einfachen Wahl zwischen zwei Lieblingstätigkeiten oder dem Herstellen von Geräuscheffekten bis hin zur reflektierten Entscheidung dafür reichen, ein psychologisches Spiel nicht mitzuspielen. Entscheidend ist nicht, wie anspruchsvoll die eigene Entscheidung ist. Vielmehr kommt es darauf an, daß der eigene Form- und Gestaltungswille das Handeln deutlich leitet.

Wichtiger als den einen oder anderen Aspekt von Autonomie in den Vordergrund zu stellen ist es jedoch, Autonomie nicht als eine Eigenschaft oder einen Zustand, sondern als eine dynamische Größe zu begreifen. Meines Erachtens ist Autonomie nicht als Lorbeerkranz zu verstehen, der mir als Zeichen des Sieges am Ende eines langen und erfolgreichen Rennens erst ganz zum Schluß zuerkannt wird. Autonomie kann vielmehr als Eigenschaft begriffen werden, die jedem gelungenen Entwicklungs- und Integrationsschritt der Persönlichkeit zukommt. Das Kleinkind, das eine Rassel nunmehr absichtsvoll statt zufällig berührt, um das Geräusch zu erzeugen, hat im Vollzug dieses Entwicklungsschrittes ebenso seine Autonomie entfaltet wie der erwachsene Mensch, der die symbiotische Struktur seiner Partnerbeziehung hinter sich läßt und mit seinem Partner eine neue Form der Nähe lebt.

An dieser Stelle lassen sich die Überlegungen aufgreifen und integrieren, die im Kapitel 10 über die Entwicklung der Persönlichkeit angestellt wurden. Jeder gelingende Integrationsschritt, den die Persönlichkeit in reflektierender Abstraktion vollzieht, ist autonom und bereichert die bisher entwickelte Autonomie um eine neue Qualität.

Gerade die Arbeit mit geistig behinderten Menschen lehrt aber auch, daß selbst im günstigen Falle Entwicklungsprozesse nicht gleichbedeutend mit unbegrenztem Wachstum sind. Je nach Behinderungsart und den gleichermaßen förderlichen wie einschränkenden Rahmenbedingungen eines Lebensfeldes und deren Veränderbarkeit wird es Integrations- und Entwicklungsschritte geben, die für diese Person in diesem ihrem Umfeld nicht zugänglich sind und möglicherweise auch bei sonstiger Umfeldgestaltung unzugänglich bleiben.

Dies im gegebenen Falle zu akzeptieren, ist sicher auch ein Thema in der herkömmlichen Psychotherapie. Meine therapeutische Erfahrung weist darauf hin, daß für geistig behinderte Menschen, die über keine aktive Sprache verfügen, nach derzeitigem Stand der Therapiemöglichkeiten die Spielentwicklungsphase des vertikalen Konstruktionsspiels erreichbar ist und auch sehr differenzierte Formen annehmen kann. Möglicherweise können sogar komplexe Turmkonstruktionen von mehreren Metern Höhe entstehen. Der qualitative Sprung vom Bauen in die Höhe zum Bauen in die Breite bleibt diesem Personenkreis jedoch meist verschlossen. Können die geistig behinderten Klienten dagegen Sprache aktiv verwenden, so können sie in der Regel die horizontale Bauphase verbunden mit ersten Symbolisierungen erreichen, in der sie z.B. eine Reihe nebeneinander gelegter Bausteine als Straße bezeichnen. Somit gewinnt diese Phase eine große Bedeutung als Durchgangsstadium zur Entwicklung von Symbol- und Rollenspiel, was der erstgenannten Gruppe dadurch auch verschlossen bleibt. Diese Grenze hat große Bedeutung weit über das Spiel im engeren Sinn hinaus, denn auf diese Weise können zentrale Qualitäten in der Beziehungsnahme nicht oder nur in Ansätzen entwickelt werden, wie z.B. das einfühlsame Verständnis für einen anderen Menschen, das

seine Wurzel in der spielerischen Rollenübernahme hat, wie sie im Symbol- und Rollenspiel eingesetzt wird.
Davon unbeschadet jedoch erreicht der geistig behinderte Mensch, der kunstvolle Turmkonstruktionen realisiert, hierin seinen ihm möglichen Grad der Autonomie im gegebenen Lebenskontext.

Bernes Heilungsanspruch ist sicher eine gute Herausforderung an den Therapeuten, die Effektivität seines Handelns zu steigern und seine Kompetenz weiterzuentwickeln. Geht es jedoch darum, Ziele für ein Therapievorhaben zusammen mit einem geistig behinderten Menschen zu definieren, so ist es wichtig, nicht durch einen hochgespannten Heilungsanspruch den geistig behinderten Menschen und seine tatsächlich vorhandenen Potentiale zur Entwicklung seiner Autonomie abzuwerten und im gleichen Atemzug die eigenen therapeutischen Möglichkeiten grandios überzubewerten. Eine realistisch gefaßte Zielperspektive dagegen kann bereits heilende Wirkung entfalten, weil sie erreichbar ist. Erreichbare Ziele leiten bereits das Verlassen des Skriptes ein. Denn relevante Ziele wirklich zu erreichen, sieht kein destruktives Skript vor.

Bedenkt man den holistischen Charakter von Änderungsprozessen und die Bedeutung einer angemessenen Übernahme von Verantwortung aller daran Beteiligten, so wird deutlich, daß bereits das Finden von sinnvollen und erreichbaren Zielen für alle Beteiligten einschließlich des Therapeuten bereits ein prozeßhaftes Geschehen ist. Gerade dieser Prozeß hat heilsame Wirkung und entscheidet ganz maßgeblich über Gelingen oder Mißlingen des gemeinsamen Vorhabens. Das nächste Kapitel wird diesen Aspekt näher erläutern.

11.3 Änderungsverträge

Eines der kennzeichnenden Merkmale der Transaktionsanalyse ist ihre Vertragsorientierung. Eric Berne hat großen Wert darauf gelegt, daß zu Beginn einer Therapie Klient und Therapeut miteinander aushandeln, welchem Ziel die Therapie dient, welchen Anteil Therapeut und Klient zum Erreichen dieses Zieles beitragen werden und wie die Bedingungen des hierzu gewählten Arbeitsrahmens geschaffen sind. Bernes Idee war es, im Gegensatz zum herkömmlichen Arzt-Patienten-Verhältnis dem Klienten auch in der therapeutischen Situation zuzugestehen, was er ist, nämlich ein erwachsener Mensch, der grundsätzlich in der Lage ist, für sich und das, was er will, geradezustehen und seine Verantwortung für sein Wollen, Fühlen, Denken und Handeln zu übernehmen. Gleichzeitig trägt Berne damit auch dem Realitätsprinzip Rechnung, denn der Klient ist Auftraggeber einer Dienstleistung, für die er bezahlt und nicht ein beklagenswertes Opfer, dem mildtätige, weil unentgeltliche Hilfe zuteil wird.

Berne hat drei Arten von Verträgen unterschieden: (1) Der Geschäftsvertrag regelt die zu erbringende Leistung, die Bezahlung, den zeitlichen Umfang und die formalen Rollen aller Beteiligten (vgl. zum Geschäftsvertrag in der sozialen Arbeit auch DRUDE 1994). (2) Der Behandlungs- oder Veränderungsvertrag legt das gemeinsame Ziel der Maßnahme und die Art fest, in der alle Beteiligten aktiv den Veränderungsprozeß mitgestalten. (3) Der psychologische Vertrag heißt so in Anlehnung an die psychologische oder verdeckte Ebene in der Kommunikation (vgl. Kapitel 8.1.3); er beinhaltet unbewußte, verdeckte Vereinbarungen. Ähnlich wie verdeckte Transaktionen sind sie die eigentlich wirksamen Abmachungen, und es gilt für den Therapeuten, sie herauszufinden und aufzudecken (vgl. STEWART 1992 S. 87).

Berne beschreibt eindrucksvoll, wie die drei Verträge zu handhaben sind, wenn der Therapeut im Rahmen einer Organisation (Heim, Klinik usw.) arbeitet: „Bevor nicht alle drei Aspekte der Verträge ... mit der Organisation und den Patienten ... im Voraus bedacht worden sind, wird sich der Therapeut zu einem späteren Zeitpunkt überrascht und mit einem erheblichen Verlust an investierter Zeit und Energie wiederfinden. In dieser Anfangsphase ist vor allem kein Platz für Naivität und unkritisches Akzeptieren von allgemein gehaltenen Erklärungen guten Willens. Der Therapeut sollte sich skeptisch oder sogar zynisch fernhalten, bis er seine klinischen Kenntnisse dazu benutzt hat, um die wirklichen Ziele aller Beiteiligten einzuschätzen – auch seine eigenen. Erst nachdem er die volle, bewußte Wahrnehmung dieser Möglichkeiten erlangt hat, kann er sich den Luxus leisten, ein guter Kamerad zu sein" (BERNE 1966 S. 19; zitiert nach STEWART 1992; Übers. d. Verf.). Bernes eindringliche Ermahnung, kühl und nüchtern abwägend die Verträge gegeneinander zu prüfen, hat in der Tat ihre gute Berechtigung. Ich selbst habe es bisher noch jedesmal bereut, wenn ich, aus welchen Gründen auch immer, die sorgfältige Abklärung der Vertragsebenen vernachlässigt habe.

Nun ist unabhängig vom institutionellen Kontext der geistig behinderte Mensch in den seltensten Fällen Auftraggeber seiner eigenenen Therapie. In der Regel wird der Therapeut von dritter Seite beauftragt, eine therapeutische Maßnahme durchzuführen, wobei der Auftrag meist dem Motto folgt: „**Du** (Therapeut) heile **ihn** für **uns**". Hierdurch ergibt sich eine Dreieckskonstellation zwischen Auftraggeber, Leistungserbringer und Leistungsempfänger. Dieser geschäftlichen Dreiecksbeziehung ist jedoch verdeckt eine andere Struktur unterlegt, die sich in dem oben formulierten Anliegen andeutet. Denn auf der verdeckten Ebene besteht das Anliegen darin, daß die auftraggebende Seite, die sich vom geistig behinderten Menschen zum Opfer gemacht sieht, vom Therapeuten durch Einwirkung auf den Übeltäter errettet werden will. Somit konstelliert sich in der geschäftlichen Dreiecksbeziehung das Dramadreieck (vgl. Kapitel 5.2.2). Folgt nun der Therapeut ungeprüft diesem Ansinnen, so übernimmt er die ihm zugedachte Rolle im Dramadreieck. Wie bereits im Kapitel über psychologische Spiele und Rackets herausgearbeitet wurde, sind damit bereits die Prozesse selbsterfüllender Prophezeiungen in Gang gesetzt, an deren Ende alle Beteiligten ihr Skript bestätigen werden anstatt dieses in einem Heilungsprozeß hinter sich lassen zu können.

Die klassische Verhaltenstherapie gerade auch in sozialen Institutionen ist in dieser Hinsicht in großer Gefahr, durch ihren symptomorientierten Ansatz skriptverstärkend zu arbeiten. Durch ihren direktiven Zugang kann sie den geistig behinderten Klienten leicht in die Anpassung bringen, auf diese Weise Trainingseffekte erzielen und gerade dadurch substantielle Änderungsprozesse blockieren. Symptomverschiebungen z.B. sind ein guter Hinweis auf Anpassung: Die Person schlägt nicht mehr zu, dafür näßt sie jetzt ein. Diese Verschiebung kann ein wichtiger Zwischenschritt sein. Um dann nicht dem nächsten Symptom nachzulaufen, wird es jedoch nötig sein, die einzelnen verhaltenstherapeutischen Maßnahmen in einen größeren Rahmen zu stellen.

In der Wahl des therapeutischen Ansatzes die Zuschreibung zu akzeptieren, daß der geistig behinderte Mensch „das Problem" ist, verstärkt in fataler Weise die destruktiven Anteile im Skript eines geistig behinderten Menschen. Denn wie im Kapitel 2 über das Skript geistig behinderter Menschen deutlich geworden ist, gehört es zu den elementaren Erfahrungen eines geistig behinderten Menschen, daß er nicht in Ordnung ist, so wie er ist. Ihn zum Problem zu deklarieren bedeutet darüberhinaus, ihn zuständig zu machen für das eigene Wohlergehen. Hierdurch wird dem geistig behinderten Menschen eine inverse Symbiose angeboten, aus der für ihn eine paradoxe Situation entsteht. Er ist inakzeptabel bis unzurechnungsfähig, gleichzeitig aber zuständig für das Wohl seiner Bezugsperson.

Die Systemische Familientherapie weist in inzwischen klassischer Weise die Zuschreibung des Problems an eine bestimmte Person schon im Ansatz konsequent zurück, indem sie die beobachtbaren Symptome beim sogenannten identifizierten Patienten als Ausdruck und Konsequenz einer Störung betrachtet, die im sozialen System dieser Person zu vermuten ist. Klassischerweise ist dieses System die erweiterte Familie mit Eltern, Geschwistern, Großeltern, Onkeln, Tanten und allen Personen, die im täglichen Leben eine relevante Rolle spielen (ROTTHAUS 1989; 1990).

Um nun die geschäftliche Dreieckskonstellation nicht zum Dramadreieck werden zu lassen, hat es sich bewährt, die Aufgaben und Rollen mit Hilfe des Dreieckvertrages nach ENGLISH (1975/1991) zu klären.

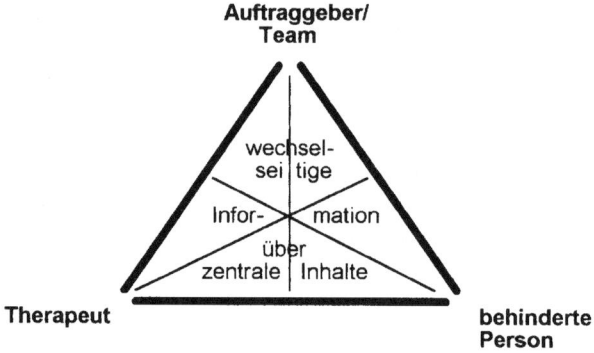

Abbildung 27: Der Dreiecksvertrag

Um den Einstieg in Spiele zu vermeiden, schlägt English vor, daß jede Vertragspartei mit den jeweils anderen Parteien einen Vertrag über das gemeinsame Vorhaben abschließt, wobei die jeweils dritte Partei über den Vertrag zwischen den ersten beiden informiert sein muß. Die Logik des Dreiecksvertrages wird deutlich, wenn beispielsweise ein Dienstvorgesetzter einen Supervisor mit der Supervision eines Teams beauftragt. Damit eine vertrauensvolle und entspannte Arbeit möglich ist, müssen die Mitarbeiter im Team darüber im Bilde sein, welchen Vertrag der Supervisor mit dem Dienstvorgesetzten hat. Umgekehrt benötigt der Supervisor valide Informationen darüber, welchen Vertrag der Dienstvorgesetzte mit seinem Team hat und welche Erwartungen an seine Mitarbeiter er mit Supervison verknüpft und was diese von ihm an Unterstützung oder Kontrolle erwarten. Und schließlich benötigt der Dienstvorgesetzte Informationen über das Arbeitsbündnis zwischen Supervisor und Team, um Phantasien über eine bevorstehende Palastrevolte frühzeitig zu begegnen und keinen Nährboden für Mißtrauen zu geben.

In jüngerer Zeit hat MICHOLT (1992) den Dreiecksvertrag von ENGLISH (1975/1991) aufgegriffen und im Rahmen des Konzepts der psychologischen Distanz ausdifferenziert. Dabei schafft sie eine Verbindung zwischen der Gruppenstruktur, den bevorzugten psychologischen Spielen und den verschiedenen Möglichkeiten, wie die Vertragsparteien die Balance ihrer Beziehungen ins Ungleichgewicht bringen können.

Lern- und geistig behinderte Menschen sind einsichtsfähig genug und sicher in der Lage, ihre eigene Rolle beim Aushandeln der Verträge aktiv wahrzunehmen. Berne zitiert in diesem Zusammenhang ein erfolgreiches Programm zur Eingliederung in das Erwerbsleben für Menschen mit IQ-Werten zwischen 60 und 80 mit Hilfe der Transaktionsanalyse (BERNE 1989[11] S. 71). Er weist eigens darauf hin, daß die Teilnehmer zu Ende des Programms in der Lage waren, ihre Transaktionen in der Gruppe selbst zu analysieren. Um den Dreiecksvertrag jedoch in der Arbeit mit schwerer geistig behinderten Menschen einzusetzen, die zu dem nicht oder kaum über die Sprache als Kommunikationsmittel verfügen, sind einige zusätzliche Überlegungen erforderlich.

11.3.1 Der Vertrag zwischen den Bezugspersonen und dem Therapeuten und seine Transparenz für den geistig behinderten Menschen

Das wichtigste Ziel des Vertrages zwischen Therapeut und Bezugspersonen ist, daß die Bezugspersonen eine aktive Rolle im Änderungsprozeß übernehmen. Sie sollen sich eigene Ziele setzen und die Verantwortung für ihr eigenes Wohlergehen nicht länger an den geistig behinderten Menschen delegieren (bzw. alternativ an einen Vorgesetzten der Institution oder die politischen Umstände). Das liegt nach den bisherigen Ausführungen zum Vertrag auf der Hand. Bedenkt man jedoch die Tatsache, daß die Bezugspersonen häufig jahrelang in die Dynamik schwerer Verhaltensstörungen mit verstrickt waren, so beinhaltet selbst der Abschluß eines Vertrages im genannten Sinn bereits einen entscheidenden Änderungsprozeß. Um hierzu die Kooperation der Bezugsperson zu gewinnen, ist die Grundhaltung des Therapeuten von entscheidender Bedeutung. Im Rahmen der Transaktionsanalyse hat CROSSMAN (1966) das Konzept der drei P entwickelt. Die drei P stehen für *potency, permission* und *protection*. *Potency* heißt therapeutische Potenz. Gemeint ist damit eine überzeugende therapeutische Kompetenz, die in der Bezugsperson wie im geistig behinderten Menschen nicht nur die Bereitschaft weckt, dem Therapeuten zu vertrauen, sondern sich ihm auch anzuvertrauen. *Permission* als Erlaubnis knüpft an die Erlaubnisse an, wie sie im Kapitel über die Skriptentwicklung genannt wurden (Kapitel 2.2.1). Als Therapeut heilsame Erlaubnisse zu geben ist nach Bernes Überzeugung eine der wichtigsten und wirksamsten Interventionsmöglichkeiten (BERNE 1985[21] S. 374). In diesem Zusammenhang ist zunächst und elementar die akzeptierende und wohlwollende Grundhaltung des Therapeuten gegenüber seinen Klienten gemeint. Weiter bedeutet sie die Fähigkeit, zur passenden Zeit an der passenden Stelle die passenden Erlaubnisse zu erteilen. *Protection* bedeutet Schutz und meint die Fähigkeit des Therapeuten, seine Klienten vor destruktiven Impulsen ihres kritischen Eltern-Ich-Zustands zu schützen, was vor allen Dingen in Phasen noch nicht konsolidierter Veränderungen von großer Bedeutung ist. Beschreitet nämlich der Klient neue Wege, so ruft er damit unweigerlich sein eigenes negativ-kritisches Eltern-Ich auf den Plan. Darum zu wissen und dafür Sorge zu tragen, daß hierdurch der Heilungsprozeß des Klienten nicht sabotiert wird, ist Aufgabe des Therapeuten. Verkörpert nun der Therapeut gegenüber den Bezugspersonen glaubhaft die Qualitäten der drei P, so sind von seiner Seite her die Voraussetzungen dafür geschaffen, daß diese Bezugspersonen die eigenen Anteile am Störungsgeschehen wahrnehmen, annehmen und verändern können. Sie fühlen sich dann sicher genug, um der eigenen Angst vor Schuld und Versagen gegenüber dem geistig behinderten Menschen und ihren Kollegen ins Auge zu blicken, die mit jedem weiteren Jahr erfolglosen Bemühens um einen geistig behinderten Menschen reichlich Nahrung bekommen hat. Im nächsten Kapitel werden ergänzend hierzu weitere Hinweise gegeben, wie durch Vertragsarbeit die Bezugspersonen und ihr Annehmen eigener Anteile weiter unterstützt und gefördert werden kann.

An dieser Stelle läßt sich an die Hinweise anknüpfen, die in den vorangegangenen Kapiteln verschiedentlich über die eigenen Anteile der Bezugspersonen an der Störungsdynamik gegeben wurden (vgl. v.a. Kapitel 6).

Wie kann nun der geistig behinderte Partner in diesen Vertragsprozeß miteinbezogen werden? Wie bereits in der Einleitung zu diesem Buch erwähnt, hat sich BERNE (1968) auch auf diesem Gebiet als Pionier erwiesen. Er verbot bereits in den fünfziger und sechziger Jahren seinen Stationsteams in der Psychiatrie, miteinander über die Patienten oder ein anderes relevantes Thema zu sprechen, ohne daß die Patienten selbst anwesend waren. Konsequent fanden dann alle Besprechungen in der Stationsöffentlichkeit statt. Diese Intervention war außerordentlich erfolgreich, und Berne beschreibt es als einen der wichtigsten Effekte, daß die Mitarbeiter in neuer und bisher ganz ungewohnter Weise die Verantwortung für ihr Denken, Fühlen und Wollen übernehmen mußten. Denn wenn ihnen etwas wirklich wichtig war, so mußten sie es vor den Ohren der Patienten zur Sprache bringen. Bald drei Jahrzehnte später findet sich diese Intervention als „reflektierte Gruppe" im Rahmen der systemischen Familientherapie wieder. Hier besteht die Strategie grundlegend darin, daß die Therapeuten gemeinsam die Familientherapie reflektieren und ihre weiteren Interventionen planen, während die Familie außen herum sitzt und ihnen zuhört. Anschließend setzen sich die Familienmitglieder wieder dazu und die Therapie wird fortgesetzt (ANDERSEN 1990).

In der Behindertenarbeit ist es dagegen häufig ein erster Fortschritt, wenn die Betreuer nicht mehr vor den Ohren der geistig behinderten Menschen über sie reden. Fortschritt bedeutet in diesem Fall, daß das Reden den geistig behinderten Menschen nach wie vor zum Objekt macht, es aber von einer gewissen Sensibilität zeugt, das nicht auch noch vor seinen Ohren zu tun. In unserem Sinne jedoch ist der geistig behinderte Mensch nicht Objekt, sondern die Bezugspersonen befassen sich mit ihrem Anteil und mit ihrer eigenen Verantwortung am Störungs- wie auch am Änderungsprozeß. Dies zieht eine völlig andere Grundhaltung gegenüber dem zuhörenden, geistig behinderten Menschen nach sich, die ihn eben nicht zum Objekt macht, sondern die ihm im Gegenteil das ihm zustehende Gewicht als einer von drei Vertragsparteien auch zugesteht.

Kurze Zeit nach Therapiebeginn begann Herr H. sich sehr nervös und unruhig zu verhalten, während der Therapeut mit seiner Bezugsperson in seiner Abwesenheit den Therapieverlauf reflektierte. Außerdem war er in den darauffolgenden Stunden nur sehr schwer zugänglich. Es war sein Signal dafür, daß der Besprechungsmodus so für ihn nicht akzeptabel war. Als Reaktion darauf boten die Bezugsperson und der Therapeut ihm an, bei den Besprechungen dabei zu sein. Der daraufhin geschlossene Vertrag lautete wie folgt: Herr H. darf bei jeder Besprechung dabei sein, und er darf sie auch verlassen, wann immer er will. Als Gegenleistung hat er kein Mitspracherecht, es sei denn, Bezugsperson und Therapeut beziehen

ihn ausdrücklich mit ein.
Nach Abschluß dieses Vertrages war der therapeutische Kontakt wieder entspannt und dem Stand der Entwicklung angemessen. Herr H. machte von seinem Vertrag regelmäßig Gebrauch und reklamierte, wenn er einmal von Bezugsperson oder Therapeut vernachlässigt wurde.

Die Regeln dieses Vertrages haben sich bewährt, um die Teilnahme einer geistig behinderten Person als Vertragspartner an Besprechungen mit den Bezugspersonen zu regeln. Die geistig behinderten Partner haben das Recht, bei jeder Besprechung die ganze Zeit dabei zu sein und die Besprechung jederzeit zu verlassen. Soweit sie der Sprache mächtig sind, haben sie kein Rederecht, sondern sie erhalten die Gelegenheit, sich nach Abschluß der Besprechung zu äußern. Die Erfahrung zeigt nämlich, daß geistig behinderte Menschen sich zu Wort melden oder aber, wenn sie nicht sprechen können, sich bemerkbar machen und ablenken, wenn die Diskussion an einem entscheidenden und damit auch heiklen Punkt angekommen ist. Insofern kann der Therapeut die Unruhe der zuhörenden, geistig behinderten Partner diagnostisch nutzen. Er sollte sie an dieser Stelle jedoch nicht miteinbeziehen. Diese Regel greift auf die Methode der Kollegialen Beratung zurück. Bei ihr nämlich hat derjenige, der unter einem Problem leidet bzw. ein Problem eingebracht hat, während der eigentlichen Beratung kein Rederecht, da er an den entscheidenden Stellen unbewußt ablenken würde oder durch seine Befangenheit die Beratenden so beeinflussen würde, daß sie seine blinden Flecken nicht aufspüren können (FLOSDORF, SCHULER u. WEINSCHENK 1987).
Auf dem geschilderten Hintergrund und mit den genannten Maßgaben habe ich in meiner Arbeit bisher durchweg gute Erfahrungen gemacht, geistig behinderte Menschen in dieser Form miteinzubeziehen.

11.3.2 Der Vertrag zwischen dem Therapeuten und dem geistig behinderten Vertragspartner und die Information der Bezugspersonen über diesen Vertrag

Mit den geistig behinderten Menschen selbst ist häufig kein Vertrag im Sinne eines Rahmenvertrags über Therapie- oder Beratungsziele, die angemessene Übernahme von Verantwortung usw. möglich. Dafür verfügen sie behinderungsbedingt nicht über das notwendige Maß an kognitiver Differenzierung. Jedoch kann man im Sinne von Stundenverträgen eine gemeinsame Arbeitsbasis schaffen, die eine echte Entscheidung für diese Therapiestunde und für diesen Therapeuten mit diesem therapeutischen Angebot ermöglicht; aus der Summe der Stundenverträge kann dann in der therapeutischen Reflexion so etwas wie ein faktischer Prozeßvertrag nachvollziehbar werden. Für jede Therapiestunde gelten deshalb folgende

Prinzipien, die einen Stundenvertrag mit geistig behinderten Menschen konstituieren können:

– Die Therapiestunde ist freiwillig.
Wenn der geistig behinderte Partner der Aufforderung, zur Therapie mit in den Therapieraum zu kommen, nicht folgen will, so wird dies in jedem Falle akzeptiert. Hat er jedoch den Raum betreten und somit die Stunde begonnen, so gelten die folgenden Regeln.

– Der Therapieraum bleibt während der gesamten Therapie unverschlossen.
Diese Regel weicht durchaus von sonstigen Gepflogenheiten in der Arbeit mit geistig behinderten Menschen ab. Grundsätzlich findet die Therapie natürlich im Therapieraum statt; die Entscheidung, den Raum zu verlassen, wird jederzeit respektiert; der geistig behinderte Partner hingegen muß sich dann damit auseinandersetzen, daß der Therapeut auch außerhalb des Therapieraums für die übliche Dauer der Stunde mit ihm weiterarbeitet. Das bedeutet, daß der Therapeut weiterhin jedes Verhalten seines Gegenübers als relevante Transaktion definiert, auf das er in der weiter unten geschilderten Weise therapeutisch eingeht. In der Anfangsphase der Therapie beispielsweise suchen geistig behinderte Menschen gerne die Toilette auf, was als Form passiven Verhaltens zu werten ist. Der Therapeut wird also eine Form der Passivitätskonfrontation wählen, z.B. einen Wettlauf zum WC.

– Die Therapiestunde wird gemeinsam beendet.
Üblicherweise dauert eine Stunde zwischen 20 und 30 Minuten; das Ende der Therapiestunde ist sehr deutlich am Abfallen der Spannungskurve und einer Zurücknahme der Energie aller Beteiligten aus der Situation zu spüren. Die Erfahrung zeigt, daß die Beendigung einer Stunde selten eine einseitige Entscheidung im Sinne eines Abbrechens ist. Zu Ende der Stunde geht der geistig behinderte Partner zur Tür oder sagt, falls er sprechen kann, z.B. „Ich mag nicht mehr", was dann vom Therapeuten sofort akzeptiert wird.

– Aufräumen ist freiwillig.
Da die Wahl des Settings die Vorgabe des Therapeuten ist, scheint es mir unfair, vom geistig behinderten Partner dann zu Stundenende zu verlangen, daß er mit aufräumt. Manche nutzen allerdings das Aufräumen als ein Signal zum Beenden der Stunde (siehe oben). Es ist dann am Therapeuten zu definieren, ob es sich hierbei um Passivität oder um eine echte Entscheidung handelt. Dies kann meist gut aus dem aktuellen Kontext und den unmittelbar vorausgegangenen Transaktionen geschlossen werden.

Diese vier Rahmenbedingungen ermöglichen es den geistig behinderten Menschen, durch ihr Verhalten zu zeigen, ob sie den Stundenvertrag akzeptieren, den ihnen zunächst der Therapeut anbietet. Die Eckpunkte gewährleisten, daß ihnen das Setting echte Entscheidungen ermöglicht. Wenn sie auch von ihrer Seite her den Vertrag nicht expliziert akzeptieren können, so steuern sie ihren Teil zum Vertrag doch durch die Art und Weise bei, wie sie den gebotenen Rahmen annehmen, mit Konfrontation umgehen und die angebotenen Entwicklungsräume nutzen.

In ähnlicher Weise gestalten BUCHNER-SCHILLER und MAYER (1993) die Vertragsarbeit mit geistig behinderten Menschen. Sie stellen Entscheidungssituationen in der konkreten Therapiestunde her, die sie auf die Möglichkeiten des geistig behinderten Gegenübers sorgfältig abstimmen. Sofern es die geistige Behinderung zuläßt, schließen sie auch längerfristige Vereinbarungen ab. Grundsätzlich gehen sie wie auch RIEDEL (1993) davon aus, daß auch geistig schwer behinderte Menschen sich zwischen Alternativen entscheiden können. Einen ähnlichen Ansatz beschreibt SCHWARZ (1994) in der schulischen Arbeit mit geistig behinderten Kindern.

11.3.3 Der Vertrag zwischen der geistig behinderten Person und ihren Bezugspersonen und die Information des Therapeuten über diesen Vertrag

Dieser Vertrag kann auch in seinen Rahmenbedingungen sehr unterschiedliche Gestalt haben. Dies ist zunächst abhängig davon, inwieweit die Einrichtung, in der ein geistig behinderter Mensch lebt, über einen konzeptionellen Rahmen verfügt, und inwieweit dieser Rahmen auch tatsächlich bindenden und handlungsrelevanten Charakter für alle Beteiligten hat. Auf der formalen Ebene gibt es an dieser Stelle einen weiteren Dreiecksvertrag zwischen der Institution in Gestalt des dazu befugten Leiters, seinen Mitarbeitern und den Sorgeberechtigten, in der Regel den Eltern. Liegt eine handlungsleitende Einrichtungskonzeption vor, so ist dieser Dreiecksvertrag auch mit bestimmten Zielen und Inhalten gefüllt.

Es wird selten einen expliziten Vertrag für ein Therapievorhaben zwischen den Bezugspersonen und den geistig behinderten Menschen geben, zumal wenn Sprache nicht zur Verfügung steht. Mit lernbehinderten und leicht geistig behinderten Menschen sollte auch diese Vertragsebene im gemeinsamen Gespräch in Anwesenheit des Therapeuten verhandelt werden. Viel entscheidender für das Gelingen des Therapieprojektes ist jedoch der psychologische Vertrag, den die Bezugspersonen und die geistig behinderte Person miteinander abschließen oder auch schon längst abgeschlossen haben. Um sich ein Bild von diesem Vertrag zu machen, kann der Therapeut die in diesem Buch vorgestellten Analyseinstrumente einsetzen. Damit kann er herausarbeiten, wie sich Bezugspersonen und der geistig behinderte Partner wechselseitig in ihren Skripten bestätigen und unterstützen. Er kann dann diesen Vertrag aufdecken und anregen, das zu verändern, was daran zu verändern ist – wiederum ein prozeßhaftes Geschehen von entscheidender Bedeutung für den Erfolg des Therapievorhabens. An dieser Stelle wird auch deutlich, wie die Verträge miteinander verzahnt sind, denn indem der Therapeut sorgfältig seinen Vertrag mit den Bezugspersonen aushandelt, ändert sich unter der Hand oder auch offen der heimliche Vertrag, der bisher zwischen den geistig behinderen Menschen und deren Bezugspersonen Gültigkeit hatte.

MICHOLT (1992) hat darauf hingewiesen, daß in aller Regel nicht alle drei Verträge des Dreiecksvertrags mit gleicher Klarheit ausgehandelt werden. Vor allem der Vertrag zwischen dem Auftraggeber einer Maßnahme und dem Leistungsempfänger, also der Vertrag, von dem gerade die Rede ist, ist für den Therapeuten oft nur in Teilen zugänglich. Das Ziel der Vertragsarbeit besteht auch nicht darin, für restlose Klarheit zu sorgen; vielmehr geht es darum, zur eigenen Entscheidung und Planung eine brauchbare Idee von den zu erwartenden Problemen zu entwickeln.

Im institutionellen Kontext können sich an jeden der drei Vertragsteile weitere Dreiecksverträge anlagern. In der Regel sind nämlich die Bezugspersonen, die den Therapeuten beauftragen, nicht diejenigen, die ihn auch bezahlen. Oder aber der Therapeut wird vom Dienstvorgesetzten beauftragt und nicht von den Bezugspersonen. In beiden Fällen ist auch dieses Vertragsverhältnis zwischen Dienstvorgesetzten, Therapeuten und professionellen Betreuern daraufhin zu untersuchen, inwieweit hier störungsstabilisierende Faktoren oder aber Gefahrenmomente für die Entwicklung des therapeutischen Prozesses zugrunde liegen können. Ein sehr handfestes Gefahrenmoment beispielsweise besteht in den Einsparabsichten des Dienstvorgesetzten, das die Mitarbeiter im Falle erfolgreichen Vorgehens treffen kann, wenn sie durch erfolgreiches therapeutisches Arbeiten effektiver arbeiten und dann unversehens für eine Personalreduzierung zur Disposition stehen. In diesem Zusammenhang kann auch die berühmte Frage Eric Bernes auftauchen: Wie erfolgreich darf ein Therapeut sein, ohne gefeuert zu werden (BERNE 1966; zit. nach STEWART 1992 S. 89). Sie zielt darauf ab, die ungeschriebenen Gesetze offenzulegen, ab wann Erfolg zur Bedrohung wird und deshalb zu unterbinden ist.

Auch der Vertrag zwischen den Bezugspersonen und dem geistig behinderten Partner kann sich sehr schnell zu einem oder auch mehreren Dreiecksverträgen ausdifferenzieren, indem die unterschiedlichen Betreuergruppen berücksichtigt werden, wie z.B. Mitarbeiter in der Wohngruppe, Lehrer, Arbeitserzieher, gruppenergänzende Dienste usw.

Sehr häufig stehen die unterschiedlichen Gruppen professioneller Helfer wie Mitarbeiter im Gruppendienst und Lehrer oder Mitarbeiter der Werkstatt in einem Konkurrenzverhältnis zueinander. Oder die „Profis" konkurrieren mit den Angehörigen: Die Betreuer wollen die besseren Eltern sein bzw. die Eltern und die Betreuer schreiben sich gegenseitig die Schuld am allgemeinen Versagen zu. Besonders heikel wird es, wenn der begleitende Therapeut mit den Bezugspersonen in Konkurrenz um die „richtige" Arbeitsweise tritt.

Ein bisher im therapeutischen Vorgehen sehr stark vernachlässigter Faktor ist die Rolle der Mitbewohnerinnen und Mitbewohner oder der behinderten Arbeitskolleginnen und Arbeitskollegen in der Störungsstabilisierung bzw. ihrer Veränderung. Im Gegensatz zur Arbeit mit geistig behinderten Menschen wird im Bereich der Jugendhilfe die Rolle der Gleichaltrigen auch im therapeutischen Vorgehen wesentlich stärker berücksichtigt, wie beispielsweise die Aggressionstrainings von PETERMANN und PETERMANN (1993[6]; vgl. auch PETERMANN U. STADE 1993; U. PETERMANN 1989) oder aber das Konzept des Spielsports von FLOSDORF (1988) zeigen. In der Arbeit mit geistig behinderten Menschen ist es vor allen Dingen die SIVUS-Methode (WALUJO 1989; vgl. auch DODALINSKI 1992), die der Bedeutung der Gruppenkultur unter den geistig behinderten Menschen selbst gerecht wird.

DODALINSKI (1992) beschreibt in seinem Bericht eindrucksvoll den intensiven Lernprozeß bei allen Beteiligten, der entsteht, wenn den geistig behinderten Menschen konsequent ein erstes Stück Verantwortung für die gemeinsame Gestaltung z.B. eines Stücks Arbeitszeit zurückgegeben wird. Dazu müssen die Bezugspersonen ein Gestaltungsvakuum entstehen lassen und durchhalten.

In der Praxis ist es nicht erforderlich, alle der möglichen Dreiecksverträge zu verarbeiten. Erforderlich ist es jedoch, daß sich der Therapeut einen Eindruck davon verschafft, welche Strukturen im gesamten System berücksichtigt werden müssen, um den Änderungsprozeß erfolgreich zu gestalten. Als Faustregel kann gelten, daß geistig behinderte Menschen in der Regel am ehesten diejenigen sind, die zu einem tragfähigen Arbeitsbündnis bereit sind. Wenn ein Änderungsprozeß scheitert, so liegt es meiner Erfahrung nach in aller Regel an den Personen oder Strukturen seiner Lebenswelt, mit denen ein gemeinsamer Veränderungsprozeß nicht gelungen ist.

12. Strategien der Veränderungs- und Entwicklungsgestaltung

Zur Planung und Durchführung von Veränderung gibt es eine sehr umfangreiche Literatur aus den unterschiedlichsten Schulrichtungen und Ansätzen. Auch in der Transaktionsanalyse mangelt es nicht an entsprechenden Ansätzen und Modellen . Um kein Buch im Buche zu schreiben, wird in diesem Kapitel kein differenziertes Modell der Veränderungsplanung und Durchführung entwickelt. Es soll vielmehr dazu dienen, zu den einzelnen Stationen des Veränderungsprozesses Hinweise und Anregungen aus Sicht der Transaktionsanalyse zu geben, um diesen Prozeß effektiv gestalten zu können. Als Ordnungsschema dienen hierfür die fünf Elemente intentionalen Handelns, wie sie in den allgemeinen Handlungstheorien beschrieben werden und wie sie sich in dieser oder abgewandelter Form als Element der meisten Interventionsmodelle wiederfinden lassen. Es sind dies Situations- bzw. Problemanalyse, Zieldefinition, Wahl und Planung der Handlungsmittel, Handlungsdurchführung und Bewertung des Handlungsergebnisses (Evaluation). Die Bewertung des Handlungsergebnisses kommt einer erneuten Situations- bzw. Problemanalyse gleich, durch die der Kreislauf des absichtsvollen bzw. geplanten Handelns geschlossen ist.

<small>Stellvertretend für die Literatur zur Handlungstheorie stehen MILLER, GALANTER und PRIBRAM (1973), ZANGEMEISTER (1977) und LENK (1977), wobei vor allem Zangemeister (1977) ein sehr differenziertes Modell zur Zielplanung vorlegt. Bernes Therapiemodelle hat STEWART (1992) zusammenfassend dargestellt; neuere Ansätze zur Therapieplanung in der Transaktionsanalyse legen etwa ERSKINE und MOURSUND (1988) sowie GOOS U. KOTTWITZ (1994) vor.</small>

Um die verschiedenen Interventionsebenen und Felder zu strukturieren und einander zuzuordnen, greifen wir auf die Vier-Strategien-Konzeption von Rohmann zurück (ROHMANN U. ELBING 1992). Sie kombiniert und integriert folgende vier Strategien:
Symptomatische Behandlung, Kommunikationstherapie, Neuordnung der Lebenswelt bzw. Strukturierung des pädagogischen Alltags sowie die Bearbeitung systemischer Zusammenhänge.

– Die symptomatische Behandlung
ist die angestammte Domäne der Verhaltenstherapie. In der symptomatischen Behandlung geht es ganz unmittelbar darum, ein konkretes Verhalten in seiner Art oder Häufigkeit des Auftretens zu verändern. Beispielsweise wird erwünschtes Verhalten belohnt mit dem Ziel, daß es häufiger gezeigt wird. Oder ein unerwünschtes Verhalten wird nicht beachtet oder mit unangenehmen Folgen belegt in der Erwartung, daß es unterlassen wird.

– Die Kommunikationstherapie
Im Gegensatz zum symptomatischen Vorgehen versteht sich die Kommunikationstherapie als eine Basistherapie. Sie setzt nicht an einem bestimmten (meist unerwünschten) Verhalten an, sondern sie zielt auf die Entwicklung der ganzen Persönlichkeit. Der Dialog zwischen dem geistig behinderten Partner und seiner Bezugsperson ist Medium und Instrument der Veränderung zugleich (vgl. Elbing u. Rohmann 1995). Die entwicklungsfördernden Transaktionen (Kapitel 8.3) und die Regressionsanalyse (Kapitel 9) lassen sich zur Kommunikationstherapie zählen.

– Die Restruktierung des pädagogischen Alltags
zielt darauf ab, dem therapeutischen Entwicklungsprozeß unterstützende pädagogische Strukturen im Alltag zur Seite zu stellen. Ziel ist es hier, die Regeln und Strukturen des Alltags dem sich verändernden Entwicklungsstand des geistig behinderten Menschen anzupassen, angefangen von den Gepflogenheiten beim Waschen und Anziehen über die Anforderungen in der Arbeit bis hin zur eigenen Freizeitgestaltung.

– Die Veränderung systemischer Bezüge
schließlich zielen darauf ab, die bei der Überprüfung der verschiedenen Vertragszusammenhänge festgestellten Problempunkte anzugehen. Auf diese Weise soll das soziale System und das Umfeld der geistig behinderten Menschen in den Veränderungsprozeß miteinbezogen werden.

Die Vier-Strategien-Konzeption auch in diesem Buch zur Verdeutlichung heranzuziehen bietet sich unter anderem deshalb an, weil sie im Bereich der geistigen Behinderung einer der wenigen therapeutischen Ansätze ist, die in ihrer Wirksamkeit wissenschaftlich untersucht worden sind (ELBING U. ROHMANN 1993; 1994; 1994a).

12.1 Die Situations- und Problemanalyse

Eine Situations- und Problemanalyse ist wie die Zieldefinition ein fester Bestandteil des Prozesses der Vertragsarbeit, wie er oben geschildert worden ist. Denn mit ihr wird eine gemeinsam geteilte Sicht und Bewertung der Problemlage sowie Anhaltspunkte für Veränderungen herausgearbeiten, die auch die nötige Unterstützung aller Beteiligten finden. Somit ist bereits die Situations- und Problemanalyse ein ganz entscheidendes Feld therapeutisch wirksamer Interventionen.

Grundsätzlich sollten möglichst alle am Problem beteiligte Personen auch aktiv an der Problemanalyse teilnehmen, angefangen vom geistig behinderten Menschen – insofern der Grad seiner Behinderung dies sinnvoll zuläßt (vgl. 11.3.3) – über die unmittelbaren Bezugspersonen (wie Eltern oder Betreuer im Wohnheim) bis zu den Bezugspersonen des weiteren

Lebensfeldes (wie Arbeitserzieher oder Lehrer). Wenn auch nicht alle gleichermaßen erreichbar sind, so sollten doch zumindest die wichtigsten Bezugspersonen aktiv einbezogen sein. Ziel der Problemanalyse ist es hierbei, eine gemeinsam geteilte komplexe Sicht des Problems zu entwickeln, die sich auch durchaus in Nuancen oder einigen Teilen von der Problemsicht des Therapeuten unterscheiden kann. Allein die aufmerksame Moderation dieses Abstimmungsprozesses, bei der auch die Leisen und die Außenseiter mit einbezogen werden, stellt bereits eine wirksame Intervention zur Veränderung der ganzen Problemlage dar.

Diese aktive Beteiligung vorausgesetzt, ist eine sorgfältig durchgeführte Problemanalyse gleichbedeutend mit einer breit angelegten Enttrübung und Stärkung des Erwachsenen-Ich-Zustandes bei allen Beteiligten, was nach Berne den ersten Schritt der therapeutischen Veränderung darstellt (vgl. STEWART 1992). Anhand der oben genannten vier Strategien wird im folgenden verdeutlicht, wie dieser erste Schritt mit der Problemanalyse unterstützt werden kann.

12.1.1 Die Problemanalyse des Symptomverhaltens

Zu Beginn dieses Analyseteils wird das Problemverhalten typischerweise verkürzt wahrgenommen. Die Aufmerksamkeit der Bezugspersonen konzentriert sich auf die schrille Erscheinung des Problemverhaltens und vernachlässigt in dieser Faszination große Teile der gegenwärtigen Situation. Im transaktionsanalytischen Sinn entsteht dieser Kaninchen-Schlange-Effekt dadurch, daß das Erwachsenen-Ich in seiner Funktion beeinträchtigt ist. Deshalb wird die Realität, wie sie in allen ihren Aspekten ist, nicht wahrgenommen und angemessen verarbeitet. Im Sinne der Strukturanalyse liegt eine Trübung vor. Nach den vorangegangenen Überlegungen über die Trübung im Kapitel 10 wird man zudem von einer doppelten Trübung ausgehen können. Ohne es zu merken, ist ihre Wahrnehmung der Realität überlagert von Inhalten ihres Eltern- und Kind-Ichs. Sie halten diese Trübungen für die Wirklichkeit. Eine sorgfältig durchgeführte Problemanalyse dient an erster Stelle der Enttrübung der Ich-Zustände bei den am Veränderungsprozeß beteiligten betreuenden und begleitenden Personen.

Im Blick auf das symptomatische Verhalten haben sich zwei Vorgehensweisen bewährt, um die Trübung aufzulösen und den eingeengten „Kaninchenblick" wieder weiter zu machen.

– Die Topographie des Problemverhaltens
In spontanen Problemschilderungen wird das zur Debatte stehende Verhalten des geistig behinderten Menschen in aller Regel als stereotyp, monoton, einförmig usw. beschrieben. Die Bezugspersonen sind fest davon überzeugt, daß es sich immer um dasselbe Muster handelt, das wie eine

hängengebliebene Schallplatte ständig gleich abläuft. Eine erste sinnvolle analytische Aufgabe ist es daher, genau dieses Verhalten zunächst einmal so exakt wie möglich zu beschreiben. Hierzu hat sich die Form der freien Verhaltensbeobachtung gegebenenfalls mit Videodokumentation gut bewährt. Häufig sind hierbei im Anfangsstadium der Analyse Zeiträume von ein bis zwei Stunden völlig ausreichend, in denen die Bezugsperson mit Notizblock und Bleistift möglichst exakt und detailgetreu das Problemverhalten beschreibt, um das es gehen soll.

Typischerweise können dann nach einigen solchen Protokollierungsdurchgängen in der nächsten Besprechung Erfahrungsberichte gewonnen werden, wie in etwa der folgende:

„*Vor der Beobachtung war ich fest davon überzeugt, daß Patrick mit seinen Händchen pfriemelt und nur pfriemelt (pfriemeln bedeutet in diesem Fall das Reiben eines Baumwollfädchens zwischen Daumen und Zeigefingerspitze) und nichts sonst. Und ich habe entdeckt, daß er das tut und daß er noch viel mehr tut als das. Erst einmal pfriemelt er ganz unterschiedlich. Mal schaut er hin, mal schaut er nicht hin, er pfriemelt schnell, er pfriemelt mal langsamer, er unterbricht das Pfriemeln und schaut durch den Raum oder meiner Kollegin beim Bettenmachen zu, er pfriemelt und macht Tönchen dazu. Vor der Beobachtung habe ich gedacht, es wird bestimmt stinkelangweilig. Aber es war überhaupt kein bißchen langweilig. Patrick kann außerordentlich interessant pfriemeln.*" Und die Teilnehmerin legt ein Beobachtungsheft vor, in dem sie mit Uhrzeit detailgetreu den ganzen Variantenreichtum des Pfriemelns dokumentiert hat. Und sie faßt zusammen: „*Vorher habe ich gedacht, das kann doch überhaupt keinen Sinn haben, was er da tut. Das glaube ich inzwischen nicht mehr. Inzwischen glaube ich, daß es eine sehr kurzweilige Beschäftigung für ihn sein kann und daß er darin ziemlich kreativ sein kann. Und ich glaube, daß es seine Methode ist, sich Langeweile zu vertreiben oder sich von uns zurückzuziehen.*"

Die detailgetreue Beobachtung, gepaart mit echtem Interesse für Patrick und der Bereitschaft, Neues zu entdecken, konnte der Bezugsperson bereits einen wesentlichen Impuls zur eigenen Enttrübung vermitteln. In der Folge begann sie behutsam, neue Ideen in ihre Begegnungen mit Patrick einzubringen, wodurch beide sich gemeinsam neue Erfahrungen erschlossen. Einer der ersten Höhepunkte war die gemeinsame Erkundung, was man mit einem großen Topf voller Creme alles anfangen kann...

– Das Mikroklima des Problemverhaltens
Nachdem man einen Sinn für die topographische Gestaltung des sogenannten Problemverhaltens entwickelt hat, wird nun im nächsten Schritt

die Einbettung des Problemverhaltens in das unmittelbare räumliche und zeitliche Umfeld analysiert. Das Verhalten selbst braucht nun nicht mehr in dieser Ausführlichkeit beschrieben zu werden. Vielmehr geht es darum, das Problemverhalten in seiner Einbettung zu beschreiben und die vorhergehenden Ereignisse, die räumliche Situation, die Tageszeit, die beteiligten Menschen usw. mit in die Beobachtung einzubeziehen. Als Notationsform hat sich die Form eines Drehbuchs bewährt, sowie in komplexen Situationen eine Videoaufnahme, die dann die Grundlage der Analyse ist. Um diese Analyse zu strukturieren, bietet das SORKC-Modell der Verhaltenstherapie (vgl. BARTLING, ECHELMEYER, ENGBERDING u. KRAUSE 1980) eine gute Hilfe. Wenn auch das Symptomverhalten im Mittelpunkt steht, sind die Situationsanteile und die Verantwortung der sonst noch beteiligten Personen durch das Beobachten der Umweltbedingungen bereits mit thematisiert.

Von entscheidender Bedeutung ist es, die Beobachtung rechtzeitig genug einsetzen zu lassen, denn in der Regel ist die Dynamik schon sehr weit fortgeschritten, wenn das eigentliche Problemverhalten erstmals auftritt. Ein gutes Beispiel hierfür ist die beschriebene Eskalation in den aggressiven Kontrollverlust, wo bereits nachdrücklich darauf hingewiesen wurde, daß die Eskalation bereits weit im Vorfeld mit zunächst noch ganz unauffälligen Vorläufersymptomen beginnt (vgl. Kapitel 7). Um die so systematisierten Daten zu analysieren, lassen sich zahlreiche Konzepte heranziehen, die in diesem Buch bereits eingehend dargestellt und an Beispielen erläutert wurden wie Racket und Racketsystem, Spielanalyse, Ich-Zustands-Diagnose im symptomatischen Verhalten, Analyse der Transaktionen, Analyse der Symbiose und damit verbundene Abwertungen usw. Im Sinne der Spielanalyse handelt es sich beim Problemverhalten indes in der Regel um ein Verhalten, daß mit dem sogenannten „switch", also dem Rollenwechsel im psychologischen Spiel verbunden ist und der bereits das Ende des Spiels einleitet (vg. Kapitel 5).

Nützlich ist es in der Regel, mehrere Konzepte zur Analyse der gewonnenen Daten hinzuziehen, da sie unterschiedliche Akzente und Schwerpunkte auch in der weiteren Lenkung der Wahrnehmung setzen und es zudem ermöglichen, unterschiedliche Hypothesen und Vermutungen über die Dynamik und ihre Gesetzmäßigkeiten aufzustellen. Mit jeder so gewonnenen Hypothese und Erklärungsmöglichkeit, die man ernsthaft diskutiert, findet ein weiteres Stück Enttrübung statt. Zudem werden durch die Wahl der Analysekonzepte bereits in diesem frühen Stadium die eigene Rolle und der eigene Anteil am Störungsgeschehen mit zum Thema gemacht.

12.1.2 Analyse der Persönlichkeitsentwicklung und der Interaktionsqualität

Die Wirkung der Schlange auf das Kaninchen verstellt nicht nur den Blick auf das eigentliche Verhalten in seiner Komplexität, sondern auch den Blick darauf, was denn eigentlich die Persönlichkeit des von einem Problemverhalten betroffenen Menschen in ihrer Gesamtheit ausmacht. Die Daten, die für diese Art der Analyse benötigt werden, gewinnt man am besten, indem man einen oder, falls leistbar, mehrere typische und ganz normale Tagesabläufe vom Aufstehen bis zum Einschlafen dokumentiert. Eine Dokumentation über solch einen langen Zeitraum kann nicht in der Präzision geschehen, wie dies in der Analyse der Topographie des Problemverhaltens der Fall sein konnte. Konnte man bei der Analyse des Symptomverhaltens (12.1.1) noch weitgehend frei von Erklärungskonzepten an die Beobachtung herangehen, so soll hier die Beobachtung bereits durch einige Konzepte strukturiert und geleitet werden. Grundsätzlich sollten hier diejenigen Konzepte herangezogen werden, die sich bereits in der Analyse des symptomatischen Verhaltens als die besonders interessanten und fruchtbaren zur Einleitung von Veränderungen herauskristallisiert hatten.

Unabhängig hiervon jedoch haben sich folgende Konzepte bewährt, um diese Form der Analyse vorzunehmen:

– Die Tagesbilanz der aktivierten Rollen anhand des Rollenmodells
Ziel dieser Analyse ist es, ein Profil zu gewinnen, wann, in welchen Situationen und für wie lange insgesamt welche Ich-Zustände überhaupt aktiviert waren. Wichtig ist es hierbei, den Kind-Ich-Zustand zu analysieren, wobei die Feststellung, ob und inwieweit der freie Kind-Ich-Zustand eine Rolle spielen konnte, von besonderem Interesse auch für die spätere therapeutische Planung ist (siehe unten). In diesem Zusammenhang sei verwiesen auf die entsprechenden Ausführungen im Kapitel über die Ich-Zustände. Erfahrungsgemäß ist es zuvor wichtig, mit den Bezugspersonen, die die Analyse durchführen, herauszuarbeiten, daß der freie Kind-Ich-Zustand nicht identisch ist mit dem rebellischen Kind-Ich-Zustand, da Bezugspersonen im Sozialbereich hier häufig selbst einer Trübung ihrer Wahrnehmung unterliegen.

Hand in Hand mit der Ich-Zustands-Analyse kann die Analyse der Transaktionen gehen, die zwischen dem geistig behinderten Menschen und seinen Bezugspersonen wie auch seinen Mitbewohnern oder Mitarbeitern bzw. seinen Mitschülern stattfinden. Erhellend kann es hierbei sein, bewußt vom Inhalt des Gesagten abzusehen und lediglich ein Blatt mit vorbereiteten paarweise gruppierten Ich-Zustand-Modellen zu füllen, in das dann nur noch die Transaktionen in Form von Pfeilen eingetragen werden brauchen.

Der große Vorzug der Analyse der Transaktionen liegt darin, daß gleichzeitig die beteiligten Ich-Zustände der Bezugspersonen mitanalysiert werden und somit bereits an der Paralleldiagnose der betroffenen Bezugspersonen gearbeitet wird.

– Die Zuwendungsbilanz mit Hilfe des Zuwendungsprofils
Besonders wichtig und deshalb auch in diesem Buch eigens behandelt ist die Diagnose des Zuwendungsprofils (Kapitel 4). Um diese Diagnose zu erstellen, kann auf die Aufzeichnungen zu den Transaktionen im Tagesverlauf zurückgegriffen werden. Eine gute Ergänzung ist es, in einem Teamgespräch alle Beteiligten spontan und ohne langes Nachdenken das Zuwendungsprofil des geistig behinderten Menschen und das eigene Zuwendungsprofil zeichnen zu lassen. In aller Regel wird man hierbei bereits die entscheidenden Eigenheiten herausarbeiten können, denn die exakte Höhe der eingezeichneten „Zuwendungsmengen" ist in dieser Diagnosephase nicht von entscheidender Bedeutung.

– Erstellen eines Entwicklungsprofils anhand der beobachteten Rollen
Diese psychodynamisch und sozialpsychologisch orientierte Analyse wird entscheidend weitergeführt, indem das in den jeweiligen Ich-Zuständen realisierte Entwicklungsalter eingeschätzt wird. In aller Regel wird man nämlich festzustellen haben, daß hinsichtlich des Entwicklungsalters in den gezeigten Verhaltensweisen eine große Bandbreite bzw. ein sehr zerklüftetes Leistungsprofil zu beoachten ist. Um das Entwicklungsalter zu analysieren, lassen sich grundsätzlich alle entwicklungspsychologischen Konzepte heranziehen, die denjenigen, die die Analyse durchziehen, geläufig sind. Wenn ein sehr frühes Entwicklungsalter vermutet wird, haben sich die Denver-Skalen als diaganostische Hilfsmittel bewährt. Ich selbst arbeite vorzugsweise mit Piagets Modell der kognitiven Entwicklung, da es vor allen Dingen in den sehr frühen Entwicklungsphasen gut differenziert und gut beobachtbar ist.

PIAGET und INHELDER (1977) haben die umfangreichen Überlegungen in Piagets Werk in einem kleinen Büchlein zu einem Überblick zusammengefaßt.

– Dokumentation der Verhaltensveränderung
Schließlich hat sich eine systematische Verhaltensbeobachtung über den gesamten Tag über einen langen Zeitraum von Beginn der Problemanalyse an über die Therapiephase bis zum Abschluß des gesamten Änderungsprojektes einschließlich einer oder mehrerer Nacherhebungen einige Jahre nach Beendigung der therapeutischen Maßnahmen bewährt. Wichtig ist hierbei, neben dem bekannten Problemverhalten nach Möglichkeit auch angestrebte Verhaltensweisen in die Beobachtungsliste mit aufzunehmen. Die bisher vorgeschlagenen Analyseschritte erleichtern es hier-

bei, entsprechende Verhaltensbereiche in die Beobachtung fest mit aufzunehmen. Denn bis zu diesem Punkt ist bereits ein recht komplexes Bild von der Persönlichkeit des geistig behinderten Menschen und seinem Gesamtverhalten entstanden, sodaß es auch nicht an angemessenen Ansatzpunkten und Ideen mangelt, welche Verhaltensbereiche wichtig und von besonderem Interesse sind, um sie weiter zu beobachten. In der praktischen Durchführung hat sich die Form eines stundenplanartig angelegten Beobachtungsblattes geeignet, das in Form einer Strichliste geführt wird (zu Fragen der systematischen Verhaltensbeobachtung vgl. etwa FASSNACHT 1979).
Bei sehr schwer gestörten geistig behinderten Menschen unterliegen die Verhaltensweisen häufig zyklischen Verläufen, deren Schwankungen zunächst überhaupt nicht bekannt oder abzuschätzen sind. Der Vorteil dieser Dokumentationsform liegt darin, solche Schwankungen näher zu untersuchen und so den Erfolg einer therapeutischen Maßnahme anders zu definieren als lediglich durch das Ausbleiben eines bestimmten Verhaltens oder das gehäufte Auftreten eines anderen. Denn das zeitliche Strecken von Phasen erwünschten Verhaltens oder aber die zeitliche Verzögerung von zyklisch auftretenden Verhaltenseinbrüchen im Vergleich zur Zeit vor Einsetzen der therapeutischen Maßnahme kann bereits ein sinnvolles Ziel bzw. ein wichtiger Hinweis auf den Erfolg oder auch Nichterfolg der eingesetzten therapeutischen Maßnahme sein.

Ergänzend hierzu hat es sich bewährt, die Entwicklungsschritte, die im Zuge einer Therapie erfolgen, in Form einer qualitativen Beschreibung im Tagebuchstil festzuhalten, ähnlich wie Eltern ein Entwicklungstagebuch über Kleinkinder zu führen pflegen, in dem sie das erste oder aber das erstmalige systematische und verläßliche Auftreten bestimmter Entwicklungsleistungen festhalten.
Insbesondere in den gegenwärtigen Zeiten starker personeller Veränderungen in den sozialen Einrichtungen sind solche Dokumentationsformen von hohem Wert, denn bereits nach wenigen Jahren ist häufig kein Mitarbeiter mehr im Dienst, der das ursprüngliche Therapievorhaben selbst miterlebt hat und über die erzielten Veränderungen verläßlich berichten kann. Aus diesem Grunde ist es auch wertvoll, eine Videodokumentation zu beginnen, in der in Abständen alltägliche Situationen für die Dauer von einer viertel oder halben Stunde dokumentiert werden.

Die Überlegungen dieses Abschnitts zum Zusammenhang zwischen Persönlichkeits- und Interaktionsentwicklung decken sich mit den neueren Ansätzen zur Problemanalyse, wie sie für die Kinderverhaltenstherapie etwa von KUSCH (1993) vorgestellt worden sind. Er greift dabei den Begriff der Entwicklungspsychopathologie auf und stützt sich wesentlich auf die Arbeiten der Forschergruppe um Cicchetti (vgl. CICCHETTI U. TOTH 1991; 1991a). Bei der Gestaltung der therapeutischen Interventionen bei autistischen

Kindern greift auch er auf die Viersener Gruppe (z.B. HARTMANN 1986; HARTMANN, KALDE, JAKOBS U. ROHMANN 1988; vgl. auch ROHMANN U. ELBING 1992) zurück.

12.1.3 Tagesstruktur und Regeln im pädagogischen Alltag

Als Prüfsteine für die Überprüfung von Tagesstruktur und pädagogischen Regeln haben sich folgende Fragestellungen bewährt:

Bilden Strukturen, Anforderungen und Regeln eine angemessene Entsprechung zum Entwicklungs- und Leistungsstand des geistig behinderten Menschen?

Die Entwicklungsdiagnose unter 12.1.2 (siehe oben) hat ergeben, daß Jan im Spontanverhalten den Entwicklungsstand des Konstruktionsspiels in der vertikalen Stufe erreicht hat, d.h. er ist in der Lage, Material aufeinander zu schichten und Türme zu bauen. In der Werkstatt für Behinderte sieht er sich der Aufgabe gegenüber, Dichtungsringe abzuzählen und einzutüten, wobei als Arbeitshilfe eine Platte vor ihm montiert ist, auf der so viel Mulden eingearbeitet sind wie Dichtungsringe in eine Tüte gehören. Die Aufgabe besteht nun darin, in jede Mulde einen Dichtungsring zu legen und dann, wenn alle Mulden gefüllt sind, die Dichtungsringe in eine Plastiktüte einzufüllen. Seine heftigen Autoaggressionen am Arbeitsplatz resultieren zu einem wichtigen Teil aus der Überforderung, die diese Aufgabe an ihn stellt, da in der Entwicklungsreihe die Phase des horizontalen Bauens erst auf die Phase des vertikalen Konstruktionsspiels folgt (FLITNER 1980[6]; HARDING 1972; vgl. auch KLUGE 1980; zur Vergleichbarkeit der Spielentwicklung zwischen geistig behinderten und nicht behinderten Kindern vgl. BEEGHLY, PERRY U. CICCHETTI 1989).

Die Michigan-Gruppe (FRENCH, ROGERS U. COBB 1974; HARRISON 1978; vgl. auch GEBERT 1981) hat für solche Diskrepanzen das Konzept des person-environment fit (P-E fit-Modell) entwickelt. Es geht von der These aus, daß Streß immer dann entsteht, wenn die Umweltanforderungen nicht mit den Fähigkeiten und dem Leistungsprofil der betroffenen Person zusammenpassen (Schlüssel-Schloß-Prinzip). In der Anwendung auf geistig behinderte Menschen ist es von wesentlicher Bedeutung, dieses Belastungsmodell nicht nur auf die Dimension Ausdauer, Konzentration, Komplexität der Aufgabe usw. anzuwenden, sondern in der Entwicklungsperspektive zu sehen. Im oben genannten Beispiel bestand die Problemlösung darin, die Dichtungsringe nicht mehr nebeneinander anordnen zu lassen, sondern vertikal auf einer Stange, die an der entsprechenden Stelle markiert war, an der aufeinandergeschichtet die korrekte Anzahl Dichtungsringe erreicht war. Von der Aufgabenschwierigkeit her handelt es sich sicherlich um vergleichbar schwierige Aufgaben; der entscheidende Unterschied für den geistig behinderten Menschen liegt jedoch in der Entwicklungsperspektive der Leistungsdiagnostik begründet. Denn nicht die Schwierigkeit und Komplexität der Aufgabe, sondern die Entwicklungsangemessenheit ihrer Struktur hat in diesem Fall den Streß ausgelöst.

Wie ist in der Tagesstruktur und im pädagogischen Regelwerk die Balance der Verantwortlichkeit zwischen geistig behinderten Menschen und seinen Bezugspersonen gewahrt?

An dieser Stelle können die Ausführungen über die Stärkung des Erwachsenen-Ich-Zustandes aufgegriffen werden, wie sie weiter vorne in diesem Buch mit Beispielen dargestellt werden (etwa die Arbeit mit Frau Schulze-Fürnehm und andere Beispiele in Kapitel 8.3). Neben den institutionellen Eigenheiten einer Familie, eines Vereins oder einer Werkstatt ist wiederum die entwicklungspsychologische Perspektive wichtig für die diagnostische Beurteilung, wie die Verteilung der Verantwortlichkeit ausbalanciert ist. Die Frage danach, wie gut Verantwortlichkeit ausbalanciert ist, führt unmittelbar zur nächsten Frage:

Welcher Raum besteht im gegebenen Kontext für alle Beteiligten, ihre Erwachsenen-, Eltern- und Kindrollen in der gemeinsam geteilten Zeit zu beleben?

Diese Frage ist gleichbedeutend mit der Frage danach, wie gesundheitsfördernd oder krankmachend Tagesstruktur und Regelwerk für alle Beteiligten sind, denn im Verständnis der Transaktionsanalyse ist das Realisieren aller positiven Rollen und Rollenaspekte ein Kennzeichen psychischer Gesundheit und Autonomie. Bei der Beurteilung dieser Frage lassen sich im Grunde genommen alle besprochenen transaktionsanalytischen Konzepte heranziehen. Hier wird deutlich, daß dieser Teil der Analyse sinnvollerweise erst auf die beiden abgehandelten Analysepunkte folgt, denn zur Beurteilung der hier aufgeworfenen Frage lassen sich all die Befunde heranziehen, die oben bereits gewonnen wurden. Beispielsweise kann die Tagesbilanz der wahrgenommenen Rollen bzw. der Zuwendungsverteilung oder aber das Ausarbeiten typischer Transaktionsmuster an dieser Stelle herangezogen werden, um zu beurteilen, wieviel Spielraum überhaupt vorhanden ist, um andere Muster als die diagnostizierten zu realisieren. Die Frage nach den Spielräumen ist gleichzeitig auch die Frage danach, welcher Grad von Pathologie im gesamten Lebensfeld des geistig behinderten Menschen rund um die symptomatische Verhaltensstörung vorliegt. Denn in den Tagesstrukturen und pädagogischen Regeln verdichten sich die Skriptstrukturen der beteiligten Personen. Je mehr nun die typischen Transaktions- und Zuwendungsmuster dominieren und je weniger erschließbare Anteile für alternative Möglichkeiten in der Diagnose sichtbar werden, umso stärker sind alle Beteiligten darin verhaftet, sich ihr Skript zu bestätigen und sich in der Bestätigung wechselseitig zu verstärken. Tagesstrukturen und pädagogische Regeln spiegeln jedoch nicht nur die Skriptstrukturen der einzelnen beteiligten Personen, sondern auch die Skriptstrukturen der Gruppe, des Teams, des Heims, des Lehrerkollegiums usw. Diese Aspekte der Problemstellung werden im folgenden Punkt mehr beleuchtet.

12.1.4 Systemische Aspekte

In der systemischen Perspektive (ROTTHAUS 1993) werden die symptomatische Verhaltensstörung und die problemverstärkenden Bewältigungsversuche der Umgebung in ihrer Gesamtheit als Versuch einer Problemlösung verstanden. Das Problem wird in dieser Perspektive nicht in der Psychodynamik der unmittelbar Beteiligten oder ihrer dynamischen Austauschprozesse untereinander lokalisiert; vielmehr versuchen alle Beteiligten, gemeinsam ein anderes Problem zu lösen: Die sogenannte Störung ist also ein Lösungsversuch. Dabei stellt sich natürlich die spannende Frage, um welches Problem es sich dabei handeln könnte. In jedem Falle gehen die Systemiker davon aus, daß das präsentierte Symptom im Grunde genommen die bestmögliche Lösungsmöglichkeit für die daran Beteiligten ist, mit dem noch zu erkundenden Problem fertig zu werden. Als Instrumente der Problemdiagnose haben sich im Kontext von Organisationen vor allen Dingen die Konzepte der Schiff-Schule wie Symbiose, Abwertung und Passivität sehr bewährt (z.B. KESSLER, HAUSER u. REUTER 1988; KRAUSZ 1989; FAUSER u. SCHMID 1990; SUMMERTON 1993). Beispielsweise kann die chronische Erfolglosigkeit eines Team mit einem bestimmten geistig behinderten Menschen eine starke symbiotische Einladung für deren Dienstvorgesetzten beinhalten, selbst eklatante Mängel in der Ablauforganisation der Gruppe gemeinsam als nicht existent abzuwerten. Prominentes Thema in Heimen ist hier der haushälterische und verantwortliche Umgang mit der Dienstzeit bzw. das Fehlen eines solchen Umgangs. Indem nämlich die Mitarbeiter ihren Dienstvorgesetzten in den Bann des Kaninchens vor der Problemschlange hineinziehen und er sich ziehen läßt, versäumen es alle gleichermaßen, mit kühlem Kopf für eine vernünftige Einteilung der dafür zur Verfügung stehenden Dienstzeit zu sorgen.

Die Problemlösung kann jedoch auch auf die Teamstrukturen selbst zielen. Beispielsweise ist im Team die Leitungsfunktion nicht geklärt, und anstatt den unterschwelligen Machtkampf offen auszutragen oder aber den Dienstvorgesetzten in seine Kompetenz zur Personalentscheidung zu rufen, baut das Team eine pädagogische Ideologie auf, die sich mit dem Satz „Jeder muß im Kontakt mit den Behinderten unbedingt echt sein – und deswegen können wir keine gemeinsamen Entscheidungen treffen" umschreiben läßt. Die so entstehenden willkürlichen und chaotischen

Strukturen haben für viele geistig behinderte Menschen unmittelbar krankmachende Wirkung.
Häufig jedoch dienen die angesprochenen Problemlösungsversuche dazu, unklare Verantwortlichkeiten zwischen verschiedenen Lebensbereichen entweder zum eigenen Vorteil auszunutzen oder seine o.k.-Position auf Kosten der anderen zu stabilisieren („Ich bin o.k. und Du nicht").

Mit Verweis auf den betreffenden schwierigen Bewohner machen z.B. die Heimmitarbeiter den Lehrern in der gemeinsamen Konferenz mit unschuldigem Augenaufschlag klar, daß es einfach unmöglich ist, die Schüler pünktlich zu Schulbeginn in der Schule eintreffen zu lassen, und überhaupt habe man das Gefühl, daß die Schüler in der Schule doch recht überfordert seien. Umgekehrt können sich dann die Lehrer entrüstet darüber beschweren, daß sie eigentlich mit den betreffenden Menschen recht gut zurechtkämen, wenn nicht die Mitarbeiter im Heim ...

Im Sinne der Schiff-Schule handelt es sich bei solchen Strukturen um konkurrierende Symbiosen, wobei keiner der Beteiligten für eine angemessene Abgrenzung und Verteilung der Verantwortlichkeit sorgt.

Aller Erfahrung nach steckt jedoch hinter solchen Problembereichen und ihren Lösungsversuchen immer auch ein Leitungsproblem: Es ist unklar, wer mit welchen Befugnissen und Kompetenzen über wen die Dienstaufsicht und damit auch die sinnvolle Überprüfung der Arbeit zu leisten hat.

An dieser Stelle lassen sich die Ausführungen über den Dreiecksvertrag wieder hereinholen (Kapitel 11.3). Dort wurde bereits darauf hingewiesen, daß unklare Vertragsverhältnisse auch zwischen unterschiedlichen Hierarchien und Aufsichtsebenen den Boden für manipulative Manöver und skriptverstärkende Spiele bestellen.

Zu den systemischen Aspekten gibt es sowohl im Bereich der Systemtheorie als auch im Bereich der Transaktionsanalyse umfangreiche Literatur, die sich auf die Arbeit mit geistig behinderten Menschen gut übertragen läßt, denn die Auswirkungen von strukturellen Problemen in Organisationen sind allenthalben dieselben. An dieser Stelle sollen einige weiterführende Literaturhinweise genügen (Duss-von Werdt 1995; Schmid 1994).

12.1.5 Die Problemanalyse als Intervention

Führt man eine komplexe Problemanalyse mit Hilfe der vier Strategien durch, so ergeben sich folgende Ergebnisse und Auswirkungen:
Zum einen gewinnen alle an der Problemanalyse Beteiligten – und das sollten möglichst auch die am Problem Beteiligten sein – einen breiten Blick auf die Gesamtszenerie, in die das symptomatische Problemverhalten des geistig behinderten Menschen eingebettet ist. Dieses pragmatisch erarbeitete Problempanorama ist somit gleichbedeutend mit einem neuent-

wickelten Problemverständnis. Stets werden in diesem Panorama mehrere Problemzonen in ihrer wechselseitigen Vernetzung auszumachen sein. Diese gemeinsame Beschreibung der vernetzten Problemzonen ist gleichbedeutend mit der gemeinsamen Problemdefinition aller am Problem beteiligten Personen, was bereits als wichtige Ausgangsbasis in den Ausführungen über die Vertragsarbeit und die Zieldefinition hervorgehoben wurde (Kapitel 11.3). Hierdurch wird ein Parallelprozeß vermieden, in dem sich ansonsten die ursprüngliche Zuschreibung, daß der geistig behinderte Mensch nicht in Ordnung ist und eben das Problem darstellt, in der Art des Analysierens wiederholen könnte. Die Moderation eines solchen Problemanalyseprozesses bis hin zu einer gemeinsamen Beschreibung des Problempanoramas ist Bestandteil der Vertragsarbeit und gleichzeitig eine wirkungsvolle Intervention.

ELBING und ROHMANN (1994a) konnten nachweisen, daß sich bei den meisten der von ihnen untersuchten verhaltensauffälligen, geistig behinderten Menschen die deutlichsten Verbesserungen beobachten ließen, als die eigentliche Therapie noch gar nicht begonnen hatte: Die Änderungen vollzogen sich in der Phase der gemeinsamen Problemanalyse.

Denn dieser Analyseprozeß bewirkt eine Stärkung des Erwachsenen-Ichs bei Beteiligten und damit verbunden eine Enttrübung. Dadurch kann die Komplexität der gesamten Problemlage wieder in den Blick genommen werden.
Untrennbarer Bestandteil dieser Komplexität sind die eigenen Anteile am Problemgeschehen, die bereits durch die Wahl der Analyseinstrumente gleich mit in den Blick genommen werden können. Dies wiederum bewirkt, daß bereits lange bevor die ersten Interventionen vereinbart sind, sich das Beziehungsgefüge rund um den geistig behinderten Menschen in Bewegung setzt und verändert. Denn eine Stärkung des Erwachsenen-Ichs bewirkt, daß sich die Transaktionsmuster verändern, indem mehr Transaktionen angeboten oder erwidert werden, die auf die Stärkung des Erwachsenen-Ichs zielen (vgl. Kapitel 8.3; insbesondere 8.3.3).
Die Instruktion, im pädagogischen Umgang nichts zu verändern, bevor es nicht gemeinsam abgesprochen ist, kann in dieser Hinsicht als paradoxe Intervention therapeutisch effektiv wirksam sein, indem das Bemühen, möglichst nichts zu verändern, gerade eben das unbedachte Fortführen der destruktiven Interaktionsmuster vereiteln hilft.
Darüber hinaus bewirkt die Enttrübungsarbeit nicht nur eine Stärkung der Erwachsenen-Ich-Funktionen, sondern auch die Wiederentdeckung der freien Kindrolle bei allen Beteiligten, sodaß wieder die Lust am Ausprobieren von neuen Ideen und der Spaß an überraschenden Einfällen und unvorhergesehenen Aktionen entstehen kann. Als Auswirkung des Problemanalyseprozesses beginnen die Bezugspersonen häufig, spontan

kleine Experimente durchzuführen nach dem Motto „Das interessiert mich doch wirklich, was passiert, wenn ich diesmal ganz anders reagiere" und ähnliches.

An dieser Stelle wird erneut wichtig, was bereits im Kapitel 8 über die Regressionstherapie ausgeführt wurde: Die Besetzung der freien Kindrolle vor allen Dingen und zuerst einmal durch die Bezugspersonen eröffnet dem geistig behinderten Menschen wichtige Verhaltensspielräume, die ihn durch stark auf die Elternrolle zentrierte Transaktionsmuster verwehrt blieben. Außerdem sind diese kleinen Experimente eine sehr wertvolle Quelle von Ideen und Informationen, wie man den Veränderungsprozeß weiter vorantreiben könnte. Hierauf wird im Abschnitt 12.3 zur Interventionsplanung noch einmal zurückzukommen sein.

12.2 Zielsetzung

In der gemeinsamen Zielsetzung mit den Bezugspersonen geht es wesentlich um das Stärken der Autonomie bei allen Beteiligten sowie darum, einem Scheitern durch die Art und Weise der Zielsetzung selbst möglichst vorzubeugen. Grundsätzlich gilt also auch auf dieser Ebene der Projektplanung das, was bereits auf der Meta-Ebene für die Zielsetzung eines Gesamtveränderungsprojekts weiter oben ausgeführt wurde (vgl. Kapitel 11.2). Ergänzend zu diesen Ausführungen lassen sich jedoch hier einige zentrale Fragestellungen festhalten, die als Orientierungsraster zur Ausarbeitung der Ziele gemeinsam mit den Bezugspersonen dienen können. Entlang dem Ordnungsschema der Vier-Strategien-Konzeption sind folgende Fragen von besonderem Interesse:

12.2.1 Symptomatisches Verhalten

Soll das Symptomverhalten völlig verschwinden oder ist es bereits sinnvoll und ausreichend im Sinne der Zielsetzung, wenn es auf ein bestimmtes Ausmaß zurückgeht? Welches Ausmaß? Was soll an die Stelle des Symptomverhaltens treten? Wie werden die Bezugspersonen gemeinsam mit dem geistig behinderten Menschen oder auch jeder für sich die freiwerdende Zeit nutzen, die dadurch entsteht, daß sie nicht mehr bzw. weniger mit dem Problemverhalten befaßt sind?

12.2.2 Persönlichkeitsentwicklung und Entwicklung des Dialogs

Was bedeutet Autonomie konkret für den geistig behinderten Menschen auf der Entwicklungsstufe, die er bereits innehat? Was kann sie bedeuten für die nächstfolgende(n) Stufe(n)? Was bedeutet Autonomie konkret für unseren Kontakt mit dem geistig behinderten Menschen und dem Kontakt miteinander? Was ist für jeden der am Problem beteiligten Personen der nächste sinnvolle persönliche Entwicklungsschritt? Sinnvoll ist es in diesem Zusammenhang, sich nochmals die Ausführungen zur Entwicklungspsychologie der Ich-Zustände zu vergegenwärtigen (vgl. Kapitel 10), um den bereits bewältigten und den aktuellen, selbstgestellten Integrationsaufgaben nachzuspüren (vgl. hierzu auch Schneider 1995). Dort liegen die Ansatzpunkte für die Gestaltung des therapeutischen Dialogs (vgl. Kapitel 8 und 9).

12.2.3 Tagesstrukturen und pädagogische Regeln

Dieser Punkt verlangt bei der Zielformulierung besondere Sorgfalt, denn die Tagesstrukturen und Regeln sind die Drehscheibe, die alle am Problem Beteiligten zusammenführt und über die sie ihre Beziehungen koordinieren. Modell hierfür könnte ein „Treffen der Autonomen" der anderen Art sein, um den Geist zu beschreiben, aus dem heraus die Tagesstruktur und die pädagogischen Regeln gestaltet werden sollten.

Leitfragen hierfür sind: Wie begreifen wir unsere Rolle und unsere Verantwortung? Wie begreifen wir die Rolle des geistig behinderten Menschen? Wie wollen wir sie künftig begreifen? Im Falle, daß der geistig behinderte Mensch sich selbst äußern kann: Wie erlebt er selbst seine Rolle und wie ist dieses Erleben einzuordnen? Welche Rolle will er wahrnehmen? Das Schlagwort vom „Treffen der Autonomen" muß also mit Leben gefüllt werden durch eine klare Beschreibung der Personen und Rollen, in denen sich die Menschen im gegebenen Kontext begegnen und aus denen heraus sie ihre Autonomie gestalten. Hilfreich ist es hierzu, sich aus der Sicht des geistig behinderten Menschen klar zu machen, welche Rolle die professionellen Bezugspersonen im Laufe seiner gesamten Biographie für ihn spielen. In aller Regel wird hierbei deutlich werden, daß die eigentlichen Konstanten seines Lebens von Mitbewohnern, Arbeitskollegen, Mitschülern, der vertrauten Wohnumgebung usw. gewahrt werden, aber nicht vom Personal, das ihn häufig nur wenige Monate oder Jahre begleitet. An diesem Punkt fließen wie kaum sonst in der therapeutischen und pädagogischen Arbeit die gewandelten Strukturen und damit auch das veränderte Selbstverständnis der professionellen Betreuer in die Behindertenarbeit ein.

Die derzeitige Situation läßt sich als Umbruchphase vom bisherigen Konzept der Lebensbetreuung, das in noch vielen Einrichtungen eine Ordens- oder diakonische Tradition fortsetzt, hin zu einem Konzept der gezielt angebotenen Hilfeleistung beschreiben. Realistischerweise ist in Abwandlung des modischen Schlagworts vom Lebensabschnittspartner allenfalls eine professionelle Lebensabschnittbegleitung leistbar. Betrachtet man die durchschnittliche Verweildauer von pädagogischen Mitarbeitern in sozialen Einrichtungen, so ist dies bereits ein hochgegriffenes Ziel (vgl. zum Wandel des Betreuungsverständnisses LINGG U. THEUNISSEN 1993; HAISCH 1995).

Die Einführung neuer Regeln aus einem neuen Betreuungs- und Begleitungsverständnis heraus kann auch selbst wiederum eine Intervention darstellen, die unbewußte und unklare Prozesse und Strukturen verdeutlicht.

In einem eigens dafür gestalteten Raum wird für einen Nachmittag in der Woche ein Treffen der Bewohner eingerichtet, wobei zwei Praktikantinnen den Thekendienst machen und gelegentlich ein kleines Programm organisieren. Ansonsten ist die Strukturierung und Gestaltung der Zeit und der Kontakte ganz den Bewohnern überlassen. Dieser Treffpunkt ist gleichzeitig eine betreuerfreie Zone. Die zwei Regeln, nämlich Selbstorganisation des Kontaktes und Ausschluß der Betreuer haben zwei Effekte hervorgebracht. Zum einen organisieren die Bewohner Kontakt und Kommunikation in einer Weise, die ihnen vorher nicht zugetraut worden war, und zum anderen empören sich die Betreuer, die ansonsten sehr für eine erwachsenengerechte Behindertenpädagogik eintreten, über den Ausschluß und können sich schlechterdings nicht vorstellen, daß das tatsächlich gut gehen soll. Andere Betreuer wiederum versuchen zur Theke vorzudringen und gleich für die im Schlepptau anmarschierte Bewohnergruppe eine Einheitslimonade zu bestellen. Freundlich des Raumes verwiesen zu werden, hat einige kontroverse und heilsame Diskussionen ausgelöst.

12.2.4 Systemische Zusammenhänge

Wie wird innerhalb der Struktur der Institution Verantwortung wahrgenommen? Wie konsequent und glaubhaft wird delegiert? Gibt es eine sinnvolle Kontrolle der (arbeits-)vertraglich zu erbringenden Leistung, und wie wird sie gehandhabt? Gibt es überhaupt zwischen den hierarchischen Ebenen klare Verträge über Zuständigkeiten, Rechte und Pflichten? Wie soll künftig Leitung wahrgenommen und Führung gestaltet werden? Was kann und soll Mitarbeit bedeuten, was eigenverantwortliches (dienstliches) Handeln? An dieser Stelle kann es nötig werden, zunächst ein Stück Personalentwicklung oder auch Organisationsentwicklung voranzutreiben. Die Macht schlechter Verträge sollte auf dieser Ebene der systemischen Zusammenhänge auf keinen Fall unterschätzt werden. Eric BERNE (1966; zitiert nach STEWART 1992) hat darauf hingewiesen, wie notwendig es ist, strukturelle Bedingungen und Verträge in ihrer Beziehung zu den inhaltlichen (Therapie-) Verträgen sorgsam abzuklären. Das Ziel ist in jedem Fall, die Zuständigkeit und Verantwortlichkeit in der gemeinsamen Organisation des Alltags zu klären und nachvollziehbar zu gestalten (vgl. Kapitel 11.3).

12.2.5 Die Verbindung der Zielebenen

Grundsätzlich sollten für alle vier strategischen Interventionsebenen klare Ziele definiert und Verträge geschlossen werden. Die Testfrage hierzu lautet: Woran werden wir merken, daß wir dieses Ziel erreicht haben? Woran werden es die anderen feststellen? Die Antworten sollen möglichst beobachtbare, belegbare Veränderungen beinhalten.

Das Bindeglied zwischen allen Ebenen liegt darin, daß durch alle Ebenen hindurch die beteiligten Personen und Funktionsträger ihre Verantwortung erwachsenengerecht und in angemessener Weise wahrnehmen – und das bedeutet nicht: im Sinne einer Anpassung gegenüber den Erwartungen noch weiter oben angesiedelter Dienstvorgesetzter. Es geht vielmehr um die Verantwortung für den eigenen Entwicklungsbeitrag in der jeweiligen Rolle und Funktion hin zu den gemeinsam abgestimmten Zielen.

In der entwicklungspsychologischen Forschung wurde hierfür das Wort von der Entwicklungskompatibilität geprägt (BRANDTSTÄDTER, KRAMPEN U. HEIL 1986). Mit Entwicklungskompatibilität ist nicht gemeint, daß alle an einem System Beteiligten dieselbe Entwicklung nehmen müssen oder dieselben Ziele verfolgen müssen. Vielmehr ist damit gemeint, daß auch unterschiedliche Ziele und Entwicklungsverläufe oder noch besser gerade unterschiedliche Ziel- und Entwicklungsverläufe gemeinsam so realisiert werden können, daß sie nicht in Konkurrenz zueinander stehen. Vielmehr sollen sie im wechselseitigen Austausch stehen und dadurch wechselseitige Entwicklungsanregung ermöglichen. Sie sollen also kompatibel sein, so wie Computersysteme oder Softwareprogramme miteinander kompatibel sind. Sie behindern sich nicht gegenseitig, sondern sie erlauben eine Kooperation unter der gegenseitigen Nutzung der vorhandenen Möglichkeiten (vgl. auch den Begriff der Ko-Evolution bei WILLI 1985).

Somit wird auch in dieser Ebene der Zieldefinition der ganzheitliche Charakter von Veränderung und Entwicklung erneut deutlich. Deutlich ist weiterhin, daß das ursprüngliche Symptomverhalten längst nicht mehr isoliert im Zentrum der Bemühungen steht. Es hat vielmehr eine sinnvolle Umdeutung als Impuls erfahren, in gemeinsamer Verantwortung einen Änderungsprozeß zu gestalten, in dessen Zielhorizont die Veränderung des Symptomverhaltens nur eine unter mehreren Ebenen der Zielbeschreibung ist, die sich in ihrer Wichtigkeit nicht gegeneinander ausspielen oder aufrechnen lassen.

Die Zielformulierungen beinhalten jedoch zum einen die unterschiedlichen Zeitperspektiven und zum anderen unterschiedliche, sich wechselseitig bedingende Aussagen über den zu realisierenden Prozeß der Veränderung. Die Interventionsplanung hat so die Aufgabe, die Elemente der Zielbeschreibung einander so zuzuordnen, daß aus ihnen das konkrete Vorgehen der Umsetzung erwächst. Dieser Punkt ist Gegenstand des nächsten Abschnitts.

12.3 Interventionsplanung

Aus der Problemanalyse und der Zielplanung ergibt sich eine Landkarte vernetzter Problemfelder und Zonen und eine Reihe möglicher Ansatzpunkte zur Veränderung. Wie sind nun die vier Strategien der Intervention miteinander zu verknüpfen?

Bereits die Problemanalyse und die Zielfestsetzung auf der Prozeßebene waren darauf angelegt, einen Parallelprozeß der Problemzuschreibung an den geistig behinderten Menschen in der Art des Vorgehens zu vermeiden. Ebenso gilt es auch in der Interventionsplanung, durch die Reihenfolge und die Schwerpunkte der Interventionsmaßnahmen eine Skriptverstärkung bei geistig behinderten Menschen wie auch bei den übrigen Beteiligten möglichst zu vermeiden und dafür entwicklungsfördernde Erlaubnisse zu transportieren.

Im praktischen Vorgehen bedeutet dies, nach Möglichkeit erst einmal die Änderungsmöglichkeiten auf der Ebene von Alltag, Struktur, Gruppenregeln und auf der Ebene der systemischen Aspekte auszuloten. Damit wird zunächst der Schwerpunkt auf diejenigen Aspekte gesetzt, die unmittelbar darauf abzielen, daß, wie oben besprochen, alle an der Problematik beteiligten Personen ihre Problemanteile aufgreifen und in eigene Änderungsschritte umsetzen. Für die Überlegungen zur Einzeltherapie bedeutet das, daß man zunächst abwartet, welche Dynamik die eingeleiteten Änderungsschritte auf den übergeordneten Ebenen entfalten. Das, was dann gewissermaßen als angemessener Problemanteil des geistig behinderten Menschen noch einmal neu sichtbar wird und gewissermaßen übrigbleibt, ist dann Gegenstand der Einzeltherapie. Damit wird die Einzeltherapie neu definiert nicht als eine störungszentrierte Intervention, sondern als eine sinnvolle Ergänzung und weitere Bereicherung des Veränderungsprozesses insgesamt.

Auch wenn dieses Vorgehen die Ideallinie der Interventionen darstellt, so sind im Einzelfall eine Reihe von differenzierten Erwägungen erforderlich, aus denen sich dann erst der konkrete Interventionsplan ergeben kann.

12.3.1 Symptomatische Behandlung

Die bisherigen Ausführungen können für die Interventionsstrategie der symptomatischen Behandlung nur bedeuten, daß das Problemverhalten selbst in der Interventionsplanung erst berücksichtigt wird, wenn es wirklich notwendig ist. Die Entscheidungsregel lautet deshalb:

Vor der Behandlung des Symptomverhaltens werden (nach Möglichkeit) zuerst die Effekte der übrigen Strategien auf das symptomatische Verhalten abgewartet.

In lerntheoretischer Sicht entspricht diese Entscheidungsregel einem Ignorieren des Symptomverhaltens bereits auf der Metaebene der Behandlungsplanung: Eine therapeutische Maßnahme ist bereits auf der Planungsebene gar nicht erst vorgesehen. Nach meiner Erfahrung ist das häufig wesentlich effektiver, als mit den Bezugspersonen die Intervention „Ignorieren" zu erarbeiten und einzuführen. Denn die Erarbeitung einer solchen Intervention mit den Bezugspersonen kann bereits eine Aufmerksamkeitsverlagerung oder Zentrierung auf das Problemverhalten bewirken (siehe oben: Kaninchen-Schlange-Syndrom), die das Verhalten stabilisiert, obwohl bei oberflächlicher Betrachtung die Intervention „Ignorieren" korrekt durchgeführt wird.

Es gibt in der Praxis nur wenige Fälle, in denen in der Tat eine symptomatische Behandlung erforderlich ist. Dieser Fall tritt nämlich dann ein, wenn das symptomatische Verhalten mit Kontrollverlust verbunden ist, wie es z.B. bei schweren Fremdaggressionen der Fall sein kann. Die Notwendigkeit, etwas zu unternehmen, wenn Fremdaggressionen in den Kontrollverlust eskalieren, liegt auf der Hand. Die Möglichkeiten, mit dieser Form des Kontrollverlustes wirksam umzugehen, wurden im Kapitel 7 diskutiert.

Die symptomatische Behandlung soll dem geistig behinderten Menschen unter anderem dazu dienen, sein Verhalten soweit wieder selbst zu regulieren, daß er sich überhaupt mit etwas anderem auseinandersetzen kann, um auf diese Weise wieder aufnahme- und lernfähig zu werden.

Die Entscheidungsregel wird also durch eine weitere Regel ergänzt:

Die Ausnahme von der Regel: Problemverhalten, das mit massivem Kontrollverlust verbunden ist, muß in jedem Fall auch symptomatisch behandelt werden.

Solange aber in der Problemanalyse deutlich wird, daß das Problemverhalten noch nicht oder nicht mehr zum Teufelskreis aus wechselseitiger Hilflosigkeit und Kontrollverlust führt (vgl. ROHMANN U. HARTMANN 1988), so sollte auch hier nach der Entscheidungsregel verfahren werden, im Zweifelsfall mit anderen Interventionsstrategien zu beginnen. Hier bieten sich ganz vorrangig die Tagesstruktur und die Gruppenregeln an (siehe unten).

In einem weiteren Fall kann es jedoch ebenfalls sinnvoll sein, symptomatisches Verhalten in der Interventionsplanung zu berücksichtigen, nämlich dann, wenn das Verhalten eine klar umrissene und nicht provokative Mitteilungsfunktion hat und in der Problemanalyse deutlich wird, daß der betreffende Mensch die Lernvoraussetzungen für eine effektivere und besser integrierte Problemlösung hat. In diesen Fällen kann die Entscheidungsregel „Ignorieren auf der Metaebene" abgelöst werden durch ein Modellieren des angemessenen Verhaltens in der Problemsituation selbst.

Seit langer Zeit ist Fritz bekannt für seine lauten und anhaltenden Schreiattacken beim Mittagessen. In der Problemanalyse wurde sichergestellt, daß Fritz in einfachen Sätzen sprechen kann und es stellte sich heraus, daß sein Schreien in erster Linie als Protest gegen Friedas Essenslärm zu verstehen war. Die symptomatische Behandlung bestand nun darin, daß eine Bezugsperson beim Essen hinter ihn trat, ihm seine Hände auf die Schultern legte und immer wenn er Luft holte um zu schreien, an seiner Stelle laut und kräftig sagte: „Fritz, hör auf!"

Diese Form, ein therapeutisches Hilfsmittel anzubieten und in der Problemsituation selbst ein Modell-Lernen anzuregen, kann eine sinnvolle Ausnahme von der Entscheidungsregel sein.

Je nach Art des symptomatischen Verhaltens ist es jedoch auch möglich, dieses als Form von Kommunikation zu verstehen und es als Eintrittskarte für den Beginn der Kommunikationstherapie zu nutzen (siehe unten 12.3.2). Besonders Formen stereotypen oder gleichförmigen Verhaltens oder die breite Spanne autistischer Verhaltensmuster bieten sich hierzu an.

An dieser Stelle komme ich auf das Beispiel zurück, das zur Erläuterung der genauen Verhaltensbeobachtung verwendet wurde. Das dort analysierte Pfriemeln hatte sich als variantenreiche Form der Erkundung und Selbstbeschäftigung herausgestellt. Konnten die Bezugspersonen im Problemverständnis diesen Schritt der positiven Neudeutung vom Störverhalten hin zum zwar schwierig nachzuvollziehenden, aber subjektiv sinnvollem Handeln vollziehen, so ist der Schritt, mit diesem nunmehr bedeutungsvollen Verhalten in der Kommunikationstherapie weiter zu arbeiten, nicht mehr weit.

Damit stoßen wir zum wiederholten Male auf das Phänomen der therapeutischen Redefinition von Problemen, Ereignissen und Verhaltensweisen. In transaktionsanalytischer Sicht ist diese Redefinition der Ausdruck einer Enttrübung bzw. der fortschreitenden Lösung der mitbetroffenen Bezugspersonen aus ihrer Symbiose mit den betroffenen geistig behinderten Menschen. Symptomatisches Verhalten darf also mit den oben beschriebenen notwendigen Ausnahmen erst dann Gegenstand unmittelbarer Interventionen sein, wenn die Problemwahrnehmung der Bezugspersonen bereits enttrübt ist und die symbiotische Abhängigkeit der Bezugspersonen vom symptomatischen Verhalten wesentlich gelockert ist. Mit anderen Worten: Die Bezugspersonen sind in der Lage, ihre Transaktionen mit dem geistig behinderten Menschen im wesentlichen aus der Erwachsenenrolle und unter der Regie des Erwachsenen-Ich-Zustands zu gestalten.

Gelingt es, das symptomatische Verhalten positiv zu definieren, so kann das symptomatische Verhalten selbst Gegenstand der Interventionsplanung sein.

12.3.2 Kommunikationstherapie

Nach den grundsätzlichen Ausführungen im Kapitel über Regressionsanalyse und den Ausführungen dieses Kapitels ist bereits deutlich, daß die Zeit der Kommunikationstherapie gekommen ist, wenn der Änderungsprozeß insgesamt nicht nur begonnen hat, sondern bereits erste klare Zwischenetappen durchschritten hat. Es hat sich jedoch durchaus bewährt, von der hier beschriebenen systematischen Ideallinie abzuweichen und die Kommunikationstherapie in der Interventionsplanung anders einzusetzen und zu nutzen. Eine der großen Stärken der Kommunikationstherapie liegt nämlich darin, daß sie viel Spaß macht und den Beteiligten das Gefühl der Wirksamkeit des eigenen Verhaltens zurückgeben kann, sobald die Eingangsprobleme überwunden sind. Sie bestehen darin, daß sich die Bezugspersonen zunächst einmal daran gewöhnen müssen, sich auf die Verhaltensebene des geistig behinderten Menschen zu begeben und das nicht als unangemessen und albern zu bewerten. Bezieht man die Bezugspersonen frühzeitig oder möglichst von Anfang an in die Therapie mit ein, so lassen sich durch die Dynamik der Kommunikationstherapie ihre Ängste und Widerstände gegenüber den anstehenden Veränderungen leichter auflösen oder ganz anders ansprechen, als wenn sie während der Problemanalyse zum Thema gemacht werden. Der relativ rasche Einsatz der Kommunikationstherapie kann somit auf der Metaebene der Projektplanung für den leitenden Therapeuten eine Interventionsstrategie darstellen, die den Bezugspersonen mindestens ebenso gilt, wie den geistig behinderten Menschen.

Diese Alternative des strategischen therapeutischen Handelns wurde im Kompakt-Therapie-Programm systematisch entwickelt und wissenschaftlich überprüft (ELBING U. ROHMANN 1993; 1994; 1994a). In diesem Konzept wird zunächst eine Phase der Problemanalyse und Problembeschreibung durchgeführt, wie sie auch in diesem Buch beschrieben ist. Je nach dem Widerstand der Bezugspersonen, sich mit eigenen Anteilen auseinanderzusetzen, werden dann aber tiefergreifende Konflikte, die für den Therapeuten selbst in der Problemanalyse deutlich geworden sind, mit den Bezugspersonen erst zum Thema und damit zum Gegenstand der Intervention auf der systemischen Ebene gemacht, wenn die Kommunikationstherapie eine Dynamik entfaltet hat, die die Auseinandersetzungsbereitschaft der Bezugspersonen deutlich verändert. Deshalb erhalten die Bezugspersonen im Konzept des Kompakt-Therapie-Programms den Status als Co-Therapeuten und sind von Beginn an in dieser Rolle aktiv in die Therapie integriert. Typischerweise können dann die Bezugspersonen selbst eigene Anteile und Konflikte ansprechen und an ihrer Lösung arbeiten, deren Existenz sie vor Beginn der Kommunikationstherapie weit von sich gewiesen haben.

Diese Strategie fordert allerdings die Sorgfalt des Therapeuten in besonderer Weise, denn hier könnte die ethische Verpflichtung des Therapeuten, seinen Klienten zu schützen, und dadurch auch der Klient Schaden leiden. Dies wäre dann der Fall, wenn diese Strategie isoliert verwendet und die

Therapie dazu mißbraucht wird, um Änderungsprozesse bei den Bezugspersonen zu bewirken. Dann wäre der geistig behinderte Mensch der eigentliche Co-Therapeut des Therapeuten. Mehr noch: Der geistig behinderte Mensch befreit den Therapeuten aus der Verlegenheit, die Bezugspersonen zu konfrontieren. Läßt sich der Therapeut unbewußt auf diese Weise vom geistig behinderten Menschen retten, so ist dies gleichbedeutend mit einer destruktiven Skriptverstärkung für den geistig behinderten Menschen: Ändere dich, damit es mir gut geht – sei nicht wie du bist, sondern sei normal (bzw. werde schnell groß; vgl. Kapitel 2.3.1.3)! Hier ist also die Selbstreflexion des Therapeuten besonders gefordert, wozu eigene Supervision unbedingt anzuraten ist.

Im planerischen Vorgehen selbst gewinnt diese Variante, die Kommunikationstherapie in der strategischen Interventionsplanung einzusetzen, ihren Sinn und ihre Rechtfertigung aus der gesamten Interventionsplanung, wie sie hier systematisch entfaltet wird. Wenn dann diese Entscheidung eine von vielen Entscheidungen im Gesamtprozeß der Interventionsgestaltung ist, so hat sie ihren spezifischen Ort und ihre abgewogene Begründung. Dann verletzt die Vorgehensweise in ihrer Gesamtheit nicht die Sorgfaltspflicht des Therapeuten gegenüber seinem Klienten und bietet strukturell auch einen gewissen Schutz gegen die Versuchung des Therapeuten, den Klienten für sich an der Bezugsperson arbeiten zu lassen.

Somit gilt für die Kommunikationstherapie ähnlich wie für die symptomorientierte Behandlung:

Zunächst sollten die Auswirkungen der Interventionen auf der Ebene der pädagogischen Regeln und der Tagesstruktur sowie auf der Ebene der systemischen Zusammenhänge abgewartet werden, bevor mit der Kommunikationstherapie begonnen wird. Gut zu begründende Ausnahmen müssen unbedingt Teil einer Gesamtstrategie sein.

Diese Entscheidungsregel ist umso wichtiger, je schwerer die geistige Behinderung ist und je weniger der betreffende Mensch in der Lage ist, sich allgemein verständlich mit der Umwelt auseinanderzusetzen. Dies ist in der Regel an das eigene aktive Sprechen gekoppelt. Geistig behinderte Menschen, die nicht oder kaum über eine aktive Sprache verfügen und/oder deutlich autistische Verhaltens- und Erlebensweisen zeigen, sind darauf angewiesen, daß diese Entscheidungsregel vom Therapeuten sehr sorgfältig gehandhabt wird. Umgekehrt können lernbehinderte und leicht geistig behinderte Menschen von einer kommunikationstherapeutischen Einzeltherapie profitieren, auch wenn die systemischen Bezüge und die darin verborgenen Probleme (siehe Kapitel 12.1.3 und 12.1.4) für Interventionen wenig zugänglich oder offen sind. Denn aufgrund ihrer höheren kommunikativen Flexibilität, die sich in einem besser strukturierten und differenzierten Erwachsenen-Ich zeigt, können diese Klienten von einer dann fast schon traditionellen Einzeltherapie profitieren, da ihnen auch Veränderungen in ihrem Lebensfeld bzw. die Kompensation der gegebenen Begrenztheit im Lebensfeld aus eigener Kraft möglich ist. Weil ihnen Sprache zur Verfügung steht, können sie beispielsweise die Veränderung der pädagogischen Regeln selbst reklamieren oder aber die vorhandenen Freiräume nutzen und ausdehnen. Sie können in der Regel auch lernen, von ihren Bezugspersonen soweit unabhängig zu werden, daß sie auch eine Veränderung ihres Lebensfeldes als Chance nutzen können. Das bedeutet, daß diese Personengruppe in Ergänzung zur Therapie auch mit administrativen Interventionen sinnvoll unterstützt werden kann wie z.B. einer Heimaufnahme oder dem Wechsel in eine andere Betreuungsform, eine andere Wohngruppe oder dem Antritt einer anderen Arbeitstelle. Bei diesem Personenkreis kann auch der Therapeut die entlastende Erfahrung machen, daß Therapie nicht alle Probleme lösen muß und sinnvolle Problemlösungen auch auf andere Weise mitorganisiert werden können.

Somit wird hier eine übergeordnete Regel deutlich:

Mit zunehmendem Behinderungsgrad sind die Klienten mehr darauf angewiesen, daß der Therapeut nach den Entscheidungsregeln verfährt, wogegen mit wachsender Differenziertheit und Auseinandersetzungsfähigkeit der Klienten die Entscheidungsregeln flexibler gehandhabt werden können.

Gleichzeitig damit wächst aber auch die Anforderung an den Therapeuten, die therapeutische Ebene verlassen zu können und auf der strukturellen Ebene zu verhandeln und Problemlösungen voranzutreiben. Die Interventionen gewinnen dadurch den Charakter einer Einzeltherapie, die mit einem soziotherapeutischen Vorgehen im Sinne von PETZOLD (1994) kombiniert wird.

12.3.3 Alltagsstruktur und pädagogische Regeln

Wie bereits oben in der Problemanalyse deutlich geworden ist, sollten die Interventionen vorzugsweise hier ansetzen. Die Problemanalyse wird oftmals ergeben, daß sich der geistig behinderte Mensch einer Vielzahl von Regeln gegenüber sieht, die häufig genug nicht nur schlecht aufeinander abgestimmt sind, sondern sich sogar widersprechen oder ausschließen. Aus diesem Grund wurden bereits oben die Alltagsregeln als geronnene Skriptstrukturen charakterisiert. Weil sie das sind, ist die Arbeit mit den Regeln eine besondere Herausforderung an den Therapeuten. In der Arbeit mit den Regeln entscheidet sich letztlich das Gelingen des Veränderungsprojekts, denn erst dann, wenn der vermeintlich graue Alltag deutlich anders ist, hat sich auch in der Substanz etwas getan. Arbeitet man auf diesem Gebiet, so wird der Alltag schnell zum Krimi – manchmal ängstigend, aber vor allem spannend und reizvoll.

Skriptverbundenen Regeln ist grundsätzlich gemeinsam, daß mit ihrem Aufstellen das Scheitern vorprogrammiert ist. Zwei Varianten treten hierbei besonders oft auf. Die eine Variante läßt sich damit umschreiben, daß die Formulierung der Regel selbst es bereits unmöglich macht, sie wirklich zu befolgen. Hierzu gehört das weite Feld der Regeln, die die geistig behinderten Menschen in ihrem Entwicklungsstand überfordern, wie es in der Problemanalyse (Kapitel 12.1.3) beschrieben wurde. Die andere Möglichkeit besteht darin, grundsätzlich erreichbare Regeln so miteinander zu kombinieren, daß sie zusammen auf keinen Fall einzuhalten sind.

Wenn nun also neue Regeln eingeführt werden sollen, so müssen sie in doppelter Hinsicht erfüllbar sein:

Regeln müssen ihrem Inhalt nach für diejenigen erfüllbar sein, für die sie gelten sollen, und sie müssen in ihrer Einführung und Durchführung für die Bezugspersonen leistbar sein.

Regeln müssen sich ändern können, denn auch das gehört zum Änderungsprozeß. Deshalb ist es grundsätzlich wichtig, mit den Bezugspersonen die Veränderbarkeit als zentrale Eigenschaft guter Regeln herauszuarbeiten: Regeln sind änderbar und dürfen sich ändern. Denn wenn der Änderungsprozeß wirksam ist, werden auch die neuen Regeln immer wieder neu angepaßt und überdacht werden müssen. Unter dieser Maßgabe ist es nach sorgfältiger Problemanalyse möglich, erste Regeln aufzustellen, die den geistig behinderten Menschen gerecht werden können. Um nun aber denen gerecht zu werden, die die Regeln einsetzen und durchführen müssen, haben sich folgende Maximen bewährt:

Eine Regel, und die richtig.

Diese Maxime bedeutet, daß im Zweifelsfall nur eine Regel oder Anforderung an den geistig behinderten Menschen gestellt wird, die dann aber so wohlüberlegt und sorgfältig platziert ist, daß sie von den Mitarbeitern auch unter ungünstigen Bedingungen durchgehalten werden kann. Für schwer Autoaggressive ist es beispielsweise von großer Bedeutung, daß sie möglichst mit körperlich fordernden Tätigkeiten gut ausgelastet sind (KANE 1986; vgl. KOCH, KANE, JOCHMUS, KANE u. WILHELMSTROOP-MEYER 1979). Die Problemanalyse ergibt aber in solchen Fällen häufig, daß möglicherweise jahrelang überhaupt keine Anforderungen mehr an die betreffende Person gestellt worden sind. Deshalb sollte als erste Anforderung eine Tätigkeit gewählt werden, die für alle Beteiligten so klar umrissen ist, daß sie wirklich von jedem Mitarbeiter, der mit dem Betreffenden arbeiten wird, auch durchsetzbar ist.

Die Bezugspersonen tun sich meist sehr schwer, die Vielzahl an Regeln aufzugeben, die sie vorher meinten, aufrecht erhalten zu müssen. Bei der Einführung dieser Maxime ist deshalb die vorangegangene Problemanalyse hilfreich, denn aus ihr geht hervor, daß die Regeln nicht nur den geistig behinderten Menschen, sondern auch die Bezugspersonen überfordern haben. Letztlich waren sie nie wirklich in Kraft, weil sie gar nicht wirklich umgesetzt werden konnten. Hier zahlt sich also die vorangegangene Arbeit in der Problemanalyse bereits aus.

Erfahrungsgemäß macht selbst diese Maxime noch eine Ergänzung erforderlich:

Ausnahmen bestätigen die Regel – sprichwörtlich.

Gerade im Fall schwerer Verhaltensstörungen wie Autoaggressionen oder eskalierender Fremdaggressionen ist es unrealistisch, daß selbst noch so gut aufgestellte Regeln immer und unter allen Bedingungen durchführbar sind. Deshalb brauchen die Bezugspersonen diese Ergänzungsregel, die der Tatsache Rechung trägt, daß bei dem Vorhaben keine Maschinen, sondern Menschen am Werke sind. Sie enthält die Erlaubnis, im Einzelfall auf das Einfordern einer Regel von vornherein zu verzichten, wenn absehbar ist, daß der geistig behinderte Partner den Kampf um die Gültigkeit der Regel gewinnen würde. Diese Erlaubnis eröffnet den Mitarbeitern die Möglichkeit, sich auch in schwierigen Situationen zu schützen und achtsam mit ihren eigenen menschlichen Schwächen umzugehen. Im Fall extremer Verhaltensstörungen kann beispielsweise die Tagesform einer Bezugsperson zur Durchsetzung auch einer einfachen Regel ein relevantes Entscheidungskriterium sein. Der Vorteil der Ergänzungsregel liegt also darin, daß sie vermeiden hilft, von vornherein verlorene Kleinkriege zu führen.

Etwas heikel ist diese Ergänzungsregel in anderer Hinsicht. Sie kann auch dazu benutzt werden, um sich sein eigenes Versagen und damit sein eigenes Skript zu bestätigen, etwa nach dem Motto: „Ich bin so unfähig oder schwach, daß ich eine Ausnahme von der Regel brauche." Zwei Erfahrungen ermutigen mich, diese Ergänzungsregel dennoch vorzuschlagen. Zum Einen ist das Ausmaß an Destruktivität in der Gesamtdynamik deutlich geringer, wenn von vornherein verlorene Auseinandersetzungen unterbleiben, auch wenn sich einige Bezugspersonen dadurch Teile ihres Skripts bestätigen. Diese Form der Skriptbestätigung ist dann nämlich leichter zu konfrontieren, als die Verletzungen und Kränkungen aus dem verlorenen Kleinkriegen weiterhin aufzuarbeiten. Zum anderen ist es bis auf wenige Fälle wie zum Beispiel die Behandlung schwerer Autoaggressionen in der Akutphase für eine effektive Arbeit auch gar nicht erforderlich, die festgelegten Regeln immer und lückenlos zur Anwendung zu bringen. Viel wichtiger ist es, überhaupt Regeln zur Anwendung zu bringen, die nicht von vornherein Verlierer produzieren, sondern den Beteiligten die Möglichkeit zu einer klärenden Auseinandersetzung in der Position „ich bin OK und Du bist OK" (vgl. Kapitel 3) ermöglichen.

An dieser Stelle lassen sich die früheren Ausführungen über die Zuwendungsmuster aufgreifen und in den Interventionen nutzbar machen. Denn pädagogische Regeln spiegeln beileibe nicht nur die Skriptmuster und Zuwendungsmischungen der beteiligten Personen. Vielmehr sind die pädagogischen Regeln im Sinne eines heilsamen Änderungsprozesses ein Instrument, um ein förderliches Klima der Zuwendung zu schaffen. Die allmähliche und langsame Verschiebung des Zuwendungsmusters von negativen Formen der Zuwendung hin zu ihren positiven Formen, wie sie als Intervention im Kapitel 4.3 dargestellt wurde, wird ganz wesentlich über die Anforderungen und Regeln gesteuert, die im Alltag des geistig behinderten Menschen jeweils Geltung haben. Und somit ist die sorgsame und kontinuierliche Anpassung der Regeln an den Änderungsprozess ein wichtiges Instrument der Steuerung des Tempos, mit dem sich die Veränderung vollzieht. Gerade im Blick auf Menschen mit psychotischen oder psychoseähnlichen Störungsformen ist, wie beschrieben, das verläßliche Angebot genügend negativer Zuwendung solange wichtig, wie noch nicht ein neues, positives Zuwendungsmuster dauerhaft etabliert werden konnte.

In Art und Durchführung der pädagogischen Regeln und in der Strukturierung des Alltags entscheidet sich ganz wesentlich das Gelingen des Änderungsprozesses (vgl. Kapitel 8.3.3).

12.3.4 Systemische Zusammenhänge

Es wäre verwunderlich, wenn die Problemanalyse im Blick auf die Dynamik unter den Bezugspersonen und die Problemanteile des sonstigen Umfeldes keine Ergebnisse erbracht hätte. In der Interventionsplanung gilt es nun abzuwägen, ob nicht zunächst hier ein Änderungsprozeß in Gang kommen muß, damit die ansonsten geplanten Maßnahmen auf den übrigen Ebenen nicht gefährdet oder blockiert werden. Als Entscheidungskriterien für diese Prioritätensetzung haben sich folgende drei Punkte bewährt:

Solange Spiele zweiten oder dritten Grades, Machtspiele oder Sabotage „laufen", müssen die Interventionen zunächst auf dieser Ebene ansetzen.

Wie bereits im Kapitel 5.2.2 dargestellt, sind Spiele zweiten Grades unbewußte manipulative Manöver, deren Ausgang ernste Folgen wie Kün-

digung, Erkrankung, Einweisung in die Psychiatrie, Verlegung und ähnliches haben. Sind bei den Bezugspersonen und sonstigen wichtigen beteiligten Personen Spiele zweiten oder dritten Grades auszumachen, die mit dem gesamten Problemkomplex in Beziehung stehen, ist es oftmals erforderlich, die weitere Interventionsplanung auszusetzen, bis dieser Punkt anderweitig abgeklärt werden konnte. Denn wenn beispielsweise eine Bezugsperson den geistig behinderten Menschen mit seinem Problem dazu nutzt, um sich selbst aus dem Beruf zu katapultieren, dann läßt sie sich aller Erfahrung nach nicht konfrontieren, ohne daß die Konfrontation den Aufwand einer eigenen Therapie annimmt. Damit sind in aller Regel die Grenzen des Änderungsvertrages gesprengt, der zu Beginn des Änderungsvorhabens abgeschlossen wurde (siehe oben). Spiele zweiten Grades müssen deshalb unbedingt aufgedeckt werden, ihre Lösung jedoch wird in aller Regel in einem anderen Rahmen anzugehen sein als in dem Vertragsrahmen, in dem der Therapeut gegenwärtig arbeitet. Im Rahmen einer psychotherapeutischen Praxis kann dies bei entsprechender Einsicht der betreffenden Person durch die Weiterverweisung an einen Kollegen geschehen. Im institutionellen Rahmen ist dies eine der Nahtstellen für Dienstaufsicht und damit auch meist zum Auftraggeber des Änderungsprojektes. Je nach Lage der Dinge kann es erforderlich sein, durch eine Veränderung der personellen Rahmenbedingungen erst die Voraussetzungen zu schaffen, um eine erfolgreiche Therapie überhaupt zu ermöglichen. Diese angesprochene Querverbindung zu dienstaufsichtlichen Funktionen kann auch bis zu Prozessen der Organisationsentwicklung reichen.
Dies ist ebenfalls bei Machtspielen der Fall (STEINER 1985). Während Spiele zweiten Grades unbewußte Manöver sind, handelt es sich bei Machtspielen um eine gezielte Manipulation und Abwertung anderer mit dem Ziel, manipulieren zu können und Macht über das angemessene Maß hinaus auszuüben. Stellt der Therapeut im Zuge der Problemanalyse fest, daß Machtspiele und Intrigen einen wichtigen Teil des Problemfeldes rund um die Verhaltensstörung ausmachen, so sollte das Vorgehen mit dem Auftraggeber neu verhandelt werden: Statt der Therapie mit dem geistig behinderten Menschen wird (zunächst?) die Arbeit mit dem Team oder in der Abteilung im Vordergrund stehen mit dem Ziel, die Arbeitsfähigkeit wieder herzustellen.
In krassen Fällen wird auch dies nicht ausreichen, sodaß dienstrechtliche Maßnahmen zum ungeliebten, aber angemessenen und letztlich befreienden Mittel der Wahl werden. Hierzu ein gar nicht so seltenes Beispiel:

Xaver, ein schwer autoaggressiver Mann, lebt in einer Wohngruppe. Ihr Leiter hat seit langen Jahren diese Position inne. Unter der Maske des sozialpädagogischen Retters, der sich für seine Bewohner aufopfert und sogar im Urlaub zum Dienst erscheint, zieht er alle Macht und Informationen an sich. Mitarbeiter, die versuchen, eine Zusammenarbeit anzustreben und seinen Leitungsstil vorsichtig anfragen, läßt er durch entsprechend harte Dienstplangestaltung ausbrennen, bis sie krank werden oder die Gruppe verlassen. Xavers Autoaggressionen dienen der Legitimation des Mitarbeiterverschleißes und der Forderung nach weiteren Mitarbeitern. An der Art, wie sich Xaver bei den jeweiligen Mitarbeitern selbst schlägt, läßt sich deutlich die Reihenfolge der Gunst ablesen, in der die Mitarbeiter beim Gruppenleiter stehen.

Die Dienstvorgesetzte des Wohngruppenleiters hat ein echtes, ausgeprägtes Rettersyndrom; sie hört den Klagen über die viele Arbeit und die schwere Belastung durch die Verhaltensstörung jahrelang mit hoher Anteilnahme zu und versäumt darüber zu überprüfen, was ihr Mitarbeiter eigentlich tut – geschweige denn dabei festzustellen, wie er seine Kollegen ins Messer laufen läßt. Sie verläßt eines Tages die Einrichtung, und die Nachfolge trat eine Person an, die sich gut abgrenzen konnte und einen klaren Blick hatte. Dem Gruppenleiter war sofort klar, was das für Konsequenzen haben würde, und er reichte von sich aus die Kündigung ein.

Der gruppenergänzende Dienst hatte die systemischen Zusammenhänge nicht genügend berücksichtigt, die soziopathische Persönlichkeit des Gruppenleiters erst sehr spät erkannt und über ein Jahr mühevoller Arbeit in Xavers Therapie vergeblich investiert. Drei Jahre nach Abbruch des ersten Therapieversuchs konnte die Therapie erneut und mit guten Erfolgsaussichten aufgenommen werden, nachdem die neue Leitung das Team in der Zusammensetzung völlig verändert hatte.

An dieser Beispielsskizze wird sowohl die Begrenztheit therapeutischen Handelns im institutionellen Rahmen als auch die Sorgfalt deutlich, die darauf verwendet werden sollte, gerade die systemischen Rahmenbedingungen kritisch zu prüfen (vgl. Kapitel 11.3 mit Bernes Ausführungen zur Vertragsarbeit).

Auch wenn keine Spiele zweiten Grades oder akute Machtspiele vorliegen, so sollten sich die verschiedenen beteiligten Gruppen und Bezugspersonen nicht gegenseitig blockieren und sabotieren. Im Gegensatz zu manchen verhaltenstherapeutischen Ansätzen ist es nicht erforderlich, daß alle Beteiligten gleichermaßen oder mit gleichem Engagement an einem Änderungsprojekt teilnehmen. Diejenigen, die nicht aktiv den Entwicklungsprozeß mitgestalten möchten, sollten jedoch nach folgendem Motto handeln können:

„Ich mache mir das Projekt nicht zu eigen, aber ich unterstütze Dich, wenn Du es machst."

Die Kolleginnen und Kollegen können diejenigen, die eine aktive Rolle spielen, ruhig mit einer gewissen Skepsis oder Ängstlichkeit beobachten, solange sie bereit sind, diese in ihrem Vorhaben zu unterstützen – beispielsweise durch eine neue Verteilung der Arbeit, durch Entlastung im Dienstplan oder durch andere unterstützende Arbeit im Hintergrund. Die in dem Motto enthaltene Erlaubnis, den Änderungsprozeß nicht aktiv gestalten zu *müssen*, kann bei den betroffenen Bezugspersonen zu der Entspannung führen, die sie in die Lage versetzt, im Laufe der Entwicklung dann doch zu einem interessierten Beobachter und schließlich auch aktiven Teilnehmer zu werden, wenn sie das dann möchten. Mit Ausnahme der Behandlung von Autoaggressionen im Akutstadium ist es selbst bei sehr schweren Formen von Verhaltensstörungen, wie z.B. eskalierenden Fremdaggressionen nicht erforderlich, daß alle gleichermaßen beteiligt und aktiv sind, um den Veränderungsprozeß effektiv und erfolgreich zu gestalten.

Der hiermit verbundene Abschied von der Einmütigkeitsdoktrin der Gleichschrittpädagogik, wie sie vielerorts noch gelehrt wird und in vielen Teams noch verankert ist, kann darüberhinaus für die Kultur der Zusammenarbeit eine befreiende Wirkung haben. Umgekehrt können Teams, die eine individualistische Doktrin vertreten („Wir können uns nicht einigen, weil jeder anders ist und jeder echt sein will"), zu effektiven Formen der Zusammenarbeit finden ohne das ihnen wichtige Ideal der Individualität aufgeben zu müssen.

Ist ein solcher neuer Konsens nicht erreichbar, so wird die Eingangsintervention sinnvollerweise zunächst in einem Stück Teamentwicklung oder Entwicklung der Zusammenarbeit zwischen den beteiligten Gruppierungen bestehen, bevor weitere Interventionsschritte eingeleitet werden können.

12.3.5 Durchführung und Auswertung der geplanten Interventionen

Die Durchführung der geplanten Interventionen läßt sich als Zyklus aus Planung, Ausführung und Reflektion beschreiben. Sie bildet also im verkleinerten Maßstab die Planungsprozesse nochmals ab, die in diesem und dem vorangegangenen Kapitel für die strategische Dimension eines gesamten Projekts beschrieben worden sind. Bewährt haben sich 14-tägige Sitzungen zusammen mit den Bezugspersonen und der geistig behinderten Person, in denen die Interventionen und der Änderungsprozeß reflektiert werden. Die Rahmenziele werden dabei in eine Schrittfolge von Teilzielen aufgelöst, die dann von Mal zu Mal mit geeigneten Maßnahmen verfolgt werden, um den Prozeß in der nächsten Sitzung erneut zu überprüfen usw.

Zumindest in der ersten, intensiven Phase der Therapie sollte ein solches Reflektions- und Planungsgespräch nach jeder Therapiestunde stattfinden. Im Grunde ist vor Beginn der Therapie nur eine Einstiegsplanung möglich, die den Ansatzpunkt in der ersten Stunde auswählt. Hat der Prozeß begonnen, so erfolgt die Planung im Rahmen der übergeordneten Ziele von Mal zu Mal, denn der geistig behinderte Partner wird den Prozeß aktiv mitgestalten und Signale geben, welches Thema für ihn „dran" ist. Das zu erkennen, aufzugreifen und einzubinden in die Gestaltung der nächsten Stunde ist die Aufgabe des Reflektionsgesprächs. Es ist nicht erforderlich, daß der Teilnehmerkreis genauso umfangreich ist wie in den 14-tägigen gemeinsamen Beratungen. Es sollte jedoch zumindest eine Bezugsperson dabei sein. Idealerweise ist diese Bezugsperson auch in die Therapie selbst mit einbezogen, wodurch sie eine Modell- und Multiplikatorfunktion für die anderen Bezugspersonen haben kann (ELBING U. ROHMANN 1993).

Ist der Start gelungen, so entfaltet die Veränderung ein Eigenleben, das die Beteiligten in seinen Bann zieht: Sie verändern und werden verändert, und beides ist deutlich spürbar und erlebbar. Dieselben wechselseitigen Verstärkungsprozesse, die vorher in der Abwärtsspirale der Störung unbewußt genährt und bewußt erlitten wurden, werden jetzt nicht nur in ihrer Wirksamkeit wahrgenommen, sondern teilnehmend und bewußt gestaltet. Die eigentlich kritische Phase ist dann erreicht, wenn ein neuer Alltag einzukehren beginnt, die wache Aufmerksamkeit nachläßt und sich wieder Routinen herausbilden. Diese neue Selbstverständlichkeit ist die Nagelprobe des gesamten Änderungsprozesses. Entscheidend ist die Qualität der neuen Routinen: Die veränderte Art, über sich selbst, den geistig behinderten Partner und über Konflikte und Probleme nachzudenken, wird im gelingenden Fall selbst zur Routine, und die Signale, die das eigene System von „stand by" in den Alarmzustand versetzen, sind jetzt ganz andere. Die Gefahr des wieder einkehrenden Alltags besteht andererseits darin, daß sich nur Verhaltensroutinen entwickeln und keine neuen Denkgewohnheiten.

Verläuft die Entwicklung weiter positiv, so erlauben es die neuen Selbstverständlichkeiten, daß die Beteiligten ihre Energien wieder anderen Aufgaben zuwenden können – sei es dem nächsten Entwicklungsschritt oder anderen anstehenden Problemen. Typischerweise formulieren die Bezugspersonen vor Beginn des Änderungsprozesses die Sorge, über die Konzentration auf den einen geistig behinderten Menschen andere zu vernachlässigen. Und genauso typisch berichten sie später wie nebenher, daß sich ihre gesamte Art und Weise, mit den anderen geistig behinderten Menschen (wie auch mit den Kollegen) umzugehen, ebenfalls geändert hat.

Erst hier kann die therapeutische Begleitung enden. Die Begleitung in eine neue Selbstverständlichkeit des Miteinander und einen neuen Alltag hinein ist eine leise, aber eine unabdingbar nötige Arbeit. Sie endet damit, daß sich der Therapeut unversehens auf dem Bahnsteig der Interventionen wiederfindet und der Entwicklungszug ohne ihn weiterfährt. Jetzt einfach nur zu gehen (und zu verlassen, statt verlassen zu werden) ist zuwenig. Das Winken und die Wehmut gehören auch dazu – es ist eben nicht die eigene Reise, auch wenn man ein Stück zusammen unterwegs war.

12.4 Zusammenfassung der Entscheidungsregeln zur Interventionsplanung

Die Befunde aus der Problemanalyse sind zunächst daraufhin zu prüfen, ob die systemischen Zusammenhänge Hinweise auf Spiele zweiten Grades, Machtspiele und Sabotagemanöver enthalten. Ist dies in ernstzunehmender Weise der Fall, so wird vor Beginn weiterer Interventionsschritte eine Lösung auf dieser Problemebene anzustreben sein, die je nach Sachlage die Bezugspersonen selbst oder aber auch darüberhinaus ihre Vorgesetzten und die Institution betreffen kann. Möglicherweise ist hier auch über einen Abbruch des Projektes zu entscheiden. Erst wenn diese dreifache therapeutische Alarmanlage Entwarnung signalisiert, können mit Aussicht auf Erfolg weitere Interventionsschritte eingeleitet werden.

Ist dies der Fall, so sollte vorrangig und zunächst das Feld der Tagesstrukturierung und der pädagogischen Regeln bearbeitet werden. Die hierdurch in Gang kommende Änderungsdynamik wird dann durch einzeltherapeutische Maßnahmen wie die Kommunikationstherapie weiter verstärkt und ergänzt. Sie sind eine notwendige Ergänzung der getroffenen Maßnahmen im wahrsten Sinne des Wortes.

Im Fall von Kontrollverlust wie bei schweren Autoaggressionen oder eskalierenden Fremdaggressionen werden die Interventionen zunächst hier ansetzen müssen, wobei zeitgleich bereits mit der Bearbeitung der Tagesstruktur und der pädagogischen Regeln begonnen werden kann und sollte.

Hinsichtlich einer symptomatischen Behandlung sollte das Problemverhalten in allen anderen Fällen nach Möglichkeit strukturell ignoriert werden, indem zunächst gar keine symptomorientierte Interventionsplanung erfolgt. Wenn die Auswirkungen der übrigen Maßnahmen erkennbarerweise hierfür noch einen Interventionsbedarf übriglassen, dann setzt die symptomatische Behandlung ein. Sie sollte möglichst im Sinne eines Neulernens erfolgen, indem z.B. Hilfs-Ich-Strategien und Modell-Lernen angeboten werden.

Im sorgfältig zu handhabenden Einzelfall kann es hilfreich sein, die Kommunikationstherapie zuerst zu beginnen und erst dann die Maßnahmen auf der Ebene der pädagogischen Regeln und der Tagesstruktur folgen zu lassen.

Abbildung 28: Die Ebenen der Problemanalyse und Veränderungsgestaltung

Abbildung 28 zeigt die Ebenen der Analyse und der Veränderung im Überblick. Die verstärkte Trennlinie hin zur Organisationskultur und weiteren, übergeordneten Zusammenhängen verdeutlicht, daß jenseits dieser Grenze andere Ansatzpunkte und Vorgehensweisen benötigt werden als die hier vorgestellten Möglichkeiten. Hier liegt die Schnittstelle zur Organisationsentwicklung und zur politischen Gestaltungsebene. Damit verdeutlicht die Abbildung nochmals die Gestaltungsspielräume und die Grenzen effektiver therapeutischer und pädagogischer Arbeit .

In ihrer Gesamtheit bewirken die Entscheidungsregeln, daß dem geistig behinderten Menschen durch Aufbau und Durchführung der Interventionsmaßnahmen ein angemessener Anteil am Problem zugestanden und in seine Verantwortung gegeben wird – nicht mehr und auch nicht weniger. Dadurch wird nicht nur eine Verstärkung seines Skripts vermieden, das ihm nahelegt, ein Problem für das Leben anderer Menschen zu sein. Vielmehr erfährt er die angemessene Unterstützung darin, seinen Teil der Zuständigkeit für die Problemlösung an- und wahrzunehmen. Hierin liegt für ihn die Erlaubnis, er selbst und auf dem Entwicklungsstand zu sein, auf dem er tatsächlich auch ist.

In ähnlicher Weise können die Bezugspersonen erfahren, daß auch ihr Anteil am Problemgeschehen nicht delegierbar ist und daß sie ihren eigenen und ganz legitimen Anteil am ganzheitlichen Änderungsprozeß haben können und sogar haben sollen. Dem Therapeuten schließlich erlaubt diese Arbeitsstruktur, seiner eigenen Fehlbarkeit nicht mit einem Perfektionsanspruch zu begegnen. Vielmehr kann er mit Hilfe der Entscheidungsregeln einige grobe Akte der Selbstsabotage nicht nur bei den Interventionen selbst, sondern bereits in der Planung sein lassen, und er kann als Agent der Veränderung seine Wirksamkeit entfalten und ausschöpfen.

Palmström meets Heller II

Die Kugeln

Palmström nimmt Papier aus seinem Schube.
Und verteilt es kunstvoll in der Stube.

Und nachdem er Kugeln draus gemacht.
Und verteilt es kunstvoll, und zur Nacht.

Und verteilt die Kugeln so (zur Nacht),
daß er, wenn er plötzlich nachts erwacht,

daß er, wenn er nachts erwacht, die Kugeln
knistern hört und ihn ein heimlich Grugeln

packt (daß ihn dann nachts ein heimlich Grugeln
packt) beim Spuk der packpapiernen Kugeln...

Christian Morgenstern

Die wahren Abenteuer sind im Kopf

Ich wär' ein schlechter Kapitän,
Die Meridiane sind mein Handwerk nicht.
Und trommelt auch der Regen
In den Tropen Neuguineas
Die Mangoblätter wund:

Es heißt, am Ende aller Reisen
weiß man doch wiederum die Erde rund,
Und Abendstern und Kleiner Bär sind Feuer
In der schwarzen Wiese
Über meinem Haus.

Die wahren Abenteuer sind im Kopf,
Und sind sie nicht im Kopf,
Dann sind sie nirgendwo.

Der Maskenhändler mit der Blutmaschine,
Der Detektiv der kühlen Worte,
Das Salto-rückwärts-Kind mit der Packetperücke,
Die Schmerzensdienerin des Ho-Tu-Sai:

Sie alle sind in meinem Kopf,
Und sind sie nicht in meinem Kopf,
Dann sind sie nirgendwo.

Sie alle, alle sind in meinem Kopf,
Und sind sie nicht in meinem Kopf,
Dann sind sie nirgendwo.

Im Jahr der Insekten, dem Dreimonats-Jahr
Gleitet von ferne in die Nähe
Bizarre, gefräßige Architektur
Aus Stachel und Zange, Schere und Lärm,
Und stiehlt die Schatten aus den Zweigen,
Und dringt in den Traum des Soldaten,
Und die kleinen Gebärden der Hasardeure
Werden wie Segel eingeholt.

Die wahren Abenteuer sind im Kopf,
In meinem Kopf,
Und sind sie nicht in meinem Kopf,
Dann sind sie nirgendwo.

Die wahren Abenteuer sind im Kopf,
In Deinem Kopf,
Und sind sie nicht in Deinem Kopf,
Dann suche sie!

Die wahren Abenteuer sind im Kopf,
In Euren Köpfen,
Und sind sie nicht in Euren Köpfen,
Dann suchet sie!

Die Wirklichkeit, die Wirklichkeit,
Trägt wirklich ein Forellenkleid,
Und dreht sich stumm, und dreht sich stumm,
Nach andern Wirklichkeiten um...

André Heller

Ist Palmström etwa Autist?!?
Ich glaube, das ist nicht wichtig.
Morgenstern war einfach nur ein guter Dichter.

Ist Heller ein exzentrischer Spinner?
Vielleicht. Aber das macht nichts.
Er traut sich eben, anders zu sein.

So zu sein.
Und er sagt wahr.
Wie Morgenstern.

Literatur

Andersen, T. (1990): Das reflektierende Team. Dialoge und Dialoge über die Dialoge. Dortmund: verlag modernes lernen.

Bala, J. (1989): „Mama, hör auf MMMMMMM zu sagen." TA in der Behandlung autistischer Kinder. Zeitschrift für Transaktionsanalyse, 6, 164-174.

Bandura, A. (1971). Psychotherapy based upon modeling principles. In A.E. Bergin and S.L. Garfield (Hg.) Handbook of psychotherapy and behavior change. New York: Wiley.

Bandura, A. u. Jeffery, R.W. (1973). Role of symbolic coding and rehearsal processes in observational learning. Journal of Personality and Social Psychology, 26, 122-130.

Bandura, A. u. Walters, R.H. (1963): Social learning and personality development. New York: Holt.

Bartling, G., Echelmeyer, L., Engberding, M. u. Krause, R. (1980): Problemanalyse im therapeutischen Prozeß. Stuttgart: Kohlhammer.

Beeghly, M., Perry, B.W. u. Cicchetti, D. (1989): Structural and Affective Dimensions of Play Development in Young Children with Down Syndrome. International Journal of Behavioral Development, 12, 257-277.

Belschner, W., Hoffmann, M., Schott, F. u. Schulze, C. (1976[4]): Verhaltenstherapie in Erziehung und Unterricht. Band 1: Grundlagen. Stuttgart et al.: Kohlhammer.

Berger, J. (1990): Interactions between parents and their infants with Down syndrome. In D. Cichetti, M. Beeghly (eds.) Children with Down syndrome. Cambridge: University Press. S. 101-146.

Berne, E. (1964): Games People Play. New York: Grove Press.

Berne, E. (1966): Principles of Group Treatment. New York: Oxford University Press.

Berne, E. (1968): Staff-Patient Staff Conferences. American Journal of Psychiatry, 125(3), 286-293.

Berne, E. (1983): Spiele der Erwachsenen. Reinbek: rororo (200.-211. Tausend).

Berne, E. (1985[21]): What do you say after you say hello? Toronto: Bantam Books.

Berne, E. (1987): Was sagen Sie, nachdem Sie 'Guten Tag' gesagt haben? München: Kindler.

Berne, E. (1989[11]): Transactional analysis in psychotherapy. New York: Ballantine Books.

Bovet, M. (1970): Piaget's theory of cognitive development, sociocultural differences, and mental retardation. In H.C. Haywood (ed.) Social-cultural Aspects of Mental Retardation. New York: Appleton-Century-Crofts. S. 59-71.

Bowlby, J. (1965²): Child Care and the Growth of Love. Harmondsworth: Penguin Books.

Bowlby, J. (1969): Bindung. Eine Analyse der Mutter-Kind-Beziehung. München: Kindler.

Bowlby, J. (1975): Attachment and Loss Volume 2: Separation, Anxiety and Anger. Harmondsworth: Penguin Books.

Brandtstädter, J., Krampen, G. u. Heil, F.E. (1986): Personal control and emotional evaluation of development in partnership relations during adulthood. In M.M. Baltes u. P.B.Baltes (eds.) The psychology of control and aging. Hillsdale, N.J.: Erlbaum. S. 265-296.

Bredenkamp, J. u. Wippich, W. (1977): Lern- und Gedächtnispsychologie. Band 1. Stuttgart et al.: Kohlhammer.

Brezovsky, P. (1985): Diagnostik und Therapie selbstverletzenden Verhaltens. Stuttgart: Enke.

Bronfenbrenner, U. (1976): Ökologische Sozialisationsforschung. Stuttgart: Klett.

Bronfenbrenner, U. (1981): Die Ökologie der menschlichen Entwicklung. Stuttgart: Klett-Cotta.

Buber, M. (1983¹¹): Ich und Du. Heidelberg: Lambert Schneider.

Buchner-Schiller, R. u. Mayer, M. (1993): Vertragsarbeit mit Geistigbehinderten. Praxis-Info 'G', 11(2), 49-60.

Burchard, F. (1992): Festhaltetherapie in der Kritik. Dreiteilige Beobachtungsstudie zur Praxis der Festhaltetherapie nach ein bis fünf Jahren. Berlin: Edition Marhold.

Bürki, H.F. (1993): Autonomie und Intimität im Kontext der Aussagen und des Lebens von Eric Berne. Zeitschrift für Transaktionsanalyse, 10, 207-217.

Caruso, I.A. (1986): Die Trennung der Liebenden. Eine Phänomenologie des Todes. Frankfurt a.M.: Fischer TB.

Cichetti, D. (1990): The Organization and Coherence of Socioemotional, Cognitive, and Representational Development: Illustrations Through a Developmental Psychopathology Perspective on Down Syndrome and Child Maltreatment. In R.A. Thompson (ed.) Nebraska Symposium on Motivation: Socio-emotional Development. Lincoln, N.E.: University of Nebraska Press. S. 259-366.

Cicchetti, D. u. Sroufe, L.A. (1976): The relationship between affective and cognitive development in Down's syndrome infants. Child Development, 47, 920-929.

Cicchetti, D. u. Sroufe, L.A. (1978): An organizational view of affect: Illustrations from the study of Down's syndrome infants. In M. Lewis and L. Rosenblum (eds.) The development of affect. New York: Plenum. S. 309-350.

Cicchetti, D. u. Toth, S.L. (1991): Rochester Symposium on Developmental Psychopathology, Vol. 2: Internalizing and Externalizing Expression of Dysfunction. Hillsdale, N.J.: Erlbaum.

Cicchetti, D. u. Toth, S.L. (1991a): Rochester Symposium on Developmental Psychopathology, Vol. 3: Models and Integrations. Rochester, N.Y.: University of Rochester Press.

Cicchetti, D., Ganiban, J. u. Barnett, D. (1991): Contributions from the study of high-risk populations to understanding the development of emotional regulation. In J. Garber and K.A. Dodge (eds.) The development of emotional regulation and dysregulation. Cambridge: University Press. S. 15-48.

Cornell, W.F. (1988): Life script theory: A critical review from a developmental perspective. Transactional Analysis Journal, 18, 270-282.

Cox, A.D. u. Lambrenos, K. (1992): Childhood physical disability and attachment. Developmental Medicine and Child Neurology, 34, 1037-1046.

Crossman, P. (1966): Permission and Protection. Transactional Analysis Bulletin, 5, 152.

Dodalinski, J. (1992): Die SIVUS-Methode zur Qualitätsbeurteilung von Einrichtungen und sozialen Diensten für Menschen mit Behinderungen. In Bundesvereinigung Lebenshilfe für geistig Behinderte e.V. (Hg.) Qualitätsbeurteilung und -entwicklung von Wohneinrichtungen für Menschen mit geistiger Behinderung: Bericht über eine Fachtagung der Bundesvereinigung Lebenshilfe. Marburg: Bundesvereinigung Lebenshilfe für geistig Behinderte, Bundeszentrale. S. 137-156.

Dornes, M. (1993): Der kompetente Säugling. Die präverbale Entwicklung des Menschen. Frankfurt a.M.: Fischer.

Dosen, A. (1993): Entwicklungsdynamische Beziehungstherapie. In K. Hennicke u. W. Rotthaus (Hg.) Psychotherapie und geistige Behinderung. Dortmund: verlag modernes lernen. S. 16-23.

Drude, H. (1994): Hilfe als Vertrag. Blätter der Wohlfahrtspflege (= Deutsche Zeitschrift für Sozialarbeit) 7+8/94, 144-147.

Duss-von Werdt, J. (1995): Behindert in und von Strukturen der Einrichtungen und Organisationen. In W. Strubel u. H. Weichselgartner (Hg.) Behindert und verhaltensauffällig. Zur Wirkung von Systemen und Strukturen. Freiburg: Lambertus. S. 69-85.

Dzikowski, S. (1993): Ursachen des Autismus. Eine Dokumentation. Weinheim: Deutscher Studien Verlag.

Eggert, D. (1990): Psychologische Theorien der geistigen Behinderung. In G. Neuhäuser u. H.-Ch. Steinhausen (Hg.) Geistige Behinderung. Grundlagen – Klinische Syndrome – Behandlung und Rehabilitation. Stuttgart: Kohlhammer. S. 35-52.

Ekman, P. u. Oster, H. (1979): Facial expression of emotion. American Review of Psychology, 30, 327-354.

Elbing, U. (1991): Grenzerfahrungen. Liebe deinen Nächsten wie dich selbst. Marchtaler Pädagogische Beiträge, 14(2), 5-14.

Elbing, U. (1992): Autoaggression und pathologische Informationsverarbeitung bei Geistigbehinderten mit autistischen Zügen. Egelsbach: Hänsel-Hohenhausen.

Elbing, U. u. Rohmann, U.H. (1993): Evaluation eines Intensivtherapie-Programms zur Behandlung schwerer Verhaltensstörungen bei geistig Behinderten mit autistischen oder psychotischen Verhaltensweisen. Praxis der Kinderpsychologie und Kinderpsychiatrie, 42(7), 248-259.

Elbing, U. u. Rohmann, U.H. (1994): Auswikungen eines Intensivtherapie-Programms für verhaltensgestörte Geistigbehinderte auf ihre Bezugspersonen im Heim. Praxis der Kinderpsychologie und Kinderpsychiatrie, 43(3), 90-97.

Elbing, U. u. Rohmann, U.H. (1994a): Wechselseitige Imitations- und Modellierungsprozesse in der Behandlung von schweren Verhaltensstörungen bei geistig Behinderten. Heilpädagogische Forschung, 20, 118-126.

Elbing, U. u. Rohmann, U.H. (in Vorb.): Kommunikationstherapie. Dortmund: verlag modernes lernen.

Emde, R.N., Kligman, D.H., Reich, J.H. u. Wade, T.D. (1978): Emotional expression in infancy: I. Initial studies of social signaling and an emergent model. In M. Lewis u. L. Rosenblum (eds.) The development of affect. New York: Plenum. S. 351-360.

Ende, M. (1989): Der satanarchäolügenialkohöllische Wunschpunsch. Stuttgart: Thienemann.

English, F. (1969): Episcript and the 'Hot Potatoe' Game. Transactional Analysis Bulletin, 8, 77-82.

English, F. (1971/1991): The Substitution Factor: Rackets and Real Feelings, Part I. Transactional Analysis Journal, Special Edition August 1991, 67-72.

English, F. (1972/1991): Rackets and Real Feelings, Part II. Transactional Analysis Journal, Special Edition August 1991, 83-85.

English, F. (1975/Nachdruck 1991): The three-cornered contract. Transactional Analysis Journal, Special Edition August 1991, 202-203.

English, F. (1975a/Nachdruck 1991): I'm OK – You're OK (Adult). Transactional Analysis Journal, Special Edition August 1991, 204-207.

English, F. (1976/1991): Racketeering. Transactional Analysis Journal, Special Edition August 1991, 232-235.

Erikson, E.H. (1957): Kindheit und Gesellschaft. Ein Werk, entstanden aus der Verbindung kinderpsychologischer Praxis mit anthropologischer und ethnologischer Forschung. Zürich: Pan.

Erikson, E.H. (1963²): Childhood and Society. New York: Norton.

Erikson, E.H. (1966): Identität und Lebenszyklus. Frankfurt a.M.: Suhrkamp.

Ernst, F.H. (1971/Nachdruck 1991): The OK Corral: The Grid for Get-On-With. Transactional Analysis Journal, Special Edition August 1991, 73-82.

Erskine, R.G. (1980): Identification and Cure of Stroke Ripoff. Transactional Analysis Journal, 10, 74-76.

Erskine, R.G. (1991): Transference and Transactions: Critique from an Intrapsychic and Integrative Perspective. Transactional Analysis Journal, 21(2), 63-76.

Erskine, R.G. u. Moursund, J.P. (1988): Integrative Psychotherapy in Action. London et al.: Sage.

Erskine, R.G. u. Zalcman, M.J. (1979/Nachdruck 1991): The Racket System: A Model for Racket Analysis. Transactional Analysis Journal, Special Edition August 1991, 293-301.

Faßnacht, G. (1979): Systematische Verhaltensbeobachtung. München: Reinhardt.

Fauser, P. u. Schmid, B. (1990): Supervision nach dem Toblerone-Modell im Praxisfeld Organisation. Zeitschrift für Transaktionsanalyse 7, 61-74.

Feuser, G. (1986): Gemeinsame Erziehung und Bildung behinderter und nichtbehinderter Kinder in Kindergarten und Grundschule (Integration). Bremen: Studiengang Behindertenpädagogik.

Filipp, S.-H. (1982): Kritische Lebensereignisse als Brennpunkte einer Angewandten Entwicklungspsychologie des mittleren und höheren Erwachsenenalters. In R. Oerter u. L. Montada (Hg.) Entwicklungspsychologie. Ein Lehrbuch. München et al.: Urban u. Schwarzenberg. S. 769-790.

Flitner, A. (1980⁶): Spielen. Lernen – Praxis und Deutung des Kinderspiels -. München: Piper.

Flosdorf, P. (1988): Spielsport – ein heilpädagogisches Konzept zur gezielten psychomotorischen Behandlung verhaltensauffälliger Kinder und Jugendlicher. In P. Flosdorf (Hg.) Theorie und Praxis stationärer Erziehungshilfe. Band 2: Die Gestaltung des Lebensfeldes Heim. Freiburg: Lambertus. S. 223-236.

Flosdorf, P., Schuler, A. u. Weinschenk, R. (1987): Anleiten, befähigen, beraten im Praxisfeld Heimerziehung. Freiburg: Lambertus.

French, J.R.P. Jr., Rogers, W. u. Cobb, S. (1974): A model of person-environment fit. In E.V. Coelher, D.A. Hamburgh and J.E. Adams (eds.) Coping and adaptation. New York: Basic Books.

Freud, A. (1964): Das Ich und die Abwehrmechanismen. München: Kindler.

Freud, S. (1967⁵): Gesammelte Werke Bd. 13. Frankfurt a.M.: S. Fischer.

Freud, S. (1973²³): Abriß der Psychoanalyse. Frankfurt a.M.: Fischer TB.

Freud, S. (1980): Analyse der Phobie eines fünfjährigen Knaben. Falldarstellung 'Der kleine Hans'. Frankfurt a.M.: Fischer TB.

Furtado, E.F. (1992): Die Entwicklung der kommunikativen Kompetenz im Säuglingsalter. Praxis der Kinderpsychologie und Kinderpsychiatrie, 41, 139-145.

Galloway, D.M. u. Goodwin, C. (1979): Educating slow-learning and maladjusted children: Integration or segragation? London: Longman.

Gebert, D. (1981): Belastung und Beanspruchung in Organisationen – Ergebnisse der Streßforschung. Stuttgart: Poeschel.

Gérard, C. (1992): „Verhaltensstörungen" nach einer Hirnschädigung – aus Sicht der systemischen TA. Zeitschrift für Transaktionsanalyse, 9, 18-28.

Glöckner, A. (1992): Das Energiekonzept von E. Berne. Zeitschrift für Transaktionsanalyse, 9, 59-89.

Goldmann, L. (1972): Die Psychologie Jean Piagets. In J. Piaget, L. Goldmann u. W.G. Cobliner (Hg.) Beiträge zu einer Dialektischen Psychologie. s'Gravenhage: van Eversdijck (Rotdruck). S. I-XIII.

Goodnow, J.J. (1969); Problems in Research on Culture and Thought. In D. Elkind, u. J.H. Flavell (eds.) Studies in Cognitive Development. Essays in Honor of Jean Piaget. New York: Oxford University Press. S. 439-464.

Goos, B. u. Kottwitz, G. (1994): Die Borderline-Persönlichkeit. Störungsbild und Heilungsprozesse. Berlin: Institut für Kommunikationstherapie.

Goulding, M. u. Goulding, R. (1981): Neuentscheidung. Ein Modell der Psychotherapie. Stuttgart: Klett-Cotta.

Goulding, R. u. Goulding, M. (1976/Nachdruck 1991): Injunctions, Decisions, and Redecisions. Transactional Analysis Journal, Special Edition August 1991, 212-219.

Grawe, K. u. Dziewas, H. (1978): Interaktionelle Verhaltenstherapie. Mitteilungen der DGVT, Sonderheft 1, 27-49.

Hagehülsmann, U. (1992): Transaktionsanalyse – Wie geht denn das? Transaktionsanalyse in Aktion I. Paderborn: Junfermann.

Haisch, W. (1995): Verhaltensauffälligkeiten und strukturelle Bedingungen in der Betreuung. In W. Strubel u. H. Weichselgartner (Hg.) Behindert und verhaltensauffällig. Zur Wirkung von Systemen und Strukturen. Freiburg: Lambertus. S. 28-68.

Harding, G. (1972): Spieldiagnostik. Weinheim: Beltz.

Harrison, R. (1978): Person-Environment fit and job stress. In C.L. Cooper, R. Payne (eds.) stress at work. Chichester et al.: Wiley. S. 175-205.

Hartkamp, N. (1990): Einige Befunde der Säuglingsbeobachtung und der neueren Entwicklungspsychologie. Praxis der Kinderpsychologie und Kinderpsychiatrie, 39, 120-126.

Hartmann, H. (1986): Aufmerksamkeits-Interaktions-Therapie (AIT) bei psychotischen Kindern. Praxis der Kinderpsychologie und Kinderpsychiatrie, 35, 242-247.

Hartmann, H. u. Jakobs, G. (1993): Das „Dialogische Prinzip" bei der Behandlung von Aggression, Autoaggression und Autismus. In K. Hennicke u. W. Rotthaus (Hg.) Psychotherapie und Geistige Behinderung. Dortmund: verlag modernes lernen. S. 36-50.

Hartmann, H. u. Jakobs, G. (1993): Das „Dialogische Prinzip" bei der Behandlung von Aggression, Autoaggression und Autismus. In K. Hennicke u. W. Rotthaus (Hg.) Psychotherapie und geistige Behinderung. Dortmund: verlag modernes lernen. S. 36-50.

Hartmann, H. u. Rohmann, U.H. (1984): Eine Zwei-System-Theorie der Informationsverarbeitung und ihre Bedeutung für das autistische Syndrom und andere Psychosen. Praxis der Kinderpsychologie und Kinderpsychiatrie, 7, 272-281.

Hartmann, H. u. Rohmann, U.H. (1988): Die Zwei-Prozeß-Theorie der Informationsverarbeitung und ihre Bedeutung für Psychosen (Mehrleistungen). In: Oepen, G. (Hg.) Psychiatrie des rechten und linken Gehirns. Neuropsychologische Ansätze zum Verständnis von „Persönlichkeit", „Depression" und „Schizophrenie". Köln: Deutscher Ärzteverlag. S. 156-162.

Hartmann, H., Kalde, M., Jakobs, G. u. Rohmann, U.H. (1988): Die Aufmerksamkeits-Interaktions-Therapie (AIT). In Arens, C. u. Dzikowski, S. (Hg.) Autismus heute. Dortmund: modernes lernen. S. 129-137.

Hartmann, H., Rohmann, U.H., Kalde, M. u. Jakobs, G. (1988): Das mehrdimensionale Therapie-Modell des Zentrums für Autismusforschung und Entwicklungstherapie in Viersen. In Arens, C. u. Dzikowski, S. (Hg.) Autismus heute. Dortmund: modernes lernen. S. 127-162.

Hellmann, U. (1986): Beiträge zur Reform des Vormundschafts- und Pflegschaftsrechts für Menschen mit geistiger Behinderung. Referate und Diskussionsergebnisse zur Fachtagung im März 1986 in Marburg/Lahn (= Große Schriftenreihe Bd. 13). Marburg: Bundesvereinigung Lebenshilfe für Geistig Behinderte.

Hennicke, K. u. Rotthaus, W. (1993): Zur Einführung: Psychotherapie und Geistige Behinderung. In K. Hennicke u. W. Rotthaus (Hg.) Psychotherapie und geistige Behinderung. Dortmund: verlag modernes lernen. S. 9-15.

Holloway, W.H. (1980): Transaktionsanalyse: Eine integrative Sicht. In G. Barnes (Hg.) Transaktionsanalyse seit Eric Berne, Bd. 2. Berlin: Institut für Kommunikationstherapie. S. 18-90.

Izard, C.E., Huebner, R.R., Risser, D., McGinnes, G.C. u. Dougherty, L.M. (1980): The young infant's ability to produce discrete emotion expressions. Developmental Psychology, 16, 132-140.

Jantzen, W. (1980): Geistig behinderte Menschen und gesellschaftliche Integration. Bern:

Jantzen, W. (1981): Persönlichkeitstheoretische und neuropsychologische Aspekte von Sport und Bewegungserziehung bei geistigbehinderten Kindern und Jugendlichen. In Grössing, S. (Hg.) Bewegungserziehung und Sport bei geistigbehinderten Kindern und Jugendlichen. Bad Homburg: Limpert. S. 45-78.

Jantzen, W. (1993): Bemerkungen zur Bedeutung der Kategorie „Dialog" in der Behindertenpädagogik. In K. Hennicke u. W. Rotthaus (Hg.) Psychotherapie und geistige Behinderung. Dortmund: verlag modernes lernen. S. 51-59.

Jantzen, W. (1993a): Geistige Behinderung und psychische Störung in der modernen Geselschaft. In K. Hennicke u. W. Rotthaus (Hg.) Psychotherapie und geistige Behinderung. Dortmund: verlag modernes lernen. S. 182-194.

Jürgens, H.-E. (1992): Das Betreuungsgesetz in der Praxis: Ein Leitfaden / im Auftrag der Bundesländer herausgegeben vom Bundesminister der Justiz. Köln: Bundesanzeiger.

Kahler, T. (1978): Transactional analysis revisited. Little Rock: Human Development Publications.

Kalde, M. (1992): Vom spielerischen zum sprachlichen Dialog mit behinderten Kindern. Ein Buch zur handlungsorientierten Spiel- und Sprachmotivation. Dortmund: verlag modernes lernen.

Kane, J.F. (1986): Körperliche Aktivierung von Menschen mit Selbstverletzungsverhalten. Vortrag Neuenkirchener Workshop.

Karpman, S. (1968): Fairy Tale and Script Drama Analysis. Transactional Analysis Bulletin, 7, 39-43.

Kegan, R.G. (1979): The evolving self: A process conception for ego psychology. Counseling Psychologist, 8(2), 5-34.

Kesselring, Th. (1981): Entwicklung und Widerspruch. Ein Vergleich zwischen Piagets genetischer Erkenntnistheorie und Hegels Dialektik. Frankfurt a.M.: Suhrkamp.

Kessler, H., Hauser, H.-G. u. Reuter, H.J. (1988): Transaktions-Analyse: Ein Weg zum besseren Verständnis von Verträgen in Organisationen. Zeitschrift für Transaktionsanalyse, 5, 149-168.

King, R.D., Raynes, N.V. u. Tizard, J. (1971): Patterns of residential care. Sociological studies in institutions for handicapped children. London: Routledge and Kegan Paul.

Kluge, N. (1980): Spielpädagogik. Neue Beiträge zur Spielforschung und Spielerziehung. Bad Heilbrunn: Julius Klinkhardt.

Koch, A., Kane, J.F., Jochmus, I., Kane, G. u. Wilhelmstroop-Meyer, A. (1979): Behandlung von Autoaggressionen auf lerntheoretischer Grundlage. Praxis der Kinderpsychologie und Kinderpsychiatrie, 28, 83-91.

König, K. (1995): Widerstandsanalyse. Göttingen: Vandenhoeck & Ruprecht.

König, K. (1996): Abwehrmechanismen. Göttingen: Vandenhoeck & Ruprecht.

Krausz, R.R. (1989): Macht und Führung in Organisationen. Zeitschrift für Transaktionsanalyse, 6, 92-108.

Kupfer, D. u. Haimowitz, M. (1971/Nachdruck 1991): Therapeutic Interventions, Part I: Rubberbands. Transactional Analysis Journal, Special Edition August 1991, 51-57.

Kusch, M. (1993): Entwicklungspsychopathologie und Therapieplanung in der Kinderverhaltenstherapie. Frankfurt a.M.: Peter Lang.

Lazarus, R.S. u. Folkman, S. (1984): Stress, appraisal, and coping. New York: Springer.

Lazarus, R.S., Speisman, J.C., Mordkoff, A.M. u. Davison, L.A. (1962): A laboratory study of psychological stress produced by a motion picture film. Psychological Monographs, 76(34), Whole No. 533.

Leinhos, H. (1990): Der Autnomiebegriff bei Berne. Zeitschrift für Transaktionsanalyse, 7, 8-22.

Leinhos, H. (1990a): Die selbst-integrierte Integration: Epistemologische Vorbemerkungen zu einer integrativen Psychotherapie. Zeitschrift für Transaktionsanalyse, 7, 140-155.

Lempp, R. (1992^2): Psychotherapie und geistige Behinderung. In S. Görres u. G. Hansen (Hg.) Psychotherapie bei Menschen mit geistiger Behinderung. Bad Heilbrunn: Klinkhardt. S. 105-116.

Lenk, H. (1977): Handlungstheorien interdisziplinär Bd. IV. Sozialwissenschaftliche Handlungstheorien und spezielle systemwissenschaftliche Ansätze. München: Wilhelm Fink.

Levin-Landheer, P. (1982): TA and Developmental Theory. The Cycle of Development. Transactional Analysis Journal, 12 (2), 129-139.

Lingg, A. u. Theunissen, G. (1993): Psychische Störungen bei geistig Behinderten. Freiburg: Lambertus.

Mahler, M., Pine, F. u. Bergman, A. (1975): Die psychische Geburt des Menschen. Symbiose und Individuation. Frankfurt a.M.: Fischer.

Marcuse, H. (1962): Eros and Civilization. New York: Vintage Books.

Meltzoff, A.N. (1981): Imitation, intermodal co-ordination and representation in early infancy. In G. Butterworth (ed.) Infancy and epistemology. An evaluation of Piaget's theory. Brighton: The Harvester Press. S. 85-114.

Meltzoff, A.N. u. Moore, M.K. (1977): Imitation of facial and manual gestures by human neonates. Science, 198, 75-78.

Micholt, N. (1992): Psychological Distance and Group Interventions. Transactional Analysis Journal, 22, 228- 233.

Miller, G.A., Galanter, E. u. Pribram, K. (1973): Strategien des Handelns. Pläne und Strukturen des Verhaltens. Stuttgart: Klett.

Minsel, W.-R. (1979[4]): Praxis der Gesprächspsychotherapie. Grundlagen – Forschung – Auswertung. Wien et al.: Hermann Böhlaus Nachf.

Mittler, P. (1979): People – not patients. Problems and policies in mental handicap. London: Menthuen.

Müller-Hohagen, J. (1992[2]): Psychotherapie mit Behinderten – erschwerter Zugang für Betroffene und Therapeuten. In S. Görres u. G. Hansen (Hg.) Psychotherapie bei Menschen mit geistiger Behinderung. Bad Heilbrunn: Klinkhardt. S. 117-126.

Müller-Hohagen, J. (1993[2]): Psychotherapie mit behinderten Kindern. Wege der Verständigung für Familien und Fachleute. Heidelberg: Asanger.

Oerter, R. u. Montada, L. (1982): Entwicklungspsychologie. Ein Lehrbuch. München et al.: Urban u. Schwarzenberg.

Osnes, R.E. (1974/Nachdruck 1991): Spot Reparenting. Transactional Analysis Journal, Special Edition August 1991, 157-163.

Papousek, H. (1977): Entwicklung der Lernfähigkeit im Säuglingsalter. In G. Nissen (Hg.) Intelligenz, Lernen und Lernstörungen. Berlin et al.: Springer. S. 89-97.

Papousek, H., Papousek, M. u. Giese, R. (1986): Neue wissenschaftliche Ansätze zum Verständnis der Mutter-Kind-Beziehung. In J. Stork (Hg.) Zur Psychologie und Psychopathologie des Säuglings – neue Ergebnisse in der psychoanalytischen Reflexion. Stuttgart-Bad Cannstadt: frommann-holzboog. S. 53-71.

Pearls, F.S., Hefferline, R.F. u. Goodman, P. (1974[2]): Gestalt Therapy. Excitement and Growth in the Human Personality. Harmondsworth et al.: Penguin Books.

Petermann, F. u. Petermann, U. (1993[6]): Training mit aggressiven Kindern. Weinheim: Psychologie Verlags Union.

Petermann, F. u. Stade, C.A. (1993): Jugend und Gewalt – Ursachen und Prävention. Jugendwohl, 74, 553-560.

Petermann, U. (1989): Verhaltenstraining mit aggressiven Kindern im Heim. Jugendwohl, 70, 62-68.

Petzold, H. (1994): Zur Integration motopädagogischer, psychotherapeutischer und familientherapeutischer Interventionen in der Arbeit mit geistig Behinderten. In W. Lotze, U. Koch u. B. Stahl (Hg.) Psychotherapeutische Behandlung geistig behinderter Menschen. Bedarf, Rahmenbedingungen, Konzepte. Bern et al.: Huber. S. 226-240.

Piaget, J. (1970): Piaget's Theory. In P.H. Mussen (ed.) Carmichael's Manual of Child Psychology, 3rd. Edition, Vol. 1. New York et al.: John Wiley. S. 703-732.

Piaget, J. (1970a): Genetic epistemology. New York et al.: Columbia University Press.

Piaget, J. (1975): Nachahmung, Spiel und Traum (= gesammelte Werke, Studienausgabe, Bd. 5). Stuttgart: Klett.

Piaget, J. (1981): Jean Piaget über Jean Piaget – Sein Werk aus seiner Sicht. München: Kindler.

Piaget, J. (1983): Meine Theorie der geistigen Entwicklung. Frankfurt a.M.: Fischer TB.

Piaget, J. u. Inhelder, B. (1977): Die Psychologie des Kindes. Frankfurt a.M.: Fischer.

Prekop, J (1986): Das Festhalten bei Menschen mit autistischen Verhaltensweisen. Geistige Behinderung, 25, 1-24.

Rath, I. (1992): Ansätze zur Entwicklung einer stimmigen Theorienlandkarte der Transaktionsanalyse: Wissenschaftstheoretische Überlegungen zu den Grundlagen der Transaktionsanalyse. Zeitschrift für Transaktions-Analyse, 9(2-3), 90-120.

Rath, I. (1993): Developing a coherent map of transactional analysis theories. Transactional Analysis Journal, 23, 201-215.

Rauh, H. (1982): Frühe Kindheit. In R. Oerter u. L. Montada (Hg.) Entwicklungspsychologie. Ein Lehrbuch. München et al.: Urban u. Schwarzenberg. S. 124-194.

Rauh, H. (1983): Analyse geistiger Behinderung im Rahmen der Piaget'schen Theorie. In L. Montada, K. Reusser u. G. Steiner (Hg.) Kognition und Handeln. Stuttgart: Klett-Cotta. S. 114-126.

Rauh, H. (1983a): Entwicklungspsychologische Aspekte geistiger Behinderung. Bericht des 33. Kongresses der DGfPs., Mainz 1982, Bd. 1. Göttingen 508-514.

Redl, F. u. Wineman, D. (1982^3): Steuerung des aggressiven Verhaltens beim Kind. München: R. Piper.

Reich, W. (1966): Die sexuelle Revolution. Zur charakterlichen Selbststeuerung des Menschen. Frankfurt a.M.: Europäische Verlagsanstalt.

Reich, W. (1969): Die Funktion des Orgasmus. Köln: Kiepenheuer u. Witsch.

Rey, E.-R. u. Thurm, I. (1990): Schizophrenien. In H. Reinecker (Hg.) Lehrbuch der Klinischen Psychologie. Modelle psychischer Störungen. Göttingen et al.: Hogrefe.

Riedel, F. (1993): Die Transaktionsanalyse im Anwendungsbereich „Geistigbehindertenpädagogik" – eine special-field-Definition. Praxis-Info 'G', 11(2), 43-48.

Riedel, F. (1993a): Die Transaktionsanalyse im Anwendungsbereich „Geistigbehindertenpädagogik" – eine special-field-Definition. Teil 2: Strukturanalyse und strukturelle Pathologien. Praxis-Info 'G', 11(3), 51-78.

Riedel, F. (1994): Die Transaktionsanalyse im Anwendungsbereich „Geistigbehindertenpädagogik" – eine special-field-Definition. Teil 3: Die Transaktionsanalyse im engeren Sinn. Praxis-Info 'G', 12(1), 52-69.

Riedel, F. (1995): Die Transaktionsanalyse im Anwendungsbereich „Geistigbehindertenpädagogik" – eine special-field-Definition. Teil 4: Zuwendung. Praxis-Info 'G', 13(1), 51-67.

Rogers, C.R. (1984^6): Encounter-Gruppen. Das Erlebnis der menschlichen Begegnung. Frankfurt a.M.: Fischer.

Rogoll,R. (1991): Nimm dich, wie du bist. Freiburg: Herder.

Rohmann, U.H. (1985): Informationsverarbeitung autistischer Kinder. Ein theoretisches und empirisches Modell zur psychotischen Informationsverarbeitung und seine Bedeutung für die Therapie. Münster: Lit.

Rohmann, U.H. u. Elbing, U. (1990): Festhaltetherapie und Körpertherapie. Beschreibung und kritische Würdigung der Mutter-Kind-Haltetherapie, Wut-Reduktions-Methode, Festhaltetherapie, Basalen Kommunikation, Modifizierten Festhaltetherapie, Musik-Körpererfahrungstherapie, Integrativen Körpertherapie, Körperzentrierten Interaktion. Dortmund: verlag modernes lernen.

Rohmann, U.H. u. Elbing, U. (1992): Kommunikative Aspekte der Autoaggressionsbehandlung innerhalb eines pragmatisch-systemischen Therapieansatzes. In Lebenshilfe für geistig Behinderte, Landesverband Nordrhein- Westfalen e.V. (Hg.) Annehmen und Verstehen – Förderung von Menschen mit schweren und schwersten Behinderungen. Band 2. Hürth: Lebenshilfe Nordrhein-Westfalen. S. 302-327.

Rohmann, U.H. u. Elbing (in Vorb.): Kommunikationstherapie. Dortmund: verlag modernes lernen.

Rohmann, U.H. u. Hartmann, H. (1988): Autoaggression. Grundlagen und Behandlungsmöglichkeiten. Dortmund: modernes lernen.

Rosen, H. (1991): Constructivism: Personality, psychopathology, and psychotherapy. In D.P. Keating and H. Rosen (eds.) Constructivist perspectives on developmental psychopathology and atypical development. Hillsdale, NJ.: Lawrence Erlbaum. S. 149-171.

Rotthaus, W. (1989): Die Auswirkungen systemischen Denkens auf das Menschenbild des Therapeuten und seine therapeutische Arbeit. Praxis der Kinderpsychologie und Kinderpsychiatrie, 38, 10-16.

Rotthaus, W. (1990): Die systemische Perspektive. Praxis der Kinderpsychologie und Kinderpsychiatrie, 39, 361-364.

Rotthaus, W. (1993): Menschenbild und psychische Krankheit des Geistigbehinderten aus systemischer Sicht. In K. Hennicke u. W. Rotthaus (Hg.) Psychotherapie und geistige Behinderung. Dortmund: verlag modernes lernen. S. 195-203.

Schachter, S.S. u. Singer, J.E. (1962): Cognitive, social and physiological determinants of emotional state. Psychological Review, 69, 379-399.

Schiff, A.W. u. Schiff, J.L. (1971/Nachdruck 1991): Passivity. Transactional Analysis Journal, Special Edition August 1991, 34-41.

Schiff, J.L. (1975): Cathexis Reader. Transactional Analysis Treatment of Psychosis. New York: Harper and Row.

Schiff, J.L. (1979): Geschichte, Entwicklung und Aktivitäten der Schiff Familie. In G. Barnes et al. (Hg.) Transaktionsanalyse seit Eric Berne, Band 1: Schulen der Transaktionsanalyse, Theorie und Praxis. Berlin: Institut für Kommunikationstherapie. S. 82-112.

Schiff, J.L. u. Day, B. (1980): Alle meine Kinder. Heilung der Schizophrenie durch Wiederholen der Kindheit. München: Chr. Kaiser.

Schlegel, L. (1984^2): Die Transaktionale Analyse nach Eric Berne und seinen Schülern. Tübingen: Francke.

Schlegel, L. (1988^3): Die Transaktionale Analyse. Ein kritisches Lehrbuch und Nachschlagewerk.Tübingen: Francke.

Schleiffer, R. (1994): Zur Selbstsozialisation erziehungsschwieriger Kinder. Vierteljahresschrift der Heilpädagogik und ihrer Nachbargebiete, 63(3), 467-479.

Schmid, B.A. (1986): Systemische Transaktionsanalyse. Wiesloch: (Eigenverlag).

Schmid, B. (1994): Wo ist der Wind, wenn er nicht weht? Professionalität und Transaktionsanalyse aus systemischer Sicht. Paderborn: Junfermann.

Schmidbauer, W. (1983): Helfen als Beruf. Die Ware Nächstenliebe. Reinbek: Rowohlt.

Schneider, K. (1990): Emotionen. In H. Spada (Hg.) Lehrbuch allgemeine Psychologie. Bern et al.: Huber. S. 403-449.

Schneider, M. (1995): Erlaubnis zur Entfaltung. Über die Anwendung des transaktionsanalytischen Entwicklungskonzepts von Pamela Levin in der heilpädagogischen Arbeit mit erwachsenen Menschen mit geistiger Behinderung. Frankfurt a.M.: Diplomarbeit im Fachbereich Erziehungswissenschaften der Johann Wolfgang von Geothe-Universität (unveröffentlichtes Manuskript).

Schötzau, A. u. Papousek, H. (1977): Mütterliches Verhalten bei der Aufnahme von Blickkontakt mit dem Neugeborenen. Zeitschrift für Entwicklungspsychologie und pädagogische Psychologie, 9, 1088-1089.

Schulte-Peschel, D. u. Tödter, R. (1996): Einladung zum Lernen. Dortmund: verlag modernes lernen.

Schwarz, B. (1994): Entscheiden-Lassen. Praxis-Info 'G', 12(2), 10-18.

Senckel, B. (1994): Mit geistig Behinderten leben und arbeiten. München: C.H. Beck.

Sorge, J.F. u. Emde, R.N. (1982): The meaning of infant emotional expressions: Regularities in caregiving responses in normal and Down's syndrome infants. Journal of Child Psychology and Psychiatry, 23, 145-158.

Souvaine, E., Lahey, L.L. u. Kegan, R. (1990): Life after formal operations: Implications for a psychology of the self. In C.N. Alexander and E.J. Langer (eds) Higher stages of development: Perspectives on adult growth. New York: Oxford University Press. S. 229-257.

Spitz, R. (1974[4]): Vom Säugling zum Kleinkind. Naturgeschichte der Mutter-Kind-Beziehungen im ersten Lebensjahr. Stuttgart: Klett.

Spitz, R. (1982): Vom Dialog. Frankfurt a.M.: Ullstein TB.

Springer, G. (1994): Neubeelterung. Zur Theorie und Technik der transaktionsanalytischen Psychosentherapie. In R. Hutterer-Krisch (Hg.) Psychotherapie mit psychotischen Menschen. Wien et al.: Springer. S. 287-294.

Sroufe, L.A. (1979): The Coherence of Individual Development. Early Care, Attachment, and Subsequent Developmental Issues. American Psychologist, 34, 834-841.

Sroufe, L.A. (1982): The Organization of Emotional Development. Psychoanalytic Inquiry, 1, 575-599.

Steiner, C. (1974): Scripts People Live: Transactional Analysis of Life Scripts. New York: Grove Press.

Steiner, C. (1987[6]): Wie man Lebenspläne verändert. Paderborn: Junfermann.

Steiner, C.M. (1985): Macht ohne Ausbeutung. Zur Ökologie zwischenmenschlicher Beziehungen. Paderborn: Junfermann.

Stern, D.N. (1985): The interpersonal world of the infant. A view from psychoanalysis and developmental psychology. O.O.: Basic Books.

Stern, D.N. (1993[4]): Tagebuch eines Babys. Was ein Kind sieht, spürt, fühlt und denkt. München: Piper.

Stern, D.N., Beebe, B., Jaffe, J. u. Bennett, S.L. (1977): The infant's stimulus world during social interaction: A study of caregiver behaviors with particular reference to repetition and timing. In H.R. Schaffer (ed.) Studies of mother-infant-interaction. London et al.: Academic Press. S. 177-202.

Stern, D.N., Spieker, S. u. MacKain, K. (1982): Intonation contours as signals in maternal speech to prelinguistic infants. Developmental Psychology, 18, 727-735.

Stewart, I. (1992): Eric Berne. London et al.: Sage Publications.

Stewart, I. u. Joines, V. (1987): TA today. A new introduction to transactional analysis. Kingston-on-Soar: Lifespace Publishing.

Stewart, I. u. Joines, V. (1990): Die Transaktionsanalyse. Eine neue Einführung in die TA. Freiburg: Herder.

Stork, J. (1986): Zur Psychologie und Psychopathologie des Säuglings – neue Ergebnisse in der psychoanalytischen Reflexion. Stuttgart-Bad Cannstadt: frommann-holzboog.

Summerton, O. (1993): Games in Organizations. Transactional Analysis Journal, 23, 87-103.

Thimm, W. (1990): Epidemiologie und soziokulturelle Faktoren. In G. Neuhäuser u. H.-Ch. Steinhausen (Hg.) Geistige Behinderung. Grundlagen – Klinische Syndrome – Behandlung und Rehabilitation. Stuttgart: Kohlhammer. S. 9-23.

Thompson, T. u. Grabowsky, J. (1976): Verhaltensmodifikation bei Geistigbehinderten. München: Ernst Reinhardt.

Trautner, H.M. (1978): Lehrbuch der Entwicklungspsychologie. Band 1. Göttingen et al.: Hogrefe.

Tyrangiel, H. (1981): Martin Buber und die Psychotherapie. Zürich: ADAG.

Walujo, S. (1989): Die SIVUS-Methode. Stuttgart: Verband evangelischer Einrichtungen für geistig und seelisch Behinderte e.V.

Watzlawick, P., Beavin, J.H. u. Jackson, D.D. (1969): Menschliche Kommunikation. Formen, Störungen, Paradoxien. Bern et al.: Huber.

Webster, R.L., Steinhardt, M.H. u. Senter, M.G. (1972): Changes in infants' vocalizations as a function of differential acoustic stimulation. Developmental Psychology, 7, 39-43.

Weeks, T. (1971): Speech registers in young children. Child Development, 42, 1119-1131.

Welch, M. (1984): Heilung vom Autismus durch die Mutter-und-Kind-Haltetherapie. In N. Tinbergen u. E.A. Tinbergen (Hg.) Autismus bei Kindern. Fortschritte und neue Heilbehandlungen lassen hoffen. Berlin: Paul Parey.

Willi, J. (1985): Ko-Evolution. Die Kunst gemeinsamen Wachsens. Reinbek bei Hamburg: Rowohlt.

Woolams, S. u. Brown, M. (1978): Transactional analysis. Huron Valley: Huron Valley Institute Press.

Wygotski, L.S. (1975): Zur Psychologie und Pädagogik der kindlichen Defektivität. Die Sonderschule, 20, 65-72 (Original von 1924).

Zalcman, M.J. (1993): Spielanalyse und Maschenanalyse: Überblick, Kritik und zukünftige Entwicklungen. Zeitschrift für Transaktionsanalyse, 10, 52-84.

Zangemeister, C. (1977): Zur Methodik systemanalytischer Zielplanung. Grundlagen und ein Beispiel aus dem Sozialbereich. In H. Lenk (Hg.) Handlungstheorien interdisziplinär Bd. IV. Sozialwissenschaftliche Handlungstheorien und spezielle systemwissenschaftliche Ansätze. München: Wilhelm Fink. S. 329-367.

Zaslow, R.W. (1981): Z-Process-Attachment Therapy. In J. Corsini (ed.) Innovative Psychotherapies. New York: John Wiley.

Zaslow, R.W. (1982): Der Medusa-Komplex. Die Psychopathologie der menschlichen Aggression im Rahmen der Attachment-Therapie, widergespiegelt im Medusa-Mythos, dem Autismus und der Schizophrenie. Zeitschrift für klinische Psychologie und Psychotherapie, 2, 162-180.

Zöller, D. (1989^3): Wenn ich mit Euch reden könnte.... Bern et al.: Scherz.

Glossar

Kurze Erklärung wichtiger Begriffe

Abwehrmechanismen: Mit ihrer Hilfe stabilisiert sich das Ich, indem es bedrohliche Impulse aus dem Unbewußten, belastende Überich-Botschaften oder bedrohliche Information aus der Außenwelt von sich fernhält und nur das an sich heranläßt, was es auch verarbeiten kann. Verdrängung, Verschiebung und Projektion sind bekannte Abwehrmechanismen.

Abwertung: Unbewußter Vorgang des Ausblendens. Abwerten heißt zu glauben, daß die eigenen Gefühle darüber, was jemand anders sagte, tat oder fühlte, bedeutungsvoller sind als das, was die Person tatsächlich gesagt, getan oder gefühlt hat. Jemand, der abwertet, benutzt nicht die Informationen, die für eine Situation maßgeblich sind. Abwertung dient der Herstellung und Aufrechterhaltung von Grandiosität (siehe Grandiosität; Symbiose).

Adaptation: Steuerungsprozesse, die auf das Gleichgewicht mit der äußeren Umwelt zielen (siehe: Autoregulation; Organisation).

Agitation: Ersatzverhalten, das an die Stelle problemlösenden Verhaltens tritt. Reicht vom Wippen mit dem Fuß über Rauchen, ziellose Bewegung („Tiger im Käfig") bis zu ausgedehnten Handlungen (z.B. Krisensitzungen ohne effektives Ergebnis) (siehe: Passivität).

Akkommodation: Veränderung der Art und Weise, in der die Assimilation arbeitet. Teilprozeß der Adaptation (siehe: Assimilation; Adaptation).

Archaischen Relikte: Diejenigen Anteile der Persönlichkeit, die im Lauf der Entwicklung unvollständig bzw. unerledigt geblieben sind (siehe: Kind-Ich-Zustand).

Assimilation: Angleichungsprozeß an eine bereits gegebene Struktur (z.B. Angleichung der Nahrung an den Organismus durch Verdauung). Teilprozeß der Adaptation (siehe: Adaptation).

Autonomie: Freisetzung oder Wiedergewinnung von drei Fähigkeiten: Bewußtheit, Spontaneität und Intimität. Die Bewußtheit zwingt dazu, im Hier und Heute zu leben und nicht irgendwo in der Vergangenheit oder in der Zukunft. Der bewußte Mensch ist lebendig, denn er weiß, was er empfindet, wo er ist und in welcher Zeit er lebt. Autonomie ist das Ziel therapeutischer Interventionen (siehe: Intimität, Intervention).

Autoregulation: Begriff aus Piagets Entwicklungstheorie. Piaget geht grundsätzlich davon aus, daß ein Organismus nicht nur sein Verhältnis zur Umgebung, sondern auch sich selbst steuert und reguliert. Diese Autoregulation zielt darauf, sowohl ein inneres als auch ein äußeres Gleichgewicht herzustellen und zu erhalten (siehe: Organisation; Adaptation; Ich-System).

Drama-Dreieck: Beschreibt die typischen Rollen und Rollenwechsel psychologischer Spiele mit drei Rollen, die bereits ein fester Bestandteil griechischer Tragödien waren: Das Opfer, der Verfolger und der Retter (siehe: Psychologische Spiele).

Einschärfungen und Erlaubnisse: Die frühesten Botschaften, die ein Kind erhält. Sie stammen aus dem Kind-Ich der Eltern und richten sich an das Kind-Ich des Kindes. Die positiven Botschaften, die das Kind so erhält, werden Erlaubnisse genannt. Dem gegenüber handelt es sich bei den negativen Botschaften um Einschärfungen (siehe: Kind-Ich-Zustand).

Ersatzgefühl: Tritt um des psychischen Überlebens willen als gelerntes Gefühl an die Stelle der ursprünglichen und spontanen Gefühlsregung. Die Hauptfunktion dieses Ersatzgefühls ist es, Zuwendung - und sei sie auch negativ - möglichst effizient sicherzustellen. Ersatzgefühle können jeden denkbaren Gefühlsausdruck beinhalten. Es dient dazu, eine alte Skriptentscheidung zu aktualisieren und sich dem Skriptende ein Stück näher zu bringen (siehe: Zuwendung; psychologische Rabattmarken; Skript).

Erwachsenen-Ich-Zustand: Eine selbstbestimmte zusammengehörige Gruppe von Gefühlen, Einstellungen und Verhaltensmustern, die der gegenwärtigen Realität angemessen sind (siehe: Ich-Zustand).

Gegeneinschärfungen: Befehle und Zuschreibungen aus der späteren Kindheit, die vom Kind bereits bewußt wahrgenommen werden.

Grandiosität: Verzerrt die Eigenschaften der eigenen Person, von anderen Personen oder Situationen. Sie kompensiert immer Gefühle des Ungenügens und verhindert das Setzen vernünftiger Ziele, indem sie eine flexible Realität zur Verfügung stellt, in der der Patient weder effektiv erfolgreich sein noch versagen kann. Grandiosität beschreibt also die spezifische Art, in der die Wirklichkeit in den Köpfen von Menschen konstruiert ist, die in einer Symbiose leben (siehe: Symbiose, pathologische).

Grundhaltung oder Grundposition: Gefühl für den eigenen Wert oder Unwert und für den Wert oder Unwert der Mitmenschen. Negative Grundpositionen sind durch Lernerfahrung erworbene Positionen.

Ich-System: Neufassung von Berne Konzeptmodell der Psyche nach Rath. Als Ich-System bezeichnet er das durch die Subsysteme Neopsyche, Archeopsyche und Exteropsyche strukturierte, sich selbst-organisierende System, das die Psyche des Menschen abbildet. Dieses Ich-System stellt die Persönlichkeit des Menschen dar. Es korrespondiert mit dem Begriff des 'Gesamt-Ichs' bei Freud und dem Begriff des Ichs der Ich-Psychologie. Das Ich-System wird durch seine Funktionen bestimmt und definiert. Als eine zentrale Funktion des Ich-Systems ist die Selbstorganisation anzusehen (siehe: Autoregulation; Organisation; Psyche; psychische Organe).

Ich-Zustand: Ein in sich schlüssiges Muster des Fühlens und Erlebens, das direkt mit einem entsprechenden, in sich schlüssigen Muster von Verhaltensweisen verbunden ist (siehe: Ich-System; psychische Organe; Psyche).

Intervention: Lateinisch: Dazwischengehen. Im Rahmen von Therapie bedeutet Intervention einen gezielten therapeutischen Eingriff in den Prozeß des Klienten oder der Gruppe.

Intimität: Vorbehaltlose Begegnung mit anderen Menschen ohne Lüge oder Zuflucht in einer gespielten Rolle (siehe: Autonomie).

Intuition: Unmittelbar ganzheitliche Wahrnehmung und Erkenntnis.

Kind-Ich-Zustand: Eine zusammengehörige Gruppe von Gefühlen, Einstellungen und Verhaltensmustern, die Reste aus der Kindheit des betreffenden Menschen sind (siehe: Ich-Zustand; archaische Relikte).

Kommunikation: Wechselseitiger Austausch- und Beeinflussungsprozeß (siehe: Transaktion).

Kommunikation, komplementär: Austausch, der ein Gefälle in der Beziehung beinhaltet; es gibt einen überlegenen und einen unterlegenen Kommunikationspartner. Ein faires Ergänzungsverhältnis unter Gleichberechtigten ist in diesem Sinne nicht komplementär, sondern eine Ausgestaltungsform symmetrischer Kommunikation.

Kommunikation, metakomplementär: Der stärkere Austauschpartner ermöglicht dem Partner im begrenzten Rahmen, ihm überlegen zu sein (und ihm z.B. etwas beizubringen). Wichtige Intervention der systemischen Familientherapie (siehe: Intervention).

Kommunikation, symmetrisch: Austausch auf gleicher Ebene ohne Überlegenheit des einen Partners, oder mit ausgewogen wechsenden Führungsanteilen.

Masche: Gesamtheit skriptgebundener Verhaltensweisen, die, ohne bewußt zu werden, eingesetzt wird als Mittel zur Manipulation der Umgebung, und die es mit sich bringt, daß der Betreffende ein Ersatzgefühl erlebt (siehe: Ersatzgefühl; psychologische Spiele).

Maschenerscheinungen: Alle offenen und innerlich ablaufenden Verhaltensweisen, die ein Ausdruck von Skriptüberzeugungen und Skriptgefühlen sind. Sie umfassen beobachtbare Verhaltensweisen, innere Empfindungen und Erfahrungen sowie Phantasien (siehe: Masche; Maschen-System).

Maschen-System: Teufelskreis der selbsterfüllenden Prophezeihung als sich selbst verstärkendes, verzerrtes System von Gefühlen, Gedanken und Handlungen, das von skriptgebundenen Menschen aufrecht erhalten wird. Besteht aus drei miteinander verbundenen und miteinander zusammenhängenden Komponenten: den Skriptüberzeugungen, den Verhaltensmustern und Gefühlen der Maschenerscheinung und den skriptverstärkenden Erinnerungen (siehe: Skriptüberzeugung; Maschenerscheinung).

Ökologischer Übergang: Wechsel von einer Umgebung in eine andere; Wechsel zwischen den Bedingungen und Gesetzmäßigkeiten, die mit der jeweiligen Umgebung verbunden sind.

Organisation: Der Aspekt der Autoregulation, der auf das innere Gleichgewicht gerichtet ist. Die Organisation ist der Adaptation übergeordnet; sie steuert und regelt die Austauschprozesse, die das äußere Gleichgewicht herstellen (siehe: Autoregulation; Adaptation).

Passivität: Sich passiv zu verhalten bedeutet, das Nicht-Funktionieren derjenigen Ich-Zustände aufrechtzuerhalten, die die Symbiose gefährden könnten. Formen des passiven Verhaltens sind Nichtstun, Überanpassung, Agitation und Selbst-Verunfähigung durch Krank- oder Verrücktwerden. Passivem Verhalten liegt eine Abwertung zugrunde (siehe: Symbiose; Abwertung; Agitation).

Phänomen: Unmittelbar erlebbare seelische Erscheinung oder seelischer Vorgang.

Programm: Gelebtes Vorbild der Eltern von ihrem eigenen Frau- oder Mannsein (siehe: Skript; Skriptmatrix).

Psyche: Nach Berne ein Organ, ein komplexes, selbst-organisierendes System, das Informationen empfängt und abruft und die Informationen verfügbar macht, während ein Individuum zur Umwelt in Beziehung steht (siehe: Psychische Organe; Organisation; Autoregulation).

Psychische Organe: Bernes Konzeptmodell der Psyche. Er konzipiert die drei psychischen Organe namens Exteropsyche, Neopsyche und Archaeopsyche, die sich phänomenologisch als exteropsychische (z.B. identifizierende), neopsychische (z.B. datenverarbeitende) und archaeopsychische (z.B. regressive) Ich-Zustände manifestieren (siehe: Ich-Zustand; Psyche; Ich-System).

Psychologische Rabattmarken: Sammeln von Ersatzgefühlen wie auf einem Sparbuch. Dient dazu, das Skriptende ein großes Stück näher zu bringen oder zu erreichen (siehe: Skript).

Psychologische Spiele: Dienen wie Maschen als unbewußte manipulative Verhaltensmuster dazu, das Skript zu erfüllen und zu bestätigen. Psychologische Spiele unterscheiden sich von Maschen dadurch, daß sie durch ganz bestimmte typische Rollenwechsel gekennzeichnet sind. Diese Rollenwechsel kommen für die Mitspieler völlig überraschend und lösen Verwirrung aus (siehe: Masche; Skript; Drama-Dreieck).

Regression: Spontanes Zurückfallen oder im Rahmen von Therapie gezieltes Zurückgehen auf eine frühere Entwicklungsstufe.

Rollenmodell: Dient dazu, um Kommunikation mit Hilfe von Erwachsenenrolle, Elternrolle und Kindrolle differenziert zu beschreiben (siehe: Transaktion).

Schema: Begriff aus Piagets Entwicklungstheorie. Bezeichnet ein kognitives Assimilationsmuster. Ein Schema ist also eine bestimmte Art und Weise der aktiven Auseinandersetzung mit der Umwelt, auf die sich das Individuum die damit verbundenen Informationen zu eigen macht (siehe Assimilation; Adaptation).

Skript: Ein unbewußter Lebensplan, der auf in der Kindheit getroffenen Entscheidungen beruht, in dem man von den Eltern bestärkt wird, der durch die nachfolgenden Ereignisse gerechtfertigt wird und dessen Höhe- und Schlußpunkt eine selbstgewählte Alternative bildet (siehe: Skriptmatrix).

Skript-Entscheidungen oder Überlebens-Entscheidungen: Versuch, die destruktiven elterlichen Botschaften so in Verbindung miteinander zu bringen, daß ein Lebensrecht daraus abgeleitet werden kann (siehe: Skript; Skriptmatrix).

Skriptmatrix: Grundstruktur des Skripts, die wesentlich von Einschärfungen und Erlaubnissen sowie von Programmen und Gegeneinschärfungen geformt wird (siehe Skript; Einschärfungen und Erlaubnisse; Programm; Gegeneinschärfung).

Skriptüberzeugungen: Eng verwandt mit den Skriptentscheidungen. Die Skriptentscheidung richtet sich auf unser Handeln. Die Skriptüberzeugungen ergänzen die Skriptentscheidungen mit einem festgefügten Weltbild: So bin ich, so sind die anderen, so ist das Leben (siehe: Skript-Entscheidung).

Strukturmodell der Persönlichkeit: Beschreibt die Struktur der Psyche mit Hilfe von Ich-Zuständen (siehe: Ich-Zustand; Psyche; Ich-System).

Symbiose, inverse: Verbirgt sich hinter dem pathologischen Symbioseangebot der erwachsenen Person. Das Ausblenden von Erwachsenen- und Eltern-Ich schützt den anderen davor, daß er an seine eigenen, frühen Verletzungen rühren muß (Kind-Ich-im-Kind). Statt dessen kann er ein Ersatzgefühl aktivieren. Die inverse Symbiose wird auch Symbiose zweiter Ordnung genannt (siehe: Symbiose, pathologische).

Symbiose, pathologische: Die zwischen zwei Individuen typischen, kombinierten Ich-Zustände, die zusammen die Struktur einer einzigen vollständigen Persönlichkeit ergeben (siehe: Ich-Zustand).

time out: Strategie des Verstärkerentzugs aus der Verhaltenstherapie. In der Regel wird die Person hierzu kurzzeitig in einen völlig reizarmen Raum gebracht und dort allein gelassen.

Transaktion: Grundeinheit der Kommunikation. Eine Transaktion besteht stets aus einer Botschaft und der zu ihr gehörigen Antwort. Die Anfangsbotschaft wird „Stimulus" genannt und die unmittel darauf erfolgende Antwort „Reaktion". Grundsätzlich kann der Stimulus von jeder Rolle ausgehen und sich an jeden Rollenaspekt des Partners wenden; ebenso kann auch die Reaktion von jeder Rolle ausgehen und ihrerseits den Partner in jedem seiner Rollenaspekte ansprechen (siehe: Kommunikation; Rollenmodell).

Transaktion, gekreuzt: Die Reaktion erfolgt aus einer anderen Rolle als der angesprochenen. Die Reaktion ist meist auch an einen anderen Rollenaspekt gerichtet als den, von dem der Stimulus ursprünglich ausging (siehe: Transaktion).

Transaktion, parallel: Die Reaktion bestätigt in derjenigen Rolle, die durch den Stimulus angesprochen wurde, die Rolle beim Partner, aus der heraus er den Stimulus gegeben hat (siehe: Transaktion).

Transaktion, verdeckt: Jede Transaktion hat eine inhaltliche und eine psychologische Ebene. Die psychologische Ebene beinhaltet hierbei eine Definition der Beziehung. Die ihr zugehörigen Transaktionen werden verdeckte Transaktionen genannt, weil sie in der Regel nicht offen mitgeteilt werden, sondern unbewußte Botschaften „zwischen den Zeilen" beinhalten. Wenn inhaltliche und psychologische Ebene auseinanderfallen, so liegen zwei unterschiedliche Stimuli gleichzeitig vor (deshalb auch Duplex-Transaktion) (siehe: Transaktion; Vertrag).

Überanpassung: Vernachlässigen oder Mißachten der eigenen Wünsche und Bedürfnisse zugunsten der Wünsche und Bedürfnisse einer anderen Person oder zugunsten einer Idee (siehe: Passivität).

Vertrag: Faire Abmachung auf Gegenseitigkeit unter gleichberechtigten und verhandlungsfähigen Partnern. Berne hat drei Arten von Verträgen unterschieden: (1) Der Geschäftsvertrag regelt die zu erbringende Leistung, die Bezahlung, den zeitlichen Umfang und die formalen Rollen aller Beteiligten. (2) Der Behandlungs- oder Veränderungsvertrag legt das gemeinsame Ziel der Maßnahme und die Art fest, in der alle Beteiligten aktiv den Veränderungsprozeß mitgestalten. (3) Der psychologische Vertrag heißt so in Anlehnung an die psychologische oder verdeckte Ebene in der Kommunikation; er beinhaltet unbewußte, verdeckte Vereinbarungen (siehe: Transaktion, verdeckte).

Vorläufersymptome: Ankündigung einer bevorstehenden aggressiven und/oder psychotischen Eskalation durch Formen passiven Verhaltens (siehe: Passivität).

Zuwendung, bedingt negative: Ablehnung von Teilaspekten der Persönlichkeit wie einzelne Eigenschaften oder Fähigkeiten; Ablehnung konkreten Verhaltens (siehe: Gegeneinschärfungen).

Zuwendung, bedingt positive: Meint ein gezeigtes Verhalten oder bestimmte Teilaspekte der Persönlichkeit wie einzelne Fähigkeiten oder Eigenschaften (siehe: Gegeneinschärfungen).

Zuwendung, unbedingt negative: Meint die ganze Person. Tiefe Ablehnung des anderen; letztlich Weigerung, die Existenz des anderen überhaupt zur Kenntnis zu nehmen (siehe: Einschärfungen und Erlaubnisse).

Zuwendung, unbedingt positive: Meint den ganzen Menschen und nimmt ihn so, wie er ist (siehe: Einschärfungen und Erlaubnisse).

Zuwendungsmuster: In der Kindheit erlernte Mischung der Zuwendungsarten und ihrer Verfügbarkeit, wie sie dem Kind von den nächsten Bezugspersonen bereitgehalten wurde.

Stichwortverzeichnis

A
Abbruch 261
Abitur 55
Ablauforganisation 241
Ablehnung 75
Abwehr 64, 206
Abwehrmechanismen 46, 117
Abwehrposition 63
Abwertung 64, 116
Aggressionstraining 230
Agitation 118, 127
Akkommodation 186
Akkommodation der zweiten Art 190
Alltag 260
Alltagsregeln 253
Alternativen 170
Änderungsprozeß 223
Anforderung 254

Anpassung 138, 157f.
Anpassungsdruck 58
Äquilibration 188
Arbeitsbündnis 230
Archaeopsyche 194
archaische Relikte 34, 199
archaischer Ich-Zustand 33, 42
Arzt-Patienten-Verhältnis 220
Assimilation 186
Aufmerksamkeits-Interaktions-Therapie 121, 161, 173
Aufmerksamkeit 129, 177
Auftraggeber 221
Ausgrenzung 57
Austauschprozesse 66
Autismus 66f., 102, 120, 136, 160f., 173, 177, 182, 208, 238, 250, 252
Autismus, primärer 67, 293
Autoaggression 155, 169, 208, 218, 239, 254f., 258f., 261
Autonomie 46, 217f., 244
Autoregulation 187

B
Begegnung 73
Belastbarkeit 135
Beobachtung 234
Betreuungsgesetz 55
Betreuungsverständnis 245
Bewertungsprozesse 105
Bewußtheit 217
Bewußtsein 91
Beziehung 135, 150
Bindung 102
Binnenstruktur 37
Biographie 245
Biologie 193
Blickkontakt 56, 66, 126, 131
Botschaften 45

C
Co-Therapeut 252

D
Denver-Skalen 237
destruktive Impulse 79
Dialektik 186
Dialektik Teilhard de Jardins 202
Dialog 65, 73, 122f., 161, 177, 213
Dienstaufsicht 257
Dienstleistung 220
Dienstzeit 241
differenziertes Rollenmodell 147, 154
Distanzlosigkeit 57
Dokumentation 237
Dominanz 133
Doppelbotschaft 56
Drama-Dreieck 93, 163, 221
Dreieckskonstellation 221
Dreiecksvertrag 222, 242

E
Ego 33
Einschärfungen 49, 53, 169
Einstellung 63
Eltern-Ich 88, 104, 110
Eltern-Ich-Zustand 32, 138

Elternrolle   24, 25, 88, 93, 144, 175f., 178f.
– , fürsorgliche   27
– , kritische   27
– , negativ-fürsorgliche   110
– , negativ-kritische   110, 138
– , positiv-kritische   133
Emotion   91, 105
Emotionsforschung   89
Endauszahlung   90, 96
Energie   112
Energieverschiebung   35
Entscheidung   45, 228
Entscheidungssituationen   166
Enttrübung   136, 233, 235, 243
Entwertung   151
Entwicklungsalter   165, 237
Entwicklungsangemessenheit   240
Entwicklungskompatibilität   247
Entwicklungsleistung   55, 212f., 238
Entwicklungsniveau   192, 197, 218
Entwicklungsprozeß   142, 177
Entwicklungspsychopathologie   238
Entwicklungsstadien des Selbst   186
Entwicklungsstufen   211, 213
Erfolg   238
Erkenntnistheorie   186
Erkundungsverhalten   123
Erlaubnis   49, 162, 224, 255, 259, 262
Eröffnungszug   95
Eros   70
Ersatzgefühl   88f., 91, 96, 105, 118, 139
Erwachsenen-Ich   104, 110, 133, 138, 141, 253
Erwachsenen-Ich-Zustand   32f., 121, 250
Erwachsenenrolle   24f., 110, 144, 173f., 176, 180, 250
Eskalation   235
Eskalationsregel   157
Exteropsyche   194

F

Fehlanpassung   88, 91

Fehldeutungen   43
Festhalte-Therapie   136
Fixierung   119
Freiheit   61, 99
Fremdaggression   255, 259, 261
frühkindliche Symbiose   112
frühkindlicher Dialog   162
Frustration   60
Funktionslust   160

G

Geburt   54
Gefühlsausdruck   97
Gefühlserleben   97
Gegeneinschärfungen   49, 58
Gegenübertragung   38
Gewalt   138
Glaubenssatz   140
Gleichgewicht   187
Grandiosität   116
Grundbotschaften   84
Gruppenregeln   166
Gruppenstruktur   223
Gummiband   90

H

Haltetechnik   131
Handlungsfähigkeit   218
Handlungstheorien   231
Hebephrenie   158
Heilung   84, 173, 218
Heimerziehung   166
Herrschaftskritik   99
Herrschaftsmechanismen   99
Hier und Jetzt   33, 89, 217
Hilflosigkeit   140, 249
Hilfserzieher-Syndrom   69
historische Diagnose   39
Humor   141
Hypothese   235

I

Ich   46, 117
Ich-Einheit   34
Ich-Psychologie   195
Ich-System   195

Ich-Zustand 32, 164
identifizierter Patient 222
Ignorieren 248
Illusionen 55
Informationsverarbeitung 129, 161, 208
Institution 229, 246
Integration 198
Interaktion 144
interaktionale Verhaltenstherapie 105
Intimität 217
Introjekt 33, 195ff, 201, 204
Introjektion 34
Intuition 62, 65, 162, 196, 212
intuitiv gesteuerte Kommunikation 66
intuitive Verhaltensweisen 171
inverse Symbiose 113, 222
isolierende Bedingungen 211
Isolierung 130

K

Kind-Ich 88, 104, 110
Kind-Ich-Zustand 32, 33, 121
Kinderverhaltenstherapie 238
Kindrolle 24, 25, 88, 144, 177
– , angepaßte 26, 92, 174
– , freie 26
– , negativ-angepaßte 110, 113
– , negativ-freie 138
– , positiv-angepaßte 133
– , positiv-freie 141
– , rebellische 175
Kleinkindforschung 171
Ko-Evolution 247
Köder 95
kognitive Differenzierung 226
kognitive Psychologie 105
kollegiale Beratung 226
Kommunikation zwischen Eltern und Kleinkindern 65
Kommunikationstherapie 121, 173, 182, 232, 250f., 261
Kompakt-Therapie-Programm 251
komplementäre Kommunikationsstrukturen 147
komplementäre Struktur 145

Konfrontation 121, 177, 229
konkurrierende Symbiose 120, 242
Konsequenz 167, 169
Konstruktion der Realität. 47
Konstruktionsspiel 164, 219
Kontrasteffekt 178
Kontrollmechanismen 157
Kontrollverlust 130, 156, 159, 208, 249, 261
Kooperation 224
Körperkontakt 56f.
körperzentrierte Interaktion 121, 157
Kritik 75
kritische Lebensereignisse 77
Kultureffekte 199
künstliche Verknappung 99

L

Lächeln 66
Langzeitgedächtnis 131
Leading Parent 181
Lebendigkeit 138
Lebenstrieb 70, 203
Leistungsdiagnostik 240
Leistungsinseln 120
Lernbedürfnisse 169
Lernen 28
Lernen am eigenen Erfolg 168
Lernerfahrung 64
Lerntheorie 97, 188
Liebe 73, 99, 217
Lob 75
Löschen 97
Lösungsversuch 241

M

Machtkampf 134
Machtspiele 256f.
magisches Denken 64
Makel 54, 58
Manipulation 92, 99
manipulative Manöver 256
Masche 91, 93, 96, 103, 110, 209
Maschengefühl 92
Maschensystem 100, 131, 139, 141, 209

Maschenverhalten 92, 103
Modell 48, 60, 178, 180
Modell-Lernen 61, 250, 261
Modellieren 249
Modellierungstechniken 161
Modellverhalten 174
Multiplikatorfunktion 260
Mutter-Kind-Interaktion 171

N
Nachahmung 165, 173
Nachentwicklung 182
Naivität 221
Neopsyche 194
Neubeelterung 183
Neubeelterungstherapie 205
Neuentscheidung 60
Neulernen 261
neurotische Entwicklung 203
nonverbalen Verhalten 30
Normalität 55
Notfallmedikation 130

O
Objektkonstanz 63
ödipaler Konflikt 51, 115
ökologischer Übergang 77
Opfer 97, 138
Organisation 187, 241
Organisationsentwicklung 246, 257, 262
Organisationskultur 262
overcorrection 133

P
P-E fit-Modell 239
Pädagogik 161
pädagogische Regeln 256, 261
pädagogische Strukturen 232
paradoxe Aufforderung 79
paradoxe Intervention 243
Parallelprozeß 243
Passivität 128, 137
Pathologie 112, 240
pathologische Symbiose 112
Personalentwicklung 246

Persönlichkeitsstruktur 32, 185
phänomenologische Diagnose 38
Phantasie 104
Positionsbestätigung 51
Problemlösung 91
professionelle Skepsis 82
Programm 51, 60
Projektion 46, 117
projektive Identifikation 202
Provokation 178
provokatives Verhalten 133
Psyche 194f.
Psychiatrie 257
psychisch krank 83, 112
psychische Autonomie 240
psychische Energie 35, 132f., 137, 141
psychische Gesundheit 35, 240
psychische Störung 112, 114, 171
psychische Verletzungen 48
Psychoanalyse 51, 67, 129, 203
psychoanalytische Tradition 117
Psychodynamik 106, 241
psychologische Distanz 223
psychologischer Vertrag 221, 229
psychologisches Spiel 235
Psychopharmaka 120
Psychose 121, 133, 158, 182, 205, 256
psychosexuell 203
psychosexuelle Entwicklung 203, 209
psychosomatische Störungen 104
Psychotherapie 59, 171, 213
psychotische Dekompensation 159
psychotische Entwicklung 204
Pubertät 54

R
Rabattmarken 90, 92, 96, 105
Racketerscheinungen 104
Racketsystem 235
Reaktion 144
Reaktionsbereitschaft 67
Realität 29
Realität der Behinderung 55
Realitätsangemessenheit 28, 41f.

Realitätsprinzip 46, 171, 194
Redefinition 163, 250
reflektierende Abstraktion 186, 191, 196, 200, 204
reflektierte Gruppe 225
Regression 205
Regressionstherapie 244
Reifungsprozeß 141
Reizüberflutung 128
Reorganisation 191
Resonanzregel 157
retrograde Amnesie 130
Rolle 144
Rolle des Therapeuten 216
Rollenmodell 236
Rollenspiel 219
Rollenvorbild 51, 60
Rollenwechsel 93, 95, 97, 155
Routine 260
Rückfall 82
Rückzug 128

S

Sabotage 140, 256
Säugling 67, 101, 102
Schädigung 54, 211
Scheitern 200
Schema 191, 192, 196
schizophren 128, 133, 158
Schlüssel-Schloß-Prinzip 239
Schlüsselreiz 65
Schlüsselsignal 162
Schuldgefühl 53
Schutz 130
Selbstentfaltung 162
selbsterfüllende Prophezeiung 70, 100, 105, 110, 141, 209, 221
Selbsteuerung 132, 157
Selbstheilung 165
Selbstkontrolle 126, 131, 157
Selbstorganisation 195
Selbstreflexion 252
Selbstregulation 188
Selbstsicherheit 135
Selbstverantwortung 133
Selbstvertrauen 165
Selbstverunfähigung 168

sensomotorische Intelligenz 161
sexuelle Identität 54
Sinn 61
SIVUS-Methode 230
Skript 45, 46, 84, 90, 92f., 100, 134, 139, 141, 147, 150, 155, 159, 209, 220, 229, 240, 255, 262
Skript-Entscheidung 51
Skriptbestätigung 110
Skriptbotschaft 47, 89
Skriptende 50, 90f., 96
Skriptentscheidung 45, 91, 101, 174
Skriptglaube 131, 140
Skriptmatrix 47
Skriptsatz 157
Skriptüberzeugung 101, 103, 135
Skriptverstärkung 248
SORKC-Modell 235
soziale Diagnose 31
soziale Intelligenz 62
soziale Lerntheorie 51
Sozialpsychologie 106
soziopathische Persönlichkeit 258
Spaltung 204
Spiegeln 66
Spiele 91, 93, 96, 115, 209
Spielformel G 96, 149
Spielgewinn 95
Spielsport 230
Spontaneität 217
Sprachanbahnung 65
Sprache 39
stereotype Bewegungen 161, 164
Sterilisation 55
Stimulus 144
Störung 66
Störungsdynamik 224
Störungsmodelle 171
Störungsstabilisierung 230
Strafaktion 129
Streßposition 71
Streßsituation 104
Stufenfolge 199
Supervision 80, 252
Symbiose 110, 138, 141, 162, 235, 241, 250

Symbiose erster Ordnung 114
Symbiosemodell 156
symbiotische Struktur 134, 219
Symbolspiel 219
symmetrische Kommunikationsstruktur 145, 147
symptomatische Behandlung 231, 261
Symptomverhalten 129, 236, 244
Symptomverschiebung 222
Synthese 198
System 216, 232
systematische Verhaltensbeobachtung 238
systemische Familientherapie 222, 225
systemische Transaktionsanalyse 147
Systemtheorie 242

T
Tabu 54, 61, 79
Tagesstruktur 239, 245
Tagträumen 104
Tätigkeitspsychologie 211
Teamentwicklung 259
Teamstruktur 241
Teufelskreis 155, 157, 249
Thanatos 70
therapeutische Potenz 224
therapeutische Reflexion 226
therapeutischer Dialog 245
therapeutisches Angebot 226
Therapie 46
Therapieverständnis 216
Tiefenpsychologie, 67, 105, 171
Time-out 128
Tod 50, 53
Todestrieb 70, 203
Todeswunsch 53, 75
Transaktion 144
Trauer 56
Trauma 48, 65, 212
Triebimpuls 117
Trisomie 21 211
Trübung 203, 233

U
Überanpassung 118, 121, 137
Überbchütung 74
Überich 117
Überkorrektur 133
Überlebens-Entscheidung 51, 59, 65, 89, 209
Überlebensfunktion 201
Übertragung 38
Umdeutung 247
Unbewußte, das 117
unbewußte Botschaften 150
unbewußter Lebensplan 45
Urmißtrauen 63, 102
ursprüngliche oder echte Gefühle 89
Urvertrauen 63, 68, 102, 209

V
Veränderungsagent 216
Veränderungskrise 84
Verantwortlichkeit 29, 41
Verantwortung 138, 170, 220, 223, 225, 262
Verdrängung 46, 55, 58, 117
Verfolger 97, 134
verhaltensbezogene Diagnose 30
Verhaltensstörung 78, 82, 125, 155, 169, 182, 255
Verhaltenstherapie 105, 129, 133, 169, 222, 235
Verschiebung 46
verstärkende Erinnerung 140
Verstärkung 97
vertikale Verhaltensanalyse 105
Vertrautheit 129
Verwirrung 93, 95f., 149
Vier-Strategien-Konzeption 231, 244
Vitalität 138
Vorläufersymptome 127, 129, 137, 235

W
Wachstum 219
Wahrnehmung 47
Wahrnehmungsstörung 130
Weltbild 101
Wert 63

Widerspruch   198
Wiederholungszwang   202, 210
Wirklichkeit   29
Würde   61
Wut   132

Z

Zuschreibung   48f., 101
Zuständigkeit   262
Zuwendung   73, 92, 159, 256
    –, bedingt negative   75, 78
    –, bedingt positive   75
    –, negative   139
    –, unbedingt negative   74, 78
    –, unbedingt positive   74
Zuwendungsmuster   75, 80, 82, 84, 256
Zuwendungsprofil   237
Zuwendungsregel   98f.
Zwei-Prozeß-Theorie   129, 208
zyklischer Verlauf   238

Autorenverzeichnis

A
Andersen 225

B
Bala 174
Bandura 51, 61
Barnett 211
Bartling 235
Beavin 31, 74, 84, 144
Beebe 67
Beeghly 240
Belschner 129
Bennett 67
Berger 66
Bergman 174
Berne 18, 30, 32ff, 38f., 42, 46ff, 52, 60, 64, 88, 95f., 145ff, 172f., 175, 182, 194f., 199f., 203f., 217, 223ff, 229, 246
Bovet 59, 199
Bowlby 102, 174
Brandtstädter 247
Bredenkamp 97
Brezovksy 128, 133
Bronfenbrenner 77
Brown 37, 112, 145, 208
Buber 73, 213f.
Buchner-Schiller 228
Burchard 136
Bürki 217

C
Caruso 202f.
Cicchetti 67, 211, 239f.
Cobb 240
Cornell 46f.
Cox 55
Crossman 224

D
Davison 105
Day 133
Dodalinski 230
Dornes 67, 173
Dosen 214

Dougherty 89
Drude 221
Duss-von Werdt 242
Dziewas 105
Dzikowski 120

E
Echelmeyer 235
Eggert 211f.
Ekman 89
Elbing 21, 61, 71, 102, 121, 130, 136, 162ff, 173, 181f., 208, 214, 216, 231f., 239, 243, 251, 260
Emde 89
Ende 81
Engberding 235
English 64, 88f., 92f., 222f.
Erikson 63f., 102, 165, 209
Ernst 71
Erskine 26, 38, 100f., 103, 107, 204, 231

F
Faßnacht 238
Fauser 241
Federn 33f.
Feuser 211f.
Filipp 77
Flitner 240
Flosdorf 226, 230
Folkman 105
French 240
Freud 46, 51, 70f., 117, 202f.
Furtado 173

G
Galanter 231
Galloway 15
Ganiban 211
Gebert 240
Gérard 157
Giese 66, 172, 174
Glöckner 35
Goldmann 186
Goodman 60

Goodnow 199
Goodwin 15
Goos 231
Goulding 60
Grabowsky 128
Grawe 105

H
Hagehülsmann 23, 145
Haimowitz 90
Harding 240
Harrison 240
Hartkamp 67, 171
Hartmann 61, 67, 121, 129, 134, 154, 157, 163, 173, 177, 208, 214, 218, 239, 249
Hauser 241
Hefferline 60
Hegel 186
Heil 247
Hellmann 55
Hennicke 213
Hoffmann 129
Holloway 194
Huebner 89

I
Inhelder 237
Izard 89

J
Jackson 31, 74, 84, 144
Jaffe 67
Jakobs 121, 163, 173, 214
Jantzen 20, 211ff
Jeffery 51
Jochmus 254
Joines 23, 26, 35ff, 45, 50, 70, 89, 91f., 96, 114, 145, 203
Jung 78
Jürgens 55

K
Kahler 204
Kalde 121, 163f., 173
Kane 254
Karpman 93

Kegan 186, 210
Kesselring 67, 186, 192, 198
Kessler 241
King 15
Kligman 89
Kluge 240
Koch 254
Kohlhaas-Reith 80
König 117, 210
Kottwitz 231
Krampen 247
Krause 235
Krausz 241
Kupfer 90
Kusch 238

L
Lahey 186
Lambrenos 55
Lazarus 105
Leinhos 217
Lempp 214
Lenk 231
Levin-Landheer 208
Lingg 245

M
MacKain 67
Mahler 174
Marcuse 99
Mayer 228
McGinnes 89
Meltzoff 66
Micholt 223, 229
Miller 231
Minsel 162, 173
Montada 186
Moore 66
Mordkoff 105
Moursund 231
Müller-Hohagen 53, 68, 214

O
Oerter 186
Osnes 183
Oster 89

P
Papousek 66, 172, 174
Pearls 60
Perry 240
Petermann 230
Petzold 253
Piaget 19, 63, 67, 161, 165, 186, 188, 191f., 203, 209, 237
Pine 174
Prekop 136

R
Rath 41, 46, 110, 156, 183, 185, 194f., 198, 208
Rauh 56, 59, 172, 185
Raynes 15
Redl 129
Reich 89, 99
Reuter 241
Rey 128
Riedel 75, 153, 158, 204, 228
Risser 89
Rogers 162, 240
Rogoll 75
Rohmann 21, 61, 67, 102, 120f., 129, 134, 136, 154, 157, 162ff, 173, 181f., 208, 214, 216, 218, 231f., 239, 243, 249, 251, 260
Rosen 186, 210
Rotthaus 213, 222, 241

S
Schachter 105
Schiff 110, 112, 116ff, 121, 127, 133, 137, 163, 172, 175, 177
Schlegel 23, 35, 37, 40, 75, 97, 112, 117, 208
Schleiffer 67
Schmid 203, 241f.
Schmidbauer 108
Schmidt 147
Schneider 97, 105
Schott 129
Schötzau 66
Schuler 226
Schulte-Peschel 162, 218
Schulze 129

Schwarz 228
Senckel 67f.
Senter 172
Singer 105
Sorge 89
Souvaine 186
Speisman 105
Spieker 67
Spitz 102, 174
Springer 205
Sroufe 89, 209, 211
Stade 230
Steiner 40, 47, 64, 70, 74, 87, 89, 98f., 124, 257
Steinhardt 172
Stern 66f.
Stewart 23, 26, 32f., 35, 36f., 39, 42, 45, 50, 70, 89, 91ff, 96, 114, 145, 172, 203, 222, 229, 231, 233, 246
Stork 174
Summerton 241

T
Theunissen 245
Thimm 15
Thompson 128
Thurm 128
Tizard 15
Tödter 162, 218
Toth 239
Trautner 186
Tyrangiel 213

U
Underhill 71, 181

W
Wade 89
Walters 61
Walujo 230
Watzlawick 31, 74, 79, 84, 144f., 147, 151
Webster 172
Weeks 172
Weinschenk 226
Weiß 33

Welch 83, 128, 136, 201
Wilhelmstroop-Meyer 254
Willi 247
Wineman 129
Wippich 97
Woolams 37, 112, 145, 208
Wut 132
Wygotski 212, 214

Z
Zalcman 96, 100f., 103, 204
Zangemeister 231
Zaslow 102, 136
Zöller 67

Raum für Notizen:

Raum für Notizen:

Zeitschrift für systemische Therapie

Jürgen Hargens
Erfolgreich führen und leiten – das will ich auch können ...
Ein systemisches un(d)systematisches Brevier
◆ 2. Aufl. 2002, 80 S., Format 11,5x18,5cm, fester Einband
ISBN 3-86145-229-6, Bestell-Nr. 8318, € 9,60

Insoo Kim Berg / Susan Kelly
Kinderschutz und Lösungsorientierung
Erfahrungen aus der Praxis – Training für den Alltag
◆ 2001, 416 S., Format DIN A5, fester Einband
ISBN 3-8080-0470-3, Bestell-Nr. 4322, € 24,40

Jennifer Freeman / David Epston / Dean Lobovits
Ernsten Problemen spielerisch begegnen
Narrative Therapie mit Kindern und ihren Familien
◆ 2000, 432 S., Format DIN A5, fester Einband
ISBN 3-8080-0450-9, Bestell-Nr. 4320, € 24,40

Mark A. Hubble / Barry L. Duncan / Scott D. Miller (Hrsg.)
So wirkt Psychotherapie
Empirische Ergebnisse und praktische Folgerungen
◆ 2001, 352 S., Format DIN A5, fester Einband
ISBN 3-8080-0466-5, Bestell-Nr. 4321, € 29,80

Manfred Vogt-Hillmann / Wolfgang Burr (Hrsg.)
Kinderleichte Lösungen
Lösungsorientierte Kreative Kindertherapie
◆ 3. Aufl. 2001, 256 S., Format DIN A5, br
ISBN 3-86145-209-X, Bestell-Nr. 8396, € 20,40

Manfred Vogt-Hillmann u.a. (Hrsg.)
Gelöst und los!
Systemisch-lösungsorientierte Perspektiven in Supervision und Organisationsberatung
◆ 2. Aufl. 2002, 264 S., Format DIN A5, br
ISBN 3-86145-200-6, Bestell-Nr. 8311, € 22,80

Manfred Vogt-Hillmann / Wolfgang Burr (Hrsg.)
Lösungen im Jugendstil
Systemisch-lösungsorientierte Kreative Kinder- und Jugendlichentherapie
◆ 2002, 424 S., Format DIN A5, fester Einband
ISBN 3-86145-226-X, Bestell-Nr. 8316, € 21,80

Ben Furman
Es ist nie zu spät, eine glückliche Kindheit zu haben
◆ 4. Aufl. 2002, 104 S., Format DIN A5, br
ISBN 3-86145-173-5, Bestell-Nr. 8398, € 15,30

Jürgen Hargens
Gastgeber hilfreicher Gespräche
Wir haben Ihnen geholfen?!
Was haben wir von Ihnen gelernt?
◆ 2000, 216 S., Format DIN A5, br
ISBN 3-86145-194-8, Bestell-Nr. 8307, € 17,50

Scott D. Miller / Insoo Kim Berg
Die Wunder-Methode
Ein völlig neuer Ansatz bei Alkoholproblemen
◆ 2. Aufl. 1999, 192 S., Format DIN A5, br
ISBN 3-8080-0372-3, Bestell-Nr. 4352, € 15,30

Monika Schimpf
Selbstheilung von Eßstörungen für langjährig Betroffene
Ein Arbeitshandbuch
◆ 4. Aufl. 1999, 192 S., Format DIN A5, br
ISBN 3-86145-084-4, Bestell-Nr. 83716, € 15,30

Dieter Schwartz
Vernunft und Emotion
Die Ellis-Methode – Vernunft einsetzen, sich gut fühlen, mehr im Leben erreichen
◆ 3. Aufl. 2002, 200 S., Format DIN A5, br
ISBN 3-86145-165-4, Bestell-Nr. 8395, € 15,30

 **verlag modernes lernen borgmann publishing**
Hohe Straße 39 • D-44139 Dortmund • Tel. 0231 - 12 80 08 • FAX 0231 - 12 56 40
Unser Buchkatalog im Internet: www.verlag-modernes-lernen.de

Jutta Burger-Gartner / Dolores Heber
Auditive Verarbeitungs- und Wahrnehmungsleistungen bei Vorschulkindern
Diagnostik und Therapie
◆ April 2003, ca. 200 S., Format DIN A4, im Ordner
ISBN 3-8080-0530-0, Bestell-Nr. 1923, € 34,80

Nicole Goldstein
Hyperaktiv – na und ...?
Yoga-Übungen für überaktive Kinder
Mit „Emil Erdnuckel" ins wunderbare Land der Entspannung
◆ Feb. 2003, 180 S., Format DIN A4, im Ordner
ISBN 3-86145-240-5, Bestell-Nr. 8322, € 31,00

Jürgen Hargens
Kinder, Kinder ...
oder: wer erzieht wen ... und wie
Gedanken, Erfahrungen, Ideen eines Vaters
◆ 2002, 80 S., Format 11,5x18,5cm, fester Einband, ISBN 3-86145-253-7, Bestell-Nr. 8326, € 9,60

Anne Häußler / Christina Happel / Antje Tuckermann / Mareike Altgassen / Katja Idl-Amini
SOKO Autismus
Gruppenangebote zur Förderung SOzialer KOmpetenzen bei Menschen mit Autismus
◆ April 2003, 256 S., ca. 100 Kopiervorlagen Arbeitsblätter, Format 21x28 cm, Ringbindung
ISBN 3-8080-0525-4, Bestell-Nr. 1211, € 22,50 bis 31.5.03, danach € 24,60

Birgit Jackel
Lustige Sinnesgeschichten für kleine und große Leute
Sinnlich-sinnvolle Anregungen zum Nachdenken und Nachspielen
◆ Feb. 2003, 72 S., Format DIN A5, Ringbindung
ISBN 3-86145-248-0, Bestell-Nr. 8567, € 15,30

Dieter Krowatschek
ADS und ADHS – Diagnose und Training
Materialien für Schule und Therapie
◆ 31.1.03, 308 S., farbige Gestaltung, Format DIN A4, im Ordner
ISBN 3-86145-223-5, Bestell-Nr. 8315, € 34,80 bis 31.1.03, danach € 40,00

Michaela Liepold / Wolfram Ziegler / Bettina Brendel
Hierarchische Wortlisten
Ein Nachsprechtest für die Sprechapraxiediagnostik
◆ 2002, 56 S., 6 S. Formular-Kopiervorlagen, Format DIN A4, Ringbindung
ISBN 3-86145-249-9, Bestell-Nr. 8546, € 15,30

Wir bringen Lernen in Bewegung ...

Christine Leutkart / Elke Wieland / Irmgard Wirtensohn-Baader (Hrsg.)
Kunsttherapie – aus der Praxis für die Praxis
Materialien – Methoden – Übungsverläufe
◆ März 2003, 328 S., farbige Gestaltung, Format 16x23cm, fester Einband
ISBN 3-8080-0526-2, Bestell-Nr. 1223, € 24,60 bis 31.3.03, danach € 29,80

Michele Noterdaeme / Elke Breuer-Schaumann (Hrsg.)
Lesen und Schreiben – Bausteine des Lebens
Ein Übungsprogramm zum Schriftspracherwerb
◆ Juli 2003, ca. 274 S., viele Vorlagen für Arbeitsblätter, Format DIN A4, im Ordner
ISBN 3-8080-0527-0, Bestell-Nr. 1921, € 34,80 bis 31.7.03, danach € 40,00

Sabine Maur-Lambert / Andrea Landgraf / Klaus-Ulrich Oehler
Gruppentraining für ängstliche und sozial unsichere Kinder und ihre Eltern
◆ Jan. 2003, 176 S., Format DIN A4, Ringbindung
ISBN 3-86145-246-4, Bestell-Nr. 8323, € 25,50 bis 31.1.03, danach € 29,80

Petra Schuster
INSEL für Kinder
INtegrative SEnsomotorische Logopädie für sprachentwicklungsverzögerte Kinder
◆ 2002, 88 S., Format DIN A5, Ringbindung
ISBN 3-8080-0521-1, Bestell-Nr. 1919, € 15,30

Wolfgang Schwarzer (Hrsg.)
Lehrbuch der Sozialmedizin
für Sozialarbeit, Sozial- und Heilpädagogik
◆ 4., verb. u. überarb. Aufl. 2002, 512 S., Format 16x23cm, fester Einband
ISBN 3-86145-234-0, Bestell-Nr. 8204, € 25,50

Hilde Trapmann / Wilhelm Rotthaus
Auffälliges Verhalten im Kindesalter
Handbuch für Eltern und Erzieher ◆ Band 1
◆ 10., völlig neu bearb. Aufl. Jan. 2003, 352 S., Format 16x23cm, fester Einband
ISBN 3-8080-0455-X, Bestell-Nr. 1101, € 17,50

verlag modernes lernen *borgmann publishing*

Hohe Straße 39 • D-44139 Dortmund • Tel. (0231) 12 80 08 • FAX (0231) 12 56 40
Unsere Bücher im Internet: www.verlag-modernes-lernen.de